Marketing Channel Management

营销渠道管理

李克芳 范新河 ◎ 主编

机械工业出版社
China Machine Press

图书在版编目（CIP）数据

营销渠道管理 / 李克芳，范新河主编 . -- 北京：机械工业出版社，2022.10（2024.8 重印）
高等院校市场营销系列教材
ISBN 978-7-111-71864-2

I.①营… II.①李… ②范… III.①购销渠道 - 销售管理 - 高等学校 - 教材 IV.① F713.1

中国版本图书馆 CIP 数据核字（2022）第 196108 号

　　本书从管理决策的角度出发，构建了"营销渠道结构设计 - 营销渠道运作管理"的理论框架，包括营销渠道管理概述、营销渠道设计、营销渠道组织模式、渠道成员选择、营销渠道激励、渠道权力与控制、渠道冲突与合作、营销渠道的协同、营销渠道评估与创新、网络营销渠道管理等内容。本书力求以完整的知识体系、新颖丰富的本土案例来展现中国特色的营销渠道管理。

　　本书可作为高等院校市场营销、工商管理等专业的本科生的教材，也可以作为各类企业营销管理人员的培训用书，还可以作为对营销渠道有兴趣的各类专业人士的参考读物。

出版发行：机械工业出版社（北京市西城区百万庄大街 22 号　邮政编码：100037）
责任编辑：李晓敏　　　　　　　　　　　　　责任校对：梁 园　张 薇
印　　刷：固安县铭成印刷有限公司　　　　　版　　次：2024 年 8 月第 1 版第 3 次印刷
开　　本：185mm×260mm　1/16　　　　　　印　　张：20
书　　号：ISBN 978-7-111-71864-2　　　　　定　　价：55.00 元

客服电话：(010) 88361066　68326294

版权所有·侵权必究
封底无防伪标均为盗版

前　言

作为营销组合的重要构成部分，营销渠道已经成为企业传递顾客价值、提高经济效益、赢得持久竞争优势的重要工具。营销渠道在企业营销中的重要性在不断地提升，已经在市场营销管理中占据了一定的地位。随着经济全球化和信息技术的发展，营销渠道的结构发生了变化，渠道管理的难度在不断加大，如何对整个营销渠道进行有效的设计与管理成为企业关注的重点，营销渠道管理的重要性日益突出。

本书从管理决策的角度出发，构建了"营销渠道结构设计－营销渠道运作管理"的理论框架。全书共分为四大模块10章。模块1是基本概念与理论，包括第1章，主要阐述了营销渠道和营销渠道管理的基本概念与理论，以便为本书后面章节的学习奠定基本的理论基础。模块2是营销渠道结构设计，包括第2~4章，主要围绕营销渠道结构理论展开，阐述了营销渠道设计、营销渠道组织模式与渠道成员选择。模块3是营销渠道运作管理，包括第5~9章，主要论述既定营销渠道的日常运作管理，介绍了营销渠道激励、渠道权力与控制、渠道冲突与合作、营销渠道的协同、营销渠道评估与创新等内容。模块4是网络环境下的渠道管理，包括第10章，主要讲述了互联网环境下的营销渠道管理问题。

本书将营销渠道理论与实务融为一体，全面介绍营销渠道管理的基本概念、原理和方法。本书具有以下特点：

（1）内容全面。本书不仅涵盖了营销渠道领域中重点研究的渠道结构理论与渠道行为理论的基本内容，详尽论述了营销渠道的基本理论，还跟踪渠道研究领域的前沿知识，对伴随网络发展出现的网络营销渠道这一新型分销方式进行了介绍。

（2）注重知识的应用。本书提供了70多个新颖、典型的国内外企业渠道管理案例，通过文中大量的案例和每章末的案例分析，展现营销渠道理论在实践中的应用，使理论更加贴近现实。这既有助于学生更容易、更深入地理解营销渠道的概念与原理，也有利于教师开展案例教学以培养学生分析问题、解决问题的能力。特别是每章末设置的实践训练栏目包括设计项目、游戏、情景模拟、讨论和辩论赛等多种形式，有助于培养学生的实战能力。

（3）栏目多样。本书精心设计的编写体例与栏目，如在每章均设置学习目标、本章结构、导入案例、渠道专栏、案例、思考题、实践训练、案例分析等，有利于激发学生的学习兴趣，引导学生快速掌握渠道管理的基本理论与操作技巧。

（4）教学资源丰富。本书充分考虑教学的需要，专门为教师提供教学大纲、教案、教学实施计划、课件等教学资料，其中，本书配套的教学课件包括详细的理论知识点、大量的案例及课堂讨论案例、图形、表格等内容，将理论与案例相结合，以便节省教师备课时间，方便教学使用。

本书由李克芳、范新河主编，编写分工如下：云南财经大学李克芳副教授编写第1、2、4、7、8章；云南财经大学范新河副教授编写第3、9、10章；澳门理工大学纪春礼副教授编写第6章，云南财经大学杨伯儒副教授编写第5章、合作编写8.3节。全书由李克芳审稿、修订和定稿。云南财经大学的研究生常清清、张龙铭、李耀辉、沈薇、杨雨露、石秀玲，南京师范大学的研究生赵银巧，英国南安普顿大学的研究生孙鉴等在案例收集与文字校对方面做了大量的工作。

本书作为国家自然科学基金项目（72162004）的研究成果之一，在编写中得到了核心团队成员的大力支持，特此感谢！本书在编写时参考了国内外大量的文献资料，除在书中注明资料出处的部分外，限于篇幅未能一一列出，在此，对这些作者表示感谢。本书的出版得到了机械工业出版社的支持，在此对机械工业出版社编辑们的耐心等待与包容表示衷心的感谢！

由于编者水平所限，书中难免会有不当之处，恳请各位专家和读者批评指正，以便今后再版时修订。

李克芳

2022年12月于昆明

目 录

前言

模块1 基本概念与理论

第1章 营销渠道管理概述 ………………………………………………… 2

导入案例 "渠道之王"百雀羚 …………………………………………… 3
1.1 营销渠道的重要性概述 ……………………………………………… 4
　　1.1.1 营销渠道受到重视的原因 ……………………………………… 4
　　1.1.2 营销渠道的重要性 ……………………………………………… 9
1.2 营销渠道的概念、功能与流程 ……………………………………… 12
　　1.2.1 营销渠道的概念 ……………………………………………… 12
　　1.2.2 营销渠道的功能 ……………………………………………… 14
　　1.2.3 营销渠道的流程 ……………………………………………… 16
1.3 营销渠道的参与者 …………………………………………………… 18
　　1.3.1 制造商 ………………………………………………………… 18
　　1.3.2 中间商 ………………………………………………………… 19
　　1.3.3 消费者 ………………………………………………………… 23
　　1.3.4 辅助商 ………………………………………………………… 23
1.4 营销渠道的结构 ……………………………………………………… 24
　　1.4.1 渠道的长度结构 ……………………………………………… 25
　　1.4.2 渠道的宽度结构 ……………………………………………… 26
　　1.4.3 渠道的广度结构 ……………………………………………… 28
1.5 营销渠道管理 ………………………………………………………… 29
　　1.5.1 营销渠道管理的定义 ………………………………………… 29
　　1.5.2 营销渠道管理的特点 ………………………………………… 31
　　1.5.3 本书的内容和结构 …………………………………………… 32

本章小结	33
思考题	34
实践训练	34
案例分析	35

模块2　营销渠道结构设计

第2章　营销渠道设计 ………………………………………………………… 40

导入案例　京东家电如何实现渠道再造 …………………………………… 41

2.1　营销渠道设计概述 …………………………………………………… 42
- 2.1.1　渠道设计的内涵 …………………………………………………… 42
- 2.1.2　识别渠道设计决策的需要 ………………………………………… 42
- 2.1.3　渠道设计的程序 …………………………………………………… 45

2.2　设定分销目标 ………………………………………………………… 47
2.3　说明渠道任务 ………………………………………………………… 50
2.4　分析影响渠道结构的因素 …………………………………………… 51
- 2.4.1　市场因素 …………………………………………………………… 52
- 2.4.2　产品因素 …………………………………………………………… 53
- 2.4.3　企业因素 …………………………………………………………… 55
- 2.4.4　中间商因素 ………………………………………………………… 56
- 2.4.5　竞争者因素 ………………………………………………………… 56
- 2.4.6　环境因素 …………………………………………………………… 57

2.5　设计渠道结构方案 …………………………………………………… 57
- 2.5.1　确定渠道长度 ……………………………………………………… 58
- 2.5.2　确定渠道宽度 ……………………………………………………… 58
- 2.5.3　确定中间商的类型 ………………………………………………… 60

2.6　选择合适的渠道结构方案 …………………………………………… 60
- 2.6.1　经验法 ……………………………………………………………… 64
- 2.6.2　产品特性与平行系统法 …………………………………………… 67
- 2.6.3　财务方法 …………………………………………………………… 69
- 2.6.4　交易成本分析法 …………………………………………………… 69

本章小结 ………………………………………………………………………… 70
思考题 …………………………………………………………………………… 70
实践训练 ………………………………………………………………………… 71
案例分析 ………………………………………………………………………… 71

第3章　营销渠道组织模式 ·········· 74

导入案例　浓农情怡：鲜炖一盏燕窝，深耕垂直渠道 ·········· 75

3.1　传统营销渠道 ·········· 76
- 3.1.1　传统营销渠道的含义 ·········· 76
- 3.1.2　传统营销渠道的优缺点 ·········· 76

3.2　垂直营销渠道 ·········· 77
- 3.2.1　垂直营销渠道的概念 ·········· 77
- 3.2.2　管理式垂直营销渠道 ·········· 78
- 3.2.3　合同式垂直营销渠道 ·········· 79
- 3.2.4　公司式垂直营销渠道 ·········· 84

3.3　水平营销渠道 ·········· 90
- 3.3.1　水平营销渠道的含义 ·········· 90
- 3.3.2　水平营销渠道参与者的合作动机 ·········· 92
- 3.3.3　水平营销渠道的类型 ·········· 93

3.4　混合营销渠道 ·········· 93
- 3.4.1　混合营销渠道的优缺点 ·········· 94
- 3.4.2　混合营销渠道的类型 ·········· 95
- 3.4.3　混合营销渠道的构建原则 ·········· 96

本章小结 ·········· 98
思考题 ·········· 98
实践训练 ·········· 99
案例分析 ·········· 99

第4章　渠道成员选择 ·········· 102

导入案例　小厂家如何"惊动"经销商 ·········· 103

4.1　渠道成员的来源 ·········· 104
- 4.1.1　渠道成员选择的重要性 ·········· 104
- 4.1.2　选择渠道成员的程序 ·········· 106
- 4.1.3　寻找渠道成员的途径 ·········· 109

4.2　渠道成员的评价 ·········· 110
- 4.2.1　选择渠道成员的原则 ·········· 110
- 4.2.2　选择渠道成员的标准 ·········· 113

4.3　渠道成员的选择方法及留住条件 ·········· 118
- 4.3.1　选择渠道成员的方法 ·········· 118
- 4.3.2　吸引与赢得渠道成员 ·········· 120

4.4　渠道任务的分配 ·········· 122
- 4.4.1　价格政策 ·········· 122

4.4.2　交易条件 ·· 123
　　4.4.3　地区划分 ·· 123
　　4.4.4　其他事项 ·· 124
本章小结 ··· 124
思考题 ··· 124
实践训练 ··· 124
案例分析 ··· 125

模块 3　营销渠道运作管理

第5章　营销渠道激励 ··· 128
导入案例　元气森林的营销秘诀 ·· 129
5.1　渠道激励理论 ··· 130
　　5.1.1　渠道激励的定义 ··· 130
　　5.1.2　渠道激励的动机理论 ··· 131
5.2　渠道激励的原则与实施方式 ····································· 133
　　5.2.1　渠道激励的原则 ··· 133
　　5.2.2　渠道激励的实施方式 ··· 135
5.3　渠道激励的方法 ··· 138
　　5.3.1　直接激励 ·· 138
　　5.3.2　间接激励 ·· 142
本章小结 ··· 146
思考题 ··· 147
实践训练 ··· 147
案例分析 ··· 147

第6章　渠道权力与控制 ··· 151
导入案例　腾讯游戏与华为的一场"渠道"之争 ························ 152
6.1　渠道权力的来源 ··· 153
　　6.1.1　渠道权力的定义 ··· 153
　　6.1.2　权力来源的理论 ··· 155
　　6.1.3　营销渠道中权力的"六力模型" ······························ 156
6.2　渠道权力的运用 ··· 161
　　6.2.1　运用渠道权力时需要注意的问题 ······························ 161
　　6.2.2　渠道权力的运用方式 ··· 162
　　6.2.3　渠道权力运用的结果 ··· 165

6.3	渠道控制的内涵和特点	167
	6.3.1 渠道控制的内涵	167
	6.3.2 渠道控制的特点	167
6.4	渠道控制的内容与方式	169
	6.4.1 渠道控制的内容	169
	6.4.2 渠道控制力的获得途径	172
	6.4.3 渠道控制的方式	174
本章小结		178
思考题		178
实践训练		179
案例分析		179

第7章 渠道冲突与合作 — 181

导入案例	互联网背景下紫罗兰家纺的多渠道冲突	182
7.1	渠道冲突分析	183
	7.1.1 渠道冲突的概念	183
	7.1.2 渠道冲突的发展过程	184
	7.1.3 渠道冲突的类型	185
	7.1.4 渠道冲突的原因	186
	7.1.5 渠道冲突的衡量与影响	190
7.2	渠道冲突管理	193
	7.2.1 渠道冲突管理的含义	193
	7.2.2 渠道冲突管理的过程	193
	7.2.3 渠道冲突的预防与解决	194
7.3	窜货管理	200
	7.3.1 窜货的概念	200
	7.3.2 窜货的类型	201
	7.3.3 窜货的原因	202
	7.3.4 窜货的管理措施	204
7.4	渠道合作	206
	7.4.1 渠道合作的定义与形式	206
	7.4.2 渠道战略联盟	210
本章小结		212
思考题		213
实践训练		213
案例分析		214

第8章　营销渠道的协同 …… 216

导入案例　蜜雪冰城的营销之道 …… 217
8.1　渠道中的产品管理 …… 218
8.1.1　产品决策与渠道管理 …… 219
8.1.2　产品生命周期与渠道管理 …… 222
8.1.3　新产品开发与渠道管理 …… 225
8.2　渠道中的价格管理 …… 227
8.2.1　价格结构与渠道管理 …… 227
8.2.2　渠道价格制定的原则 …… 228
8.2.3　渠道价格的管理与控制 …… 231
8.3　渠道中的促销管理 …… 235
8.3.1　促销策略 …… 235
8.3.2　直接的推式促销策略 …… 236
8.3.3　间接的推式促销策略 …… 241
本章小结 …… 242
思考题 …… 243
实践训练 …… 244
案例分析 …… 244

第9章　营销渠道评估与创新 …… 247

导入案例　美宝莲跟百货公司说再见 …… 248
9.1　渠道评估概述 …… 249
9.1.1　渠道评估的定义和目的 …… 249
9.1.2　渠道评估的原则 …… 249
9.1.3　渠道评估的方法 …… 250
9.2　渠道系统绩效评估 …… 250
9.2.1　渠道运行效率评估 …… 251
9.2.2　渠道财务绩效评估 …… 253
9.2.3　渠道沟通评估 …… 257
9.2.4　渠道服务质量评估 …… 258
9.3　渠道成员绩效评估 …… 259
9.3.1　销售业绩 …… 259
9.3.2　库存情况 …… 260
9.3.3　销售能力 …… 260
9.3.4　顾客服务和技术支持能力 …… 261
9.3.5　态度 …… 261
9.3.6　竞争 …… 261

9.3.7	发展前景 …………………………………………………	262
9.4	**渠道调整与创新** ……………………………………………	**262**
9.4.1	渠道调整的原因 …………………………………………	262
9.4.2	渠道调整的方向 …………………………………………	264
9.4.3	渠道调整的方式 …………………………………………	265
9.4.4	渠道创新 …………………………………………………	267
本章小结	……………………………………………………………	269
思考题	………………………………………………………………	270
实践训练	……………………………………………………………	270
案例分析	……………………………………………………………	270

模块4　网络环境下的渠道管理

第10章　网络营销渠道管理 …………………………………… 274

导入案例　荣耀京东×快手双超级品牌日：探索品牌营销新形式 ………	275
10.1	**网络营销渠道的含义与特点** ………………………………	**276**
10.1.1	网络营销渠道的含义 ……………………………………	276
10.1.2	网络营销渠道的特点 ……………………………………	279
10.2	**网络营销渠道的功能与类型** ………………………………	**282**
10.2.1	网络营销渠道的功能 ……………………………………	282
10.2.2	网络营销渠道的类型 ……………………………………	283
10.3	**网络营销渠道的设计与管理** ………………………………	**287**
10.3.1	网络营销渠道的设计 ……………………………………	287
10.3.2	网络营销渠道的管理 ……………………………………	289
10.4	**网络营销渠道创新** …………………………………………	**298**
10.4.1	网络营销渠道创新的环境 ………………………………	298
10.4.2	网络营销渠道创新的形式 ………………………………	299
本章小结	……………………………………………………………	301
思考题	………………………………………………………………	302
实践训练	……………………………………………………………	302
案例分析	……………………………………………………………	302

参考文献 ………………………………………………………………… **305**

模块 1 基本概念与理论

第 1 章 营销渠道管理概述

第 1 章
营销渠道管理概述

学习目标

本章介绍了营销渠道的重要性、营销渠道的功能与流程、营销渠道的参与者、营销渠道的结构和营销渠道管理。通过本章的学习,你应该能够:

1. 认识营销渠道受到重视的原因和营销渠道的重要性。
2. 理解营销渠道的概念、功能与流程。
3. 了解营销渠道的参与者。
4. 掌握营销渠道的结构。
5. 理解营销渠道管理的内涵与特点。

本章结构

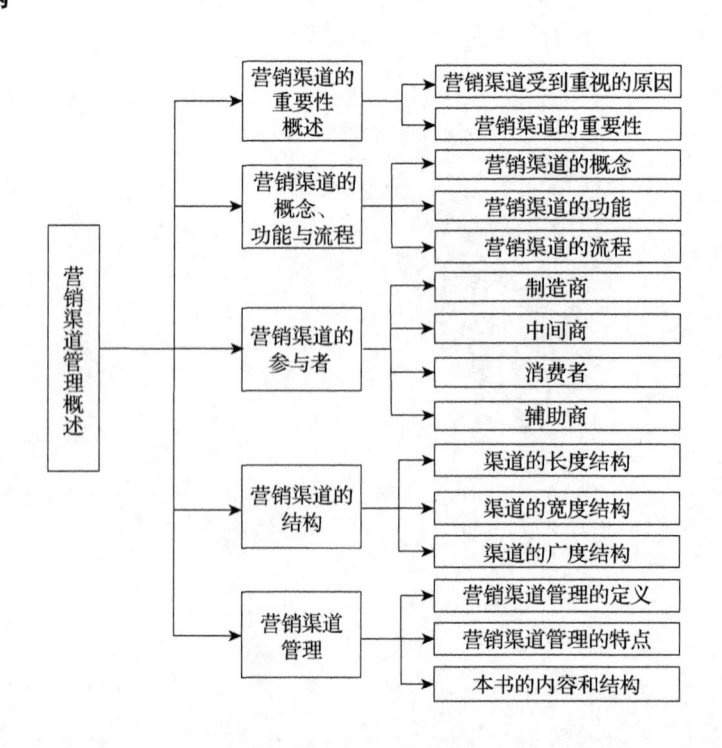

营销渠道管理概述
- 营销渠道的重要性概述
  - 营销渠道受到重视的原因
  - 营销渠道的重要性
- 营销渠道的概念、功能与流程
  - 营销渠道的概念
  - 营销渠道的功能
  - 营销渠道的流程
- 营销渠道的参与者
  - 制造商
  - 中间商
  - 消费者
  - 辅助商
- 营销渠道的结构
  - 渠道的长度结构
  - 渠道的宽度结构
  - 渠道的广度结构
- 营销渠道管理
  - 营销渠道管理的定义
  - 营销渠道管理的特点
  - 本书的内容和结构

导入案例

"渠道之王"百雀羚

2019年,手执"国潮"大旗的百雀羚无论是品牌力的打造,还是线上线下的销量,都获得了不俗的成绩,充分展现了国货品牌的硬核实力。百雀羚以第24名的佳绩上榜"2019全球最有价值的50个美妆个护品牌",成为中国首次上榜的两个品牌之一;在618活动中摘得天猫、京东双平台美妆国货品牌桂冠;在双11活动中,取得了全网(天猫、京东、唯品会等主流电商平台)8.56亿元销售额的佳绩,蝉联五年线上销售冠军。

对于这份成绩单,业内人士也许并不意外,因为相比一味地打折促销,百雀羚不负其"渠道之王"称号,把更多的精力放在了塑造品牌力和赋能渠道上。百雀羚自2016年宣布进军CS渠道时[一],就提出了"拿下渠道NO.1"的愿景,此后一路高歌猛进。据官方消息,2017年,百雀羚终端零售总额高达177亿元,同比增长28%;截至2019年8月,百雀羚已广泛扎根三线、四线城市,在全国拥有近2万家网点,这无疑是国货的一种胜利。现今,百雀羚俨然已成为各个渠道的优等生,这都离不开线下渠道的不懈发力。

渠道是承载营销投放转化的阵地。国内化妆品主流渠道包括百货、KA[二]商超、CS专卖店、电商四大渠道,目前百雀羚已入驻其中的三大渠道,唯独迟迟没有进入百货购物中心渠道。

据了解,百雀羚的整个渠道体系都是代理制,一个区域不超过2个大代理商,区域代理之下又有分级代理商。这种传统的代理制曾经一度被电商既定为革命的对象,是低效率高成本的落后存在。但对一个面向最广泛用户群体的全民品牌来说,这种代理制也许是最合适的方式。"代理渠道对品牌来说是一种轻资产模式,百货渠道是品牌直营,体量做不大。"百雀羚高层人士透露,化妆品的特性是生产周期相对长,流通过程分层多,没人能做到直接面向终端。如果选择做一个规模不是很大却很精细的事儿,可以在全国开几百家直营店,但这是很困难的。而对百雀羚这种面向泛用户群,广告投放也是面向泛用户群的品牌来说,一个能最广泛触达用户、具有广度的渠道是承载营销转化的关键。"化妆品零售渠道成本非常高,拿点流量不付出巨大成本是不可能的,转化率再低的话,企业更完蛋。"

事实上,电商发展到今天,又何尝不是其中的一个大代理商或者一个渠道?尤其在化妆品领域,小红书等化妆品电商渠道其实对品牌来说都是众多渠道中的一个大代理商。大的化妆品代理商如丽人丽妆代理70多个国际化妆品品牌,天猫上大部分的国际化妆品品牌旗舰店均由其运营。

百雀羚内部有独立的电商事业部,直接面向总经理汇报,但这个几十人的部门并不直接运营电商,跟管理KA渠道和CS渠道的部门一样,百雀羚各个渠道事业部最核心的还是管理各渠道的代理商,提高代理商的流通效率。百雀羚的天猫旗舰店由第三方公司代运营,作为该代运营公司最核心的品牌,二者合作的方式是买断式经销模式,第三方公司通过买卖产品获取差价收益。百雀羚对京东等其他渠道也是通过代理商运营,但各个渠道选择的代理商也并不相同。不同的是,对天猫旗舰店,百雀羚在产品和营销上的把控要多一些。此前,百雀羚和第三方公司还联合开发了"三生花"系列子品牌,并成功将该子品牌铺到了屈

[一] CS 的全称为 Customer Satisfaction,意为顾客满意。化妆品的 CS 渠道是指专卖化妆品的店铺。

[二] KA 的全称为 Key Account,意为重要客户。化妆品的 KA 渠道是指综合大卖场,不仅仅卖化妆品。

臣氏，获得了"2015屈臣氏健康美丽大赏"年度新锐品牌大奖。

据悉，百雀羚最大的 KA 渠道覆盖 3 万多家门店，贡献了销售额的 70%。但近年整体零售渠道明显的变化是，KA 渠道增幅放缓，并且随着天猫、京东等电商渠道大力推荐国际品牌，国货化妆品品牌在电商的整体增势也不如往年的井喷式增长，消费者也更懂得理性购买。

相比较，CS 渠道（主要是屈臣氏、娇兰佳人等连锁专营店，以及许多三、四线城市小规模的专营店）反而成为一个快速增长的通道，尤其是深入三、四、五线城市的专营店。百雀羚在入驻屈臣氏 2 000 多家店后，8 个月就做到了该渠道的第一。百雀羚将 CS 渠道的管理独立出来，由专门的团队管理该渠道的代理商。此前，CS 渠道的代理主要由大的 KA 渠道代理兼做，但两个渠道的客群明显不同，CS 渠道的客单价比 KA 渠道要高 10%~15%，容易造成窜货。渠道管理区隔后，百雀羚从货品上也做了彻底的分割，上新的 300 个 SKU 中有一半将给 CS 渠道。与此同时，百雀羚针对 CS 渠道用户喜欢购买套装的特点，推出了渠道专供的套装系列。2017 年，百雀羚推出专为 CS 渠道打造的全新百雀羚草本系列。百雀羚的 CS 铺货率很快就在所有品牌中占据第一。

这种独特的气质，也许正是百雀羚既保守遵循原有的规则和逻辑，又在不断尝试新玩法跟上时代文化消费变迁的内在因素。在看上去滚滚向前的商业浪潮里，那些看起来保守的基本逻辑和规则，在适应的范畴里，谁说不是一种成功的力量呢？

资料来源：1. 时尚品牌网，《"渠道之王"百雀羚 凭什么坐上国货第一的宝座》，2016-12-15。
2. C2CC 传媒，《以国潮烙印驱动双线渠道增长　百雀羚剑指 NO.1》，2020-05-18。

营销渠道是为了满足顾客需要而存在的，它使顾客能够方便地购买到所需要的产品。在现实中，顾客的生活都或多或少会受到营销渠道的影响，他们需要通过营销渠道来方便快捷地获得各种各样的产品。对于企业来说，营销渠道在企业营销中占有重要的地位，它是企业获得竞争优势的重要工具。为了使营销渠道能够充分地发挥作用，企业应该加强对营销渠道的管理。本章将对营销渠道的重要性、营销渠道的概念、营销渠道的功能与流程、营销渠道的参与者、营销渠道的结构以及营销渠道管理进行介绍。

1.1　营销渠道的重要性概述

随着营销理论与企业营销实践活动的发展变化，营销渠道变得与产品、价格、促销等营销因素同等重要。营销渠道在企业营销中占有重要的地位，其地位可具体表述为：营销渠道是企业营销组合中的一个重要因素，是企业将产品顺利地打入市场、提高市场占有率、实现企业营销目标的一种重要的营销工具。

1.1.1　营销渠道受到重视的原因

以前，很多企业认为营销渠道是无关紧要的，但是，不少企业在经历了广告、产品、价格竞争之后，逐渐认识到营销渠道的重要性，开始重视营销渠道。伯特·罗森布洛姆认为，营销渠道之所以被许多企业重视，主要有以下四方面的原因。

1. 企业获取持久竞争优势变得日益困难

持久竞争优势是指竞争者无法快速模仿或轻易模仿的竞争优势。近年来，面对消费者多样化、个性化的消费需求和竞争激烈的市场，企业试图通过产品、价格、促销这些策略来获取持久竞争优势已经变得越来越困难。

从产品策略来看，新产品的研发费用高，失败率也高，产品的生命周期越来越短，而且全球化的竞争使竞争者容易获得技术以提供类似的产品，企业只注重产品这一因素已难以在竞争中获得优势。在现实中，从工业机器、办公设备、计算机、汽车、家用电器、服装、化妆品、食品以及其他产品的市场竞争来看，任何企业想单纯凭借产品差异化来获得持久竞争优势的机会越来越少。

在经济全球化的背景下，相对于产品策略，企业想通过价格策略获得持久竞争优势的可行性更小。近年来，随着跨国公司不断增多，很多产品的价格竞争也变得日趋激烈，此起彼伏的价格战侵蚀了企业的利润，使企业维持竞争优势的基础变得更不稳定。即使一家公司在市场竞争中将价格降得比竞争对手更低，也不可能保持长期的优势，因为其他的跨国公司可以通过全球化的生产来降低成本，使产品价格与该公司的产品价格相当或更低。

使用促销策略来赢得持久竞争优势更是不太可能。一方面，促销更容易被竞争对手迅速地模仿。一个有创意、制作精美的广告出现后，很快会被竞争者模仿。同样，一家服装商场采用会员特价的销售促进方式来提升销量，竞争对手也会纷纷采用，最终导致促销费用上升，利润减少。另一方面，促销的影响力下降。无论在大街上，在餐馆中，还是在家里，在公共汽车和地铁上，甚至在卫生间，广告等各种促销信息无孔不入，充斥在人们的生活中，大量的广告和各种各样的销售促进信息通过电视、广播、报纸、杂志和网络冲击着消费者，给人们带来了极大的混乱，使促销的影响力大幅度下降。

相对于产品、价格、促销，通过渠道获取持久竞争优势的可能性更大。这主要有以下几方面原因。

第一，营销渠道的建立与运行需要长期的投入。营销渠道的组建与运行涉及设计渠道、选择和激励中间商、对渠道的控制与评估等问题，这需要企业进行长期的营销努力和花费大量的投资来构筑与维持营销渠道。如果竞争对手要使用有效的营销渠道与企业相抗衡，则需要进行长期而艰苦的努力。

第二，关系和人员是渠道的基础。营销渠道是由一系列组织构成的网络系统，渠道系统的成功依赖于各个组织的良好合作，这就需要各组织中的人员大力协作，共同建立并保持良好的渠道关系，但是良好的渠道关系是不容易建立和维系的。

第三，营销渠道不易调整。营销渠道组建起来后，在长期的运行中逐步形成了比较固定的渠道模式，会产生路径依赖。一旦想要对营销渠道进行调整，重新建立新的渠道结构和形成新的渠道关系的难度都比较大，调整渠道的成本也会比较高。所以，一家企业拥有了高效的营销渠道并使用渠道策略获得了竞争优势，竞争对手在短期内就很难模仿。因此，渠道比产品、价格与促销等要素更能获取持久的竞争优势。

2. 中间商的力量日益增强

近年来，随着营销环境的变化，一些大型中间商的实力不断提升，渠道成员之间的经济力量对比发生了变化，中间商对渠道的控制力在不断增强，权力从产品的制造商转移到了中间商。从全球来看，沃尔玛、家乐福、7-11等大型零售商也变得越来越强大，在各类产品的销售中成为引人注目的渠道控制者或渠道运行中的主导者。从我国家电行业来看，家用电器的营销渠道在世纪之交发生了巨大的变化。在原有的营销渠道中，家电厂家在渠道中占据主导地位，而中间商的实力很弱，往往从属于家电厂家。但随着买方市场的形成，整个家电业的重心发生了变化，由原来以制造商为中心转向以消费者为中心，中间商对稀缺资源——顾客的拥有，使得家电业的主导权正在由制造环节向流通环节转移，零售商在渠道中逐渐占据主导地位，尤其是以国美、苏宁等为代表的家电专业连锁企业拥有庞大的销售网络，凭借着强大的资金实力与巨大的经营规模，以较低价格大规模采购产品，从而能以价格优势吸引顾客购买各种家用电器，对渠道的控制力也随之增强，使得家电市场的主导权从厂家转移到零售商。

渠道专栏 1-1

在讨论消费者产品制造商所面临的挑战时，高露洁公司的总裁特别强调了营销渠道中不断强大的零售商。强大的零售连锁企业越来越多地控制了消费者市场的入口，因为它们决定了什么样的产品可以或不可以陈放在商店的货架上。

资料来源：罗森布罗姆.营销渠道管理：第6版[M].李乃和，吴俊芳，等译.北京：机械工业出版社，2003.

从制造商的角度来看，强大的零售商在消费者市场中发挥着"看门人"的作用，控制着产品通向市场的大门。但是，作为看门人的零售商，所扮演的角色是消费者的购买代理人，而非制造商的销售代理商。这些零售商大部分是以低毛利-低价格的方式经营，与制造商讨价还价的力量越来越大。为了成功地经营下去，零售商往往会向制造商提出一些强硬要求，致使厂商之间不断出现矛盾冲突。这种发展趋势迫使制造商开始重视营销渠道，寻求一种有效的营销渠道策略，来更好地处理自己与这些强有力的零售商之间的关系，以便实现共赢。

3. 减少渠道成本的要求

企业过去主要把精力花费在削减制造成本和内部运营成本方面，取得了一定的成功，但也减少了进一步压缩成本的空间。例如，组织再造、扁平化和重组的实施在削减成本方面起到了一定的作用。这些成本的降低致使产品成本下降，但是，渠道成本也是产品成本的一个重要组成部分，居高不下的渠道成本会对产品价格产生较大的影响。如表1-1所示，渠道成本往往在产品价格中占有相当比例，有些产品的渠道成本甚至超过了制造成本。例如，汽油的制造成本仅为19%，而渠道成本高达28%；又如，包装食品的渠道成本为41%，已经超过其制造成本。较高的渠道成本引起了人们的关注，压缩成本的努力开始向营销渠道方面延伸。作为成本控制的一个新领域，如何削减渠道成本？这个问题使得企业更加关注于营销渠道。

表 1-1 最终产品价格中的各种成本占比（%）

成本来源	汽车	软件	汽油	传真机	包装食品
渠道成本	15	25	28	30	41
制造成本	40	65	19	30	33
原材料和零部件成本	45	10	53	40	26

资料来源：罗森布洛姆.营销渠道：管理的视野：第7版[M].宋华，等译.北京：中国人民大学出版社，2006.

4. 信息技术日益发展的作用

信息技术的发展影响着营销渠道的发展，尤其是互联网技术正在对消费者的行为和营销渠道产生影响，这种影响是不容忽视的。随着互联网的快速发展，消费者不用花时间亲自到商店去，只需在手机上点几下，就可以从网上直接购买产品。例如，消费者可以从天猫上购买衣服，从京东上购买家用电器，从拼多多上购买农产品，从当当上购买书籍。为了适应互联网的快速发展和顾客行为的变化，保持企业的竞争力，不少企业在传统渠道的基础上，试图引入网络营销渠道，建立多渠道系统，这就促使企业重新设计营销渠道。即使建立了多渠道系统，在渠道运行的过程中，也容易引发多渠道冲突，导致渠道效率降低。互联网技术的发展在给企业带来机会的同时，也带来了挑战。在新的环境下，企业应该如何对渠道进行设计和对渠道运作进行管理，这些问题也引起了人们对营销渠道的重视，不少学者纷纷对这些问题进行研究，取得了一定的研究成果。

总之，所有这些要素的综合，使得营销渠道成为营销管理中的一个重要因素。在激烈的市场竞争中，高效畅通的营销渠道日渐成为企业竞争获胜的重要武器。

案例 1-1　　　　　　　　　　　佰草集的营销渠道

上海家化旗下佰草集在销售初期采用"专柜+专卖店"的渠道模式，认为自营店能使消费者更加了解佰草集品牌，能及时获得顾客对产品的反馈，并及时做出回应和调整，在掌握市场动态的同时更有利于发现机遇。随着产品线不断扩大，佰草集尝试在原渠道的基础上加上了汉方SPA的服务，开展了标新立异的"专柜+专卖店+汉方SPA"的多渠道模式，佰草集也利用网络等新兴渠道入驻天猫、京东等线上分销平台。

佰草集滑坡

2020年半年度财务报表显示，上半年，上海家化实现营业收入36.85亿元，同比下降6.07%；实现净利润1.83亿元，同比下降58.68%。值得一提的是，被寄予厚望的佰草集上半年净亏损达9 723万元。而在2019年，佰草集同样出现亏损，亏损额为6 224万元。这也意味着，该品牌在一年半时间内亏损了约1.59亿元。

上海家化相关负责人表示，上半年新冠肺炎疫情对线下百货渠道造成了巨大冲击，很大程度上影响了佰草集的销售，加之佰草集本身也是处于战略调整期，所以造成了亏损。

北京商业经济学会常务副会长赖阳分析称，佰草集与备受追捧的国际大牌相比，有着一定差距，很难被这一阶层的消费者接受。而和个性化的网红日化品牌相比，佰草集又没有较为突出的特质以及符号标志，这也使得其品牌过于老化，很难被年轻消费者接受。这样高不成低不就的局面，使佰草集面临较大的市场竞争压力，所以销量不断下滑，净利润亏损。

1998年，上海家化推出定位中高端市场的佰草集品牌，成为当时国产高端护肤品牌代名词之一。随后，上海家化不断加大对该品牌的布局。2014年，佰草集推出了针对专营店CS渠道的"典萃"三大系列，主攻线下渠道。数据显示，2014年，佰草集CS渠道近2 000家，并在2015年底发力至3 000家。而在海外市场，佰草集在2008年通过丝芙兰等渠道合作伙伴进驻法国、意大利、德国等国家的100多个店铺。随着布局加大，业绩也颇为亮眼。2014年，佰草集贡献了上海家化近1/3的营收。

在赖阳看来，佰草集之所以逐渐陷入亏损，和自身定位与布局渠道存在一定偏差有直接关系。佰草集布局渠道主要以百货店及CS渠道为主，显然与其中高端定位不符。这些渠道的消费者很难成为佰草集的主要消费者。这对其发展造成了一定的影响。

此外，随着日化品牌消费趋势的不断变化，线上渠道占比越来越重。数据显示，从2013年到2018年，化妆品销售线上规模由362亿元增加到1 125亿元。就增速而言，线上渠道增速高达20%~30%，线下渠道增速只有3%~10%。赖阳表示，主攻线下渠道的佰草集显然不能适应当下日化产品的消费趋势，线上线下渠道布局的失衡也成为其亏损的重要原因之一。

关于佰草集的发展，上海家化逐渐意识到了存在的问题。在2019年3月12日举办的业绩沟通会上，上海家化证券事务代表兼董事会办公室主任陆地表示，2019年上海家化将对整个佰草集品牌战略进行重新梳理调整，制定全新的发展方案。

其实，从佰草集的发展历程来看，与上海家化的过往史有着一定的相似之处。从大肆布局、市场不断向好到业绩放缓、下滑，市场份额被挤压，主要根源还在于渠道的失衡。

动刀营销渠道

在2020年半年报中，上海家化将净利润的大幅下滑归因于线下业务占比较高，从而承受了较大的经营压力。2020年半年报显示，上海家化主营业务中，线上渠道实现14.26亿元营业收入，同比增长32.66%；线下渠道实现22.56亿元营业收入，同比下降20.64%。

事实上，线下渠道于上海家化而言，一直是其重要营收来源。据相关人士透露，截至2020年上半年，上海家化线下渠道占比在60%左右。截至2019年底，上海家化旗下共有商超门店 20 万家、农村直销车覆盖的乡村网点有近 9 万家店、百货店近 1 500 家、化妆品专营店约 1.3 万家。

随着日化行业的发展，消费者越来越倾向于线下体验线上购买的消费模式。而上海家化各品牌仍然布局在传统的购物中心、百货店、街边的专卖店等，以商品陈列销售为主要模式，体验性较差。基于此，上海家化渠道改革迫在眉睫。

2015 年，上海家化推动母品牌入驻天猫官方旗舰店，成为首个与天猫达成战略合作的化妆品集团。但上海家化 2018 年才开始大规模布局线上，显然已经落后，同时还伴随着很大的改革阵痛。快消行业新零售专家鲍跃忠表示，线上发展已经不如之前那般迅速，现在布局面临着很大的压力，比如需要更高成本引流，需要面对线上已经成熟品牌的分流，需要完成整体的数字化营销模式的转型，不断深入渗透，实现线上线下联动的发展模式等。

数据显示，过去 3 年中，珀莱雅电商营收占比从 2017 年的 36.08%，增加到 2020 年上半年的 63.55%；丸美股份线上渠道营收占比从 2017 年的 11.37%，增加到 2019 年的 44.89%。反观上海家化，虽未公布具体线上营收占比数据，但据相关人士透露，截至 2020 年上半年，上海家化线上营收占比在 30% 左右。

关于线下渠道的改革，上海家化相关负责人表示，未来，线下渠道将巩固原有优势渠道，结合市场环境优化百货渠道运营，并尝试拓展新零售业务，目前已初步对低单产百货门店进行缩编，对传统 CS 渠道进行重建，夯实商超基础实现拓品增效。

资料来源：根据大消费观察公众号文章（2020-08-27）及佰草集官网资料改编而成。

1.1.2 营销渠道的重要性

1. 营销渠道是产品进入市场的重要通道

很多企业在生产出产品之后，往往需要借助营销渠道，通过渠道所提供的所有权效用、时间效用、空间和形式效用，来解决企业与消费者之间的种种矛盾，使产品尽快进入消费领域，实现产品的价值。在社会化大生产和市场经济条件下，企业与消费者之间存在许多矛盾：一是所有权分离的矛盾。企业生产出产品，拥有产品的所有权，但自己并不需要产品，而消费者需要这些产品，却不拥有产品的所有权。二是时间分离的矛盾。有些产品常年生产却存在季节性消费，如空调；有些产品是季节性生产却一年四季都需要，如蔬菜和水果。三是空间分离的矛盾。企业相对集中在某些地区，而消费者分布在全国或全球的不同地方。四是供需数量的矛盾。企业为获得规模效益会大量生产某种产品，而消费者每次购买的产品数量比较少。五是花色、品种方面的矛盾。企业往往进行专业化生产，而顾客却需要各种花色、品种的产品。为了解决这些矛盾，中间商等重要渠道成员的参与是必不可少的。企业通过引入中间商，构建渠道网络系统，由不同中间商执行促销、谈判、物流、匹配、订货和付款等功能，提供所有权、时间、空间和形式效用，来解决企业和消费者之间的这些矛盾，将产品由企业顺利转移给顾客消费，满足顾客的需求。可以说，离开了营销渠道，再好的产品都无法由生产领域进入消费领域，实现其价值。

案例 1-2　　　　　　　　　梅州柚拓展营销渠道

经过多年的经营，柚产业成为梅州农业的重要支柱产业之一。广东省农业农村厅和梅州市政府联合发布了《2020年广东梅州柚"12221"市场营销暨品牌建设十大行动计划》，将梅州柚市场营销工作与推动现代农业产业高质量发展、决胜脱贫攻坚等重点任务一同推进。其中提到拓宽数字营销渠道，促进产销有效对接，并制订了梅州柚网络节等系列活动计划，这可谓有的放矢，对梅州柚"借船出海"，实现规模化销售起到积极的带动作用。

开拓线上线下渠道能实现产销有效对接。不久前京东旗下社交电商平台京喜与梅州柚产业带推出的"京喜产业带厂直优品计划——产地直发"模式，亦是梅州柚产业拓展营销渠道的一只大船。2020顺丰·梅州柚物流解决方案发布会称，顺丰在梅州柚种植、流通、市场等环节全面融入，以多个旗下业务板块支持梅州柚开拓市场，打响品牌。全渠道合作借助电商物流的"船"，让梅州柚走向更广阔的市场"蓝海"。

与电商、快递公司深度合作其实是一个多赢的模式。其一，对消费者而言，可以享受到时令生鲜和低价的农特产品。其二，对电商而言，可有效布局产业带，通过产业带拓展更多商家，打造更丰富、更有特色的营销平台。其三，对梅州而言，有利于进一步提升农特产品的知名度、产品质量，推动产业化、标准化、品牌化，打响"梅州柚"的区域公用品牌。

资料来源：邱发平."借船出海"拓展销售渠道[N].梅州日报，2020-09-09.

---

2. 充分发挥渠道成员的作用，是提高企业经济效益的重要手段

中间商是营销渠道的重要成员，中间商专门从事产品的分销，具有专业的知识和技能、丰富的分销经验、广泛的社会联系和有效的分销网络，合理利用中间商从事产品的分销，能以高效率、低成本推动产品进入目标市场，使企业的经济效益提高。

首先，有效地利用中间商可以提高渠道效率。在生产活动中，企业通过劳动分工，把一项复杂的任务分解为许多比较简单的活动，再将这些活动分派给不同的专业人员，以获得更高的生产效率，增加产出。劳动分工运用于一个企业的生产时，可以提高生产效率，这在实践中已经得到证实。分工原理同样适用于营销渠道，渠道管理者可以将分销活动分解为采购、销售、运输、库存、信息提供和订单处理等不同的分销任务，再把这些分销任务分配给能最有效地完成相应任务的渠道成员，实现分销任务的最优分配，从而提高渠道效率。

其次，合理利用中间商可以减少交易次数，降低交易成本。与企业和消费者直接交易相比，企业通过中间商与消费者进行交易的次数更少，如图 1-1、图 1-2 所示。图 1-1 说明，3 家企业直接与 3 个消费者进行交易，每家企业至少要与这 3 个消费者发生 3 次交易，则总共需要进行 9 次交易。图 1-2 表明，通过引入一个零售商，这 3 家企业将各自生产的产品销售给一家商店，再由该商店将商品卖给 3 个顾客，则总共只需发生 6 次交易。这说明，在交易中，合理使用中间商，通过中间商实现集中采购与配送，企业可以减少与顾客直接接触的次数，减少时间、人力和资金的耗费，降低交易成本，从而提高企业的经济效益。

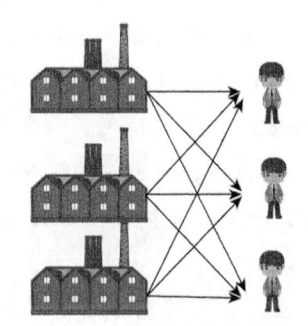

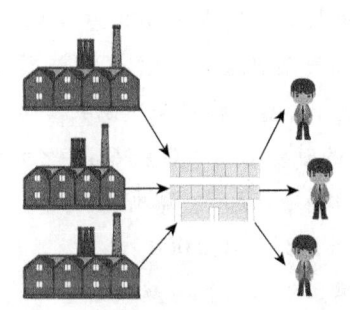

图 1-1　不通过中间商的交易次数　　　　图 1-2　通过中间商的交易次数

案例 1-3　　　　　　台湾地区茶叶销售：茶叶中间商的关键作用

　　台湾地区的茶叶工业始于 19 世纪中期，茶树自大陆引进并种植于台湾山地。到了 20 世纪 20 年代后期，台湾总共有 20 000 名茶农。他们通过 280 个茶叶中间商销售他们的产品（所谓的生茶），然后中间商将茶叶卖给 60 个坐落在大稻埕海滨的加工厂，准备进行贸易和出口。中间商进山搜寻购买茶叶，再将其带到码头地区卖给加工厂。

　　中间商在茶农和加工厂两边的声誉都不佳。它们被指责通过低买高卖来剥削市场，行业需要一个简单的直接交易系统来彻底摆脱中间商渠道。作为回应，台湾于 1923 年在大稻埕设立了茶叶拍卖行。茶农可以直接将茶叶运输到拍卖行，通过一级密封价格拍卖来决定卖给加工厂的茶叶的价格。拍卖行通过收取茶农们会员费、交易佣金和政府补助来弥补其运营费用。在这样的情况下，中间商需要和拍卖行竞争，尽管如此，中间商还是幸存了下来，而最终拍卖行却不得不关门大吉。如果中间商只是市场的盘剥者，为什么会出现这样的状况呢？

　　答案就在于台湾茶叶中间商所扮演的角色。

　　第一，中间商促进了市场搜寻。一个中间商会访问很多的茶庄，找到可以卖的茶叶——为产品供应搜寻了渠道上游。然后，中间商会带着茶叶的样本去一些加工厂寻求订单。访问很多的加工厂是必须的，因为每个加工厂对于相同茶叶的用途不同，对于相同质量和品种茶叶的报价也会不同。另外，中间商还必须在每个季节都重复这样的搜寻，因为加工厂在不同季节的订单存在差异。所以，中间商既为茶农收获的茶叶找到了买家，也为加工厂找到了茶叶供应来源。

　　第二，中间商从事多种分类工作。生茶是一种非常多样化的产品，即使同一种茶树，由于种植环境的差异也会产出质量不等的茶叶。更重要的是,在台湾的山区有25种不同的茶树科目。中间商和加工厂都会进行挑选,因此需要相当的专业技术。加工厂会雇用一些专家来对中间商送来的茶叶进行审核。中间商在此过程中起到的帮助作用是将不同茶农生产的茶叶聚集和分类,然后送往加工厂。

第三,中间商减少了渠道系统中的接触次数。假设有20 000名茶农和60个加工厂,总共需要进行1 200 000次接触来确保每名茶农以最优价格卖出他们的茶叶(假设所有茶农都只种植一种茶树)。相反的是,每名茶农只需要将茶叶卖给一个中间商的话,茶农和中间商渠道层面要完成20 000次接触。如果一个中间商平均收集 n 种茶叶,让280个中间商分别代表茶农与60个加工厂进行谈判,会产生 $60 \times 280 \times n$ 次谈判。所以在存在中间商的情况下,整个渠道当中总共发生($20\,000 + 16\,800 \times n$)次谈判。只有当茶叶的种类超过70种的时候($20\,000 + 16\,800 \times n = 1\,200\,000$,解出 n),渠道中的谈判次数才会超过1 200 000次。然而,台湾地区当时只有25种茶叶,所以,中间商将渠道接触的数量由1 200 000次降到了440 000次。

这些增加价值的行为被攻击中间商为市场盘剥者的声音所忽略了。当局资助的拍卖行的失败意味着茶叶中间商不仅不是市场盘剥者,而是效率加强者。显然,在这种情况下,中间商不仅增加了价值,而且节约了成本。

资料来源:科兰,安德森,斯特恩,等.营销渠道:第7版[M].蒋青云,王彦雯,顾浩东,等译.北京:中国人民大学出版社,2008.

3. 营销渠道是企业获得竞争优势的重要工具

随着经济全球化和市场竞争的加剧,市场竞争不再是单个企业之间的竞争,而是一个网络和另一个网络之间的竞争,建立了更好网络的企业最终将赢得竞争优势。营销渠道是企业为实现交易目的而构建的网络系统,渠道的构建是一项长期的决策,企业所拥有的有效的营销渠道很难被竞争对手快速地模仿。因此,在现代社会中,高效畅通的营销渠道逐渐成为企业赢得持久竞争优势的一个重要武器。在当前激烈的市场竞争中,不少企业逐渐认识到,仅靠自身力量与竞争对手单打独斗已经很难取胜,而通过与中间商的密切合作,构建协调高效的营销渠道,往往可以获得成本领先或差异化的竞争优势,高效的渠道不但能提高市场占有率、销售额与利润,还能塑造良好的品牌形象。所以,许多企业开始重视具有持久竞争力的营销渠道的设计和管理,试图通过建立畅通高效的渠道系统来传递和实现顾客价值,提高顾客的满意度,以更好地实现企业目标。

1.2 营销渠道的概念、功能与流程

1.2.1 营销渠道的概念

关于营销渠道,各位学者从不同的角度给出了不同的定义。在渠道理论中,对渠道

的定义主要可以概括为两种观点：

一是分销途径说。美国学者爱德华·肯迪夫和理查德·斯蒂尔指出："渠道是当产品从生产者向最终消费者和产业用户移动时，直接和间接转移所有权所经过的途径，包括生产者、商人中间商、代理中间商、辅助商以及最终消费者或用户等。"罗伯特·琼和汤姆斯·尼克也认为，"渠道是当产品从生产者向最终消费者或产业用户移动时，直接或间接转移所有权所经过的途径"。这些学者都认为营销渠道就是产品流转过程中所经过的途径。

二是组织结构说。这种观点认为营销渠道是由不同组织构成的网络系统。美国市场营销协会将渠道定义为"公司内部单位以及公司外部代理商和经销商的组织结构，通过这些组织，产品和劳务才得以上市营销"。伯特·罗森布洛姆认为营销渠道是"为实现分销目标而受管理调控的外部关联组织"。路易斯·W.斯特恩等营销学者也认为，"营销渠道是一系列相互依赖的组织，它们致力于促使一项产品或服务能够被使用或消费"。他们认为渠道是由不同组织共同合作而形成的网络，并明确地指出了渠道的目的是促使产品或服务顺利地被使用或消费。在营销学界，很多学者都认可这种观点，该定义在渠道理论中也使用得比较广泛。本书也认同第二种观点，这种观点更好地揭示出营销渠道形成的本质，指出为转移产品所有权，生产者需要与外部关联组织共同合作执行一系列的渠道功能，各渠道成员在执行不同的渠道功能中就形成了网络系统。

结合以上学者的描述，本书认为，营销渠道是为促使产品或服务顺利地被使用或消费而由一系列相互依赖的组织构成的网络系统。

根据这一定义，可以从下面几个方面来理解营销渠道。

（1）营销渠道是由一系列相互依赖的组织构成的网络系统。它是由制造商、批发商、零售商、代理商以及消费者或用户等渠道成员所构成的一个网络系统。这些渠道成员既相互独立，又相互依存，渠道成员之间存在合作与竞争的关系，它们会因利益而合作，也会因利益或其他因素发生矛盾而需要管理。渠道成员之间的相互依赖是营销渠道存在的基础，各个渠道成员执行不同的渠道功能，每个渠道成员都需要依赖其他渠道成员的配合来完成渠道任务，才能将产品从制造商高效率地转移到消费者或用户手中。

（2）营销渠道主要反映的是产品所有权的转移。营销渠道的核心业务是购销，产品在渠道中通过一次或多次购销转移所有权，由制造商流向消费者或用户。制造商、批发商、零售商、代理商以及消费者或用户等渠道成员都与产品所有权转移有关，他们通过执行谈判功能取得产品所有权或帮助所有权转移。谈判功能包括购买、销售与产品的让渡。而物流公司、银行、保险公司、市场调研公司和广告公司等辅助商因不涉及谈判功能而与产品所有权转移无关，故不属于渠道成员。

（3）营销渠道存在于企业外部。除了企业完全直接销售产品的情况，营销渠道对于企业来说是一种外部组织结构，它是由众多与企业有关联的外部组织构成的，而不是企业内部组织结构的一个组成部分。这就决定了渠道管理是组织间的管理，是一家企业对众多外部关联组织的管理，它比企业内部的管理要复杂得多，也困难得多。

营销渠道的基本结构如图 1-3 和图 1-4 所示。营销渠道的起点是制造商，终点是消费者或用户，参与到渠道过程中与产品所有权转移有关的全部组织及个人都称为渠道成员，它们通过执行一些渠道功能来帮助产品转移以便这些产品被使用或消费。从图中来看，制造商可以通过多条渠道将产品转移到消费者或用户手中，有些渠道的环节较少，甚至没有中间环节，涉及较少的中间商或没有中间商介入；而有些渠道的环节很多，涉及较多的中间商。相对而言，消费品的营销渠道主要由批发商和零售商等中间商构成，渠道环节较多，而工业品的营销渠道则由批发商（如制造商的分销机构、工业品经销商等）与代理商构成，渠道环节较少。本书介绍的主要是消费品的营销渠道管理。

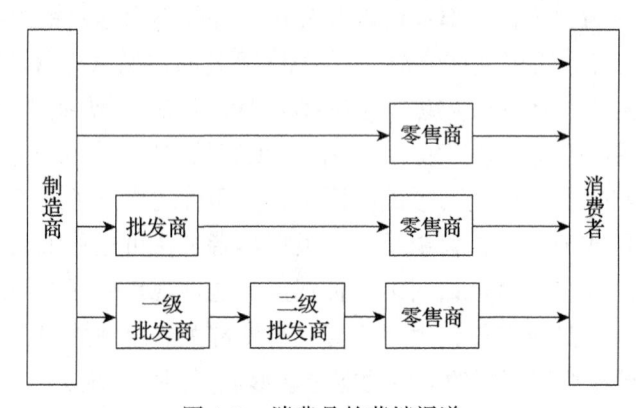

图 1-3 消费品的营销渠道

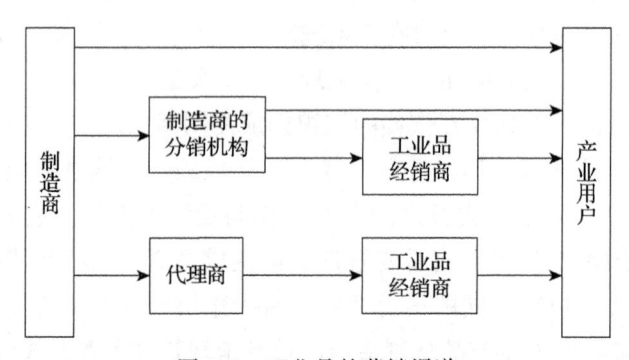

图 1-4 工业品的营销渠道

1.2.2 营销渠道的功能

营销渠道的基本功能是将产品顺利地分销给消费者，也就是说，要使产品由制造商转移给消费者的整个过程顺畅、高效，就要消除或减少制造商与消费者之间在时间、地点、产品品种和数量上的差异。为了能够将产品顺利地转移给消费者，渠道成员需要共同合作，通过执行一系列渠道功能，创造时间效用、空间效用、形式效用和所有权效用。具体而言，营销渠道的功能主要有以下几方面。

（1）收集和传递信息。收集有关消费者、竞争者、营销环境和其他方面的信息，并将信息传递给其他渠道成员。例如，一家零售商在销售过程中发现顾客在购买电脑时比较关注电脑的运行速度和外观，同时也收集到其他生产厂家的电脑特点。该零售商将这些信息反馈给电脑制造商，电脑制造商可以根据这些信息来设计电脑和制定促销策略，这就是渠道收集和传递信息的功能。

（2）促销。开发和传播有说服力的产品信息，与消费者沟通并吸引消费者。为了刺激消费者购买电脑，电脑制造商进行广告宣传，强调电脑的一些优点，以吸引顾客购买，这显示了制造商在执行促销功能。

（3）订货。中间商向制造商进行有购买意向的反向沟通行为。如果该电脑质量比较好，这家零售商会向电脑制造商下订单，订购一大批各种型号的电脑，这就是零售商在执行订货功能。

（4）匹配。使所供应的产品符合购买者的需要，包括分类、分等、组合、搭配和包装等。零售商收到大包装的电脑后，会将大包装拆成小包装，按电脑型号进行分类，也会将电脑与其他厂家的打印机、扫描仪等产品进行组合、搭配，以减少厂家单一产品种类与消费者多样化需要之间的矛盾，从而降低厂家和消费者搜寻对方的成本。

（5）物流。主要是组织产品的运输、仓储，以确保正常供货。零售商可以自己到厂家拉货，通过卡车将产品运到仓储中心贮藏，然后再按各门店的数量、时间要求配送电脑和其他产品至各个门店。

（6）谈判。渠道成员之间进行洽谈，达成有关产品价格及其他条款的协议，以实现所有权或持有权的转移。零售商与电脑制造商会就电脑种类、规格、数量、价格等进行协商并达成协议，从而使电脑所有权由电脑制造商转移到零售商。

（7）融资。获取和使用资金，用于渠道成员之间的货款支付和组织运转的开支。产品的生产与销售都需要资金支持，充足的资金能确保整个渠道正常运转。消费者上网购物时预付定金以增加厂家的资金，零售商利用延迟付款来融资，批发商要求厂家赊销以减少资金占用，厂家向中间商收取保证金或定金以增加资金等都是一些常见的融资行为。

（8）风险承担。渠道成员在执行渠道任务的过程中承担相关的风险。零售商购买了一大批电脑后，可能会因缺乏资金而不能购买其他畅销品牌的电脑，也可能一年后为处理电脑存货而需要降价销售，这些风险就由零售商来承担。

（9）付款。买方通过银行和其他金融机构向卖方支付账款。零售商购买电脑后，往往通过银行将货款支付给电脑制造商，这就是零售商在执行付款功能。

关于营销渠道功能的一个基本原理是：各种渠道功能可以由不同的渠道成员来执行，但任何一种渠道功能都是不可或缺的。因此，渠道管理者可以增减或替代一些渠道成员来调整渠道结构，但是这些渠道成员所承担的渠道功能不能被取消，这些功能将随之向上或向下转移，由其他成员来承担。

营销渠道的功能具有三个特点：它们使用稀有资源；它们通常可以通过专业化而更好地发挥作用；它们可以在渠道成员之间转换。渠道功能可以由制造商来执行，也可以由中间商来执行。由谁来执行各种渠道任务是一个有关效率和效益的问题。营销渠道结构的演变在很大程度上是由于发现了更为集中或分散经济功能的途径。在向消费者提供渠道服务的过程中，这些功能是不可缺少的。当然，执行这些功能会导致成本的发生，而渠道提供的服务产出和产生的成本实际上是衡量渠道效益的两个方面。因此，渠道服务产出水平和渠道成员执行渠道功能的成本，是渠道结构形成和促进渠道结构演变的内在动力。

1.2.3 营销渠道的流程

渠道功能是通过渠道流程来完成的，渠道流程的效率决定了渠道功能产出效率。产品从生产者向消费者转移的过程中，渠道成员之间会发生各种各样的活动联系，如产品所有权转移、产品实体转移、促销、谈判、资金融通、风险承担、订货、付款和信息传递等，这些活动联系构成了"渠道流程"。正是这些渠道流程，将不同的渠道成员有机地联系起来，如图1-5所示。渠道流程主要包括所有权流、物流、促销流、谈判流、融资流、风险流、订货流、付款流及信息流等。

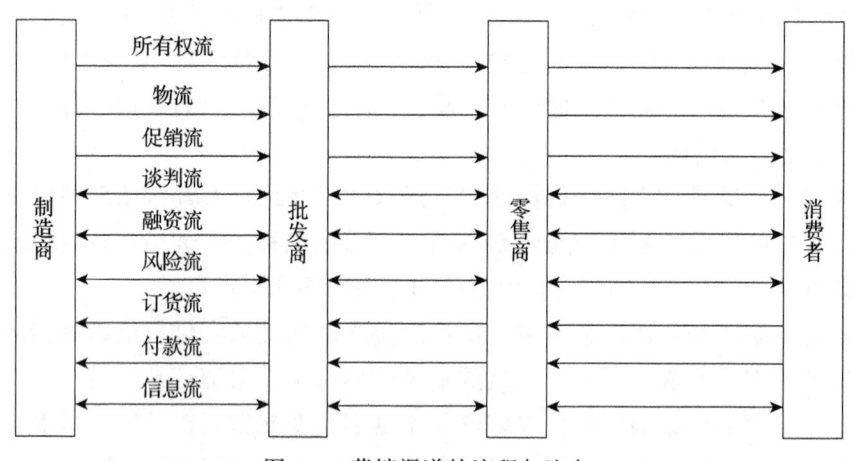

图 1-5 营销渠道的流程与流向

1. 所有权流

所有权流是指产品所有权或持有权从一个渠道成员手中转移到另一个渠道成员手中的过程。所有权流亦称为商流，是产品买卖活动的过程。伴随着购销活动，所有权往往在营销渠道中向前流转。这一流程的流向是从制造商流向中间商，再流向消费者。例如，通过汽车的两次买卖活动，汽车所有权先由汽车厂转移给经销商，再由经销商转移给消费者。只有达成交易，将产品所有权最终交付给消费者，才能实现产品价值，制造商才能持续地发展下去。

2. 物流

物流是指产品的实体从制造商转移到消费者的实际移动过程。产品买卖活动会带来产品实体的流动，为了完成产品实体的转移，需要进行运输、仓储、装卸、配送等一系列活动。物流是一种前向流程，其流向是产品实体由制造商流经中间商，再到消费者。通常，产品是由制造商根据中间商的订单交付给中间商，再由中间商交付给消费者。当然，也可以根据中间商的要求，由制造商直接向消费者供货。例如，汽车厂生产出汽车后，将汽车运送给经销商，经销商可能会储存一段时间，在与顾客达成交易后，经销商再将汽车交给顾客。如果购买方是大客户，购买汽车的数量较多，中间商也可以要求汽车厂直接向大客户供货。

3. 促销流

促销流是指一个渠道成员通过广告、人员推销、销售促进、公共关系等活动对另一个渠道成员施加影响的过程。促销流是一种前向流程。促销流可以由制造商流向中间商，也可以由制造商直接流向消费者。制造商向中间商进行促销时，往往使用人员推销的促销手段，而制造商向顾客促销或中间商向顾客促销时，通常采用广告、销售促进等促销手段。制造商要充分利用促销流，发挥促销的"推"与"拉"的不同作用，促进产品的销售。

4. 谈判流

谈判流是指渠道成员之间就产品种类、数量、价格及交易条件等方面所进行的洽谈过程。在营销渠道中，为实现产品所有权的转移，制造商与中间商之间可能需要进行多次谈判。每转移一次产品所有权，渠道成员之间就需要对产品种类、数量、价格和其他条件进行一次洽谈，以达成协议。制造商应遵循行业惯例来设定谈判条件。如果条件太高，则很难寻找到愿意合作的中间商。相反，如果条件太低，可能会导致制造商本身的利益受到损害，甚至丧失渠道管理的主动权。

5. 融资流

融资流是指渠道成员之间伴随着产品所有权转移所形成的资金融通的过程。渠道的融资流包括前向融资和后向融资两种形式。制造商可以进行前向融资，例如，汽车厂让经销商销售完汽车后再付款，这相当于制造商为中间商提供资金以从事经营活动；顾客买车时，经销商以分期付款方式向顾客提供融资服务，这就构成了前向融资。制造商也可以进行后向融资，例如，汽车厂要求经销商预付一定金额的货款购买汽车，这相当于中间商为制造商提供资金来从事生产活动。

6. 风险流

风险流是指各种风险在渠道成员之间转移或由不同渠道成员承担的过程。在产品所有权转移的过程中，通常是由拥有产品所有权的渠道成员承担风险。造成风险的因素很多，交易过程中产品破损、丢失、报废、过时、返修等都会造成各种有形或无形的损失，还有产品存量过大而影响资金周转，处理存货而导致的损失等。在产品由厂家转移到消费者的过程中，经济不景气、政治动乱、市场波动、自然灾害等因素也会引发风险。

7. 订货流

订货流是指下游渠道成员向上游渠道成员订货的过程。渠道成员可能定期或者不定期地向上游成员发出订单，这种订单可以由消费者直接向制造商发出，也可以由批发商或零售商向制造商发出。订货流是一种后向流程，是由消费者流向零售商，再由零售商流向批发商，最后由批发商流向制造商。例如，顾客向经销商订购汽车，经销商根据销售预测向汽车厂下订单，汽车厂按照订单生产汽车。

8. 付款流

付款流是指货款在不同渠道成员之间的流动过程。这种流程是一种后向流程，货款在营销渠道中由消费者向制造商流动。在订货流发生之后，消费者向零售商付款，零售商再通过银行或其他金融机构将款项付给批发商，批发商再付款给制造商。例如，购买汽车的顾客向经销商支付货款，经销商再按出厂价付款给汽车厂。

9. 信息流

信息流是指渠道成员之间的信息沟通过程。一般来说，从制造商向下游传递的是产品与促销信息，而从渠道下游向制造商传递的是市场需求信息。例如，零售商向制造商提供以下信息：哪些产品最畅销？消费者对哪些产品感兴趣？信息流贯穿于整个营销渠道之中，各个渠道成员之间都可能存在信息交流。渠道中相邻的组织之间会进行双向的信息沟通，而不相邻的组织之间也会有各种各样的信息交流。

在这些渠道流程中，最为重要的是所有权流、物流、付款流、信息流和促销流。不同渠道流程的流向有很大差别，所有权流、物流、促销流是前向流程，由制造商流向消费者，而付款流和订货流则是后向流程，是从消费者流向制造商，融资流、谈判流、风险流和信息流则是双向的，在进行交易的不同渠道成员之间流动。

1.3 营销渠道的参与者

营销渠道的参与者是与制造商的产品分销有关的全部组织。一般来说，营销渠道的参与者包括制造商、中间商、消费者和辅助商。制造商往往是渠道组建与日常管理的主导者，中间商主要有批发商和零售商，它们执行一系列的渠道功能，对渠道效率和效益有着重要的影响，而消费者是营销渠道的服务对象，对渠道结构及演变起着决定性的作用。制造商、中间商和消费者都与产品的所有权有关，它们通过谈判或交易联系在一起，都是渠道成员。尽管辅助商与产品所有权转移无关，但也参与到渠道中，执行调研、运输和储存等一些渠道功能。

1.3.1 制造商

安妮·T.科兰和路易斯·W.斯特恩等学者认为，制造商就是产品和服务的生产者。而伯特·罗森布洛姆则对制造商进行了明确的界定："生产商和制造商包括那些从事产品提取、种植以及制造的公司，这些公司的种类包含了农业、林业、渔业、采矿业、建造业、制造业以及一些服务行业。"通常，制造商也称为生产企业、生产者、生产商、企业、公司等，在本书中，这些不同的称谓一般都是指制造商。

制造商的范围非常广泛，不但包括生产不同产品的企业，还包括各种规模的企业。制造商所生产的产品各式各样，从飞机到纸巾，不一而足，种类各异。制造商的规模也有大有小，大到像可口可乐这样的国际企业，小到乡村的私营企业。虽然这些制造商存在着很多差异，但都有一个共同点，即这些制造商都需要有效地满足市场的需求，需要通过某种方式把生产出来的产品提供给消费者。制造商可以直接向消费者销售产品，也可以通过中间商来分销产品。但是，大部分制造商都是通过中间商将产品传递给消费者。

也许有人会问，在不断缩减成本的现代社会，制造商应该尽量越过中间商将产品直接卖给消费者，以便把经转手所增加的不必要成本降到最低，就像戴尔一样。可是，为什么仍然有大量的中间商介入产品的分销呢？实际上，要将产品有效地分销给消费者，就需要渠道成员执行许多渠道功能，它们应具备执行这些渠道功能的专业技能并能获得规模效益，而制造商往往缺乏这样的专业技能，且难以实现规模经济。制造商在生产领域具有很高的专业水平，但这并不代表其在销售领域也同样具有专业水平，特别是对于规模小的制造商而言，资金和管理人才都比较短缺，更不具备分销的专业技能。此外，不同的产品需要不同的营销渠道，比如像软件、计算机之类的高科技产品，由于这些产品科技含量高，顾客重复购买次数少，且顾客需要专业性的服务等，可以采用直销的模式；但大量的产品，如口香糖、饮料等便利品，往往需要利用密集的网点、方便的零售终端进行销售。因此，大部分制造商都需要依靠中间商的帮助来分销产品。许多制造商都需要设计渠道结构，并对营销渠道进行管理，使营销渠道有效地运转，从而使产品通过营销渠道尽可能多地占领市场、满足顾客需求，并使自身获得利润。

1.3.2 中间商

中间商是那些在渠道中执行谈判功能及其他功能，取得产品所有权和帮助产品所有权转移的独立的组织。中间商通常参与渠道流程中的谈判流和所有权流。按照销售对象，中间商可以分为批发商和零售商。通常，批发商和零售商都是渠道系统中的重要成员。

1. 批发商

批发是指将产品销售给那些为了转售或为了商业用途而购买产品的组织的商业活动。这意味着除对消费者个人或家庭外的所有销售活动都属于批发活动。批发商也称为经销商，是指那些主要从事批发业务的中间商。批发商按批发价销售大批量的商品，其销售对象往往是组织，包括其他批发商、零售商、生产企业、非营利性组织以及相关机构等。在营销渠道中，批发商可以执行几乎全部的渠道功能，但从批发商的特点来看，主要执行收集和传递信息、订货、匹配、物流和融资等功能。批发商向不同厂家大批量地采购商品，汇集多种多样的产品，再将产品分类、分等、重新包装，把各厂家的商品搭配成零售商所代表的顾客需要的货色，运送给各个零售商，更好地满足了零售商品种多、数量少、加速资金周转的需要。通常，批发商可分为商人批发商、代理批发商、制造商的销售机构与办事处以及零售商的采购办事处等类型。

（1）商人批发商。商人批发商是指自己进货，取得所经营商品的所有权后再出售给组织用户的独立批发企业。商人批发商是批发商的最主要类型。商人批发商根据不同因素可以划分为不同的类型。按所提供的服务是否完全来分类，商人批发商可分为完全服务批发商和有限服务批发商。完全服务批发商向渠道成员提供全套服务，而有限服务批发商为了减少费用，降低批发价格，只提供很少的服务。按经营商品的范围来分类，商人批发商可分为三种类型：一是综合批发商。这类批发商经营多种产品类别，其销售对象主要是百货商店和商场。二是单一种类批发商。这种批发商只经营某一类商品，如酒类、服装类、糖果类或保健品类商品，这一类商品的花色、品种、规格、品牌都很齐全，销售给地区批发商、大型零售商和机关团体等。三是专业批发商。专业批发商即专门经营某一类商品中的某种商品的批发商。这类批发商的专业化程度较高，主要服务对象是专业商店和专业用户。

（2）代理批发商。代理批发商是参与商品买卖的谈判，但不拥有所经营商品的所有权的批发商。这种批发商的主要职能是促使买卖双方达成交易。与商人批发商相比，代理批发商对所经营的商品没有所有权，所提供的服务较少，只是在买卖双方之间起媒介作用，通过促成交易来赚取佣金。代理批发商的专业性较强，往往专门经营某一方面的业务。代理批发商主要有以下类型：

1）经纪人。经纪人也称为中介，主要职能是为买卖双方牵线搭桥，促进交易。经纪人联系面广，认识许多买主和卖主，他们替卖主寻找买主，或者替买主寻找卖主，将买卖双方结合在一起，促使双方达成交易，成交后，由卖主把货物直接运给买主，而经纪人从中获取一定的佣金。经纪人在房地产业、证券业以及保险业中比较常见。

2）制造商的代理商。制造商的代理商即代表两个或多个制造商销售产品的代理商。这种代理商通常和几个生产互补产品的制造商签订长期代理合同，在一定地区，按照这些制造商规定的销售价格及其他销售条件，替这些制造商代销全部或部分产品，制造商则按销售额的一定百分比支付佣金，以鼓励代理商积极销售产品。这种代理商相当于制造商的推销员。有些制造商使用这种代理商开辟新市场，或在一些市场规模较小的地区使用代理商销售产品。

3）销售代理商。销售代理商即按照合同为制造商销售所有商品的代理商。销售代理商实际上是制造商的独家全权销售代理商，在价格、销售地区及其他交易条件等方面有很大的权力，类似制造商的销售部门。销售代理商与制造商的代理商是有区别的，主要体现在两个方面：首先，每一个制造商只能使用一个销售代理商，而且将其全部销售工作委托给该销售代理商后，不得再委托其他代理商代销产品，也不得再雇用推销员去推销产品。而每一个制造商可同时使用几个制造商的代理商，还可以设立自己的推销机构。其次，销售代理商通常替制造商代销全部产品，并不限定只能在一定地区内代销，同时，在销售价格和其他销售条件方面有较大的权力。而制造商的代理商要按照制造商规定的销售价格及其他销售条件执行，在一定地区内替制造商代销一部分或全部产品。小企业或只关注生产的企业通常会使用销售代理商。

4）采购代理商。采购代理商往往与一家或几家企业保持长期关系，专门替这些企业采购货物，为其收货、验货、储运，以及将货物提交给买主。由于采购代理商熟悉市场情况，消息灵通，因而能向企业提供有价值的市场信息，还能以较低价格买到质量较好的货物。

5）佣金商。佣金商也称为代办行，是指对代销的商品实体具有控制权并参与商品销售谈判的代理商。大部分佣金商主要是从事农产品的代销业务。菜农、果农往往与大城市批发市场的佣金商签订协议，在产品上市时随时运送给佣金商，由佣金商全权代销。佣金商在收到蔬菜、水果后，可不经对方同意，根据市场状况，按能获得的最好价格以自己的名义销售，扣除相关费用和佣金后，再把余款交给这些农产品的生产者。

（3）制造商的销售机构与办事处以及零售商的采购办事处。制造商的销售机构与办事处以及零售商的采购办事处，都是卖方或买方自营批发业务的内部组织。

1）制造商的销售机构与办事处。为了改进存货控制、销售和促销业务，有些制造商设立了自己的销售机构和办事处。制造商的销售机构执行产品储存、销售、送货以及销售服务等职能。有些销售办事处设有铺面，持有一定存货，多见于木材和自动设备等行业，也有些办事处没有门市，也没有存货。

2）零售商的采购办事处。很多零售商在大城市设立采购办事处，这些办事处的作用与代理商类似，只不过办事处不是一个独立的外部组织，而是零售商的一个内部构成部分。

2. 零售商

零售是指直接向最终消费者销售商品和提供服务，供个人或家庭消费的商业活动。零售商是指以从事零售业务为主的机构或个人。不论是制造商、批发商还是零售商都可以从事零售业务，但零售商仅指那些以零售作为主营业务，零售量在其销售量中占主要部分的中间商。因此，对于那些从事批零兼营业务的商业单位而言，如果其经营的主要业务是零售，批发只是作为一种次要业务，零售量占其销售量的主要部分，则该商业单位是零售商。

零售商是最古老的一类渠道成员，大多数商品都是由零售商销售给消费者的。在竞争日益激烈的今天，零售商显得越来越重要，成为制造商不可缺少的合作伙伴。零售商通过提供各种各样的产品组合、将大包装分成小包装、保持一定的库存产品、提供售前售后服务等经营活动，为消费者购买产品提供各种便利。制造商应该与零售商进行良好合作，使消费者在商店中能看得到、买得到、乐意买、愿意再买自己的商品。零售商的类型主要有下列几种。

（1）商店零售商。商店零售商是通过设置实体店面来销售商品的零售商。随着社会经济进步，零售商店也在不断发展，新型零售商店日趋增多。按照零售商所经营的规模、商品种类、价格、服务的不同，可以将零售商店划分为以下几种类型。

1）专业商店。这种商店专门经营某一种类的商品或服务。其经营的商品类别虽少，但花色、品种比较齐全。专业商店可以根据经营的商品种类划分,如花店、书店等,也可以根据服务的对象划分,如老人用品店、儿童商店等。

2)百货商店。百货商店通常是指经营的商品种类多且对各类商品实行专业化经营的零售店。很多百货商店都经营日用品、化妆品、食品、服装、家电等各类产品,但花色、品种没有专业商店的多。这种商店对各类商品都进行专业化经营,可为顾客提供种类繁多的商品和周到的服务。

3)超级市场。超级市场即自助商场,主要经营食品、家庭日用品等商品,所有商品实行开架销售,顾客自我服务,并集中到收银台付款。超市通常以低价、低毛利、销售量大见长,很多家庭大量购买时往往会选择超市。

4)便利店。便利店即设在居民区附近的小型商店。这种商店经营的商品大多为日用易耗品,价格较高,但营业时间长,商品周转率高,可以满足顾客方便购买的需要,顾客往往在这种商店进行"补充"式购买。

5)超级商店、联合商店和特级商场。超级商店综合了超市与百货商店的特色,比传统的超市大,经营的商品种类多,进行开架销售,并兼营干洗、低价快餐等服务。其服务水平高,但价格也较高。联合商店比超级商店更大,一般是由许多独立的商户设档经营,业主统一对这些商户进行管理。特级商场是规模最大的一种商场,是超市、折扣店和仓储商店的混合体,经营的产品种类多,包括家具、家用器具、服装以及其他类别,商品价格较低。这种商场利用场地大量陈列原装商品,向愿意自行搬运大型商品的顾客提供折扣。

6)折扣商店。这种商店销售的商品价格较低、销量大,由于经营的是全国性品牌,商品质量并不差。店址通常选在低租金的地段,并在自助式、设备最少的基础上经营,从而降低经营成本,以吸引那些对价格较敏感的顾客购买商品。

7)仓储商店。仓储商店即采用会员制的一种折扣店。这种商店往往使用仓库式货架来陈列大包装的商品,提供的服务较少,价格很低,主要针对机关团体进行销售。

8)目录陈列室。这种商店的店面陈列有商品目录、样品、模型等,顾客可通过电话订货并由店家送货上门,也可以亲自到商店购买。它主要销售一些周转快、利润高、有品牌的商品,如珠宝、照相机、箱包、工具等,价格很便宜。这种商店依靠多类别的商品、低价和良好的服务来获得较高的销量。

(2)无店铺零售商。无店铺零售商是不设置实体店面进行经营的零售商。近年来,无店铺零售发展较快。无店铺零售商主要有以下四种形式。

1)直复零售。直复零售即利用通信工具、广告媒体传递商品信息,直接与顾客联系并获得可衡量顾客反应的一种零售方式。直复零售通常有邮购、电话购物、电视购物、网络营销等形式。

2)直接销售。直接销售即制造商生产的产品,主要依靠人与人之间的联系,或这种联系所形成的网络来向顾客销售的方式。雅芳公司、安利公司和玫琳凯化妆品公司采用的就是直接销售。直接销售的成功主要依赖于销售人员,开支较大,主要用于支付招聘、培训、激励销售人员所产生的费用。直接销售主要有上门推销、家庭销售会等形式。

3）自动售货。自动售货就是利用自动设备进行商品销售的方式。饮料公司可以利用自动售货机向顾客提供 24 小时的饮料销售服务，银行可以使用自动柜员机供顾客存取款和查询账户信息，电影院也可以使用自动服务机向顾客出售电影票。

4）购物服务公司。这是一种为特定客户提供服务的无店铺零售方式。这些客户通常是组织，如学校、医院、协会和政府机构等。这些客户成为购物服务公司的成员后，有权向一批指定的零售商购买，并可以得到一定的折扣。

（3）零售组织。很多零售商店通过各种形式联合起来，形成了不同类型的零售组织。零售组织主要有连锁商店、特许专营机构和销售联合大企业等类型。销售联合大企业是一种组合形式的类公司，它以多种所有制的形式将不同类型、不同形式的零售商组合在一起从事多样化零售，并通过综合性、整体性的管理，为所属零售商创造良好的经营环境与条件。例如，美国的 F. V. 华尔兹公司，除了经营综合商店，还经营金尼鞋店、阿尔曼服饰珠宝和手提包专用商店等。

1.3.3 消费者

消费者是营销渠道成员之一。消费者虽然不参与生产经营活动，但是，消费者是商品和服务的最终购买者，制造商和中间商执行各种渠道功能都是为了满足消费者的需要，实现产品的销售。因此，消费者是它们关注的焦点，成为最具影响力的渠道成员。在买方市场上，消费者占据主导地位，消费者对产品和服务有更多的选择，由于市场竞争的压力，实施顾客满意策略越来越成为企业竞争获胜的法宝，谁能最大限度地接近消费者，谁就能最先获得令人羡慕的丰厚回报。消费者是渠道服务的最终受益者，也是营销渠道建设的推动者和渠道管理效果的权威评判者。因此，制造商要以消费者为中心，以满足消费者需求为目标，构建营销渠道和进行渠道管理。

1.3.4 辅助商

虽然辅助商不参与产品所有权的转移，但是执行一些渠道功能，它们为产品的分销提供支持性服务。常见的辅助商有以下几类。

1. 运输公司

运输公司通过运输工具来提供运输服务，以实现产品实体的空间位移。一些知名的运输公司，由于能够实现规模经济，因此能以更低的成本为制造商、批发商、零售商以及其他组织提供更有效的运输服务。制造商应在权衡成本和效益的基础上，选择成本效益最佳的运输公司。

2. 仓储公司

仓储公司主要包括那些专门从事场地出租以提供货物储存服务的公司。目前，不少仓储公司都能提供更具专业性的服务和弹性更大的服务，利用这些仓储公司可以降低储存费用。因此，许多制造商、批发商、零售商不是将产品储存在自己的仓库之中，而是储存在仓储公司的仓库里。

3. 订单处理代理商

订单处理代理商是指那些专门从事订单处理的组织。这种代理商向制造商、批发商、零售商提供部分或全部的订单处理服务，包括传递订单、记录订单、审查顾客信用、制订存货和生产计划、发出订单产品以及收到货款等。使用订单处理代理商，不但可以将制造商或中间商从繁杂的订单处理业务中解放出来，还可以使这些渠道成员从拿到订单到收款的时间缩短，使"订单—收款"循环加快，这个循环的时间越短，顾客的满意度和企业的利润就会越高。

4. 广告代理商

广告代理商是专门向渠道成员提供广告和营销传播方案的机构，主要包括广告公司、公关公司、各种广告媒体和营销咨询公司等。这种代理商向渠道成员提供广告服务或进行公关策划活动，帮助企业提高产品的销量、开拓市场。企业在选择广告代理商时，需对其所提供的服务、质量、价格、创新性等方面进行评估，然后再做选择。

5. 保险公司

保险公司帮助渠道成员规避和转移在渠道运作中可能遇到的风险和造成的损失。在产品由制造商向消费者流转的过程中，产品可能会被损坏、被盗窃或变得过时，因而可能卖不出去或被迫削价出售，这会给渠道成员带来损失。有时，渠道成员甚至可能会因火灾、水灾、恶劣的天气等自然灾害而遭受经济损失。渠道成员可以利用保险公司来分担风险，通过保险获得相关保障。

6. 市场研究机构

市场研究机构主要向渠道成员提供与分销相关的市场信息。制造商或中间商可以自己收集市场信息，也可以通过市场研究机构来获取必要的信息。目前，市场研究机构不断增多，不少机构都可以为制造商或中间商提供专业性较强而又广泛的市场研究服务，越来越多的渠道成员通过这些机构来获得相关的市场信息。

1.4 营销渠道的结构

渠道结构是指渠道系统中的成员的构成、地位及各成员间的相互关系。对这一概念的理解重要的是要掌握渠道成员之间的相互依赖关系。通常，营销渠道由制造商、批发商、零售商、消费者等不同的渠道成员构成，虽然这些渠道成员是相互独立的，但在渠道系统中，各个渠道成员是相互影响、相互制约的，一个渠道成员往往要依赖于其他成员的协作和支持来实现自身目标，渠道成员正是在这种相互依赖中共同为消费者提供产品。对于不同的企业来说，各个渠道成员通过对营销功能和流程的不同分工与合作，形成不同的渠道结构，来满足消费者的需求，从而实现渠道的共同目标和自身目标。一般来说，渠道结构主要包括渠道的长度结构、宽度结构和广度结构。

1.4.1 渠道的长度结构

渠道长度是指处于制造商与消费者之间的中间商的层次数目。渠道长度通常按渠道层次或渠道环节的多少来划分。在产品从制造商向消费者转移的过程中，任何一个拥有产品所有权或帮助产品所有权转移的机构，都是一个渠道层次。在现实中，由于每一个渠道中都包括制造商和消费者，为方便起见，通常就使用中间机构层次的数目来表示渠道的长度。从渠道的长度结构来看，按照中间商层级的多少，营销渠道可以分为不同的层级渠道，据此也可以分为直接渠道和间接渠道、短渠道和长渠道等类型。

1. 层级渠道

营销渠道按照其所包含的中间商层级的多少，可以分为零层渠道、一层渠道、二层渠道、三层渠道等层级渠道，如图 1-6 所示。

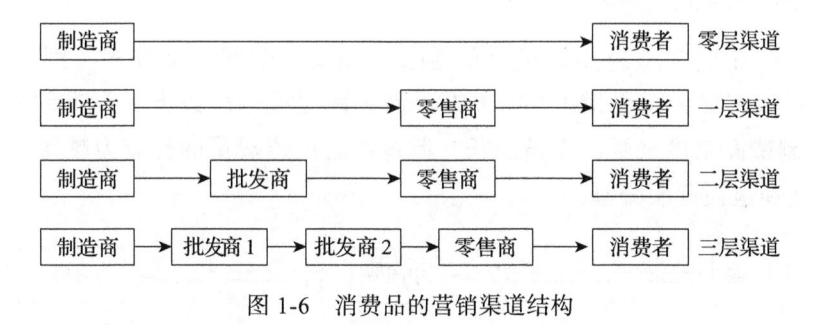

图 1-6 消费品的营销渠道结构

零层渠道中没有中间商介入，即制造商直接将产品销售给顾客。例如，北京小米科技有限责任公司通过小米官方网站直接向顾客销售手机；保险公司销售员直接向顾客销售保险。

一层渠道包括一个层级的中间商。在消费者市场上，它通常是零售商。企业直接向零售商供货，再由零售商将产品卖给消费者。

二层渠道包括两个层级的中间商。在消费者市场上，这两个层次的中间商通常是批发商和零售商。批发商向制造商购买产品后，卖给零售商，消费者再向零售商购买产品。

三层渠道包括三个层级的中间商。制造商生产的产品经过一级批发商和二级批发商后，再到达零售商手中，零售商再向消费者销售产品。这种渠道类型主要用于分销消费面较宽的日用品。

在实践中，层级更多的营销渠道相对较少，因为渠道层次越多，渠道管理者越难控制，渠道成员之间也越容易出现矛盾冲突。

2. 直接渠道与间接渠道

根据制造商是否使用中间商，可以将营销渠道划分为直接渠道与间接渠道两种类型。

直接渠道是指制造商直接向消费者销售产品的渠道类型。这是零层渠道,是最短的渠道。在这种渠道类型中,制造商不使用任何中间商,完全依靠本企业的力量向消费者销售产品。直接渠道有很多形式,如厂家自己设立门店销售、人员推销,以及直复营销中的目录销售、邮寄销售、电话营销、电视直销、网络直销等。制造商采用直接渠道具有许多优势。与使用中间商相比,由于制造商直接与消费者接触,对市场需求的把握更为及时、准确,响应市场的速度较快,能及时、灵活地提供个性化的产品满足消费者的需求;便于双方建立密切关系;渠道控制力较强。近年来,随着互联网的迅速发展,许多制造商纷纷利用互联网进行产品销售。

间接渠道是指制造商通过中间商向消费者销售产品的渠道类型。制造商采用间接渠道时通常使用一个层次或多个层次的中间商,一层渠道、二层渠道、三层以及三层以上的渠道都属于间接渠道。采用间接渠道时,制造商与消费者不直接接触,而是通过中间商来销售产品。例如,汽车厂通过汽车经销商向顾客销售汽车,很多厂家直接向沃尔玛这类大型零售商供货。制造商通过利用中间商广泛的关系网和专业化技能分销产品,可以扩大市场覆盖面。与直接渠道相比,采用间接渠道投资较少。

3. 短渠道与长渠道

一般来说,中间环节越少,渠道就越短;相反,中间环节越多,则渠道越长。通常,把一层渠道定义为短渠道(见图1-7),而把两层或两层以上的渠道称为长渠道(见图1-8)。从制造商角度来看,渠道越长,制造商对渠道成员的控制力越弱,产品的流动也越缓慢,毛利也被逐层分割。

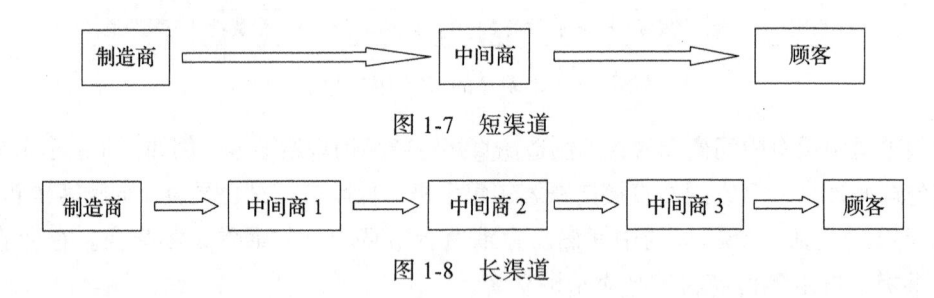

制造商 ⟹ 中间商 ⟹ 顾客

图 1-7 短渠道

制造商 ⟹ 中间商1 ⟹ 中间商2 ⟹ 中间商3 ⟹ 顾客

图 1-8 长渠道

1.4.2 渠道的宽度结构

按照渠道中每个层次使用中间商数量的多少,营销渠道可分为宽渠道和窄渠道两种类型。如果选择较多的中间商(批发商或零售商)来销售产品,那么这种营销渠道称为宽渠道;反之,则称为窄渠道。通常,生产设备、专用工具、高价值的产品采用窄渠道模式。营销渠道的宽度选择与制造商的分销策略密切相关,制造商的分销策略主要有以下三种类型。

1. 密集性分销策略

密集性分销策略是指制造商使用尽可能多的中间商来完成分销活动。企业采用密集性分销策略可以扩大市场覆盖面，方便消费者随时随地购买产品，但是，由于制造商要与众多的中间商接触，会增加渠道成本，同时制造商与中间商的关系相对松散。密集性分销策略还要求企业要有较强的促销力度，一方面针对中间商促销以使其经营本企业的产品，另一方面针对消费者开展广告宣传以促使其购买产品。如果消费者非常重视便利性，制造商宜使用密集性分销策略，如顾客购买日用品、饮料和食品时就要求方便。消费品中的便利品比较适合采用密集性分销策略。

2. 选择性分销策略

选择性分销策略是指制造商精心挑选一些中间商从事分销活动。在使用这种分销策略时，制造商在许多愿意从事分销业务的中间商中，按照一定标准选择一部分中间商与之合作。选择性分销策略使制造商避免与无利可图的中间商打交道，可以与少数中间商建立良好的合作关系。与密集性分销策略相比，选择性分销策略能取得中间商更大的支持，渠道控制力也更强。与独家分销策略相比，选择性分销策略可以使制造商获得足够的市场覆盖面。消费品中的选购品适合使用选择性分销策略。

3. 独家分销策略

独家分销策略是指制造商在某一地区只选择一家最合适的中间商分销本企业的产品。通常双方会签订独家分销合同，规定制造商在该地区内只能使用该中间商独家分销，同时中间商也不得为竞争者提供服务。独家分销需要制造商与中间商紧密合作，二者的关系比较密切，容易建立长期稳定的合作关系，还有助于提高企业及其产品的声望。对于中间商来说，由于在本地没有其他中间商销售该品牌的产品，市场竞争程度低，可以独享制造商开展促销活动所带来的销量。但是，独家分销也有不足之处：市场覆盖面小；一旦选择中间商时出现失误，可能会影响到本企业产品在该地区的销售。消费品中的特殊品尤其是奢侈品适宜采用独家分销策略。

案例 1-4 《印象·丽江》的渠道

云南丽江的玉龙雪山是一座全球少有的城市雪山，既是丽江旅游的核心品牌，又是云南现有的两个 5A 级景区之一。根据丽江打造世界级精品旅游胜地的发展目标，玉龙雪山旅游开发区先后投资 10 亿元，在 50 平方公里范围内，开发了甘海子、冰川公园、蓝月谷、云杉坪、牦牛坪等景点以及雪山高尔夫球场，并推出《印象·丽江》大型实景演出。

旅游分销的渠道系统主要有三种：独家分销、选择性分销和密集性分销。大部分景区针对团队客源市场所构建的旅游分销渠道，其实是一种以量取胜、严重依赖中小旅行社的密集性分销。

《印象·丽江》在市场营销过程中，在渠道方面采用景区并不针对所有旅行社实行分销，而是抓住旅游分销链上的某些关键环节，跟少数旅游代理商合作，逐步建立多层次的分销渠道。景区之所以这样做，是为了改变旅游市场的游戏规则，加强对客源市场的营销控制。

怎样做既能保持门票价格不变，又能迅速打开市场局面呢？经过认真思考，景区采取了三个营销步骤：

其一，瞄准港澳台地区的高端客源，首先突破台湾地区市场，树立《印象·丽江》大型实景演出的高端品牌形象，吸引大陆旅行社跟进。

其二，深入客源地市场，针对大型组团社直接促销。

其三，销售平台前移至昆明，以授予代理权的方式，跟大型地接社建立战略合作关系。这样，既体现了景区对龙头旅行社行业地位的充分认可，又确保了团队客源的大幅增长，还消除了中小旅行社低价竞争的市场空间。

与其他景区的旅游分销渠道相比，玉龙雪山景区的这种做法，收窄了分销渠道的宽度，减少了代理商的数量和分销层次，并通过直接促销客源地市场，开展与大型组团社和地接社的战略合作，抓住了旅游分销链上的关键环节，从而加强了对客源市场的营销控制。

资料来源：改编自"时间财富网《丽江玉龙雪山景区营销成功案例分析》"（2010-04-30）。

问题：

1. 从渠道的长度结构来看，玉龙雪山景区采用的是直接渠道还是间接渠道？
2. 就渠道的宽度结构而言，玉龙雪山景区采用了哪种分销策略？

1.4.3　渠道的广度结构

渠道的广度是指一家制造商使用营销渠道条数的多少。在分销产品时，企业使用的渠道条数越多，说明营销渠道越广；使用的渠道条数越少，说明营销渠道越窄。从营销渠道广度来看，营销渠道可划分为单一渠道和多渠道两种类型。

1. 单一渠道

单一渠道是指一家制造商只使用一条营销渠道将产品传递给顾客。在卖方市场条件下，很多制造商采取大量营销的方式。在这种营销方式下，生产企业大规模地生产品种单一的产品，并通过单一的营销渠道将产品传递给最容易触达的消费者，即要么由制造商直接将产品销售给顾客，要么通过中间商来分销产品。

2. 多渠道

多渠道是指一家制造商同时采用两条或两条以上的渠道，进入一个或多个目标市场的一种渠道系统。现在，随着市场细分和营销渠道的激增，越来越多的企业采用多渠道系统。这种渠道系统可以扩大市场覆盖面和更好地满足顾客需求。然而，使用多渠道容易出现渠道冲突问题，因此，企业应该考虑自身处理多条渠道矛盾冲突的能力，再决定是否采用多渠道分销产品。如果制造商采用多渠道，则应该加强对渠道的协调与控制，使各条渠道能有效地运转，充分发挥其作用。

案例 1-5　　　　　　　　韩都衣舍的营销渠道新布局

韩都衣舍是因互联网兴起的企业，它的营销渠道都在天猫、快手、唯品会、京东、贝店、云集等平台。前两年，韩都衣舍把所有的流量推广、品牌宣传都放在微信公众号、微博上，把成交落在淘宝、京东和唯品会上。但是，这样的模式在2019年遇到了非常大的挑战——做淘宝钻展、上直通车……投资回报率（ROI）没有以前高了。那么，如今韩都衣舍的时间都被哪些渠道占有了？副总裁贾鹏认为有三类新渠道：

第一类是直播。直播即内容，内容即流量，流量即变现。我们之前都认为淘宝直播重要，如今直播又新增了一块——快手直播。2019年1月5日，韩都衣舍联合快手做了一次大的品牌活动——带货节，很多快手头部主播参与其中，当天卖货的数字一点不逊色于淘宝等平台。所以，快手真的有必要尝试一下直播。

第二类是短视频。短视频平台主要是抖音和快手。例如，在汕头，抖音的短视频做得比较好，但是二者的用户、受众不同，快手偏向于三线到五线城市，在内陆省份，基本上快手具有压倒性的覆盖优势。

第三类是图文。小红书是以图文形式展现的。现在很多产品都是从小红书上开始火的，这需要长期积累的过程。

另外，微博其实是一个重要的"种草"平台，能将沉睡的粉丝激活的平台。微博倾向于图文种草，可以理解为有部分小红书的功能，只要你做得有意思，店铺就会有相对的导流，有专人负责就更好了。

资料来源：贾鹏. 互联网品牌在营销新渠道的布局 [J]. 销售与市场，2020(2): 28.

1.5 营销渠道管理

1.5.1 营销渠道管理的定义

在本书中，我们将从生产企业的角度来讨论渠道管理，用企业来表示生产企业，用渠道管理者来称呼在一个企业或组织中专门从事渠道管理的人员。

从生产企业的角度来看，营销渠道管理是指企业通过计划、组织、激励与控制来协调营销渠道中所有渠道成员的活动，以确保渠道成员之间共同合作，从而高效率且有成效地完成渠道任务。根据营销渠道管理的定义，可以从以下几个方面来理解营销渠道管理的内涵。

1. 渠道管理的目的是使渠道的运转更加有效率和有效果

渠道管理涉及协调渠道成员的工作，从而使渠道成员能够有效率、有成效地完成渠道任务。从管理学的角度来看，效率是指以更少的投入获得尽可能多的产出，效果是指做那些可以实现目标的工作。从渠道效率来看，如果渠道运行的成本较高，渠道效率低下，那么就会使产品的市场竞争力下降，从而难以实现企业的营销目标，因而渠道效率是渠道管理关注的一个核心问题。就渠道效果而言，有效的营销渠道能够源源不断地将产品传递到目标市场，从而提高产品销售额和企业利润。因此，渠道管理者要兼顾效率与效果，不仅要提高渠道效率，还要使营销渠道富有成效，为消费者提供顾客感知价值更高的产品。

2. 渠道管理的对象是所有渠道成员

营销渠道由制造商、中间商、消费者等一系列渠道成员构成，既包括制造商内部的员工（如直销中的销售员）或外设机构（企业的销售公司），也包括批发商、零售商、代理商等独立的外部组织。企业完全直接向顾客销售产品，是将渠道功能完全内部化，渠道管理的对象是企业内部的销售机构，如何管理销售机构通常是销售管理的主要内容，而不是渠道管理的核心内容。营销渠道关注的是间接渠道中对批发商、零售商、代理商等中间商的管理。因此，企业在对所有渠道成员进行管理时，更侧重于对批发商、代理商、零售商等中间商的管理，由于这些中间商是企业的外部组织，也是一个个独立的组织，因而渠道管理的难度很大。

3. 渠道管理的内容是渠道结构设计和渠道运作管理

渠道结构是参与产品所有权从制造商转移到消费者的渠道成员的构成方式。从总体上来看，营销渠道管理涉及渠道结构设计与既定的渠道结构中的渠道运作管理两部分内容。渠道结构设计包括设计营销渠道、选择渠道组织模式、选择渠道成员以分配渠道功能和渠道任务。营销渠道的运作管理也是营销渠道管理的重要内容之一。要确保所构建起来的渠道结构能够高效率地运转以实现分销目标，就需要对营销渠道的日常运作进行管理，包括激励渠道成员、营销渠道控制、渠道冲突管理、渠道与其他营销组合要素的配合、渠道评估与创新。企业通过管理渠道成员的活动、影响渠道成员的行为与评价渠道绩效，可以使渠道成员高效地执行渠道功能与渠道流程，并不断提升渠道运行的效率和效果。

4. 渠道管理的职能是计划、组织、激励和控制

营销渠道由多个独立的组织构成，如果让这些组织自行其是地运转，各个渠道成员可能会各自追求自身利润的最大化，这会导致渠道成员之间出现矛盾冲突，从而使整个渠道效率降低。因此，企业需要对营销渠道进行管理，借助计划、组织、激励和控制等管理职能，来协调渠道成员的活动，保证渠道成员相互合作，使整个渠道成为一个有机的系统，提高营销渠道整体的运行效率。不过要注意的是，渠道管理中的计划、组织、激励和控制与企业内部管理中的有很多不同之处，如计划，不仅要考虑本企业将要做什么和如何做，更要考虑其他渠道成员会做什么以及如何做；组织涉及选择中间商，分配渠道任务；激励与控制在渠道中意味着影响渠道成员的行为而非命令与指挥。

1.5.2 营销渠道管理的特点

营销渠道的成员众多，分布在不同的区域，是一个个独立的组织，各自有着不同的利益，营销渠道的管理涉及不同组织的活动和关系，是一项比较复杂的管理活动，有着不同于一般管理活动的特点。

1. 渠道管理是一种跨组织管理

在营销组合四大要素中，产品、价格、促销策略大多可以在企业内部完成，只有渠道管理是营销组合中唯一涉及跨组织管理的一个要素。尽管也有少数企业将产品直接销售给顾客，但大量的企业仍利用中间商来分销产品。在大多数情况下，营销渠道是由一个企业与它外部的多个组织构成的一个网络系统，外部组织意味着它并不是企业内部组织结构的构成部分，而是存在于企业的外部。因此，营销渠道管理更多的是组织间的管理，涉及一个企业对其他一些组织的管理。认识到营销渠道管理的这一特点十分重要，它决定了营销渠道管理在目标体系、管理方式等方面都与企业内部管理完全不同。

2. 渠道管理具有一套跨组织的目标体系

企业内部管理也存在一套目标体系，但这套体系只涉及企业本身，而营销渠道管理的目标体系则涉及企业和它外部关联组织的独立目标与共同目标，也就是说，营销渠道管理的目标体系既包含了企业本身的目标，也包含了代理商、批发商、零售商等渠道成员的目标，更为重要的是还包含了营销渠道的整体分销目标。

渠道管理属于跨组织管理，其目标体系当然也是跨组织的。这就意味着：①渠道成员有一些共同目标。例如，渠道成员都是为消费者服务的，需要彼此之间通过共同合作，将产品顺利地传递给消费者，更好地满足消费者的需求，实现高度的顾客满意。它们都希望提高渠道效率，获得更多、更好的经济效益。②每个渠道成员都有其独立的目标，如发展目标、利润目标和销售目标等。③各个渠道成员的独立目标之间并非总是相容的，这可能会导致渠道成员之间发生矛盾和冲突。因此，有效的渠道管理要求设计一套合理的跨组织目标体系，将各渠道成员的独立目标与共同目标整合成为一个整体，使这些目标相互连贯和一致，并使渠道成员认识到只有努力实现共同目标，才能更好地达到自身的目标。

3. 渠道管理在管理方式上侧重于合同与行为规范

正是因为营销渠道管理是一个企业对它外部的多个组织进行管理，而这些组织并不隶属于企业，是一个个有着不同目标的独立组织，企业与这些组织之间是平等的合作关系，它们之间不是主从关系。所以，营销渠道管理在管理方式上呈现出与企业内部管理完全不同的特点。从管理方式来看，企业内部管理主要依靠制度和权威进行管理，而渠道管理更多地依靠基于互利互惠的合同与人们共同遵守的行为规范。在营销渠道中，企业主要靠利益来影响渠道成员的目标与行为。营销渠道本身就是一张以某个渠道成员为中心构建而成的利益关系网，一旦不能从中获利，这张网就容易破裂。因此，企业进行渠道管理时要善于使用利益来协调各个渠道成员的行为。

案例 1-6

苏珊·基生是一家消费类产品制造商的营销经理，对三个月前上市的新燕麦麸皮饼干的销售结果感到非常心烦意乱。她相信销售黯淡的一个重要原因是全国过多的超级市场没有通过制造商引起消费者的关注和消费意识，就是没有在巨大的货架走廊端头来推荐展示该产品的特性。苏珊·基生沮丧而又生气地评论说："如果我对这帮家伙有更多的控制权，我真想敲这些商店经理的头，因为他们没有展示该产品。"

资料来源：罗森布洛姆.营销渠道：管理的视野：第8版[M].宋华，等译.北京：中国人民大学出版社，2014.

思考：
试根据营销渠道管理的特点结合该案例的内容来讨论。

1.5.3 本书的内容和结构

本书立足于制造企业，从管理决策的角度，构建了"营销渠道结构设计－营销渠道运作管理"的理论框架。如图 1-9 所示。

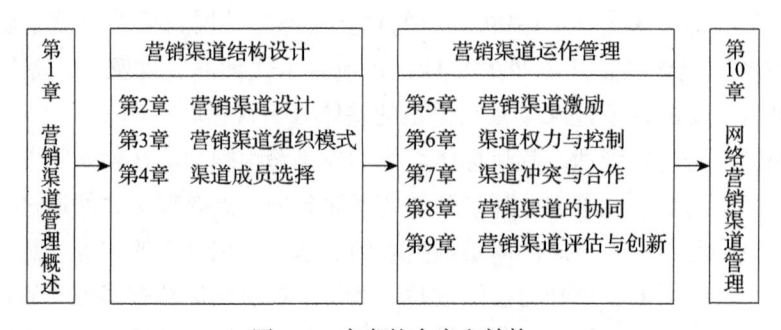

图 1-9 本书的内容和结构

本书分为 4 个模块。模块 1 是基本概念与理论，包括第 1 章，主要阐述了营销渠道和营销渠道管理的基本概念与理论。本章介绍了营销渠道的重要性、营销渠道的概念、营销渠道的功能与流程、营销渠道的参与者、营销渠道的结构、营销渠道管理的定义与特点、本书的内容和结构，以便为本书后面章节的学习奠定基本的理论基础。

模块 2 是营销渠道结构设计，包括第 2～4 章，围绕营销渠道结构理论展开，阐述了营销渠道设计、营销渠道组织模式与渠道成员选择。第 2 章营销渠道设计，介绍了渠道设计的含义与需要进行渠道设计的情况，并详细说明了渠道设计的典型程序，包括设定分销目标、说明渠道任务、分析影响渠道结构的因素、设计渠道结构方案和选择合适的渠道结构方案等五个步骤。通过上述步骤，企业的营销渠道就构建好了，但营销渠道有多种组织模式，即使在既定的渠道结构下，企业与渠道成员也可以通过不同的方式联结起来，因而还需要了解营销渠道基本的组织模式。第 3 章营销渠道组织模式，介绍了传统营销渠道、垂直营销渠道、水平营销渠道和混合营销渠道。第 4 章渠道成员选择，介绍了渠道成员的来源、评价与选择，以及渠道任务的分配。

模块3是营销渠道运作管理，包括第5~9章，论述了对既定营销渠道的日常运作管理，介绍了营销渠道激励、渠道权力与控制、渠道冲突与合作、营销渠道的协同、营销渠道评估与创新等内容。设计渠道并非易事，管理好营销渠道更是一件困难的事情。为了促使渠道成员高度合作，渠道管理者必须对渠道成员进行激励。第5章营销渠道激励，介绍了渠道激励的基本理论、渠道激励的原则与实施方式以及渠道激励的方法。在营销渠道的运行过程中，还要运用渠道权力影响渠道成员的行为，以便渠道成员更好地完成渠道任务。第6章渠道权力与控制，介绍了渠道权力的来源和运用、渠道控制的内涵和特点以及渠道控制的内容与方式。渠道冲突是营销渠道的固有行为问题，在渠道中非常普遍。大部分冲突是高水平冲突，往往会造成法律争端，导致渠道成员间关系恶化，甚至关系破裂，会降低渠道运行的效率，企业应该重视对渠道冲突的管理。同时，渠道中不仅有冲突，也有合作，两者是一枚硬币的两面，渠道管理者要采取各种措施来增强渠道成员之间的合作，以提高渠道效率。第7章渠道冲突与合作，讨论了渠道冲突的概念与理论、渠道冲突管理、窜货管理、渠道合作等内容。渠道策略作为营销管理的主要策略之一，应与营销组合中的产品、价格和促销这些策略相协调，以满足目标市场的需求和竞争要求。第8章营销渠道的协同，介绍了营销渠道中的产品管理、渠道中的价格管理和渠道中的促销管理。渠道绩效的评估也很重要，分销目标的实现，高度依赖于一个个独立的渠道成员的业绩。因此，还需要对渠道绩效进行评估，使营销渠道长期稳定地运行下去。虽然渠道绩效评估不属于渠道行为理论的范畴，但是它是企业渠道运作管理的内容之一，因而我们将其放入此处。第9章渠道评估与创新，介绍了渠道评估的原则与方法、渠道系统绩效评估、渠道成员绩效评估以及渠道调整与创新。

模块4是网络环境下的渠道管理，包括第10章。近年来，随着互联网的快速发展，互联网技术对企业营销渠道的发展产生了深远的影响，网络营销渠道逐渐成为渠道系统中的一个重要组成部分。第10章网络营销渠道管理，主要讲述了互联网环境下的营销渠道管理问题。以我国企业所处的网络时代为背景，在对网络营销渠道进行概述的基础上，阐述了网络营销渠道的设计与管理，并对网络营销渠道的创新进行了介绍。

本章小结

1. 营销渠道之所以受到重视，主要是由于企业获取持久竞争优势变得日益困难、中间商的力量日益增强、减少渠道成本的要求以及信息技术日益发展的作用等因素，所有这些因素的综合，使得营销渠道成为营销管理中的一个重要要素。
2. 营销渠道在企业营销中的重要性在逐渐提升，营销渠道是产品进入市场的重要通道，充分发挥渠道成员的作用有助于提高企业的经济效益，营销渠道成为企业获得竞争优势的重要工具。
3. 营销渠道是为促使产品或服务顺利地被使用或消费而由一系列相互依赖的组织构成的网络系统。

4. 营销渠道具有收集和传递信息、促销、订货、匹配、物流、谈判、融资、风险承担、付款等功能,营销的功能需要通过渠道流程来完成。渠道流程主要包括所有权流、物流、促销流、谈判流、融资流、风险流、订货流、付款流及信息流等。
5. 营销渠道的参与者包括制造商、中间商、消费者以及辅助商。
6. 渠道结构主要包括渠道的长度结构、宽度结构和广度结构。
7. 营销渠道管理是指企业通过计划、组织、激励与控制来协调营销渠道中的所有渠道成员的活动,以确保渠道成员之间共同合作,从而高效率且有成效地完成渠道任务。渠道管理的目的是使渠道的运转更加有效率和效果;渠道管理的对象是所有渠道成员;渠道管理的内容是营销渠道结构设计与营销渠道运作管理;营销渠道管理职能是计划、组织、激励和控制。
8. 营销渠道管理的特点是:营销渠道管理是一种跨组织管理;渠道管理具有一套跨组织的目标体系;渠道管理在管理方式上侧重于合同与行为规范。
9. 本书立足于制造企业,从管理决策的角度,构建了"营销渠道结构设计—营销渠道运作管理"的理论框架。

思考题

1. 营销渠道的功能有哪些?
2. 营销渠道的流程有哪些?
3. 简述营销渠道的结构。
4. 营销渠道受到重视的原因有哪些?
5. 营销渠道的重要性体现在哪些方面?
6. 营销渠道管理的特点有哪些?

实践训练

一、实训目的
(1) 加深对营销渠道结构的理解,掌握渠道结构的构成维度。
(2) 通过贴图游戏来培养学生的团队协作能力与沟通能力,使学生更好地理解营销渠道的内涵、渠道功能和流程,认识到渠道成员协作的重要性。
(3) 理解营销渠道存在的原因,培养学生的分析能力。

二、实训内容与要求
(1) 以某家企业为例,从各种途径收集该企业的营销渠道的相关资料,对该企业的渠道结构进行分析,说明该企业的营销渠道的演变历程,从渠道长度、宽度和广度等方面来描述其营销渠道结构的现状,分析该企业营销渠道的优势与不足。该实训要求将全班同学分为几个小组,每组4~6人,由各组组长负责安排成员收集资料、讨论、制作报告和演示文稿。由部分小组的代表与全班同学交流其成果,教师进行总结评价,各组根据教师和同学的意见修改报告和演示文稿并提交给教师,教师给出实训成绩。
(2) 贴图游戏。这是以营销渠道的含义、渠道功能和流程为理论背景的游戏活动。要求以小组为单位,各组依次进行游戏。每组事先准备好一张某个动物的整体图和另外一张有该动物尾巴的图,在游戏开始时先将那张动物的整体图贴在房间的一面墙上,在通往贴图的通道上设置一些障碍物，然后每组再选出一名执行者，组长将其他成员安排在通道的不同位置，这些成员通过动物叫声来引导戴着眼罩的执行者，由执行者将有动物尾巴的图粘贴到那张动物整体图中尾巴的位置，最快贴到准确位置的小组为赢者。

（3）以某一零售商为例，从以下某一方面或几个方面来说明该零售商的经营模式、经营特色、可借鉴的营销策略、成功的经验或者失败的教训、存在的问题及改进措施。

（4）在课堂上开展讨论，讨论主题为：有中间商的营销渠道为什么会存在？

案例分析

蒂芙尼的"全渠道营销"逆袭

蒂芙尼是珠宝品牌，以其悠久的历史和华丽的设计著称，也是美国设计的象征。蒂芙尼的蓝色礼盒与八爪镶嵌钻戒作为品牌的经典与标志，一直深受追求复古奢华风格的消费者喜爱。由奥黛丽·赫本主演的《蒂芙尼的早餐》更是通过讲述一个人在平凡生活中找到幸福的故事，为蒂芙尼渲染了一层浪漫的色彩。然而，蒂芙尼这一风靡了近两个世纪之久的奢侈品品牌，在互联网时代到来之时也出现了衰退的情况。衰退之初在2015年，这一年，蒂芙尼出现了5年以来的首次销量下跌，关闭了11家门店，仅亚太区就有8家。为什么蒂芙尼会陷入僵局呢？

调查发现，年轻一代的消费者将蒂芙尼看作是不适应当今时代的奢侈品，这导致年轻客户严重流失，客户占有量大幅下降。为了避免被冠上"旧世界奢侈品"的称号，蒂芙尼于2016年针对年轻独立的都市女性群体推出银饰系列Tiffany T。虽然这一系列以其较低的价格吸引了一部分低消费群体，销量有所回升，但是由于这一系列的定位与其他珠宝首饰的奢华定位不同，没有拉动其他珠宝首饰的销量。2017年，效仿中国香港珠宝品牌周大福与韩国化妆品公司伊思的合作，蒂芙尼再次出发，推出Hard Wear系列首饰并由极具争议的明星Lady Gaga担任形象代言人，希望将其求新意的决心传递给"千禧一代"的消费者。令人失望的是，由于Lady Gaga过于酷帅新潮的形象与蒂芙尼原本优雅的形象令消费者难以接受，这一系列产品也并没有拯救蒂芙尼连续7个季度销售量下跌的局面。

蒂芙尼认为，现今奢侈品的电商之路不易走，主要原因有两个：一是奢侈品虽然单次交易额高，但是在有限的目标人群中获得的购买频次相当有限；二是奢侈品的场景体验要求较高，相较于线上购物，消费者更加乐于在门店逛街购买。但现实是电商对于奢侈品行业的发展是有利的：2015年，奢侈品眼镜巨头陆逊梯卡入驻京东，其旗下Ray-Ban、VOGUE、OAKLEY等自有品牌以及其他14个一线奢侈品授权品牌实行线上线下同品同价的策略探索线上渠道，实现了高端眼镜市场份额80%的目标。2017年，英国奢侈品品牌Burberry与天猫合作的首个超级品牌日就达成了5倍于平日的销售额。虽然，早在2016年蒂芙尼就尝试与专注奢侈品的电商平台Net-a-Porter进行合作，但也只是简单地将部分产品放在这一平台出售，并没有重视场景的交互。蒂芙尼2017年财报显示，蒂芙尼的电商业务销售额仅占总销售额的6%。与此同时，阿里巴巴与京东为了线上售卖奢侈品进行的各项努力将导致忽视电商业务的蒂芙尼错过更多的市场机遇。

  2018年无疑是蒂芙尼迎来转机的一年。2018年上半年财报显示，蒂芙尼销售形势回暖，所有地区和所有商品种类的销售量及销售额都实现了增长，销售额同比增长13%至21亿美元，亚太地区的销售状况尤为良好，销售额同比增长28%至6.29亿美元。蒂芙尼全球销售执行副总裁Philippe Galtié表示："蒂芙尼力求顺应中国数字化创新浪潮，立足线下的场景支持与百年的品牌声誉和形象，通过对新平台的不断探索与对现代和创新的追求，实现线上线下协同运作，成为广大消费者喜爱的新一代奢华珠宝品牌。"

  蒂芙尼还重新定义品牌形象，将目标人群锁定于寻求自我认同的"千禧一代"，鼓励个性、创造性和自我表达。通过对备受"千禧一代"欢迎的竞争品牌——潘多拉的定位分析，蒂芙尼认识到新一代消费者真正需要的是与众不同的自我，是个性化与定制化的新产品。2018年，全新Tiffany Paper Flowers™花韵系列展现了蒂芙尼高超的珠宝工艺，将自然元素融入主题设计中，整个系列摒弃了传统奢华珠宝繁重的概念，提供任何场合都可搭配的佩戴体验，牢牢抓住了"千禧一代"消费者的目光。蒂芙尼又效仿宝格丽和卡地亚，邀请倪妮作为中国区品牌形象代言人，其高贵、清新、自然的气质与新品花韵系列的主题形象深度契合。"我时常在想，我到底在追求什么，是一个适合自己的角色，是一部能让观众永远忘不了的作品，还是名利双收的演艺生涯？后来，我发现这些都不是，我只想做我自己。"倪妮在述说自我追求的同时，更是将蒂芙尼对自信与个性的追求展现了出来，花韵系列也因此一经推出立刻受到了消费者的追捧。

  蒂芙尼最值得借鉴之处在于齐头并进，在专注定制化与个性化的同时，搭建便于与消费者有效互动的场景，这也是奢侈品对"客户体验"的坚守。蒂芙尼与天猫奢侈品专享平台Luxury Pavilion合作，不仅是对线上快闪店的初次探索，也是近两个世纪以来首次尝试线上新品发布。虽然此次的线上快闪店存在很多不足之处，比如预热时间过长、营销亮点略显老套并且缺乏引爆话题等，却是对奢侈品体验优化的一次大胆试水。首先，蒂芙尼将八款花韵系列珠宝实行线上首发，新品限时限量发售，线下发售比预售推迟两周，这一延伸渠道方向的改变使新品更快速、更广泛地展现在消费者面前。其次，蒂芙尼制定了更加宽泛的价格区间策略，既覆盖了广泛的目标消费客群，又是一次对天猫奢侈品平台上消费者偏好的测试。最后，蒂芙尼打造完美贵宾专属体验，线上购买者可获得限量线下新品发布盛典活动邀请，并提供往返机票、专车接送、酒店住宿等专属服务。

  2018年7月，蒂芙尼在伦敦开设了第一家Style Studio新零售概念店，旨在于休闲娱乐中增进顾客与品牌之间的互动。为了区别于传统门店，甩掉奢侈珠宝高冷、神秘的形象包袱，打造更加亲民、创新、年轻态的门店形象，蒂芙尼提出了全新的营销方案：概念店中的员工脱掉规整的黑色西装，穿上舒适的休闲服装和运动鞋，搭配随意的首饰、配饰，营造一种可以让顾客放松身心的环境；店内提供经典产品的体验服务，同时也可以在Make It Tiffany吧台上定制个性化的珠宝首饰，如果顾客提供自己设计的独特印花或者字母，门店可以现场完成制作。整个门店展现的创新概念即是"互动"，这种通过崭新的店内装置、创新的互动思维来吸引年轻消费者的营销方案在奢侈品品牌的渠道延伸中是具有独特性和探索意义的。

资料来源：颜卉，刘予. 数字化环境下奢侈品牌的"全渠道营销"解决方案：以蒂芙尼（Tiffany & Co.）为例[J]. 清华管理评论，2019（4）：60-63.

问题：

1. 蒂芙尼陷入僵局的原因有哪些？
2. 比较蒂芙尼2016年前后渠道结构的区别。
3. 2018年后，蒂芙尼采用了什么渠道结构？这种渠道有何优劣势？
4. 你认为2018年后蒂芙尼为什么能取得成功？

模块2　营销渠道结构设计

第2章　营销渠道设计
第3章　营销渠道组织模式
第4章　渠道成员选择

第 2 章 营销渠道设计

学习目标

本章阐述了营销渠道设计，主要介绍渠道设计的含义、识别渠道设计决策的需要、渠道设计程序中的各个步骤。学完本章后，你应该能够：

1. 理解渠道设计的含义。
2. 能够辨认出需要进行渠道设计决策的各种情况。
3. 理解分销目标的定义。
4. 能够根据具体情况描述出渠道任务。
5. 明确影响渠道结构的因素。
6. 熟悉选择渠道结构方案的主要方法。

本章结构

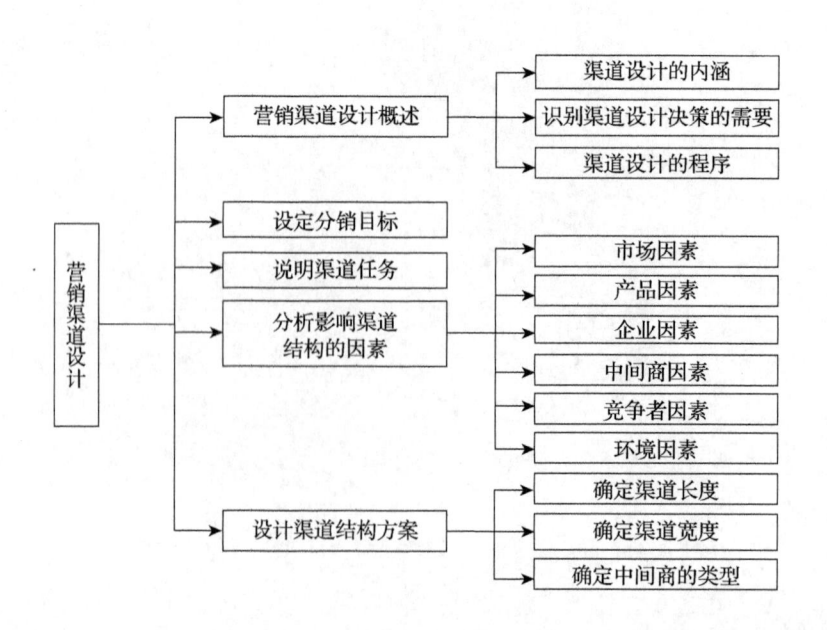

```
营销渠道设计
├── 营销渠道设计概述
│   ├── 渠道设计的内涵
│   ├── 识别渠道设计决策的需要
│   └── 渠道设计的程序
├── 设定分销目标
├── 说明渠道任务
├── 分析影响渠道结构的因素
│   ├── 市场因素
│   ├── 产品因素
│   ├── 企业因素
│   ├── 中间商因素
│   ├── 竞争者因素
│   └── 环境因素
└── 设计渠道结构方案
    ├── 确定渠道长度
    ├── 确定渠道宽度
    └── 确定中间商的类型
```

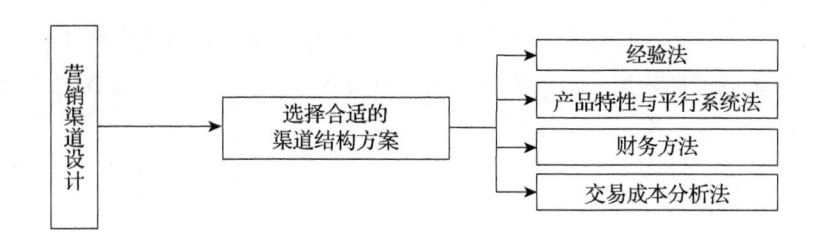

```
营销渠道设计 → 选择合适的渠道结构方案 →  经验法
                                    产品特性与平行系统法
                                    财务方法
                                    交易成本分析法
```

导入案例

京东家电如何实现渠道再造

"除了C2M（Customer-to-Manufacturer）反向定制和智能交互服务，还要在线下再造一个京东家电。"这是2019年度京东家电行业峰会上向外界传达的一个重要信息。第三方数据显示，京东家电已占据家电网购市场60%的份额。在线上线下融合的新零售模式下，京东家电线下扩张开始提速。京东家电渠道再造的两个主要方向如下。

第一，扩建线下门店。成立新团队，在大中城市推进超级体验店；持续向三线、四线城市渗透。

京东家电专卖店发展了两年多，京东计划在大中城市新开超级体验店。据悉，面积近5万平方米的第一家京东电器超级体验店即将开业。它将通过线上线下融合的商业模式，除经营智能家电、手机、IT数码等产品外，还为消费者提供逛、玩、买的多种服务，将京东独有的基于5G技术的人工智能（AI）技术全面应用，实现无界零售的全场景化。

相比传统的家电卖场，京东的超级体验店有三大不同，京东集团高级副总裁、京东零售集团3C电子及消费品零售事业群总裁闫小兵表示："首先，线上线下价格统一，门店商品的价格就是最终的成交价，消费者扫码就可以购买。其次，门店没有促销员，都是产品工程师，只负责介绍产品。最后，门店没有KPI考核，商品一律在线上成交。考核超级体验店的标准是体量和消费者数量。"

线下店的扩张将由新成立的事业部来推进。超级体验店定位在超大城市、特大城市和大城市，三线城市以"一城一店"的方式开设体验店。

农村市场仍是京东家电未来渗透的重点。近年来，京东家电在县镇乡村开了1万多家京东家电专卖店，覆盖了全国2.5万个乡镇、60多万个行政村。按照京东家电的规划，除了对现有的京东家电专卖店进行优化升级，提升经营质量和服务能力外，将在2019年新开5 000家新店。

通过超级体验店、一城一店、家电专卖店"三驾马车"，京东将覆盖1~6级市场，由此线下渠道再造一个与线上体量相当的京东家电。

第二，C2M反向定制的京品家电和独家专供合作，打造全新产品线。

2018年9月，京东家电在行业内率先启动C2M反向定制模式，京品家电由此而诞生。京品家电是基于京东平台大数据和AI算法的集成，以消费者个性化需求为核心，反向定制而成的集高颜值、高品质、高性价比于一体的智能家电优选品。2018年12月12日当天，京品家电的销售额已经占到京东家电整体销售额的近10%。

美的、海尔、格力等国内家电品牌已经在 2019 年年初与京东达成战略协议，旗下全系列家电产品都参与京品家电的反向定制。经过半年多的快速优化迭代，京品家电已上线超过 300 款产品，也涌现出"零风感空调"这样的爆款产品。

资料来源：网易号"科技另眼看"文章《京东家电如何实现再造？线下渠道将覆盖 1～6 级市场》，2019-04-16，引用时有改动。

营销渠道不但在满足消费者需求方面发挥着必不可少的作用，还是企业赢得持久竞争优势的一个重要工具。企业的营销渠道一旦建立，往往会对企业的发展产生长远而深刻的影响。渠道设计如同盖高楼大厦前的蓝图设计一样重要，企业应该从战略的高度来看待渠道设计，力求通过良好的渠道设计来获得差异化的竞争优势。

2.1　营销渠道设计概述

2.1.1　渠道设计的内涵

渠道设计是指为了实现分销目标，对各种备选的渠道结构方案进行评价和选择，从而创建全新的营销渠道或改进原有营销渠道的过程。渠道设计定义具体包括以下要点。

（1）渠道设计具有战略性意义。由于利用渠道设计可以使企业获得差异化竞争优势，因此，渠道设计具有战略性意义。渠道决策是营销管理决策中一个非常重要的部分，因为它是帮助企业赢得持续的竞争优势的关键因素，所以，渠道设计作为营销渠道管理中必不可少的一部分，努力取得市场上的差异化优势应该是渠道设计的根本所在。在渠道设计时，如何运用渠道设计这一战略性工具获得差异化优势至关重要，它应该成为渠道管理者设计渠道的指导思想。

（2）渠道设计是渠道管理者所面临的一项决策。从营销管理的角度来看，营销者必须对营销组合中的任何一个方面进行决策，作为营销组合的要素之一，渠道与产品、价格和促销一样重要，同样需要对它进行认真的决策。

（3）渠道设计是一个广义的概念。它不但包括构建全新渠道，还包括对原有渠道的调整。在尚未组建渠道体系时，渠道设计指的是从头开始建立全新的渠道，当已经有渠道系统运行时，渠道设计指的是调整或改进原来的渠道。在实践中，许多企业早已组建了自己的营销渠道系统，渠道调整或改进成为一种更为常见的做法。

（4）渠道设计的重点是渠道结构的建立。渠道设计包含许多内容，从对分销目标的设立，为完成分销目标而对渠道任务的分解到渠道结构方案的制订、评价和选择，都涉及如何确定一个合理的渠道结构。渠道设计的过程就是渠道结构建立的过程，其最终结果是构建一个全新的渠道结构或改进原来的渠道结构。

2.1.2　识别渠道设计决策的需要

在创建全新的营销渠道时，企业很容易意识到需要进行渠道设计，但在需要改进渠道时，有时企业对渠道设计决策的需求并不是很明显，往往会忽视对渠道设计的需要。在很多时候，渠道管理者往往会采用其他手段来解决原本应该用渠道设计来解决的问题，结果是费力不讨好。对在何种情况下需要进行渠道设计的分析，可以为渠道管理者进行渠道设计提供一个参考。一般来说，在下列情况下，进行渠道设计决策很有必要。

1. 建立新企业

建立新企业可能是从头开始建立一个全新的企业，也可能是兼并或收购后重新建立的新企业。新企业成立时，为了将产品送达目标市场，必须建立全新的渠道。而并购其他企业后，为了使渠道能够满足企业目标和战略的需要，也要调整渠道或者创建全新的渠道。

2. 开发新产品或新产品线

企业已经建立了营销渠道，随着企业的发展，开发一种新产品或一条新的产品线，不适合使用原有渠道来分销这些产品，企业就必须为这些新产品组建一条新的渠道，或者对原有渠道进行调整。

3. 进行市场开发

市场开发既包括企业将现有产品打入所在销售区域内新的目标市场，也包括将现有产品投放到一个全新的区域市场。前者如把汽车从组织市场转向消费者市场。企业把已经在组织市场上出售的产品投放到消费者市场上时，由于该产品的目标市场发生了变化，利用原有渠道不能将该产品送入新的目标市场，就需要进行渠道设计决策。后者如将彩电从国内市场销售到国外市场上，这通常也需要进行渠道设计决策。

4. 营销组合的其他要素发生了巨大变化

产品、价格、渠道和促销四大要素是相互配合的，这些要素共同形成一个有机的整体。当营销组合中的某些要素发生重大变化时，渠道往往也需要随之变化，以更好地对这些要素进行支持。例如，产品质量提高和强调高价的定价策略可能会要求企业转向那些销售高价格产品的中间商。

5. 检查和评估渠道

企业会定期对渠道进行检查和评估，在评估后若发现渠道中存在问题，为解决这些问题，企业可能会产生改进现有渠道或者建立全新渠道的需要。例如，某企业进行渠道评估后，发现某些渠道成员不能完成所分配的渠道任务，就会淘汰这些渠道成员，重新选择合适的渠道成员补充到营销渠道中。

6. 中间商的策略发生变化

中间商的策略发生变化并阻碍了企业分销目标的实现。例如，药品连锁店原来主要经营某品牌的药品，现在大力发展自己的私有品牌，使该品牌药品的销量大幅度下降，该品牌的药品制造商就需要寻找新的零售商,使它们积极地销售该品牌的药品。

7. 中间商的类型发生变化

当某些类型的中间商的地位和作用发生变化,或者出现了新型的中间商时,企业可能会产生渠道设计的需要。例如,在家用电器行业中,原来的家电渠道主要是以国美、苏宁为代表的家电专业连锁商店和以百货商场为代表的传统渠道成员,随着网络技术的发展,网络营销渠道越来越重要,不少家电厂家顺应这一变化,积极地调整原有渠道,除了原有渠道,还通过网络渠道来销售产品。

8. 面临着渠道冲突问题

有些渠道冲突非常激烈,已经使渠道成员之间的关系恶化,渠道效率降低,为了解决渠道冲突的问题,企业不得不调整原有渠道。此外,渠道成员之间的信息传播障碍或角色的变换也会使渠道管理者考虑渠道设计。

9. 主要的营销环境发生变化

营销环境会对营销渠道产生影响。随着经济环境、社会文化环境、政治法律环境、科学技术环境的变化,营销渠道也在不断地变化。为了适应营销环境的变化,企业需要对原有营销渠道进行调整,以优化渠道结构,提高竞争能力。

案例 2-1　　　　　　宏光公司面临的难题

赵一是宏光公司的市场营销部经理,这些天正对公司即将出台的一个新发展战略冥思苦想。宏光公司是由三个志同道合的年轻人借着改革开放的春风,通过承包一家老的机械厂组建而成的。经过十几年的艰苦奋斗和锐意创新,宏光公司的拳头产品"酷酷仔"童车已闻名遐迩。尤其是近两年来,"酷酷仔"童车在市场上人气正旺,卖得非常红火,销售额逐年攀升。这款童车性能安全、制作精良、造型富于变化、色彩鲜亮,深受幼童和家长们的喜爱。尽管公司对"酷酷仔"童车的定价比其他童车高出20%~30%,但市场上仍然呈现出需求旺盛的势头,经过多年的经营,"酷酷仔"童车的销售额占到中国童车市场的约35%以上。

经过多年的市场积累,"酷酷仔"的品牌形象已经获得了消费者较高的认同感,拥有了相当数量的忠诚顾客群。因此,公司决策层提出,利用"酷酷仔"品牌的优势,进军其他相关的儿童产品领域——儿童服装。公司确定了"酷酷仔"童装的目标市场——主要是中高收入的家庭。服装的内衣系列讲究材质和舒适度,外衣系列追求工艺精美和款式新颖。内衣定价比普通童装内衣高出80%~100%,而外衣定价则比普通童装外衣高出100%~120%,属于中高档童装品牌定价。配合这样的产品定位,建立"酷酷仔"儿童服装营销渠道网络的重任责无旁贷地落在了赵一身上。显然,对赵一来讲,首要问题是"酷酷仔"服装的销售是沿用"酷酷仔"童车现有的成熟的营销渠道,还是重新设计一套全新的营销渠道来完成"酷酷仔"服装的销售。

资料来源：常永胜. 营销渠道：理论与实务[M]. 北京：电子工业出版社，2009.

问题：

1. 如果你是赵一，该如何决策？
2. 解决这个难题应该先做什么？然后做什么？

2.1.3 渠道设计的程序

渠道设计的程序主要包括设定分销目标、说明渠道任务、分析影响渠道结构的因素、设计渠道结构方案、选择合适的渠道结构方案等五个步骤，具体流程如图 2-1 所示。

图 2-1 渠道设计的程序

1. 设定分销目标

渠道设计就是要确定产品到达目标市场的最佳途径，渠道管理者应该在分析消费者需求的前提下，设立或调整现有的分销目标，并对分销将在实现企业的营销目标中所起的作用进行明确的描述。无论是设立全新的分销目标，还是调整现有的分销目标，为确保企业不同层次的目标的一致性和连贯性，渠道管理者还需要认真分析与分销目标相关的企业目标和营销目标，并检查分销目标是否与企业目标和营销组合各要素的目标存在矛盾。

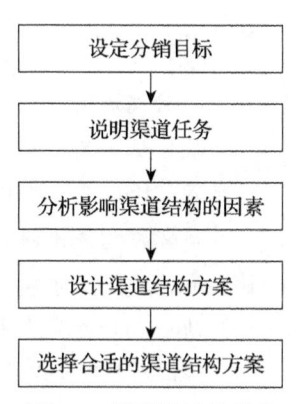

2. 说明渠道任务

在设立分销目标之后，渠道管理者需要将分销目标分解为具体的渠道任务。渠道管理者应该详细地列出各种渠道任务，并阐明每一种相关的渠道任务。这些任务应尽量具体化、定量化，不但要便于各个渠道成员理解，还要便于渠道成员在实践中操作，这样才有助于各个渠道成员通过有效地执行渠道任务来共同实现分销目标。

3. 分析影响渠道结构的因素

该步骤主要是对影响渠道结构的因素进行分析。市场因素、产品因素、企业因素、中间商因素、竞争者因素、环境因素等六类主要因素都可能会对渠道的长度和宽度产生影响，对渠道结构形成一定的限制，渠道管理者在进行渠道结构设计前要充分考虑到相关的影响因素，从而使设计出来的渠道结构具有可行性。

4. 设计渠道结构方案

在该步骤中，渠道管理者提出不同的渠道结构方案以供渠道成员选择。实际上，这一步骤的重点是建立各种可行的渠道结构，渠道结构必须按层次数、各层次中间商的数量、渠道成员的类型三方面来加以具体化。因此，渠道管理者在建立渠道结构时要从这三个方面来考虑，得出几种可供选择的可行的渠道结构。

5. 选择合适的渠道结构方案

这一步骤主要是对备选的渠道结构方案进行决策。渠道管理者希望从几个渠道结构方案中挑选出最佳的方案，但在现实中，由于人们还无法掌握全部的信息和精确的预测方法，所以只能从中选出合适而非最佳的渠道结构方案。经验法、产品特性与平行系统法、财务方法和交易成本法都是一些很好的渠道选择方法，这些方法可以帮助渠道管理者选出相对较好的渠道结构。

案例 2-2　　　　　　　南庙沟洗煤有限公司的营销渠道设计

1. 公司现状

从区域来看，南庙沟洗煤有限公司的业务集中在山西区域内，以晋中和太原为主，同时还包括临汾、吕梁等山西境内的其他地区。

从客户构成来看，南庙沟洗煤有限公司现有的客户是山西省内的大型煤炭公司、建材公司、电力公司等，以及其他类型的零散客户。

从业务量的大小来看，大型煤炭公司业务量占 45%，建材公司占 25%，电力公司占 25%，其他类型的零散客户占 5%。

从利润水平来看，大型煤炭公司毛利率 15%，建材公司毛利率 17%，电力公司毛利率 17%，其他类型的零散客户毛利率 18%。

2. 公司现有的营销渠道

从当前的情况来看，南庙沟洗煤有限公司主要采用直接分销和间接分销两种营销方式，针对不同规模和不同类别的用户采用不同的营销渠道。一般情况下针对大客户，比如需求规模大，需求量大，且需求比较稳定的大客户，公司会采用直接分销模式，有专门的营销人员一对一负责；而针对一些比较零散，规模不大，需要量小，且需求不稳定的小客户，公司会采用间接分销模式，以便将更多精力集中于大客户。南庙沟洗煤有限公司的营销渠道长度为 1，中间只经过一层中间商；营销渠道宽度也不大，是选择性分销，分销商有 12 个，分布在山西省内各地。

3. 营销渠道设计分析

南庙沟洗煤有限公司根据内外环境，结合自己"建设国际一流晋煤特色综合能源企业集团"的战略目标，制定了自己的营销渠道结构设计流程。

（1）南庙沟洗煤有限公司的分销目标是："我们将在确保质量的情况下，确保充足和及时供货。"公司在对营销渠道进行调整时，都以此为出发点。公司在制定营销目标前都了解了竞争对手——凯兴公司、四方煤化、宏昌集团等企业的营销目标，而且做了充足的前期工作。

（2）南庙沟有限公司制订了以下几种可选方案：①煤炭经销商市场，即公司产品销售给各种煤炭经销商；②煤炭代理商，即由各区域代理商代理本公司的产品销售给用户；③煤炭零售商，即将产品卖给零售商，由零售商销售给零散小客户。

（3）南庙沟洗煤有限公司从经济性标准、控制性标准、适应性标准三方面对备选方案进行评估，由于公司销售量超过了均衡点 300 万吨，经销商分销成本最低，所以选择了煤炭经销商市场。

（4）南庙沟洗煤有限公司采用分销成本法来选择合适的渠道结构，通过估计对比不同营销渠道的成本及收益，选择成本低、收益大的渠道结构。对南庙沟洗煤有限公司而言，分销成本小于直销成本，而且使用煤炭经销商的分销成本最低，为最优选择。

资料来源：何王淼. 南庙沟洗煤有限公司营销渠道策略分析[J]. 品牌研究，2019（18）：29-31.

2.2 设定分销目标

1. 消费者对渠道服务的需要

营销渠道主要满足消费者的便利性需求或服务需求，分销目标与消费者的需求密切相关。分销目标反映了企业预期达到的消费者服务水平。要设立分销目标，就需要弄清消费者购买什么产品、在什么地点买、何时买、为何购买、如何购买等问题，只有了解消费者购买产品时所需要的服务产出水平，即顾客购买产品过程中所期望的服务类型和服务水平，才能更好地制定出合理的分销目标。一般来说，营销渠道可以提供购买批量、等待时间、空间便利性、产品品种和服务支持等方面的服务，如图 2-2 所示。

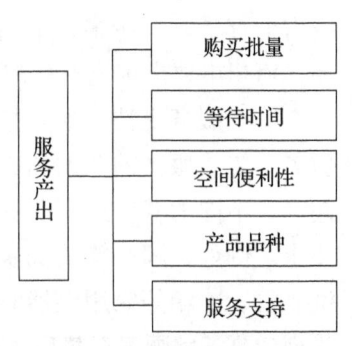

图 2-2 营销渠道的服务产出

（1）购买批量。购买批量是指营销渠道允许顾客一次购买的最小单位。一般来说，工商企业、政府部门等各类组织每次购买的数量都比较多，而消费者单次购买的数量则很少，这表明企业需要为大批量购买者和消费者设计不同的营销渠道。购买批量会对顾客的利益产生影响。当营销渠道要求顾客每次必须购买大批量的产品时，顾客购买后需要很长时间才能用完，这就会增加顾客的储存和保管费用。相反，如果营销渠道允许顾客每次购买少量的产品，顾客能够随用随买，则由企业来承担仓储费用。总之，营销渠道一次允许购买的产品数量越少，表明营销渠道所提供的服务产出水平越高。

（2）等待时间。等待时间是指顾客从订购产品到收到产品的平均时间。例如，顾客到书店，看中哪一本书就可以购买，付款后无须等待就能带走，而在网上购买书籍后，往往要等待几天才能收到书。如果营销渠道要求的等待时间很长，顾客就需要提前很长时间订货，这会给顾客带来许多不便。顾客通常喜欢快速交货、等待时间短的营销渠道。但是，要缩短等待时间，就需要更多的销售人员及设备为顾客服务，因此，等待时间越短，需要营销渠道提供的服务水平越高，渠道成本也越高，要求顾客所支付的价格也会越高。

（3）空间便利性。空间便利性是指营销渠道为顾客购买产品所提供的空间上的方便程度。批发商和零售商的分散化程度越高，就越能提供空间上的便利性，使顾客的搜寻成本和运输成本降低，从而提高顾客的满意度。营销渠道为顾客提供的空间便利性程度越高，渠道的服务产出水平就越高，渠道成本也越高，顾客的花费也越高。这就是便利店的产品比大型超市价格高的原因所在。顾客对各种产品的空间便利性的要求不同，在购买高价值的产品时对便利性的要求较低，而在购买日常生活用品时往往要求有较高的便利性。企业应根据顾客的要求来确定营销渠道所提供的空间便利性的程度。不同类型的营销渠道，空间便利性也不相同。网络营销渠道比线下渠道的便利程度更高，但等待时间也相对较长。

（4）产品品种。这是指营销渠道向顾客提供的产品的花色品种。顾客通常喜欢产品品种齐全，以便购买产品时有较大的挑选余地，能买到称心如意的产品。向顾客提供的产品品种越多，表明营销渠道的服务水平越高。随着服务水平的提高，渠道成本也会上升，顾客所支付的产品价格也会随之提高。因为顾客需要的产品品种越多，要求中间商持有的存货就会越多，中间商的存货成本就会上升。例如，仓储式商店只销售几千种产品，而超市要出售上万种产品，超市的产品价格往往比仓储式商店的要高。

（5）服务支持。这是指营销渠道为顾客提供的信贷、送货、安装、维修等各种附加服务。售后服务的范围和支持力度越大，渠道要负责的服务工作会越多，渠道成本也会越高。不同的营销渠道所提供的服务水平不同，顾客对不同产品也会有不同的售后服务要求。例如，顾客购买洗衣粉、牙膏等日用品时，对售后服务几乎没有要求。而在购买洗衣机、冰箱等家用电器时，顾客对送货、安装和维修等服务的要求较高。因此，渠道管理者要了解顾客对售后服务的要求，根据顾客需求来提供相应的服务。

总之，确定分销目标时必须了解顾客所需要的渠道服务，但是，这并不意味着要使营销渠道的服务产出水平达到最高。这是因为，提高服务水平往往会增加渠道成本，从而会提高产品的价格，最终可能会导致顾客放弃购买。例如，农贸市场、仓储超市的服务产出水平并非很高，但产品的低价对顾客有很大吸引力，很多顾客仍愿意到这些零售终端去购买产品。通常而言，渠道向顾客提供的服务越少，产品价格也会越低。相反，渠道向顾客提供的服务越多，则顾客所需支付的产品价格越高。因此，在决定是提高还是降低渠道的服务产出水平时，还要考虑与之相对应的渠道成本，以及顾客愿意接受的产品价格。

2. 渠道管理者需要完成的任务

在对顾客所需要的渠道服务产出水平进行了解之后，渠道管理者需要建立新的分销目标或对原有分销目标进行修正，阐明渠道在满足目标市场的需求、实现企业的市场营销目标中所发挥的作用。很多企业在没有明确其分销目标之前就开始组建营销渠道，这种做法会使营销渠道难以满足目标市场的需求，不能很好地为企业的目标和战略服务。因此，渠道管理者对分销目标的建立、评价要慎重，要确保分销目标与企业的有关目标相一致。为了使分销目标与营销组合各要素的目标，以及企业的目标和战略很好地保持一致，渠道管理者需要完成以下任务。

（1）熟悉营销组合各要素的目标与企业的目标。分销目标是根据企业的总体目标和营销目标制定出来，并为这些目标的实现而服务的，因此，在设立分销目标时，渠道管理者要熟悉企业的整体目标和营销组合各要素的目标，并弄清哪些目标会对分销目标的设立产生重要影响。例如，一家生产瓷器的企业，力求成为一家知名的高档瓷器制造商。该企业主要向上流社会提供质量非常好的瓷器，以高价格和高促销费用向市场推出其产品。在这种情况下，该产品的分销目标要求企业所采用的渠道能够进入目标市场，而且渠道能够体现瓷器的高品质，支撑瓷器的高价格，展现高档瓷器制造商的企业形象。这就要求该企业精心挑选渠道成员，可以通过高档百货店、专卖店来销售产品，树立高档的品牌形象和企业形象。相反，如果该企业不考虑企业的目标，以及产品、价格和促销等要素，设立分销目标时只强调市场占有率，想让顾客可以随处买到瓷器，则该企业可能会通过低档次的百货店、大卖场、便利店来销售，这必然会对产品、价格和企业的目标产生极大的影响，也会损害品牌形象和企业形象。总之，分销目标的设立非常重要，会对企业产生长期而深远的影响。

（2）制定明确的分销目标。分销目标是对人们期盼分销工作在实现企业整体营销目标的过程中所起的作用而做出的实质性陈述。分销目标从根本上反映了渠道在实现企业整体营销目标的过程中所起的作用。渠道设计中一些常见的分销目标如表2-1所示。

表 2-1　渠道设计中一些常见的分销目标

分销目标	操作说明
顺畅	最基本的功能，以短渠道较为适宜
增大流量	追求铺货率，广泛布局，多路并进
便利	应最大限度地贴近消费者，广泛布点，灵活经营
开拓市场	一般较多地倚重经销商、代理商，待站稳脚跟后，再组建自己的网络
提高市场占有率	渠道维护至关重要
扩大品牌知名度	争取和维系客户对品牌的信任度和忠诚度
经济性	要考虑渠道的建设成本、维系成本、替代成本及收益
市场覆盖面及密度	独家分销和密集性分销
控制渠道	厂家增强自身实力，以管理、资金、经验、品牌或所有权掌握渠道主动权

资料来源：吕一林，王俊杰，彭雷清. 营销渠道决策与管理 [M]. 3 版. 北京：中国人民大学出版社，2015.

渠道管理者在设计渠道时，应该明确地把分销目标描述出来。下面是描述分销目标的一些例子：

- 某桶装水制造商将分销目标表述为："本企业将确保供货充足、及时，使市区的单位用户和家庭用户订购我们的桶装水后，一小时内就能收到产品。"
- 某航空公司的分销目标是："至少85%的航班保证在规定时间前后15分钟内起飞或到达。"
- 某快递公司的分销目标是："当夜把包裹送到国内任何地方。"
- 某品牌保健品制造商设立的分销目标是："确保所有老年人只要来到任何药店、超市、大卖场，就可以买到这些产品。"
- 某女装品牌厂家的分销目标是："确保18~25岁追求时尚的女性，在逛街时至少能在一个服装专卖店内购买到本品牌的服装。"

（3）检查分销目标与其他目标的一致性。检查各个目标的一致性主要包括两个方面：一是检查分销目标与营销组合各要素的目标是否冲突。从横向来看，营销组合的四个要素是相互联系、相互影响的，分销目标必须与营销组合的其他三个要素的目标相协调，这就要求对分销目标与产品、价格、促销等要素的目标是否一致进行检查。如果不一致，就需要重新建立分销目标，从而确保它与其他营销组合要素的目标相协调。二是检查分销目标与营销目标、企业总体目标是否冲突。从图2-3来看，操作层的营销组合各变量的目标取决于职能层的营销目标，而职能层的营销目标是由公司层的企业总体目标所决定的，可以看出，分销目标必须与营销目标和企业总体目标保持一致。因此，要从纵向检查分销目标与营销目标和企业总体目标之间是否存在矛盾。

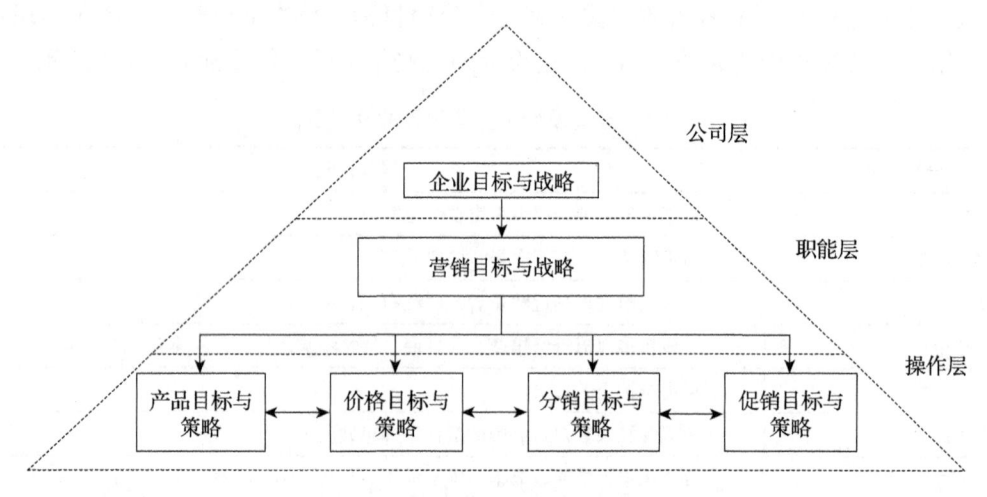

图 2-3 企业的目标与战略之间的关系

2.3 说明渠道任务

分销目标的设立为渠道组建指明了方向，为了实现分销目标，需要将这些目标分解为具体的渠道任务，即渠道需要执行的具体功能。渠道设计其实就是将这些渠道功能分配给渠道成员。例如，某快递公司所设立的分销目标为"当夜把包裹送到国内任何地方"，该目标中的"当夜"就是该快递公司向它的客户所提供的服务水准，它要求营销渠道必须快捷、顺畅，以保证包裹能在最短的时间送达客户，满足客户对较短等候时间的要求。为了达成这一分销目标，渠道就需要执行仓储、运输等物流功能。这一步骤是将那些为实现分销目标而需要完成的渠道任务具体化。渠道任务应该是全面、明确而具体的，渠道管理者必须详细、明确地阐述各种渠道任务。渠道任务主要包括推销、渠道支持（如信息收集与传递、洽谈、选择与培训中间商等)、物流、产品调整与售后服务、风险承担等,如表 2-2 所示。这些渠道任务可以分配给制造商、中间商、消费者和辅助商。一个典型的消费品生产商的渠道任务主要包括以下内容:

(1)处理顾客的订单;
(2)提供产品运输、安装、维修服务;
(3)保持适当的存货,以确保及时供货;
(4)提供购买信用服务;
(5)提供产品质量保证及相关服务;
(6)建立产品退换的流程;
(7)收集目标市场购买方式的信息;
(8)收集有关产品特征的信息。

表 2-2 渠道成员的任务

任 务	主 要 内 容
推销	新产品的市场推广,现有产品的推广,向最终消费者促销,建立零售展厅,价格谈判与销售形式的确定
渠道支持	市场调研,地区市场信息共享,向顾客提供信息,与最终消费者洽谈,选择经销商,培训经销商的员工
物流	存货,订单处理,产品运输,与最终消费者的信用交易,向顾客报单,单据处理
产品调整与售后服务	提供技术服务,调整产品以满足顾客需求,产品维护与修理,处理退货,处理取消订货
风险承担	存货融资,向最终消费者提供信用,存货的所有权,产品义务,仓储设施投资

资料来源:吕一林,王俊杰,彭雷清.营销渠道决策与管理 [M].3 版.北京:中国人民大学出版社,2015.

以一个桶装水制造商为例,该制造商可以按照其分销目标把渠道任务分解为:

(1)及时处理每位客户或顾客的订单;
(2)快速将桶装水运送到客户或顾客指定的地点;
(3)为特殊顾客提供加急服务;
(4)保持一定的存货,以确保快速供货;
(5)提供产品品质保证服务;
(6)提供退换桶装水的服务;
(7)收集本市单位用户和家庭用户购买方式的相关信息;
(8)收集有关产品特征的信息。

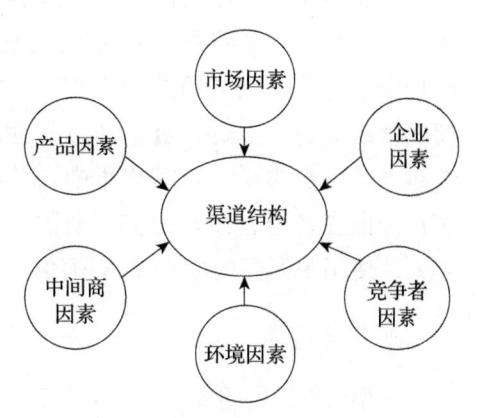

2.4 分析影响渠道结构的因素

影响渠道结构的因素有产品因素、市场因素、企业因素、中间商因素、竞争者因素和环境因素,如图 2-4 所示。

图 2-4 影响渠道结构的因素

2.4.1 市场因素

现代营销管理是以消费者为中心展开的，渠道管理也同样如此，渠道结构应当能反映出目标市场的需求，因此，在设计渠道结构时，市场因素就成为企业应该考虑的重要因素。市场因素中的市场地理位置、市场规模、市场密度和市场行为等对渠道结构有着重要的影响。

1. 市场地理位置

市场地理位置是指市场的范围和位置。从渠道设计的角度来看，与市场地理位置相关的基本任务是：所构建的渠道结构应足以覆盖目标市场，并能向这些市场有效地供货。市场地理位置与渠道设计之间的关系是：企业与市场之间的距离越远，使用中间商分销产品越划算。在现实中也是如此。例如，我国某家电企业要将10万台冰箱出售给欧洲的顾客，可以一台一台地由该企业自己销售直接卖给顾客，也可以通过家乐福分布在欧洲各地的众多门店将这些冰箱销售给顾客，相对而言，企业直销时运输成本总和会远远高于将这些产品装入集装箱运送到家乐福配送中心的成本。因此，在制造商离顾客很远时，使用间接渠道可以降低企业的分销成本，有效地将产品送达目标市场。

2. 市场规模

市场规模是指既定市场上购买者和潜在购买者的数量。一般来说，单个购买者的数量越多，市场规模就越大。市场规模与渠道结构的关系是：如果市场很大，企业需要使用中间商的可能性就大，因为企业与大量的单个消费者进行交易的成本很高；反之，如果市场很小，则会尽可能地避免使用中间商。通常而言，一个非常大的市场需要更多的中间商，宜采用长而宽的渠道，而对于小市场可以通过企业自身的力量来满足，选择直接渠道或短渠道即可。

3. 市场密度

市场密度是指单位地理区域内购买者或潜在购买者的数量。单位土地面积上购买者的数量决定了市场密度的大小。顾客高度密集的市场使大量产品的运输成为可能，也有利于企业和客户之间进行洽谈和信息交流，从而减小了分销的难度，降低了成本。相反，市场密度越小，则分销的难度越大，成本越高。市场密度与渠道结构之间的关系是：市场密度越大，企业进行直销的可能性越大；反之，市场密度越小，则使用中间商的可能性越大。一般来说，当客户集中在某些特定地区时，适宜采用直接渠道或短渠道；如果客户分散在各地，涉及的空间范围较广，那么使用间接分销渠道较好，因为分销的难度较大，使用中间商的成本比直销的成本更低。

4. 市场行为

从渠道设计的角度来看，消费者的购买行为会对渠道结构产生重要影响。市场行为包括消费者购买时的介入程度、购买的地点、购买的季节性，以及购买数量与购买频率四个方面。

（1）消费者购买时的介入程度。企业在考虑消费者购买时的介入程度时，要注意两个问题：谁是真正的购买者？有哪些人参与购买决策？在消费者市场上，消费者的购买行为可能会受到其他家庭成员的影响。如果消费者购买时的介入程度低，可以采用长而宽的渠道，相反，介入程度高时，则可以采用短而窄的渠道，以便企业能对购买者与购买决策参与者施加较强的影响力。

（2）购买的地点。随着生活工作节奏的加快和网络技术的发展，越来越多的顾客倾向于在家中购买产品，为了适应这种变化，企业应该采用网络营销渠道向顾客提供产品。

（3）购买的季节性。如果顾客对某些产品的购买受季节影响很大，呈现出明显的季节性购买行为，那么，企业就应该在渠道中增加中间商的数量，这主要是因为：一方面，引入中间商，让这些中间商执行存货的功能，可以缓和季节变化导致的产品生产的高峰与低谷。另一方面，在旺季时顾客对产品的需求量大，企业在短时间内很难达到较高的铺货率，就需要使用更多的中间商向顾客及时提供所需的产品。

（4）购买数量与购买频率。如果顾客每次购买产品的数量多而购买频率低，那么可以使用直接渠道或短而窄的渠道，因为大量购买产品可以降低分销成本，较低的购买频率也会使顾客对便利性的要求较低。相反，如果顾客每次购买产品的数量少且购买频繁，则宜采用长而宽的渠道。例如，对于日常生活用品，顾客可能几天就需要购买一次，每次买的数量很少，这些产品往往需要层层分销才能到达顾客手中。

2.4.2 产品因素

产品因素是影响渠道结构的一个重要变量。产品因素包括产品的体积和重量、产品的易腐性、产品的单位价值、产品的标准化程度、产品的技术复杂性和产品的崭新度等，这些因素会对渠道结构的选择产生影响。

1. 产品的体积和重量

体积庞大和笨重的产品，储藏、装卸和运输的费用较高，应避免反复搬运、多次转手，尽量通过大批量运输来降低运输费用。因此，体积大和笨重的产品，要尽量采用短渠道，甚至使用直接渠道，由企业直接向消费者供货，以降低物流费用。但也存在例外情况，当消费者小批量购买并要求快速送货时，企业有必要通过中间商来销售。

2. 产品的易腐性

在产品容易腐烂和容易过时的情况下，企业所设计的渠道应该能迅速将该产品运送给消费者，以降低易腐、易过时所带来的风险和损失。例如，水果、蔬菜等易腐烂变质的产品、熟食和奶制品等保质期很短的产品都要求尽快向顾客提供，因此，易腐、易过时的产品应该使用短渠道。

3. 产品的单位价值

通常，产品的单位价值越高，渠道就越短；相反，产品的单位价值越低，则渠道就越长。这是因为高价值的产品能使企业承担较高的分销成本，而低价值的产品毛利少，不足以使企业独自承担分销成本。低价值产品的渠道结构中通常包含中间商，以便分销成本能被中间商所经营的其他产品分担，最终形成一定的规模经济和范围经济。例如，某企业可能派推销员乘飞机去推销生产口香糖的机器设备，却不可能去向单个顾客销售口香糖。对于口香糖这种低价值的产品来说，只有通过大量的批发商、零售商在销售其他产品的过程中共同分担分销成本，顾客才可能以较低的价格买到口香糖。

4. 产品的标准化程度

定制产品（如工业设备）可采用直接渠道，半定制产品（如家具）的渠道结构通常包括一个中间商，高标准化的产品（如洗衣粉）的渠道结构往往包括一个以上的中间商。一般来说，产品的定制化程度高，就应当采用较短、较窄的渠道，而产品的标准化程度高，则应该使用较长、较宽的渠道。产品的标准化程度与渠道长度的关系如图 2-5 所示。横轴表示标准化程度，变化范围从定制化产品到标准化产品。纵轴表示渠道长度，变化范围从无中间商到很多个中间商。从图中可以看出，定制化产品适宜采用直接渠道，企业直接将产品提供给顾客，不需要中间商介入。随着产品标准化程度的提高，参与的中间商也不断增多，渠道也随之增长。例如，在便利品的营销渠道中，常常包含几个层次的中间商。

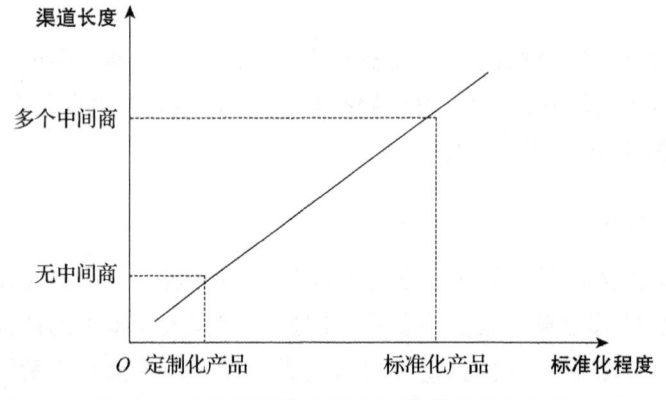

图 2-5 产品的标准化程度与渠道长度的关系

5. 产品的技术复杂性

产品的技术很复杂，则宜采用直接渠道或短渠道。这主要是因为客户需要了解产品的技术情况，并在获得产品后需要一系列售后服务，而企业很难找到能够提供这些服务的中间商。例如，在消费者市场上，如个人电脑等技术性产品可以使用短渠道，而铅笔等技术含量低的产品则采用长渠道。

6. 产品的崭新度

在产品生命周期的导入期，新产品刚刚投放市场，消费者并不了解新产品，通常需要积极开展大量的促销活动，以提高产品的知名度，促使那些有创新精神的消费者购买新产品。如果使用长渠道，企业对渠道成员的控制力较弱，想要让全部渠道成员做出促销努力就很困难。因此，在导入期，企业应当采用短渠道，并精心选择那些有可能积极开展促销活动的中间商进行合作，以使新产品尽快获得市场的认可；相反，老产品则使用中间商来分销以获得稳定的销量。

2.4.3 企业因素

企业自身的一些因素也会对渠道结构产生影响，这些因素主要包括企业的声誉、规模、资金实力、管理专长和企业控制渠道的愿望等。

1. 企业声誉

声誉卓著的企业对渠道的选择余地很大，可以根据具体情况决定渠道结构。例如，知名度高的企业既可以利用良好的声誉直接吸引客户，采用直接渠道，当然，也可以利用其声誉吸引到大量的中间商，从中选择合适的中间商，使用间接渠道。反之，知名度低的企业则需要采用间接渠道，利用经验丰富的中间商来为自己打开市场、拓展业务。

2. 企业规模

可供选择的渠道结构方案数量与企业规模成正比。规模越大的企业，可供选择的渠道结构方案越多，更有可能挑选到最合适的渠道结构。这是因为规模大的企业拥有更多的权力基础（如奖赏权力、强制权力、专家权力），能在渠道结构选择上行使大量的权力，在对不同渠道结构的选择上比小企业有更多的自由度和灵活性，因此，可以选择出合适的渠道结构。相反，规模小的企业由于受到条件与能力的限制，可供选择的渠道结构方案十分有限，往往只能选择较长的渠道以依赖中间商的力量分销产品。

3. 企业资金实力

资金雄厚的企业对中间商的依赖性小，可以采用间接渠道或者直接渠道。一般来说，在采用直接渠道的情况下，企业需要配备销售人员提供零售服务，要有较强的订单处理能力，还可能要建立仓库和提供配送服务。资金实力较强的大企业能够承担建立直接渠道所需的高成本，可以采用直接渠道。而资金实力薄弱的企业则需要依赖中间商来分担成本，在线下分销时宜采用间接渠道。当然，随着互联网的快速发展，资金有限的小公司在线上分销时也可以直接向顾客销售产品，如有些小公司通过抖音或微信小程序直接向顾客销售产品。

4. 企业管理专长

很多企业缺乏执行渠道任务所需要的管理技能，如促销管理、运输安排、存货管理、零售运作等，需要借助具备专业知识和才能的中间商帮助企业拓展市场，完成渠道任务，因此，就需要采用间接渠道。相反，如果企业对渠道运作比较熟悉，拥有分销经验丰富的人员，管理渠道的能力较强，可以依靠自身能力开拓市场，完成各种渠道任务，那么就可以采用直接渠道。

5. 企业控制渠道的愿望

渠道层次越多，企业就越难以控制。一般来说，短而窄的渠道容易控制，长而宽的渠道很难控制。如果企业希望完全控制营销渠道，可以采用直接渠道，如网络直销、连锁经营等。相反，若企业不想控制渠道，则可以根据所需提供的渠道服务和付出的渠道成本等因素选择间接渠道，如批发、代理、经销等。

2.4.4　中间商因素

中间商的可获得性、使用中间商的成本和中间商所提供的服务都会对渠道结构产生影响。

1. 中间商的可获得性

在很多情况下，能否获得一定数量的、合适的中间商会影响到渠道结构。当缺乏中间商时，企业不得不组建自己的渠道向顾客直接销售产品。当现有中间商不能有效地经营本企业产品时，企业也需要考虑采用直接渠道。例如，戴尔公司的创始人迈克·戴尔之所以选择直接渠道，就是因为他认为当时现有的零售商不能有效地按要求提供服务，只好由公司直接向顾客提供强大的技术服务和个性化的电脑。

2. 使用中间商的成本

使用中间商的成本也会对渠道结构产生影响。如果使用中间商来执行渠道任务的成本较低，在渠道中就可能多使用中间商。相反，若使用中间商的成本太高，在渠道中就会尽可能少使用中间商。另外，如果使用某类中间商的成本过高，则在渠道中就要避免使用这类中间商。

3. 中间商所提供的服务

中间商所提供的服务与渠道结构有密切的关系。企业在设计渠道结构时，需要对中间商所提供的服务进行评价，看看哪个中间商能以最低成本最有效地完成渠道任务。如果中间商的服务水平高于顾客的期望，则企业对该中间商的服务评价是正面的。然而，中间商提供的服务往往与成本相关，因此，服务评价还要与成本评价相结合，要选择那些能以最低成本最有效地完成渠道任务的中间商作为本企业的渠道成员。

2.4.5　竞争者因素

竞争者使用的渠道会影响和制约企业对渠道的选择。有些企业采用与竞争者相似的渠道，经营同类产品以方便消费者购买或者经营相关产品以求互补。有些企业则尽量避免使用竞争对手的渠道，避开竞争对手的锋芒，寻找市场空白点，成为渠道的开拓者。在竞争特别激烈的情况下，企业应从顾客需求出发，分析竞争者渠道的优劣势，采取与竞争对手不同的渠道，以增强对顾客的吸引力，获得差异化的优势。

2.4.6　环境因素

营销环境会对企业的营销管理产生影响，同样也会影响渠道结构设计和渠道管理。经济环境、人口环境、社会文化环境、政治法律环境、科学技术环境会对渠道结构的确定产生限制，尤其是经济环境对渠道结构影响很大。例如，当经济繁荣时，为了使产品到达更多的目标市场，企业可能会增加中间商，而经济衰退时，为了降低成本使产品价格具有竞争力，企业会减少中间商，更有可能采用较短的渠道。企业要综合考虑各种经济形势、社会文化和政治法律等环境因素来确定其渠道结构。

案例 2-3　　　　　　影响一家中档童装生产企业渠道结构的因素

一家中档童装生产企业在设计营销渠道时，主要从以下几个方面来考虑。

童装的购买者并非最终消费者，童装市场属于产品更新换代较快的领域，生产企业在考虑选择各渠道时，往往要考虑购买者的性质（家庭情况、职业、收入状况等），以及现实购买者的地理分布状况和购买者的购买习惯等因素。根据国家统计局 2018 年抽样调查对象填报情况，各收入群体覆盖调查对象人数分别为：2 000 元以下 18 663 人，占 38%；2 000~5 000 元 22 305 人，占 46%；5 000~10 000 元 6 289 人，占 13%；10 000 元以上 1 323 人，占 3%。根据调查统计结果，中等收入组别及以下的人群占比最高，这意味着，这些人群中的中青年群体将成为这家中档童装生产企业的目标市场。

这家中档童装生产企业的实力雄厚，产品类别较广泛，渠道控制的欲望较强，考虑采用较短或直接的营销渠道。根据童装产品特性，企业不宜采用过长的营销渠道，一则不利于调动级别低的渠道商的积极性，二则不利于反馈购买者的购买信息，易出现信息反馈的"牛鞭"现象。

随着网购经济的兴起，这家中档童装生产企业考虑营销渠道时，结合我国的经济状况和地理分布，认为采用较短的营销渠道，不仅能很好地满足消费者的体验需求，也有利于降低成本支出。

资料来源：严峻. 关于中档童装生产企业渠道成员选择与激励的若干思考 [J]. 商场现代化，2019（5）：22-23.

问题：

1. 这家中档童装生产企业在设计营销渠道时，主要考虑的因素有哪些？
2. 请你为该企业制订一份渠道结构方案。

2.5　设计渠道结构方案

在明确影响渠道结构的主要因素之后，企业应该制订出一些可行的备选渠道结构方案。设计渠道结构方案时需要考虑三个方面：渠道长度、渠道宽度和中间商的类型。

2.5.1 确定渠道长度

渠道长度是指处于制造商与消费者之间中间商的层次数目。营销渠道的长度通常是按中间商的层次数目来划分的。零层渠道中没有中间机构介入，由企业直接为客户提供服务。一级渠道中只包含了一个中间层，二级渠道中包含了两个中间层，也就是有两个中间环节。一般来说，中间环节越少，渠道就越短，相反，中间环节越多，则渠道越长。通常，把一层渠道定义为短渠道，而把两层或两层以上的渠道称为长渠道。长渠道与短渠道的优缺点比较如表 2-3 所示。

表 2-3　长渠道与短渠道的优缺点比较

渠道类型	优点及适用范围	缺点及基本要求
长渠道	● 市场覆盖面广 ● 厂家可以将中间商的优势转化为自己的优势 ● 可以减轻厂家成本压力 ● 适用于一般消费品	● 厂家对渠道的控制程度较低 ● 增加了服务水平的差异性 ● 加大了对中间商进行协调的工作量
短渠道	● 厂家对渠道的控制程度较高 ● 适用于专用品、时尚品及顾客密度大的市场区域	● 厂家要执行大部分或者全部渠道功能，必须有足够的资源 ● 市场覆盖面较窄

资料来源：吕一林，王俊杰，彭雷清. 营销渠道决策与管理 [M]. 3 版. 北京：中国人民大学出版社，2015.

从理论上看，一个渠道的层次数目的变化范围可以从零层到很多层，可以设计出无限的渠道结构，但在现实中，可以供渠道管理者考虑的可行的渠道层次数目是有限的，不过二层或三层。一家企业考虑使用直接渠道（零层式）、短渠道（一层式）、两层中间商（二层式）或三层中间商（三层式）可能都是可行的。之所以如此，是因为市场、产品、企业、中间商、竞争者、环境等因素会影响和制约渠道的长度。当然，随着网络营销渠道的发展，除了线下的不同层次的渠道，越来越多的企业可以选择直接渠道，通过网络直接向顾客销售产品。在很多情况下，同行业中各个企业渠道结构中的层次数大体上相同，如汽车业中很多企业通过短渠道来销售汽车，一般是企业将生产出来的汽车提供给汽车经销商，汽车经销商再通过门店和网店销售给顾客。在不同行业中，各个企业渠道结构的层次数各不相同。因此，渠道管理者应在考虑影响渠道结构主要因素的基础上，根据具体情况来确定可行的渠道层次的数目。

2.5.2 确定渠道宽度

渠道宽度是指每一渠道层次上所需中间商的数目。渠道宽度与中间商数量的多少紧密相关。从渠道宽度来看，主要有密集性分销策略、选择性分销策略和独家分销策略可供企业选用。密集性分销策略是一种宽渠道分销策略，要求使用尽可能多的中间商来完成分销任务，消费品中的便利品通常使用密集性分销策略。选择性分销策略并非使用许多中间商，而是从许多愿意从事分销业务的中间商中，按照一定标准精心挑选一部分中间商与之合作，消费品中的选购品一般采用选择性分销策略。独家分销策略是一种窄渠道分销策略，在一个特定的地区只使用一个中间商，消费品中的特殊品大多使用独家分销策略。渠道宽度决策如表 2-4 所示。

表 2-4 渠道宽度决策

特 征	密集性分销	选择性分销	独家分销
目标	大范围市场覆盖 渠道接受 薄利多销	中等范围市场覆盖 较好的形象 适度渠道控制 适度销量与毛利率	声望及形象 渠道控制及忠诚 价格稳定 较高的毛利率
中间商	数量众多 所有零售类型	数量中等 效率高的零售类型	一家或者数家 声誉高的零售店
顾客	最终顾客： ● 人数众多 ● 注重便利 组织用户： ● 关注所有顾客 ● 期望中间商提供服务	最终顾客： ● 数量中等 ● 品牌意识 组织用户： ● 关注所有顾客 ● 期望制造商或中间商提供服务	最终顾客： ● 数量少 ● 品牌忠诚 组织用户： ● 关注主要客户 ● 期望制造商提供服务
渠道重点	最终顾客： ● 大众广告 ● 就近销售 ● 备有存货 组织用户： ● 可得性 ● 定期沟通 ● 优良服务	最终顾客： ● 促销组合 ● 愉悦的购物体验 ● 良好服务 组织用户： ● 可得性 ● 定期沟通 ● 优良服务	最终顾客： ● 人员推销 ● 愉悦的购物体验 ● 良好服务 组织用户： ● 可得性 ● 定期沟通 ● 优质服务
优点	市场覆盖率高 比较适用于便利品	比密集性分销能获得中间商更大的支持 比独家分销能给顾客带来更多方便 适用于选购品	市场竞争程度低 厂家与经销商关系较为密切 适用于专用产品和特殊品
主要缺点	渠道管理成本较高 渠道控制差	市场准确定位难	销售潜力小 因缺乏竞争，顾客的满意度可能会受到影响 经销商对厂家的反控力较强
举例	家用杂货 办公用品 常用服务	家具 服装 机电工具 工业服务	汽车 设计的服装 资本设备 复杂的服务

资料来源：1. 庄贵军，周筱莲，王桂林. 营销渠道管理 [M]. 北京：北京大学出版社，2004.
2. 吕一林，王俊杰，彭雷清. 营销渠道决策与管理 [M]. 3 版. 北京：中国人民大学出版社，2015.

从零售层次来看，渠道宽度与特定市场的中间商数量之间的关系如图 2-6 所示。该图显示，在特定的地区，如果采用宽渠道，那么会使用很多的中间商，即密集性分销与大量的中间商相对应；若采用窄渠道，则在该地区只使用一个中间商，即独家分销只与该地区的一个中间商相对应；如果选定的渠道介于宽渠道与窄渠道之间，则会使用一部分中间商，即选择性分销与少量的中间商相对应。

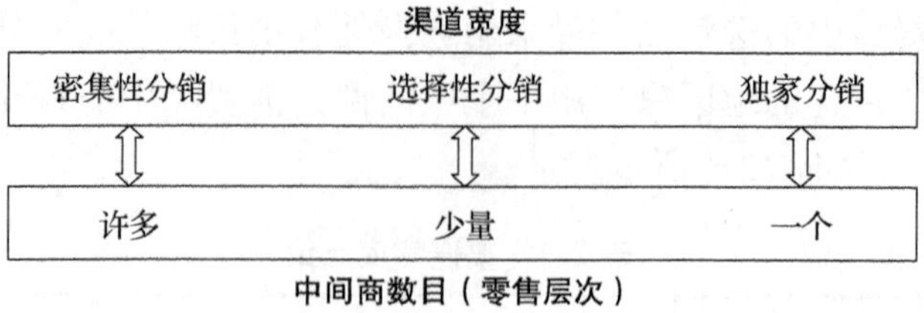

```
                    渠道宽度
    ┌─────────────┬─────────────┬─────────────┐
    │  密集性分销  │  选择性分销  │   独家分销   │
    └──────↕──────┴──────↕──────┴──────↕──────┘
    ┌─────────────┬─────────────┬─────────────┐
    │     许多     │     少量     │     一个     │
    └─────────────┴─────────────┴─────────────┘
              中间商数目（零售层次）
```

图 2-6 渠道宽度与特定市场的中间商数量间的关系

企业对渠道宽度的选择一般会受到企业的营销战略的影响。如果企业的营销战略强调精选目标市场，则可能会要求建立一个精挑细选中间商的渠道结构。例如，劳力士手表采用以慎重选择的目标市场为核心的营销战略，只为消费者提供有限的购买渠道以便强化其良好的声誉，渠道设计时就要求对中间商有高度的选择性。一个企业的营销战略要求大范围销售其产品，则很可能采用宽的渠道结构。例如，可口可乐公司要求其产品能随处可得，就采用了密集性分销策略，将产品提供给任何一个想获得其产品的零售商，使顾客到处都能方便地买到其产品。

2.5.3 确定中间商的类型

渠道管理者要确定在渠道不同层次中应该使用的中间商类型。如果企业在渠道长度上决定采用两层渠道，即制造商→批发商→零售商→消费者，那么，在批发商这个层级，就需要确定使用什么类型的批发商，是代理商、经销商，还是专业批发商、综合批发商？企业还需要进一步明确不同类型的批发商渠道中有哪些零售商，它们是否适合经营本企业的产品。在零售商层级，同样需要确定零售商的类型，是便利店、超市、百货商店，还是专卖店？

渠道结构设计中，应该根据不同类型的中间商在经营产品的品种、经营方式、经营特点、中间商的销售对象等方面来选择。例如，生产空调的企业，在零售商层级，可以选择京东、苏宁、国美，而不能选择便利店、药店；生产知名品牌服装的企业，可以选择高档百货商场、专卖店等零售商，而不能选择折扣店、百货商店。企业要选择那些与本企业产品相匹配的中间商，以便能有效地将产品送达目标市场。

2.6 选择合适的渠道结构方案

在提出几个备选的渠道结构方案后，还要对这些渠道结构方案进行决策。从理论上看，应该从备选方案中选出一个最佳的渠道结构方案，该渠道能以最低成本有效地执行渠道任务。但是，在实践活动中，几乎不可能选出最佳的渠道结构，因为要选出最佳的渠道结构，要求渠道管理者知道所有的渠道结构方案，能计算出各个渠道结构方案的回报，能从中选择可以提供最高回报的渠道结构方案。但是，在大多数情况下，要设计出所有可能的渠道结构方案所需要的信息和时间是企业难以承受的；即使能承受，也不一定能知晓所有的备选方案；即使知道所有的方案，要精确地计算每一个方案的回报也是无法做到的。尽管没有一种方法能够选出最佳渠道，但是在现实中仍然存在一些方法，如经验法、产品特性与平行系统法、财务方法、交易成本分析法等，利用这些方法，渠道管理者可以从几个渠道结构方案中选出一个合适的方案。

案例 2-4　　　　　　　　　　**MSD 公司的营销渠道设计**

MSD 公司的母公司在全球制药市场排名前十位，年销售额超过 200 亿美元，主要生产和销售处方药，在抗感染、心血管、内分泌和神经系统等四大领域都代表了当今世界的最高水平。公司在众多医疗领域积极开展研究和开发，拥有大量的专利产品，主要用于治疗细菌感染、病毒感染、高血压、高脂血症、糖尿病、骨质疏松、帕金森病和睡眠障碍等。此外，公司在疫苗领域的投入也雄踞世界前列，目前有大量的疫苗产品在研发阶段。

MSD 公司是其母公司在 20 世纪 90 年代初进入中国医药市场后建厂成立的，在中国生产和销售的产品全部是处方药，覆盖心血管、抗感染和内分泌等三大领域。经过十多年的发展，公司组织构架基本完善，设有市场部、销售部和商务部等业务部门，还有财务部、医学部、人事部、法律部和政府事务部等支持部门，总员工人数超过 2 000 人。

MSD 公司自 1994 年进入中国以来，一直针对城市医院市场生产、推广和销售处方药，基于这一业务需要，公司逐渐发展并建立了针对医院市场的营销渠道模式——区域独家分销，也就是每个地区中每种产品只由一家经销商来完成医院的供货工作。经过十多年的发展，该营销渠道框架已基本固定和成熟。目前，公司的营销渠道共有四级，包括一级经销商（直接从 MSD 公司采购产品）15 家，二级经销商（从一级经销商处采购 MSD 产品）300 多家，三级经销商（从二级经销商处采购 MSD 产品）200 多家，四级经销商（从三级经销商处采购 MSD 产品）100 多家。每一级的经销商都同时供货给其所在地的医院和药店。公司通过这个四级分销网络能够覆盖全国 8 500 多家医院和药店，具体如图 2-7 所示。

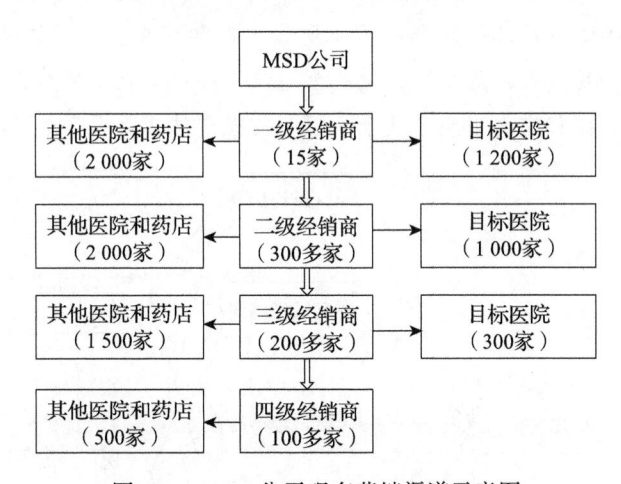

图 2-7　MSD 公司现有营销渠道示意图

营销渠道模式的设计

MSD 公司专业推广和销售处方药，其主要的目标渠道终端是各级医院，主要集中于大中型城市的三级和二级医院，一级医院和社区医院较少。根据公司的战略规划，其产品必然要进入中小城市一级医院、社区医院以及诊所和药店。根据这一业务发展战略的需要，现制定以下三种渠道模式，并对其优劣进行讨论。

1. 方案A：直销模式

该模式中，MSD公司拓展现有销售队伍的业务功能，要求他们不但在医院进行学术推广，而且要与医院直接签订采购合同，工厂根据合同直接给医院发货。销售队伍还要承担医院回款的职责。公司为了更加有效地管理上述活动，需要在主要城市设立分公司，以分公司形式管理市场开发、医院推广、订单配送和回款等事宜。其渠道结构如图2-8所示。

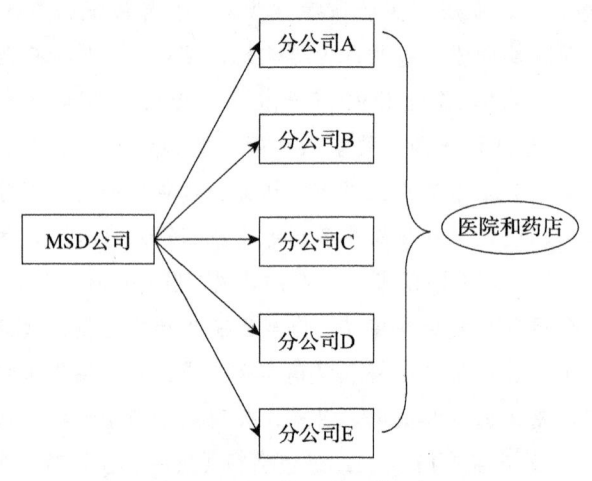

图 2-8　直销模式渠道结构

2. 方案B：区域分销模式

该模式中，MSD公司将药品直接销售给区域经销商，由经销商将药品销售给医院，并收取回款；而MSD公司只关注产品的研发、生产和终端推广。该模式中，MSD公司虽然有销售队伍在医院进行产品推广，但是公司与医院没有直接的销售行为和货物钱款的往来，对医院的直接销售完全由经销商来承担。其渠道结构如图2-9所示。

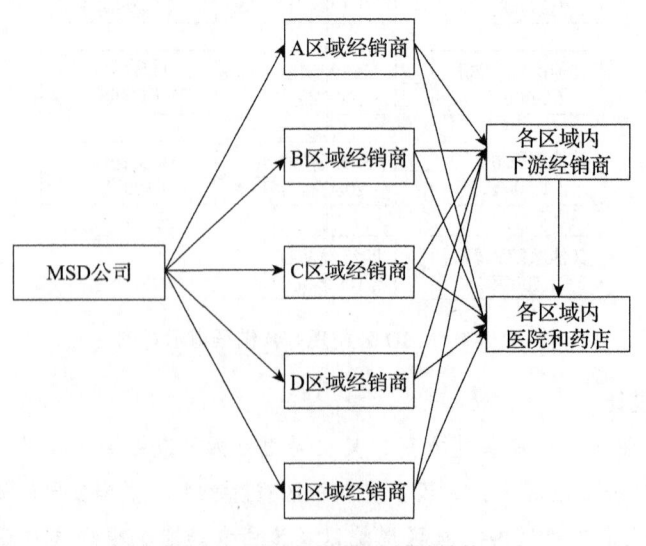

图 2-9　区域分销模式渠道结构

3. 方案 C：代理模式

该模式是指 MSD 公司将所有销售行为和渠道管理外包给代理商，由代理商完成渠道建设和医院销售工作，自己不直接参与任何对终端医药的销售和推广工作。其渠道结构如图 2-10 所示。

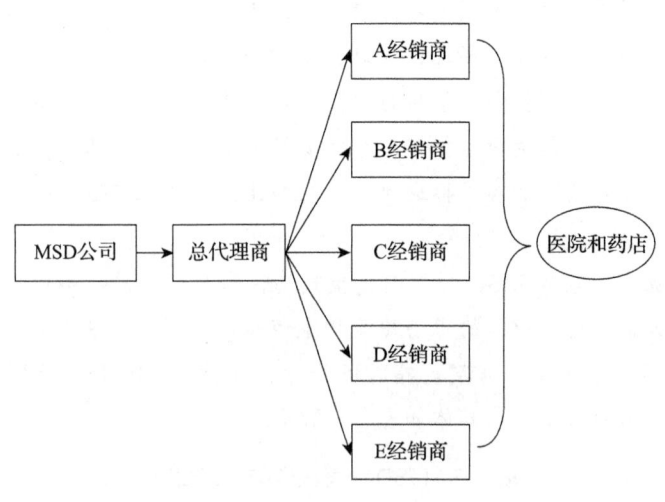

图 2-10 代理模式渠道结构

4. 方案 D：组合渠道模式

该模式中，MSD 公司根据产品特性、生命周期、利润率和竞争程度的不同，将产品分为核心产品和边际产品，再按产品的不同采取不同的渠道模式。所谓核心产品主要是指在专利期内的产品，它们质量突出，疗效显著，价格压力不大，销售增长快，而且市场潜力巨大，是公司现在和未来利润的主要来源，需要积极维护其品牌和市场份额。所谓边际产品是指那些失去专利保护的老产品，市场上同质的仿制品众多，价格竞争激烈，利润不高但是相对稳定，品牌形象对企业长期战略影响不大。因此，对于核心产品可以采用区域分销模式，对于边际产品可以使用代理模式。组合渠道模式具体结构如图 2-11 所示。

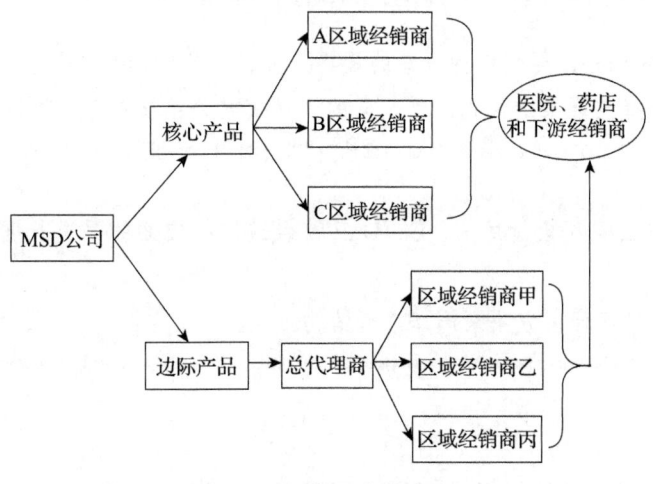

图 2-11 组合渠道模式结构

营销渠道模式的选择

上述四种渠道模式都有其各自的优缺点和适用范围,没有一种渠道能够解决所有问题,因此我们只能根据公司目标,选择相对最能满足公司要求的渠道模式。

综合和参考目前管理界对类似问题的选择方法,MSD 公司可以通过加权评分法来评估和选择最佳方案。具体做法是根据实际情况,以专家小组讨论方法,确定出符合公司战略要求并对销售影响较大的几个指标,同时配以适当的权重;再通过另外的小组讨论对所有备选方案的各项指标分别打分,最后将评分乘以权重,得出各方案的最后总分,总分最高的方案即为最佳方案。制定评估指标的小组成员包括来自公司市场部、销售部、商务部和财务部的高级管理人员,对各指标进行评分的小组成员是来自若干合资制药企业的商务经理。

经过小组讨论,目前对 MSD 公司渠道模式选择影响较大的指标依次为:核心产品的市场覆盖和价格维护、边际产品的市场覆盖和渠道推动、渠道管理中公司对渠道的投入力度以及渠道对公司要求的配合程度。指标的评分范围为 1~10 分,分数越高表示渠道模式越有效,反之说明效果不佳。具体如表 2-5 所示。

表 2-5　MSD 公司渠道模式评估表

评估指标		权重 /%	评分			
			方案 A	方案 B	方案 C	方案 D
核心产品(50)	市场覆盖	25	6	10	8	10
	价格维护	25	10	8	6	8
边际产品(20)	市场覆盖	10	4	6	8	8
	渠道推动	10	4	4	8	8
渠道管理(30)	渠道配合度	15	10	8	6	8
	公司投入*	15	4	6	8	7
总分			6.9	7.6	7.2	8.35

* 公司投入原则是公司投入越少,得分越高,投入越多,得分越低。

经过对各项的评分,得到四种方案的最终总分,方案 D(组合渠道模式)得到最高分。因此 MSD 公司选择组合渠道模式,以不同的渠道模式分销核心产品和边际产品。

资料来源:夏春. MSD 制药公司分销渠道的设计和实施 [D]. 上海:复旦大学,2008.

问题:

1. 分析 MSD 公司所设计的 B、C、D 三种渠道结构方案的渠道长度、渠道宽度和中间商的类型。

2. MSD 公司采用什么方法来选择渠道结构方案?

2.6.1　经验法

经验法是指选择渠道结构时主要依赖管理者的判断和经验的方法。在现实中,很多渠道结构是靠管理者依据其经验来选择的，管理者的经验会对渠道结构选择起到决定性的作用。经验法包括直接定性判断法、权重因素评分法和分销成本法等，这些方法都需要使用大量的判断和估计，但在精确程度上存在很大的差异。

1. 直接定性判断法

在实践中，直接定性判断法是最常用的一种选择渠道结构的方法。在使用这种方法时，管理者按照他们认为比较重要的某些因素对各种可行的渠道结构进行评价。这些因素包括长期或短期成本和利润、渠道控制的愿望、渠道的灵活性、长期成长潜力以及其他的因素。在使用直接定性判断法时，这些影响决策的因素可能没有被明确地提出来，它们各自的重要性也可能未被明确界定。因此，这种方法是最粗糙的一种定性方法，但也比较简单，在实践中很容易使用。管理者根据经验，可以很快选出一种渠道结构方案。例如，某公司研发出一种新型的游泳池杀菌剂，该公司为这一新产品设计了五种可行的渠道：第一，通过现有的中间商来分销；第二，通过新的中间商来分销；第三，收购一家小公司，通过该公司的分销网来销售；第四，使用该市场中的大中间商的品牌；第五，直接向游泳池拥有者销售。该公司应该选择哪种渠道呢？假如该公司决定使用直接定性判断法对渠道结构方案进行选择，管理者会根据他们认为最重要的因素来评价这五种方案，按照他们的主观判断，分析这些方案的优劣势后，就可以从中选择一种他们认为是最好的渠道结构方案。

2. 权重因素评分法

权重因素评分法是由科特勒提出的，是一种用来选择渠道的更精确的定性判断方法。这种方法是在直接定性判断法的基础上进行了改进，明确地提出了影响渠道决策的重要因素，并按这些因素的重要程度赋予了不同的权重。这种方法要求管理者在选择渠道时做出的判断要结构化和定量化。该方法用于渠道选择时包括以下五个基本步骤。

（1）明确地列出渠道选择时所依据的决策因素。
（2）每个决策因素的权重必须以百分数形式表示，以反映这些因素的相对重要程度。
（3）每一个可行渠道都按 1~10 分对各个决策因素打分。
（4）将每一个渠道的权重（A）与因素得分（B）相乘后再加总，计算出每个渠道方案的加权总分。
（5）将各个渠道的加权总分排序，选择分数最高的渠道方案。

对上文中所提到的例子，如果该公司使用权重因素评分法来选择渠道方案，该公司首先会明确提出影响渠道决策的 5 项重要因素（步骤 1），然后根据这些因素的重要程度分配权重（步骤 2），再对各种可行渠道分别为 5 个因素打分（步骤 3），之后用因素的权重乘以每个因素的分数后再加总，就可以得到各个渠道方案的总分（步骤 4），最后按总分高低对各个渠道方案进行排序，得分最高的渠道方案就是该公司所要选择的渠道方案（步骤 5）。在本例中，方案 5 的总分为 5.85，在 5 个渠道方案中分数是最高的，该公司应该选择直接销售这一渠道方案，见表 2-6。

表 2-6　权重因素评分法

权重因素	权重 /%	方案 1 现有的中间商	方案 2 新的中间商	方案 3 收购小公司	方案 4 使用私人品牌	方案 5 直接销售
送达游泳池业主的有效性	15	1	3	8	8	8
投资数额（高分表示投资小）	30	8	8	1	8	3
可获得的利润	25	5	5	9	2	9
企业获得的渠道经验	10	1	2	8	1	9
企业减少亏损的能力	20	7	7	1	7	3
总分		5.3	5.7	4.75	5.6	5.85

表头"各渠道方案得分"

3. 分销成本法

分销成本法是一种对各种可行渠道的成本及利润进行估计，利用得到的数据来判断各渠道的强弱的方法。该方法的要点是强调管理者凭经验对各种渠道结构方案的成本及利润的判断和选择。

例如，一家制造机床的企业，准备将其产品打入一个大城市，现有两种渠道结构方案可供选择：一是直接销售，二是通过一层渠道进行分销。如果用分销成本法来选择相对较好的渠道方案，就需要计算这两种渠道的成本和收益。

该企业预测这个城市有 6 000 家潜在客户，每家客户都需要一名推销员每两周拜访一次。该企业的推销员平均每天可以拜访 6 家客户，一周工作 5 天，则一个月内每名推销员可以拜访 60 家客户。根据上述数据，该企业在这个城市中需要 100 名推销员为这些客户服务。那么，每月的直销成本预计如表 2-7 所示。

表 2-7　每月的直销成本预计

成本项目	每月成本预计 / 元
100 名推销员平均月工资为 2 000 元 / 人	200 000
划分为 5 个区域，每个区域 1 名销售主管，其月工资为 6 000 元 / 人	30 000
仓储费、存货及利息、办公人员工资、其他管理费	100 000
直销渠道的总成本	330 000

假设平均销售毛利率为 25%，为弥补这些成本所需要达到的销售额为
$$330\ 000 \div 25\% = 1\ 320\ 000（元）$$

如果采用一层渠道进行分销，其成本预计情况如下。假设该企业提供给中间商的平均销售毛利率分别为 20%、15%、10%，在完成同样的销售额目标下，采用一层渠道的成本预计为

如果销售毛利率为 20%，则 1 320 000×20% = 264 000（元）

如果销售毛利率为 15%，则 1 320 000×15% = 198 000（元）

如果销售毛利率为 10%，则 1 320 000×10% = 132 000（元）

直销与分销的成本比较如表 2-8 所示。

表 2-8　直销与分销的成本比较

渠道成本 / 元	销售毛利率		
	20%	15%	10%
直销成本	330 000	330 000	330 000
分销成本	264 000	198 000	132 000
节省成本	66 000	132 000	198 000

从表 2-8 中可以看出，对于该企业来说，分销的成本小于直销的成本，当向中间商提供的销售毛利率为 10% 时，企业节省的成本最多，公司收益最高。

2.6.2　产品特性与平行系统法

20 世纪 50 年代末期，阿斯平沃尔首先提出了这一方法。产品特性与平行系统法强调产品特性对渠道结构的决定作用，主要是根据产品特性来选择渠道结构方案。在使用该方法时，首先依据产品特性将所有产品划分为不同颜色的产品，然后将不同颜色的产品与渠道结构联系起来，就可以选出相应的渠道结构方案。

1. 产品特性

阿斯平沃尔认为所有产品都拥有更新率、毛利、调整、消费时间和搜寻时间等特性，任何一种产品都可以用这些特性进行描述。产品的特性包括：

（1）更新率——产品为能满足顾客需求而被购买和使用的频率。

（2）毛利——投入成本与最终实现的销售收入之间的差额。毛利包括产品在渠道中流转时的所有毛利之和。

（3）调整——为使产品符合顾客的需要而对产品的修正。

（4）消费时间——产品可供正常使用的预测期限。

（5）搜寻时间——产品从零售商店到顾客所需的平均时间与距离。

2. 产品类别的划分

在提出所有产品都具有这些特性的基础上，阿斯平沃尔提供了一种划分产品类别的方法，将产品类别与颜色联系在一起，用不同颜色表示不同的产品类别。他巧妙地引入了色谱上的颜色，认为任何一种产品都可以用色谱上的颜色来表示，只不过他使用的不是 7 种颜色而是 3 种颜色。如表 2-9 所示，更新率低而其他 4 个特性分值都高的产品是黄色产品，5 个特性都属于中等的产品是橙色产品，更新率高而其他 4 个特性分值都低的产品是红色产品。通过使用颜色来表示，产品类别就非常明显。

表 2-9　"产品特性"理论的颜色分类

产品特性	产品类别		
	黄色产品	橙色产品	红色产品
更新率	低	中等	高
毛利	高	中等	低
调整	高	中等	低
消费时间	高	中等	低
搜寻时间	高	中等	低

3. 产品类别与渠道结构的联系

阿斯平沃尔认为,产品在分销过程中使用的渠道结构与其颜色紧密相关。黄色产品一般选择短的渠道,橙色产品的渠道结构趋于中等,一般至少拥有一个层次的中间商,红色产品通常采用长的渠道。产品类别和渠道结构之间呈现出平行关系,如图2-12所示,渠道结构的长短与产品类别相平行。

产品类别	黄	橙	红
渠道长度	短	中等	长

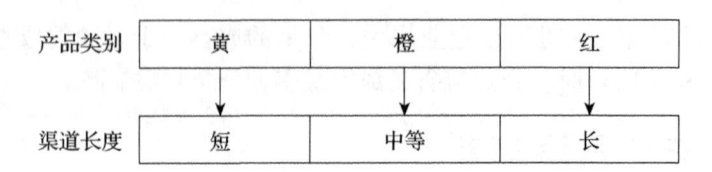

图 2-12　产品类别与渠道长度之间的关系

红色产品的更新率高,顾客需要经常购买它,购买比较频繁,它的高购买率使得渠道在完成分销任务的过程中允许实施高度标准化和专业化策略,这也为更多专业化营销中介的参与提供了机会,从而形成了红色产品的长渠道。消费者市场中的便利品和组织市场中的供应品都属于红色产品。

橙色产品的五个特性都处于中等水平。家具和小汽车都是典型的橙色产品。尽管这类产品是按一定标准生产的,但是为了更好地满足顾客的需求,仍需要进行一定程度的调整。中等程度的更新率使橙色产品具有一定的标准化程度和专业性,通常橙色产品的渠道中至少需要一个层次的中间商。例如,在汽车的营销渠道中,往往需要汽车经销商从汽车厂购买汽车后再出售给顾客。

黄色产品的更新率低,而其他四个特性分值都很高,需要进行大量的调整才能满足顾客需求,其标准化和专业化程度低,因此,它需要提供更多的渠道服务,它的各项分销任务的执行费用相对红色产品更高,黄色产品要求选择短的渠道。定制产品属于黄色产品,例如,专门按照用户要求设计的软件属于黄色产品,软件公司可直接向工厂、学校、医院等用户销售。

4. 产品特性与平行系统法的使用

(1)按五个特性对产品分类简单易行。渠道管理者根据阿斯平沃尔方法即可将产品依据五个特性进行分类,不必再为每一种产品列举出许多不同的变量。通过对产品的各个特性判断,就可将产品划分为红色、橙色和黄色三类,这种划分简便易行。

(2)它提供了选择渠道结构的捷径。在根据产品特性划分为不同类别的产品后,该方法将产品类别与渠道结构相联系,为渠道管理者选择渠道结构提供了一条捷径。

(3)它过分强调产品特性对渠道结构的决定性作用,忽视了其他因素。市场、产品、企业、中间商、竞争者和营销环境都会对渠道结构产生影响。该方法只考虑到产品这一因素对渠道结构的影响,对其他因素重视不足,而其他因素可能会对渠道结构产生决定性作用,单纯依据产品因素来选择渠道结构会失之偏颇。

2.6.3 财务方法

20世纪60年代，兰伯特提出了财务方法。财务方法的观点是：资金是影响渠道结构选择的一个最重要因素。因此，渠道结构的选择过程就是做出一项资金预算的投资决策过程。在对渠道结构进行决策时，最根本的是要比较各种可行的渠道结构所需的资金成本和预期收益，从中选出最有效益的渠道作为企业的渠道。此外，还要考虑渠道投资的机会成本，将用于分销活动所需的资金和用于生产过程中的这笔资金进行比较。如果企业能够获得的收益超过投入的资金成本和将该笔资金用于制造时的收益，那么企业就自己开展分销活动，否则应该考虑由中间商来完成分销活动。

渠道专栏 2-1

审视贸易渠道的选择过程，我们会得出如下结论：渠道的选择主要取决于资金，而不是我们通常所认为的营销因素。不论公司是否有足够的资金开拓市场，事实证明，结论都是如此。另外，不论公司是打算缩短渠道（需要更多资金）还是延长渠道（使以前用于分销的资金为其他机构使用），情况也是如此。

资料来源：科兰，安德森，斯特恩，等. 营销渠道：第7版[M]. 蒋青云，王彦雯，顾浩东，等译. 北京：中国人民大学出版社，2008.

兰伯特的财务方法强调资金因素对渠道结构的重要性，提出根据资金因素来选择渠道结构的方法，使得决策标准客观而严格。这种方法为我们提供了一种有益启示，它的观点具有正确的一面，因为与营销组合中的其他要素的决策相比，渠道结构决策是长期的，渠道往往被看作是一项长期投资项目，它必须能弥补所投入的资金成本，还应该比该笔资金用于其他方面有更高的回报，这使得选择渠道结构的标准变得更加理性和严格。

但是，兰伯特的财务方法也有缺点，就是可操作性差。不管使用何种投资方法，要非常精确地计算各种渠道结构未来的预期收益和成本是十分困难的，因此，使用这种方法进行渠道决策的可操作性不强。只有等到有更好的预测方法出现，财务方法才能广泛应用于实际的渠道结构选择中。

2.6.4 交易成本分析法

交易成本分析法是指通过分析交易成本来决定企业是应该选择垂直一体化的渠道还是使用独立的中间商来完成渠道任务的方法。20世纪70年代中期以来，以威廉姆森为主的学者所提出的交易成本分析法成为营销渠道领域中广泛关注的焦点。交易成本包括获取信息、谈判、签订合同、履约以及其他有关的操作任务的成本。交易成本分析法关注的是管理交易成本，这是企业完成渠道任务所必需的交易成本耗费。

在营销渠道中，为了达成交易，渠道成员需要对交易专有资产进行投资，这些交易专有资产包括用来完成渠道任务的有形资产与无形资产。例如，用于展示网球拍的特定装置属于有形的专有资产，而销售员拥有的关于网球的专有知识与销售技能则属于无形的专用资产。这些专有资产一旦处于网球拍产品的渠道之外，其价值就会很低或没有价值。

如果交易专有资产投资很大，为了避免机会主义行为的伤害，企业就应该选择渠道一体化的渠道结构。反之，如果交易专有资产投资很小，企业面临的资产风险就比较小，就可以使用独立的中间商来分销产品。交易成本分析法的缺点是对渠道结构方案的选择只能局限于垂直一体化与独立中间商两种渠道方案之内，无法对其他可能的渠道结构方案进行分析。另外，渠道中的机会主义行为假设与现实中的渠道合作、渠道伙伴关系并不一致，现实中有很多批发商和零售商为谋求长期的合作关系而摒弃了机会主义行为。例如，即使有机会经营企业的竞争者的热销产品，批发商与零售商也决定不这样做，主要是为了避免损害与企业之间的长期关系。

本章小结

1. 渠道设计是指为了实现分销目标，对各种备选的渠道结构方案进行评价和选择，从而创建全新的营销渠道或改进原有的营销渠道的过程。渠道设计作为营销渠道管理中必不可少的一部分，努力取得市场竞争优势应该是渠道设计的根本所在。
2. 在创建全新的营销渠道时，企业很容易意识到需要进行渠道设计，而在需要改进渠道时，有时企业对渠道设计决策的需求并不是很明显，往往会忽视对渠道设计的需要。因此，渠道管理者要注意企业内部和外部因素的变化，及时识别出需要进行渠道设计的情况，对是否有必要进行渠道设计做出决策。
3. 渠道设计的程序主要包括设定分销目标、说明渠道任务、分析影响渠道结构的因素、设计渠道结构方案、选择合适的渠道结构方案等步骤。
4. 渠道管理者应该在分析消费者需求的前提下，设立或调整现有的分销目标，并将分销目标明确地描述出来，为确保企业不同层次的目标的一致性和连贯性，渠道管理者还要认真分析与分销目标相关的企业目标和营销目标。
5. 在设立分销目标之后，渠道管理者需要将分销目标分解为具体的渠道任务。渠道管理者对渠道任务的不同分配会形成不同的渠道结构。
6. 在进行渠道结构设计前，渠道管理者应该充分考虑相关的影响因素，对市场因素、产品因素、企业因素、中间商因素、竞争者因素、环境因素等影响渠道结构的因素进行分析，从而使设计出来的渠道结构具有可行性。
7. 渠道管理者在建立渠道时要从渠道长度、渠道宽度、中间商的类型三个方面来考虑，提出几种可行的渠道结构方案以供选择。
8. 在对备选的渠道结构方案进行决策时，渠道管理者可以采用一些很好的渠道选择方法，如经验法、产品特性与平行系统法、财务方法与交易成本分析法等，从中选出相对较好的渠道结构方案。

思考题

1. 如何理解渠道设计的含义？
2. 进行渠道设计决策在哪些情况下很有

必要？
3. 渠道设计的程序包括哪些步骤？
4. 影响渠道结构的因素有哪些？
5. 简述权重因素评分法。
6. 简述产品特性与平行系统法。

实践训练

一、实训目的
（1）掌握渠道设计的程序，学会为具体的企业或者新产品设计渠道结构。
（2）理解营销渠道结构的影响因素。
（3）深入了解企业的渠道设计方案。

二、实训内容与要求
（1）绘制一种新产品或一家生产企业的渠道结构图。要求各组自行选择感兴趣的一种新产品或者一家熟悉的企业，收集相关资料，根据渠道设计理论为该新产品设计渠道结构或者为该企业重新设计渠道结构，为该新产品或该企业绘制一张渠道结构图，在图中写出目标市场、影响渠道结构设计的因素。
（2）各组选择一种消费品，说明影响该产品渠道结构的因素以及这些因素是如何影响渠道结构的。
（3）以一家制造企业为例，从渠道长度、渠道宽度和中间商的类型三个方面来说明该企业的营销渠道结构，并对该渠道结构进行评价，考虑是否还有更好的渠道结构。要求各组根据实训目的与内容收集并整理相关资料，由组长负责组织小组讨论，撰写报告和制作演示文稿。各小组代表在课堂上进行交流，教师进行总结评价，各组将修改后的报告和演示文稿提交给教师，教师记录实训成绩。

案例分析

安踏的营销渠道

2021年3月24日，安踏体育用品有限公司（简称安踏体育）发布2020年财报。财报显示，截至2020年12月31日，安踏体育年度营收实现连续7年增长，同比增长4.7%至355.1亿元人民币，2020年实现净利润51.62亿元人民币，一举超越阿迪达斯。安踏现已成为中国排名第一的体育用品运营商，在全世界范围内也是排名第三的体育用品公司。

品牌零售商转型

安踏早期的渠道以批发代理的模式为主。2001年，第一家安踏专卖店在北京开业，安踏开始逐步建设自有的品牌专卖体系，实行品牌专卖与批发代理并举的渠道模式。从那以后，安踏加速渠道布局，2007年，安踏全国门店总数接近5 000家，同年成功在香港证券交易所上市。

随着2008年北京奥运会的顺利举行，中国体育用品行业迎来了发展的黄金期，安踏的门店数量也在2011年达到将近8 000家。从2013年起，安踏开始实施更彻底的品牌运营转型。为此，安踏制定了"渠道下沉、销售驱动"的策略；更加注重单店运营效率而不仅仅是开店数量，在店效提升的基础上加快销售渠道布局。具体而言，安踏采取了一系列措施：取消销售大区，调整为客户制，实现管理下沉；将经销商的集中订货机制调整为订货加补单，再进一步落实为单店订货，帮助经销商缓解库存压力；在单店运营上，通过标准化、流程化的手段协助经销商推进精细化管理，对门店选址、装修、陈列、促销活动等细节都进行详细的指导和监督。

全渠道、多品牌的布局

2014年以后，安踏进一步明晰了自己的企业战略，将自己的发展目标定位为世界领先的运动用品生产商。为了实现这一目标，安踏提出了以消费者体验为核心，"单聚焦+多品牌+全渠道"的企业战略。

（1）单聚焦。安踏将大体育用品行业的鞋服产品确定为公司长期的核心战略方向。安踏认为企业的核心竞争力必须建立在产品科技含量的基础上，必须通过不断提升产品功能性和差异化的优势，从研发设计端着手缩小与国际品牌的差距。

（2）多品牌。通过多品牌的产品组合覆盖从高端到大众、从成人到儿童、从专业到时尚的各类体育用品细分市场。安踏集团旗下目前拥有安踏、安踏Kids、FILA、FILA Kids、DESCENTE、SPRANDI、KOLON SPORT、KINGKOW、NBA等众多体育用品品牌，基本形成了多元化、梯度化的品牌矩阵，可以满足各类消费者的运动鞋服用品需求。

（3）全渠道。安踏早期的销售网点以街面店铺为主。但随着安踏渠道网络的扩展，其零售网络已经涵盖了百货商场、购物中心、专卖店、电商等各种形态。在线下，截至2017年末，安踏集团旗下各品牌已经拥有超过10 000家门店。线上，安踏从2010年开始开展电商业务，与京东、天猫、唯品会等电商平台开展合作。根据阿里提供的数据，2017年安踏在阿里平台实现零售额35.29亿元，5年年化复合增长率达到130.15%，销售均价较2012年提升70.19%至253.80元。

亮眼的业绩表现

从当初的家庭小作坊到如今体育用品行业的龙头企业，安踏用30年的时间创造了一个奇迹。除整体营收外，安踏的FILA表现抢眼。FILA中国以25～35岁的中等收入青年人群作为核心消费者，明确了自身"运动时尚"的品牌定位，将"以运动引领优雅品味的生活方式"作为品牌使命。FILA曾经用了大概3年时间，从经销商手中将所有门店收回来，全部变成直营，实现了从总部到零售端的扁平化管理，形成战略—品牌—商品的闭环。2020年，FILA品牌全年营收超过安踏品牌，增长18.1%至174.5亿元，贡献安踏体育整体营收的49.1%；毛利和经营溢利分别为120.92亿元和40.94亿元，较2019年全年分别增长16.2%和11.7%。公告显示，FILA品牌收益的增长主要归因于电商业务的增长。

尤其是新冠肺炎疫情暴发初期，运动品牌线下销售机会处于"停滞"状态。在此情况下，线上成为缓解线下门店和库存压力的主要方式。2020年，安踏体育电商营收突破90亿元，较2019年全年增长53%，电商收入贡献整体营收的比重由2019年的18%增加至26%，电商业务增长明显。

此外，2020年，安踏体育改变了批发分销模式，启动直面消费者模式（DTC）转型。在发展初期，为尽快实现市场渗透，国内体育服饰行业采用多级经销、订货会统一下单生产的上下游合作模式。由于对终端消费者需求和渠道库存缺乏掌控，行业始终面临货品滞销和渠道存货堆积的风险。随着底层信息技术的进步和消费者线上购物习惯的养成，以DTC转型解决行业痛点成为可能。

年报显示，2020年安踏体育在长春、长沙、成都及重庆等地区采用混合营运模式，涉及的安踏店约3 500家。其中，约60%直营，40%由加盟商按照新运营标准营运。截至2020年底，安踏体育的DTC转型进展顺利，有望在2021年提前完成目标。

值得一提的是，第三方数据显示，在国内运动服饰市场，2020年安踏体育市场占有率提升至15.4%。从运动鞋品类的市场占有率看，2020年安踏体育市场占有率提升到10.4%；从运动服品类的市场占有率看，2020年安踏体育市场占有率达到22.3%，一举超越耐克和阿迪达斯，位居第一。

资料来源：1. 袁璐. 安踏净利润超越阿迪达斯2020年达51.62亿元[N]. 北京日报，2021-03-26.
2. 滕斌圣，祝运海. 安踏：未来的运动鞋服王者？[J]. 清华管理评论，2020（1）：52-59.

问题：

1. 简述安踏体育用品有限公司渠道结构的演变过程。
2. 该公司的渠道变革给我们什么启示？

第 3 章 营销渠道组织模式

学习目标

本章介绍了传统营销渠道、垂直营销渠道、水平营销渠道和混合营销渠道等营销渠道模式。通过本章的学习，你应该能够：

1. 了解传统营销渠道的含义、特点、优缺点。
2. 掌握管理式垂直营销渠道的含义、特点与优劣势。
3. 认识合同式垂直营销渠道的含义、优劣势和类型。
4. 理解公司式垂直营销渠道的含义与类型。
5. 认识水平营销渠道参与者的合作动机。
6. 掌握混合营销渠道的含义、优缺点、类型及构建原则。

本章结构

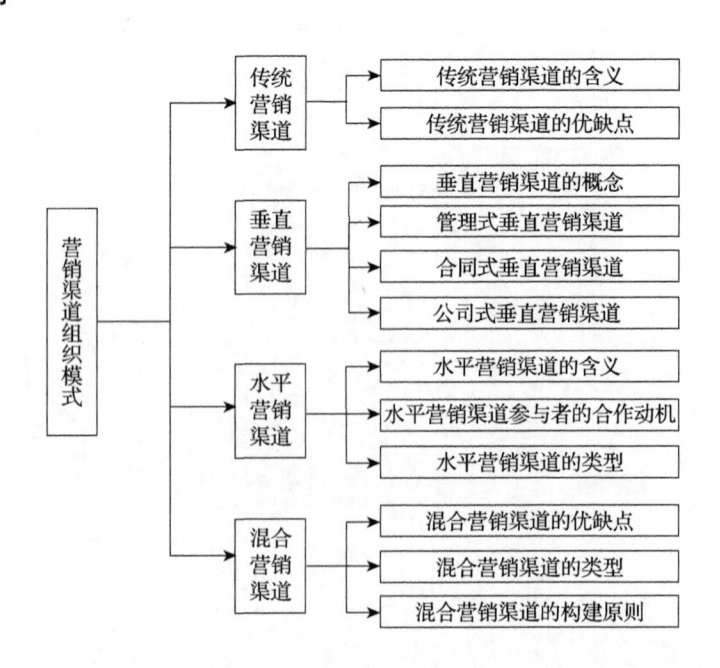

营销渠道组织模式
- 传统营销渠道
  - 传统营销渠道的含义
  - 传统营销渠道的优缺点
- 垂直营销渠道
  - 垂直营销渠道的概念
  - 管理式垂直营销渠道
  - 合同式垂直营销渠道
  - 公司式垂直营销渠道
- 水平营销渠道
  - 水平营销渠道的含义
  - 水平营销渠道参与者的合作动机
  - 水平营销渠道的类型
- 混合营销渠道
  - 混合营销渠道的优缺点
  - 混合营销渠道的类型
  - 混合营销渠道的构建原则

导入案例

浓农情怡：鲜炖一盏燕窝，深耕垂直渠道

现代快节奏的高压生活下，健康养生的理念正为越来越多的"80后""90后"所接受，但他们不爱保温杯泡枸杞，更乐于享受新鲜优雅的事物。鲜炖燕窝是传统滋补品中转型成功的品牌之一。鲜炖燕窝兼具高价值和高营养，已成为当下年轻消费人群的养生选择。2015年8月，创始人张宇正式在深圳推出"浓农情怡"——首款O2O即时配送的鲜炖燕窝品牌。浓农情怡鲜炖燕窝推出才3年，销量就超过80万瓶！

据介绍，浓农情怡鲜炖燕窝采用上等燕窝，通过手工挑毛炖煮而成，因为生产中不添加防腐剂，保质期短至7天，建议消费者开盖鲜食。张宇说，浓农情怡对产品新鲜质量的自信源于背后强大的物流服务保障，通过采用自配送物流和顺丰冷链结合的方式，实现热的燕窝产品2小时内送抵广州、深圳，冷的产品24小时内送达广东省外客户手上的服务效果。

张宇还表示，线下布局发货点和门店，消费者可通过美团外卖、饿了么等外卖平台下单购买浓农情怡鲜炖燕窝。浓农情怡线上38家门店已覆盖广州、深圳、东莞、佛山、珠海、肇庆等地，并取得了各外卖平台同品类商家中订单量、好评度、门店数均位居第一的突出成绩。

据了解，浓农情怡除稳步布局线下渠道外，还通过自媒体推广的形式，开展多样化的促销活动，精准打入目标消费人群的生活中，带动微商城、社区社群、团购网站等渠道销售。

浓农情怡特别重视优质客户，通过拓展合作渠道为他们争取更多福利，促进用户对产品高端品质的认知。浓农情怡已与深圳多家妇幼医院、医疗美容医院和高端月子会所达成合作，联合为孕妇、产妇和术后患者提供营养建议和定制套餐服务，并组建VIP客户社群。据悉，浓农情怡的客户已突破38万人，产品定制客户超过2.3万人。"我们正逐步从珠三角走向长三角和北京市场，不仅要把浓农情怡品牌服务和品质带过去，更希望向消费者传达我们'鲜炖不是工艺，更不是技术，而是扎实的态度'的品牌理念。"张宇如是说。

浓农情怡正在实施立体化的销售模式，其线上渠道不仅仅是卖货，也结合平台流量和社群效应进行推广；线下不单单是品牌展示，更通过强势的品牌合作，开展定制化、多元化的服务。面对越来越多的同业竞争，张宇认为，品牌既要保障消费者得到超值服务，也要为合作渠道提供尽可能多的利益和想象空间，不断优化组合资源去触达用户，才能赋予自身更强的竞争活力。

作为2018第二届农特微商节联合发起人之一，张宇期望借浓农情怡"用最真挚的情感（浓）、做最地道的产业（农）、让消费者和我们一起开心（怡）"的品牌内涵，影响更多的农特从业者和品牌积极参与，参与者才是最大的受益者！

资料来源：杜源良．浓农情怡：鲜炖一盏燕窝，深耕垂直渠道[EB/OL]．(2018-08-08)[2022-04-01]．http://www.nfncb.cn/html/2018/importantnews_0808/1164567.html.

营销渠道组织模式是指渠道成员为实现一定的分销目标而组织在一起的方式。不同行业的企业、同一行业的不同企业一般都有不同的营销渠道组织模式。例如，统一和周大福的营销渠道组织模式不同，同属手机行业的小米和华为的营销渠道组织模式也不相同。按彼此关系的紧密程度的不同，营销渠道可以分为不同的组织模式。本章将介绍传统营销渠道、垂直营销渠道、水平营销渠道与混合营销渠道的内容。

3.1 传统营销渠道

3.1.1 传统营销渠道的含义

传统营销渠道是指由各个独立的制造商、中间商和顾客构成的渠道。渠道各成员之间是一种比较松散、不稳定的合作关系。由于彼此独立,各成员均追求自身利益最大化,即使这种利益最大化是以损害系统整体利益为代价也在所不惜,相互之间缺乏配合,因此很容易导致整个渠道效率低下。美国学者麦克康门把传统营销渠道描述为"高度松散的网络,其中制造商、批发商和零售商松散地联络在一起,相互间进行不亲密的讨价还价,对于销售条件各持己见、互不相让,所以各自为政、各行其是"[1]。

传统营销渠道最大的特点就是渠道成员之间的独立性和松散性。渠道成员之间彼此独立、各自为政,相互之间的交易建立在自身利益最大化、讨价还价、相互竞争的基础上,因此渠道成员之间的联系非常松散,交易关系很不稳定,合作缺乏长远发展的基础。在传统营销渠道中,没有一个渠道成员会对其他成员拥有全部或者足够的控制权。这样虽然能保持各企业的独立性,但也因为没有形成明确的分工协作关系,缺乏协调配合和共同目标,所以会影响到渠道整体运作效率和共同利益。

3.1.2 传统营销渠道的优缺点

传统营销渠道模式一方面为相关企业提供最大限度的自由,但另一方面也会带来普遍的渠道冲突和渠道低效率。

1. 传统营销渠道的优点

对于实力较弱的中小企业来说,参与传统营销渠道虽是无奈选择,但也的确能为其带来一定的好处。

(1)实现分销职能。渠道成员根据合同进行合作,各司其职,能共同完成产品的分销任务,实现营销渠道的基本分销职能。

(2)没有过多负担。渠道成员相互独立,不需要为其他成员承担太多义务,谁都可以凭借实力谋求渠道的领导地位。

(3)进退灵活。进入和退出渠道只是出于企业自己的考虑,不需要顾虑其他渠道成员的想法,企业选择比较自由。

(4)不相互依赖。由于传统营销渠道中各个企业都是为自己考虑,促使大家只能不断创新,增强自身实力,戒除依赖思想。

2. 传统营销渠道的缺点

传统营销渠道容易出现渠道冲突,渠道效率低下的状况。传统营销渠道无论是代理制还是经销制,都存在渠道成员在追求自身利益最大化时会不顾整体利益,很可能会损

---

[1] 李先国,杨晶. 分销渠道管理 [M]. 2 版. 北京:清华大学出版社,2014.

害到其他渠道成员的利益，这容易引起渠道冲突，结果就会使渠道的整体效率下降。具体表现在：企业难以有效地控制营销渠道；销售回款困难；分散的多个环节妨碍信息的快速传递；渠道各环节层层盘剥导致最终产品缺乏价格竞争优势；终端管理缺乏力度；促销活动得不到积极的配合和执行；售后服务质量得不到保证；窜货、相互杀价倾销现象屡禁不绝；店大欺客、货架争夺、灰色交易、与业务员联手欺诈等，导致厂家维护市场的有序性和调动中间商积极性的成本越来越高。

20世纪70年代以前，在流通领域中占统治地位的是传统营销渠道。20世纪70年代以后，随着市场经济的不断发展及市场竞争的日趋激烈，传统营销渠道整体效率低下的弊病日益显露出来，从而促进营销渠道组织模式的变革，由此产生了整合营销渠道。例如，一些大企业为了控制和占领市场，实现集中和垄断，在商品流通方面采取了工商一体化的联合经营方式。

20世纪70年代之后，虽然传统营销渠道已日渐式微，整合营销渠道大行其道，但传统营销渠道在日常生活中仍大量存在，因为该组织模式仍具有一定的存在基础。这主要有三种情况：一是小型企业被迫选择。小型企业因为资金实力有限，产品类型与标准处于不稳定状态，很难以自己为核心建立起联系紧密的渠道组织模式，只能采用传统渠道模式，和中间商讨价还价，维持一定的交易关系。二是大型企业被动选择。大型企业也会有一些小规模生产的产品，因产品数量太少，无法完全满足中间商的利益要求，不能形成一个稳定的营销系统，所以只能采用传统渠道模式，以交易的形式进行营销。三是中间商或企业主动选择。有些中间商为避免受制于一家企业，或企业为避免受制于强大的渠道，从而有意采用传统渠道模式。因此，在未来很长一段时间内，传统营销渠道仍会与整合营销渠道并存。

3.2 垂直营销渠道

3.2.1 垂直营销渠道的概念

垂直营销渠道是指由企业、批发商和零售商纵向整合构成的统一的联合体。在联合体内，渠道成员同属一家企业，或通过管理能力，或通过合同整合在一起，通常是以某个有实力的成员为主，其他成员与之合作。这个有实力的渠道成员就是渠道领袖。渠道领袖是指在渠道中处于支配地位的渠道成员，它可以是企业，也可以是批发商或零售商，通常是渠道中规模最大、实力最强或拥有最大权力的渠道成员。渠道领袖利用产权关系、管理能力或合同，在垂直营销渠道中对各渠道成员进行协调，能更好地对渠道成员进行组织、领导和控制，可以使渠道成员的行为协调一致，减少渠道成员为追求各自利益而造成的冲突，提高渠道效率。如今在消费品的销售中，垂直营销渠道已经成为国际上一种占主导地位的渠道组织模式。例如，在美国，垂直营销渠道已成为消费品营销渠道的主要模式，覆盖了全美市场的70%～80%。垂直营销渠道按渠道成员关系从松散到紧密

㊀ 郭国庆.市场营销学[M].2版.武汉：武汉大学出版社，2007.

的程度不同，可以划分为管理式垂直营销渠道、合同式垂直营销渠道与公司式垂直营销渠道等三种类型。

3.2.2 管理式垂直营销渠道

1. 管理式垂直营销渠道的含义

建立公司式垂直营销渠道往往需要较大的投资。大多数企业或者缺乏财力，或者在很多情况下没有必要这样做，所以在西方国家采用公司式垂直营销渠道的企业只是少数。为了既获得公司式垂直营销渠道的好处，同时又不进行大的投资，一些享有盛誉的大企业往往建立管理式垂直营销渠道。

管理式垂直营销渠道是指由处于渠道不同层次的众多中小企业自愿参与而构成的、在一家核心企业的控制下运作的渠道组织形式。这种渠道模式是垂直营销渠道中最松散的一种渠道组织模式，比较接近于传统渠道系统。管理式垂直营销渠道是围绕一个规模大、实力强的龙头企业来构建的渠道系统。

管理式垂直营销渠道不是通过所有权或合同而形成的渠道系统，而是由担任渠道领袖的龙头企业凭借其强大的品牌、规模、技术和管理经验等优势，来赢得其他渠道成员的合作与支持，在其他渠道成员自愿加入、互利合作的基础上，这些成员愿意接受龙头企业的指导、建议和管理，从而形成一个统一的营销渠道系统。

2. 管理式垂直营销渠道的特点

管理式垂直营销渠道有以下三个主要特点。

（1）有一个龙头企业。管理式垂直营销渠道中有一个龙头企业，该企业起着领导和管理其他渠道成员的作用，它执行最重要的渠道功能，拥有较大的渠道权力，能在很大程度上影响其他渠道成员的相关决策。龙头企业通常是规模大、实力强、管理效率高、品牌知名度高、经营效益好的企业，在整个渠道中占据最重要的地位。龙头企业就是渠道领袖，它既可以是企业，也可以是中间商。作为龙头企业的企业，如宝洁、海尔、华为等，拥有知名度高的品牌，拥有创新性的产品或服务，而且具有非常强的商品供应能力，能够吸引众多中小流通企业参与产品的分销活动。当然，龙头企业也可以是商业企业，如家乐福、大润发等大型连锁超市，国美、苏宁等大型家电连锁超市等，它们都与大量企业保持着合作关系，采用类似的渠道组织形式。

（2）有一个组织体系。龙头企业凭借其规模、权力或技术专长等优势，吸引其他渠道成员参与合作，并在促销、库存管理、定价和商品陈列等方面对其他渠道成员进行协调，而其他渠道成员则围绕这个龙头企业从事各种渠道活动，最终形成一个运行良好的渠道组织体系。其他渠道成员之所以愿意接受龙头企业的领导与管理，是因为龙头企业的竞争力高于它们，这些渠道成员在力量上无法与龙头企业抗衡，接受龙头企业的领导是一种更稳妥和更经济的方式。龙头企业一般会在销售部门或营销部门设立专门的渠道经理负责对中间商的协调管理，并将中间商按地区或按经营的产品组成"部门"，而这些中间商在渠道系统中看起来就像龙头企业的下属机构一样。

（3）有统一的营销策略。在以企业作为龙头企业的管理式垂直营销渠道中，龙头企业通常供应产品，统一产品包装，并要求各个中间商统一执行总部规定的促销活动。龙头企业会对中间商的分销活动进行监控，防止出现恶性竞争和窜货等扰乱渠道秩序的事件。而对忠实执行总部营销策略、效果显著的中间商，龙头企业会给予一定的激励。

3. 管理式垂直营销渠道的优势和劣势

管理式垂直营销渠道具有一定的优势。第一，渠道投资较少。不用进行大的投资就可实现较强的渠道控制，实现高效运作的目标。第二，既有稳定性又有灵活性。一方面，在龙头企业的管理下，各个渠道成员被安排在一定的层次和结构内，渠道成员之间的关系具有相对稳定性，整体渠道能在一个统一的营销计划和策略下运营，执行力较强。另一方面，渠道成员相互独立的产权使得这种渠道体系的调整和变革更加容易，具有一定的灵活性。第三，既具有独立性又具有整体性。一方面，各渠道成员尽管实力有大有小，但都是相互独立的企业实体，都有自己的利益目标，大家在渠道体系中都有谋求自身利益的机会和积极性。另一方面，龙头企业的管理和协调又在一定程度上帮助渠道成员之间建立起长期稳定的合作关系，能够形成一致的市场开拓目标和实现信息共享，有助于提高渠道整体效率。

管理式垂直营销渠道的劣势在于过分依赖龙头企业的核心作用。管理式垂直营销渠道主要是围绕龙头企业来构建并依靠其影响力来协调，龙头企业的稳定性是其渠道稳定的前提条件。如果营销环境发生变化，龙头企业的地位可能就会受到威胁，这会引发渠道成员对渠道领袖的争夺。在过去的十几年中，随着零售企业的规模和实力不断增加，已经发生了很多起围绕渠道控制权争夺而产生的零售商与企业之间的渠道冲突。即使龙头企业的地位没有受到威胁，渠道系统的有效运转也要看龙头企业的管理能力。一旦在发展的某一阶段出现问题，龙头企业缺乏解决这种问题的能力时，渠道成员就会因为出现"权力真空"而产生矛盾冲突，互相不服气，都想做龙头，结果因内讧而瓦解。另外，如果龙头企业决策错误，就会因该模式的高效运作而使错误放大若干倍，出现多方利益受损的情况，最后可能会导致系统崩溃。

3.2.3 合同式垂直营销渠道

1. 合同式垂直营销渠道的含义

合同式垂直营销渠道是指不同渠道层次中独立的企业和中间商以合同为基础而形成的一个渠道联合体。也就是说，企业与中间商之间通过契约来确定它们之间的分销权利与义务关系，形成一个独立的营销系统，因此也被称为契约式垂直营销渠道。合同式垂直营销渠道能实现某个渠道成员单独经营所难以达到的经营效果，因为它可以将独立但力量弱小的渠道成员组织起来，统一行动，获得规模经济和协同效应，以便和大型企业或大零售商竞争。合同式垂直营销渠道与公司式垂直营销渠道的最大区别是成员之间不形成产权关系（没有上下级的隶属关系），与管理式垂直营销渠道的最大区别是用合同或协议来规范各方的行为，而不是用权力和实力。

2. 合同式垂直营销渠道的优势和劣势

合同式垂直营销渠道的优势主要体现在：①渠道建设成本低。由于合同式垂直营销渠道是以渠道成员现有资源开展合作的，不需要另行投入资金、物资等，所以和其他形式相比建设成本很低，只要双方谈判好就可以开展合作。②分工与合作关系明确。由于是通过合同的形式开展合作的，合同中对彼此的权利和义务、分工与合作关系规定得非常明确，尽管渠道成员的利益目标并不一致，但因为合同是各方共同制定和认可的，并有一定的约束力，大家会根据合同分工合作，明确自己的角色，进行有效协作。③渠道效率高。合作契约是渠道成员自愿签署的，在一定期限内具有强制性，会促使渠道成员共同努力实现目标。同时，为了避免下次签订合同时出现新的竞争对手挤占自己的渠道位置，渠道成员也会努力提高工作效率，保持竞争优势。④灵活性强。因为合同是有期限的，合同内容也是可以改变的，特别是市场环境发生变化，需要重签合同时，就可以根据需要修改合同内容，甚至更换渠道成员，以适应环境的变化。

合同式垂直营销渠道也有一定的劣势：①控制程度低。因为渠道成员的合作不涉及产权关系，只是靠一纸合同约束，其控制力要明显低于公司式，当渠道成员目标不一致时，可能会出现渠道成员不遵守合同条款的现象。②机会主义问题。因为合同的约束力有限，当出现更大的机会时，渠道成员有可能会为追求自身利益不惜违反合同，使渠道合作瓦解。

3. 合同式垂直营销渠道的类型

按照签订合同的渠道成员和合同内容的不同，合同式垂直营销渠道可分为批发商倡办的自愿连锁系统、零售商合作系统和特许经营系统。

（1）批发商倡办的自愿连锁系统。这是一种由批发商发起，由独立的中小零售商自愿参加而形成的连锁系统。随着大型零售商的兴起，批发商同时面临着大型制造商和大型连锁零售商的激烈竞争。为了与这些强大的竞争对手抗衡，维护自身利益，一些批发商就将有业务往来的独立的中小零售商组织起来实行自愿连锁，统一订货，分销批发商所经营的产品。批发商不仅为零售商提供各种货物，还在许多方面提供服务，如销售活动的标准化、共同店标、订货、共同采购、库存管理、配送货、融资、培训等，而这些中小零售商从自愿连锁中能获得降低采购成本和得到批发商销售支持的好处。在自愿连锁的形式下，联营各方仍然是相互独立的经济实体，但都承担着合同规定的权利和义务，在批发商管理下实行"联购分销"制。这种自愿连锁系统往往集中在日杂用品、五金配件等领域。

这种自愿连锁与零售商业的一般连锁商店有以下几个方面的差异：首先，自愿连锁是在批发商倡办下，由若干独立的中小零售商自愿组成的联营组织，这些中小零售商仍保持自己的独立性和经营特点。而一般连锁商店属于一家大零售企业所有，涉及产权问题，一般连锁商店要受总部管辖。其次，自愿连锁通常是由批发商组建的，而一般连锁商店本身就是一个零售机构。最后，自愿连锁实行"联购分销"，由批发商统一进货，再由各个独立的中小零售商分散销售。而一般连锁商店实行"联购统销"，由公司总部统一进货，各个连锁店在总部统一管理下销售产品。

案例 3-1　　　　　　　　　　胖东来公司的进货渠道管理

胖东来的进货渠道是有名的"四方联采"。许昌胖东来、洛阳大张、信阳西亚、南阳万德隆四家河南区域市场的零售龙头企业共同组建了"四方联采"。令许多并不看好这个诞生于河南的自愿连锁组织的人们感到惊讶的是，"四方联采"不仅活了下来，而且还发展得相当不错。"四方联采"目前集中在生鲜水果、干果、塑料制品等领域。因为这些商品的产地都在外地，而且四家企业需求的量较大，联合采购的话，能够拿到较低的价格。

近年来，"四方联采"的四家企业通过对自愿连锁的摸索、尝试，获益匪浅，四家企业的年均营业额增速均超过50%。"四方联采"的成员企业门店数量有150余家，年销售额已经突破50亿元。四家企业之间的了解和信任也更进一步深入和加强。更重要的是，"四方联采"成员开始向外埠进军。在实践中，"四方联采"在运营管理上充分运用了组合先进的超市运营模块，即四家企业把自己最擅长的"独门功夫"提炼整合，形成一个可以复制的运营模块，然后迅速在其他几家企业中推广应用，例如，大张生鲜蔬菜运营模块、胖东来先进的品类管理经验等都成为其他几家企业提升竞争力的法宝。

中国连锁经营协会会长裴亮对"四方联采"的运作模式做了如下分析：这四家企业在地域分布上有一定的距离，市场上不存在竞争关系，使其认知和交流更容易。企业业态上的相近也使它们有了较多的共同语言。地缘文化的接近也奠定了良好的沟通基础。这也是不少国内自愿连锁企业的共通性。在裴亮看来，在这种基础上的自愿连锁有利于我国中小零售商的快速成长。经过几年的磨合发展，目前河南"四方联采"已形成了这样的特点：以优质服务感动消费者，以人本管理激励员工，以务实的经营管理带动商业，以有效的战略合作撼动强势竞争对手，以承担社会责任回馈社会。"一个联合组织如果没有崇高的理想，只为利益往往是比较脆弱的。"许昌胖东来商贸有限公司董事长于东来一语道破了自愿连锁组织成功的关键。

资料来源：1. "胖东来商贸集团有限公司"官网。
　　　　　2. 百度文库，"胖东来商贸集团有限公司——营销策略分析"。

（2）零售商合作系统。这是一种由众多中小零售商为了和大零售商竞争而以入股方式组建的联合经营的批发机构。在这一系统中，参加合作社的各个零售商以集体的名义向企业集中采购产品，统一开展促销活动，共同培训员工。成员间最重要的合作是集中采购，可获得较大的价格折扣，所得利润按采购比例分配。例如，荷兰中小零售商组成"采购联营组织"，直接向国外订购货物，并有自己的仓库，这种组织实际上是中小零售商联合经营的进口批发机构；瑞典的 ICA 是由 5 000 多家零售商联合经营的批发机构；

美国联合食品杂货商公司实际上也是一个零售商合作系统。相对以批发商为核心组织起来的销售网络，这种关系网络中成员间的联系程度要松散一些，合作事项也少。

（3）特许经营系统。特许经营是一种以转让特许经营权为核心的经营方式。特许人以特许经营合同的形式授予受许人使用特许人所拥有的商号、商标、产品、专利、专有技术、经营模式的权利，受许人按照合同规定在统一经营体系下从事经营活动，并向特许人支付特许费。特许使用费包括最初的收费、按销售额收取的特许权使用费、特许人供应的设备装置的租赁费，有时还会包括许可证费和咨询费、利润分成等。例如，麦当劳就曾向受许人收取 15 万美元的开张费，并从销售额中提取 3% 的特许权费、3.5% 的租赁费。在西方，特许经营是发展最快、地位最重要的一种模式。

一个特许经营系统通常由一个特许人和若干个受许人组成。特许人和受许人一对一地签订合同形成纵向关系，而各个受许人之间没有横向联系。在特许经营系统中，特许方和受许方之间的联系主要是特许经营合同。这种合同体现的既是一种知识产权的转让，也是特定品牌市场份额的转让。特许人不仅向受许人转让专有技术、专利、商标、经营方式等知识产权，同时还要对其进行管理、指导和支持，帮助其达到相应的经营水平，获得一定的市场份额。所以，就其本质来讲，特许经营是一种将无形资产转让通过有形资产整体转让的形式表现出来的方式。

案例 3-2　　　　　　　　　　"如家"酒店集团

"如家"酒店集团发展现状

"如家"酒店由首都旅游集团和携程旅行网共同投资组建。"如家"瞄准高星级酒店和低星级酒店间的空当，大力发展经济型酒店，成为经济型酒店的领头羊。

在经营方式方面，"如家"最终选择了直营与加盟共存的方式，并且将特许经营逐渐融入自身发展中，以适应全球化的步伐。直营店是"如家"酒店自己投资、经营管理的酒店，多为租赁经营；特许经营店是获得"如家"酒店的特许经营权，使用其品牌、商标、经营模式的经济型酒店。

"如家"酒店的经营业绩一直位居全国平均水平之上，客房出租率更是高居榜首。与星级酒店相比，"如家"具有盈利率高、出租率高的优势。门店采用特许加盟的方式带来了可观的年投资收益率，还能够获得总部提供的系统维护和网络营销等支持，是跻身经济型酒店市场的重要动力。

"如家"酒店集团的特许经营模式

1. 完善的管理团队

作为中国经济型酒店的代表，"如家"努力在市场中扩大规模和占有率，除采用直营外，还选择了走特许经营这条路。"如家"采取"直营+特许加盟"方式，特许加盟方式又采用"特许+管理"的方式，这样既可以规避风险，又利于标准化经营。

"如家"成立之初全部是直营店；但 2004 年以后，特许经营成为"如家"的扩展趋势。

一般,"如家"新进入一个城市时会采用先通过直营店建立品牌。而在选择加盟商后,"如家"会派出酒店总经理进行管理,这个总经理有绝对的主导权,以控制加盟店的质量。因此,特许店完全是由"如家"进行运营和管理,"如家"派出店长,再由店长组建整个酒店员工团队,甚至包括出纳和会计。

对特许经营体系发展或生存而言,具有竞争力优势的产品和服务是基本保证。为了使特许加盟店能顺利开展业务,"如家"总部还向特许店提供专业的特许加盟"授后服务",通过特许经营经理把"如家"对特许店的支持,交由不同的部门来完成,之后由各个部门协调合作。虽然在加盟店内看不到特许人员,但"如家"完善的特许服务跟踪和反馈系统能保证在第一时间解决特许经营中遇到的问题,保证品质的一致性。

2. 以品牌取胜

"如家"注重品牌效应,并且在酒店管理、品牌经营和资本运作等方面都积累了丰富的理论和实践经验,形成了自己独特的价值观。"如家"酒店采取企业品牌形象建设和市场推广、宣传资料和广告进行统一设计、统一宣传,做到标准化,减少和避免操作过程中出现的误差,同时又针对不同地区和单个酒店项目进行策划和广告促销,通过特许经营的方式将众多散乱的、无品牌个性的酒店统一纳入"如家"体系,进行规范经营。另外,"如家"对品牌定位的宣传也是持续不断的。

特许经营模式输出的是品牌和服务,其扩张的速度比较快。与"速8"不同,"如家"总经理孙坚表示,特许加盟只会在有直营店的地方推广并且所有加盟店的总经理都是"如家"的员工,投资者仅负责投资和装修,"如家"的特许经营与国外品牌真正意义上的特许经营还是有些区别的,却是符合中国国情的经营方式。

3. 标准化的管理

由于采用特许经营方式,"如家"旗下的连锁酒店与单体酒店相比数量众多,酒店分布广泛,业务量大,并且要求各店在经营中做到统一店名、店貌,统一进货,统一配送,统一价格,统一服务等统一化管理,这些统一化的管理"如家"都通过计算机完成。此外,特许加盟店除免费安装"如家"自主知识产权的酒店管理系统软件外,还可以享受到"如家"所拥有的信息处理中心和中央采购配送体系,对于接受总部货物配送、促销计划等信息保证步调一致;总部也能够通过网络及时了解各店的资金运作、营业状况和处理中的各类问题,从而增加"如家"的影响力。

标准化、专业化和简单化是特许经营竞争的优势。"如家"对酒店的外在形象、操作技能及服务标准的每个细节都进行深入研究,最终归纳成一套运营手册,包括硬件手册、前台手册、客房手册、餐饮手册、安全手册、销售手册、人事管理手册、礼仪手册、开业手册、工程维护手册等。通过这套手册,"如家"将成功的经验带到各个加盟店,使得员工以最少的时间和体力支出获得最大的效益,并且为及时解决问题提供了依据。"如家"总部还会不定期地对酒店进行明察暗访,一旦发现有问题便会给予帮助和建议,如果加盟店的问题严重就会被中止特许使用权,以保证"如家"品牌的声誉。

作为上岗员工，每天都要学习标准手册中与自己相关的部分，并且每月参加考试。总经理孙坚在店长层面推行关键绩效指标（KPI）管理，通过销售、客源、成本、客源结构四个方面考核每个门店店长的工作。店长每天要找两位顾客填写意见表，查两间房，每周或每十天要开一次员工大会，调查员工满意度。

4. 强大的预订系统

对于销售方式而言，大多数企业采取签协议、拜访客户等方式，而"如家"采用全方位、立体化的销售模式，通过公司总部与全国各大网络订房公司进行联合促销。另外，"如家"在全国范围内率先实现800全国免费电话和中央预订系统（CRS）的联结，保证在任何地方的客人都可以通过电话和网络进行全国预订，并且每一家酒店可以分享"如家"近10万的忠诚会员。因为会员入住"如家"酒店可以享受积分，并且凭积分得到不同礼品或住房奖励，所以"如家"的"家宾俱乐部"会员是"如家"进行特许经营的有力支持。这样的销售方式能够保证酒店30%以上的客源从中央预订系统获得，也通过CRS系统加强酒店间的联系，从而进行客源相互调配。

5. 定期的员工培训

2004年，"如家"率先在经济型酒店内成立自己的酒店管理学院，为自己的员工提供学习的平台。学校为酒店提供量身定做的培训课程，通过举办各种技能大赛保持品牌一致性，从而提高管理水平。因此，从"如家"走出来的管理者都是符合酒店管理标准，并且具有一定领导才能的优秀骨干。这使得作为特许经营酒店的"如家"不必派出庞大的管理团队，只需派出一名经过专门培训并且经验丰富的总经理，由他全权负责特许加盟店的经营和管理工作，这也正是特许经营的特色之一。"如家"认为：用我们的专业知识和精心规划，使我们的服务和产品的效益达到最大，为我们的客户提供"干净、温馨"的经济型酒店；让员工得到尊重和愉快，让他们为在"如家"工作而感到自豪；对于投资者而言，获得稳定而有竞争力的投资回报，共同创造"如家"品牌。

对于每一位特许经营的加盟者来说，选择"如家"都是希望获得更大的收益，而这种选择并不是用文字来描述的特许经营体系，更多的是通过实践来验证的。目前，经济型酒店的市场处于上升趋势，并且"如家"的盈利模式也保证门店在特许加盟期限内有较好的收益；"如家"还通过财务管理平台对特许经营酒店的运营成本控制进行分析和指导，帮助加盟店减少不必要的支出。

资料来源：张璐，张胜男. 我国经济型酒店特许经营模式研究：以"如家"酒店为例[J]. 首都师范大学学报（自然科学版），2012，33(2)：79-86.

3.2.4 公司式垂直营销渠道

1. 公司式垂直营销渠道的含义

公司式垂直营销渠道是指一家公司全资拥有或通过控股与参股其他渠道成员的方式实际拥有的垂直渠道系统。实际上，当一条营销渠道中两个或两个以上环节存在共同所有权，或者一个层次的职能被另一个层次的成员所取代时，也就形成了公司式垂直营销渠道，见图 3-1。公司式垂直营销渠道的构建方式主要有两种：一种是一家公司直接投资组建自己的销售分支机构。公司可以通过投资设立自己的销售分公司或办事处、自设专卖店、由公司的推销人员直接向客户销售产品。另一种是通过控股与参股来控制其他渠道成员。不管采用哪种方式构建，拥有所有权的公司都能对渠道实现高水平的控制，使渠道按照本公司的意愿运行。公司式垂直营销渠道是渠道关系中最紧密的一种，是制造商、经销商以产权为纽带，通过公司内部的管理组织及管理制度而形成的渠道网络，公司对渠道的控制力很强。例如，海尔公司基本在全国每个省都建立了自己的销售分公司——海尔工贸公司。海尔工贸公司直接向零售商供货并提供相应的支持，还将许多零售商改成了海尔专卖店。海尔也使用一些批发商，但是其分销网络的重点不是批发商，而是尽量直接与零售商交易，构建一个属于自己的零售分销体系。

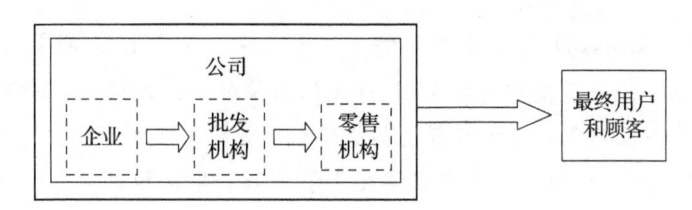

图 3-1 公司式垂直营销渠道

资料来源：卜妙金. 分销渠道管理 [M]. 北京：高等教育出版社，2001.

2. 公司式垂直营销渠道的优缺点

公司式垂直营销渠道的优点：第一，渠道运行效率高。因为产权关系的存在，渠道成员之间关系紧密，便于统一协调，简化交易程序，提高渠道整体运行效率。第二，企业获得的利润相对较高。公司式垂直营销渠道实现了产销结合，将原本的市场交易转变为企业内部的分工协作，从而大大降低了交易费用，提高了企业的利润水平。第三，便于获得顾客信息。这种模式加强了企业与顾客的直接接触，既方便企业为顾客提供售后服务，又方便企业获得有效的市场信息，进而开展市场研究。第四，利于实施公司战略和树立企业形象。这种模式加强了企业对渠道的控制，便于公司长期战略的实施，也有利于公司形象和品牌形象的塑造。

公司式垂直营销渠道系统也存在一些缺点：第一，资金投入大。企业无论是通过自建还是控股或参股建立该渠道模式，前期都需要投入大量的资金，这样会带来较大的资金压力。第二，管理难度大。该渠道类型需要对整个产品的生产和销售过程进行管理，管理难度大，管理成本高。第三，缺乏灵活性。一旦市场环境发生变化或渠道效率低下，调整渠道系统会花费大量的时间，且会给企业造成一定的损失。

3. 公司式垂直营销渠道的类型

公司式垂直营销渠道既可以由企业主导，也可以由中间商主导，按主导者不同，又可分为以下两类。

（1）企业主导的公司式垂直营销渠道。在该营销渠道中，企业拥有和统一管理若干生产单位、商业机构，采取工商一体化方式进行经营。例如，东风本田最初是利用广州本田的营销渠道进行销售的。随着东风本田产能的扩大和畅销车型对广州本田的影响，在没有自己的渠道就等于放弃了对自己命运的掌控权的观念引导下，东风本田从2004年10月在上海开设第一家4S店起，就开始悄然启动自建营销渠道。截至2020年9月，东风本田在全国已累计开设566家特约销售服务店。这是典型的企业主导的公司式垂直营销渠道。再如，我国家电制造企业——格力电器在与国美关系破裂之后，采用"工商股份合作制"，在每个省和当地的经销商合资建立以格力为大股东的销售公司，形成公司式垂直营销渠道，同样获得了巨大的成功。

案例3-3 　　　　　　　　　　**奈斯派索的营销渠道**

奈斯派索（Nespresso）是雀巢公司的一个子品牌，早在1986年就开发了家庭用咖啡机。截至2009年，奈斯派索实现26亿美元的销售额，并连续几年都实现了两位数的增长。这种被20多位竞争对手竞相模仿的咖啡机，是将高压水蒸气注入咖啡胶囊（或称咖啡粉囊包）中制作一杯咖啡。奈斯派索生产了特浓咖啡机和胶囊式咖啡机，这两种咖啡机分别能提供浓缩咖啡和大杯普通咖啡。在快速发展的咖啡市场，奈斯派索通过专注于咖啡服务使其服务达到了行业领先水平。奈斯派索咖啡机及其咖啡胶囊能调制出一杯完美的咖啡，它会出现"crema"（优良浓缩咖啡的标志），有令人着迷的香气和上等的口感，这一切使它能够和欧洲一家最好的咖啡店提供的咖啡相媲美。实际上，用奈斯派索咖啡机调制出一杯上等咖啡是一件再简单不过的事情。你只要打开开关，选择一粒胶囊（胶囊是有颜色标记的，分别表示丰富多样的咖啡浓度和味道选择），将其放入机器，然后按下按钮。30秒后，一杯世界顶级的浓缩咖啡或者冲制咖啡就做好了。近些年，市场上出现了很多咖啡机，但是奈斯派索咖啡机的高品质保证和简单易用依旧是无法被超越的。

1. 奈斯派索的发展历史

奈斯派索始建于1986年，成立之初就自动成为雀巢公司的一个子公司。雀巢公司的总部设在瑞士，是世界上最大的食品公司。早在1976年，雀巢公司就把装有精细研磨咖啡的咖啡胶囊申请了专利，但是直到1988年，这一方法才在消费者市场站稳脚跟，从欧洲扩散到世界各地。

20世纪90年代到21世纪初，奈斯派索取得了长足发展。据估计，自2000年该公司取得了高达30%的年增长率。数以百万计的咖啡机和超过200亿个咖啡胶囊销往全球50多个国家。到2010年，奈斯派索的年销售额超过28亿美元，成为雀巢公司旗下发展最快的子公司之一。

凭借上等的咖啡品质和质量过硬、设计完美的咖啡机产品，奈斯派索成为公认的世界级品牌。奈斯派索清楚自己在高端咖啡机市场的领头地位，为保证和提高品牌质量，也创建了自己独特的政策和发展战略。

2. 产品分销战略

从一开始作为咖啡行业的一个革新者出现，奈斯派索为了保证在质量方面的领先优势，对其产品和品牌采取了严格的保护措施。奈斯派索拥有超过1 700个专利以保证其自有的咖啡机制造方法、咖啡胶囊生产方法仅在公司内部使用。公司拥有的品牌资产使其能够收益丰厚，它的价格是其他31家咖啡机制造商所生产产品价格的3倍以上。在美国，一个奈斯派索咖啡胶囊的价格约为55美分。

奈斯派索咖啡胶囊的分销业务被奈斯派索公司严格控制，只有通过被奈斯派索公司拥有和掌管的以下三个渠道才可以获得：

第一，网购渠道。消费者可以在网上下单，在下单后48小时内收到货物。

第二，电话订购渠道。公司拥有熟知产品信息、训练有素的客服代表接听电话接受订单。消费者也能在电话下单后48小时内收到货物。

第三，由世界各地200多家奈斯派索精品店组成的渠道。这些精品店分布在世界最繁华的城市，比如巴黎、日内瓦、迈阿密等。这些奈斯派索精品店在设计上绝对高档和前卫，创造出一种无比精致的店面风格。这些实体店不仅销售所有品种的奈斯派索咖啡产品，而且还展销各类咖啡机。购买咖啡机的消费者自动成为奈斯派索"咖啡俱乐部"的会员。在世界各地任何一家奈斯派索咖啡店，"咖啡俱乐部"的会员可以免费享用一杯咖啡——自选口味或者是咖啡店推出的新品。"咖啡俱乐部"的会员已经超过800万人，而且数字仍在递增。

在奈斯派索产品销售的三个传统直接渠道以外的唯一例外是咖啡机的销售渠道。咖啡机是通过高档厨具店和美食炊具经销商在世界各地单独销售的。

专业分析家将奈斯派索的经营模式比作经典的"剃刀/刀片"或者是"打印机/打印机墨盒"模式，真正赚钱的不是剃刀和打印机，而是它们的相关产品——刀片和打印机墨盒。专业分析家还观察到，奈斯派索将这一模式提升到另一个高度。奈斯派索是提供与雀巢胶囊咖啡机配套使用的咖啡胶囊的唯一生产商，也是提供咖啡胶囊营销渠道的唯一供应商。因此，奈斯派索的直接渠道战略使其能够控制咖啡胶囊销售的时间、地点、方式和定价权。

直到2009年底，市场上还没有任何能与之匹敌的咖啡胶囊生产商或者营销渠道。奈斯派索严格地控制开展直接多渠道业务，这对保护其品牌资产起到至关重要的作用，也保证了它的定价优势。

3. 面临的挑战

奈斯派索的竞争对手艾斯克咖啡公司推出自己生产的用于奈斯派索咖啡机的咖啡胶囊。这种胶囊定价稍低，而且相对于原来的铝制包装，这一新产品的包装采用了一种生物可降解的有机合成材料。美国、法国和瑞士的几家超市已经同意以低于原奈斯派索咖啡胶囊20%的价格出售新的咖啡胶囊。

美国食品业巨头莎莉公司也推出了一种新的咖啡胶囊，同样适用于奈斯派索咖啡机。

莎莉公司推出的咖啡胶囊在法国著名咖啡品牌——黄金咖啡之家旗下出售。几周之内，2 000多家超市里就开始以低于奈斯派索咖啡胶囊10%的价格出售这种新产品。

新的竞争产品出现不久，奈斯派索宣称艾斯克咖啡公司和莎莉公司侵犯其多项专利权。为阻止这两家公司生产和销售更多的咖啡产品，奈斯派索已经对其采取了相关的法律措施。

资料来源：罗森布洛姆.营销渠道：管理的视野：第8版[M].宋华，等译.北京：中国人民大学出版社，2014.

问题：
1. 雀巢公司在营销奈斯派索时，采用了何种渠道组织模式？
2. 你认为奈斯派索的营销渠道有什么优点和缺点？

（2）中间商主导的公司式垂直营销渠道。这种中间商一般是大型零售公司。该营销渠道由若干企业、商业机构组成，同样进行工商一体化经营。例如，日本的"综合商社"和美国的西尔斯公司。美国零售巨头西尔斯公司出售的商品中，有50%来自它拥有部分或全部股权的企业。再如，法国迪卡侬集团是一家在全球生产和销售体育用品的企业，开创了运动用品超市的新概念。如今，迪卡侬集团既是运动用品的设计师和国际品牌的创建者、运动用品的企业，更是极具规模的全系列运动用品专业连锁商店，商店中销售的产品全部为迪卡侬品牌。还有中国的上海联华超市有限公司，通过工商联营、定牌监制、投资设厂的方式发展了600多种"联华"品牌的产品，开发、加工了生鲜食品、大副食17个大类近700个品种，还率先把修配、洗染、彩扩等服务项目引进超市，拓展了超市的服务功能。此外，还有很多进出口公司、网络商店等在规模发展到一定程度后，出于保证供货、开发特色产品、保证质量等考虑也会自行组织生产，实现工商一体化。

4. 企业采取公司式垂直营销渠道的原因

从历史演变的角度看，生产和交换本来就是难以分离的，早期人们都是采用"前店后厂"的生产和销售方式，以便快速地向顾客销售商品。这也是公司式垂直营销渠道的雏形。后期因为社会生产的发展，生产和交换才出现了专业分工，以便提高生产效率。但分工之后，更需要生产和营销渠道的密切配合以实现高效交换。另外，生产的目的是消费。为了更好地满足顾客的需要，企业必须先了解顾客的需要。为了实现生产的目的，企业在某些情况下就需要亲自参与和完成商品的销售过程。因此，一体化的公司式垂直营销渠道就产生了。企业采取公司式垂直营销渠道，通常有以下几个原因。

（1）获得规模效应。规模效应是指因规模增大而带来的经济效益的提高。公司的成本一般包括固定成本和可变成本。通过收购兼并使公司规模扩大，带来的主要是可变成本的增加，而固定成本不变或者只是小幅增加，则可带来整体效益的提高。核心企业（企业或零售企业）通过纵向一体化形成公司式垂直营销渠道，可形成较大的销售规模，共享和共同分担人事、财务、管理等多项固定成本，且销售规模的扩大还会带来生产规模的扩大，进一步降低单位生产成本，从而使企业获得规模效应。

（2）提高渠道控制力和渠道运行效率。通过推行公司式垂直营销渠道，将独立的各类企业的松散合作变为同一所有权企业的内部分工，核心企业能加强对产品生产、营销的全过程控制，使渠道内部各种职能的协调和管理得到改善，减少工商之间、批零之间的利益冲突，提高渠道运行效率，这样渠道结构也相对稳定。

（3）降低交易费用。公司式垂直营销渠道实现产销结合，实质上是将企业和流通企业之间外部的市场交易变为一个公司的内部交易，可大大降低交易费用（根据经济学解释，交易费用包括度量、界定和保障产权的费用，发现交易对象和交易价格的费用，讨价还价、订立合同的费用，督促契约条款严格履行的费用）。交易费用的降低也是企业不断扩大规模的动力，只要还能降低交易费用，企业就有不断进行一体化经营的冲动。

（4）提高进入壁垒。资本具有逐利性，一旦某个行业行情较好，就会有大量的投资者进入，从而导致行业产能过剩，引发无序的价格竞争，形成两败俱伤的局面。而企业通过推行公司式垂直营销渠道，对下游的批发商、零售商进行整合，延长自身产业链条，将整体利润在渠道各环节间合理地分配，就可以对潜在竞争者提高进入壁垒，有效减少竞争。例如，国内外的饲料行业中，很多饲料企业就是通过推行公司式垂直营销渠道进入销售、养殖和屠宰环节，并进行环节间利润的重新分配，使单个企业竞争变为产业链竞争，提高了进入壁垒。

（5）方便获取顾客信息。通过推行公司式垂直营销渠道，向流通领域延伸，企业就能实现与顾客的直接接触，掌握顾客的需求、购买、使用等大量信息，并根据这些信息进行产品设计，组织生产，设定营销组合策略，以最快的速度完成商品交换，从而更好地满足顾客需要，得到顾客"奖赏"，实现企业利润。

（6）获得更多产业链利润。企业如果只关注生产环节，随着竞争者的不断加入，竞争会越来越激烈，利润也会越摊越薄。如果能根据企业自身实力和实际情况，向批发、零售领域延伸，实行公司式垂直营销渠道，就能获得这些环节的高额利润。实际上，在渠道为王的时代，很多企业已沦落到为中间商打工的境地。适时向渠道环节延伸，的确是使企业获得更多产业利润的明智之举。例如，为房地产公司和政府部门设计绿化、景观的景观设计公司，一般获取的是按面积收费的固定设计费，其实利润更高的是下游的绿化施工公司。一个景观设计企业如果只是做设计，则只能拿到微薄的设计费，但如果利用和甲方已建立的良好关系向下游延伸，同时开设施工公司，就可以有效利用人脉资源，同时获取更高的产业利润。

（7）难以找到符合销售条件的中间商。有时很多企业向流通领域延伸，是因为难以找到符合特殊销售要求的中间商。例如，一些产品技术性服务要求高的专用设备（如数控机床、特种汽车、专业计算机软件等）制造企业、个性化专用商品（如定制轿车、房屋装修、定制西服、定制家具等）制造企业，要求中间商能向顾客提供技术性较高的销售服务，但大多数中间商缺乏相关商品制造经验和专业技术人才，无法提供相应的技术服务。另外，产品价值高的制造企业（如机床制造企业、造船厂、钻石加工企业、飞机制造企业等）需要较快回收货款，如果采用中间商营销方式，就需要中间商垫付货款。因为单件货款价值都很高，要保持一定的产品组合并垫付货款，这对很多中间商来说可能有些力不从心，是非常苛刻的条件，所以通常只能由企业自行组织销售。在产业市场上，企业大多采用公司式垂直营销渠道，主要就是因为技术服务性要求高和产品价值高。在消费品市场上，酒店、旅游、医疗、美容、餐饮等产销一体化的服务性行业也大多采用公司式垂直营销渠道。

3.3 水平营销渠道

3.3.1 水平营销渠道的含义

水平营销渠道是指处于同一层次而无关联的两家或两家以上的公司，充分利用各自的优势与资源，为共同开发新的市场机会而进行横向联合的一种营销渠道结构。这些公司因资本、人力、经验、技术、营销渠道等资源不足，无力单独开拓市场，或为规避风险，或因与其他公司联合可实现最佳协同效应而组成联合营销渠道。其特点是两家或两家以上的公司横向联合，发挥各自优势，实现营销系统有效、快速地运行，实际上是一种横向的联合经营。企业间的联合可以是永久性的，也可以是暂时性的，或者可以单独组建一个企业。例如，可口可乐公司和雀巢咖啡公司合作，组建新的公司。雀巢公司以其专门的技术开发新的咖啡及茶饮料，然后交由熟悉饮料市场营销的可口可乐去销售。再如，日本共同网络股份有限公司，是由 27 家大中型旅游公司、票务公司、体育娱乐服务公司等共同出资组建的，其成员借助该公司的共同信息网享用信息资源，共同开拓旅游市场。

水平营销渠道的渠道成员可以是同行业的，也可以是相关行业的。同行业企业间的横向联合通常发生在同一行业但不同细分市场的产品、品牌中。比如，同为饮品行业，啤酒与饮料企业的合作，果汁饮料与凉茶饮料的合作等。当然，生产同类型产品的企业之间也可以进行合作。例如，一家生产健身器材的企业举办产品展销会，很难吸引到许多客户。但是，如果多家健身器材企业联合举办产品展销会，就会吸引众多客户前来洽谈订货。同行不仅仅是冤家，也可以联合起来共同做大行业蛋糕，大家都能从中分享更多利益。

在不同行业企业之间也可以构建水平营销渠道。这种合作通常是在具有上下游关系或产品互补关系的企业之间达成的。例如，啤酒企业和火锅店的合作，火锅店开展"吃火锅送啤酒"的活动，这样可以同时促进两家机构的产品销售。再如，汽车 4S 店与车险公司的合作，车险公司在 4S 店设置专门的车险柜台，客户同时买车和买车险，价格可以更优惠。

案例 3-4 **好想你与百草味的魔力联姻**

2016年7月,好想你以溢价近18倍的高彩礼联姻百草味,完成了"国内零食电商并购第一案"。联姻一年的结果令人颇为惊讶,7月14日,好想你发布2017年半年度业绩预告修正公告,预计实现归属于上市公司股东的净利润6 520万~6 920万元,比2016年同期增长347.78%~375.25%。

于是,本来只是借助两家公司的名字凑合的联姻寓意"百年好合",开始变得清晰而真实。

到线下去,这不是新零售,而是找流量

在这场联姻中,最为业界所议论的焦点,是百草味的回归。

2017年初,百草味宣布,在关闭实体门店7年之后,百草味要重返线下了。百草味除了继续布局商超渠道,还将正式启动"一城一店"计划,同时放出了"3年后百草味的年销售额要达到100亿元"的宣言。

须知,2002年创立的百草味,曾一度拥有庞大的线下门店体系,从2003年在杭州开设第一家实体店,到2006年门店140多家,销售额达1.5亿元,再到2010年创始人蔡红亮决定关闭大量店铺让品牌走向线上……

这个曾经作为线下品牌毅然转型电商的企业,却在联姻后选择了吃"回头草"。而它的竞争对手三只松鼠,则在2016年9月就启动了第一家线下"投食店",并计划在5年内开设500家门店。

线上线下同步发展,成了零食电商们的共同选择。例如,线下起家并在2017年达到线下门店保有量2 100家的良品铺子,其全渠道销售额在2016年超过60亿元,其中线上销售额超过20亿元。

所不同的是,百草味的这条回归路上,因为有好想你的联姻而变得更为快捷。好想你已然拥有1 200余家专卖店,以及在大润发、沃尔玛、家乐福等大型商超上架,这都让百草味回归线下的步调变得简单易行。

但进军线下,并非简单意义上互联网技术加持下的新零售,亦非业界惯用的"线上流量红利"日趋稀薄所引发的。其关键所在,如果还是走单纯电商的路线,很难跳出"买买买"的流量陷阱,即看似高涨的销售额与可能为负的净利润里,被电商平台的流量销售而"绑架"。

比如2015年"双11",百草味虽然在天猫上收获了1.56亿元的惊人销售额,但实质上却是亏损的,以至于蔡红亮的那句"我们并不将'双11'看成是一个赚钱的机会,而是把它当成一年一度回馈消费者的最好时机",看上去有点自我解嘲。

缺少真正的品牌黏合度,是包括百草味在内的企业在线上发展的共同困惑,哪怕百草味已经名列零食电商三强。

差异化互补的真相是品牌重塑

缺乏真正口味体验的百草味和品牌老化的好想你的结合,实现了差异化互补。

好想你董事会秘书豆妍妍曾在并购完成后的一次会议上简单描述了两个品牌的定位：好想你是高端礼品品牌，消费者大多为30岁以上人群，产品价格偏高。百草味则是一个休闲品牌，面对年轻消费群体。双方在产品和消费人群上形成互补。但这还只是简单的互补，"百年好合"的背后，还有更深层次的品牌重塑。

在并购发生后仅一个月，双方就联合推出了枣夹核桃新品"抱抱果"，首月销售额突破千万元，并成为好想你第三季度利润增幅超过100%的一个重要因素。随后，综合果仁产品"仁仁果"，通过单品爆款的引流，实现了"双11"期间全网销售额2.5亿元的新业绩。

电商作为渠道，在这样一个销售场景下，扮演的角色并不关键。重要的是，好想你通过并购百草味，跳出了过去的年龄层次定位，并且在产品线上形成了带有互联网思维的快速迭代推进模式。

拥抱年轻人，成为好想你此次并购中第一个获得的资源，而在早已形成的品牌号召力之下，跳出了礼品角色的定位，则可以让年轻人在好想你的品牌之下形成更强的黏性，而不是仅仅送礼才想到的品牌。

同样，百草味获得的则是一个真正有流量黏性的品牌加持。进入线下门店，除了获得好想你固有门店的直接流量入口，更关键的在于这个流量中有很大部分已经形成了消费习惯，而不需要如电商平台那样，靠付出单次获客的流量成本来获得。

至于好想你，在全国各地有采购厂家、优质的原材料基地，百草味则在境外拥有优质的原材料基地等，双方在供应链上互补，以百草味在互联网营销和渠道上的积淀，则可以视为是并购中差异化融合、助力品牌重塑的一种呈现。

换言之，过去的百草味是零售商，而代工模式下的产品，除了性价比上有一定优势，因为没有真正意义上带有门槛或独占色彩的产品，因此百草味只是一个销量不错的干果杂货铺，而非品牌；反之，好想你则是在枣类食品上确立了"好想你＝枣"这样独占式生态的品牌定位，但品牌影响力一直难以突破枣类的局限。

资料来源：张书乐. 好想你与百草味的魔力联姻[J]. 销售与市场：管理版，2017（9）：68-70.

3.3.2 水平营销渠道参与者的合作动机

水平营销渠道是无关联的企业之间自愿进行的横向联合的一种渠道模式。这些企业之所以愿意进行合作，一般是出于以下几种动机。

（1）希望实现资源共享和优势互补，发挥协同作用。例如，君乐宝乳业与每日优鲜合作，就是君乐宝为了利用每日优鲜作为生鲜电商具备强大的冷链物流配送能力，大大缩短了自己高端鲜奶的配送时间。

（2）避免渠道重复建设，节省成本。新创建一个渠道需要投入很高的成本且时间漫长，通过横向联合利用其他企业已经建立的渠道，就可以将节省下来的这些资金用于其他环节，提高收益。例如，百草味与好想你合作，就可以充分利用好想你1 200余家专卖店和在大卖场中的大量货架，实现线上线下同步发展。

（3）分享市场，规避风险。通过与其他企业进行合作，有助于发现市场机会，分享市场份额，这能为参与各方都带来较多的收益。当然，机会与风险并存，水平营销渠道中所有渠道成员也必须承担相应的风险。通过风险转移或分摊，可以规避风险或降低风险，减轻单个成员独自经营的压力。

3.3.3 水平营销渠道的类型

按横向联合企业在营销渠道中所处层次的不同，水平营销渠道可以分为以下三种类型。

1. 制造商水平营销渠道

如果同一层次的制造商共同组建营销渠道或利用对方的营销渠道，或者共同利用服务及网络、订货程序系统、物流系统、销售人员和场地等，就会形成一个制造商水平营销渠道。例如，上文案例中提到的好想你与百草味的联合，就属于生产制造商水平营销渠道。

2. 中间商水平营销渠道

这种渠道模式其实就是合同式垂直营销渠道中的批发商倡导的自愿连锁、零售商合作组织与特许经营系统，只不过研究的视角不同而已。合同式垂直营销渠道强调的是渠道中上下游企业之间的关系，如特许经营中特许人和受许人之间的关系，而中间商水平营销渠道强调的是同一层次企业之间的关系，如特许经营中受许人与受许人之间的关系。

3. 促销联盟

产品或业务相关联的多个企业共同开展促销活动或其他有助于扩大销售的活动，就会形成一个促销联盟。促销联盟的常见形式包括共同做广告、联合开展营业推广和公关活动、共享品牌、共享销售队伍和场所、交叉向对方的顾客销售产品以及相互购买产品等。例如，河南新飞电器公司和汇源果汁的合作。双方各自在自己的销售终端展示对方的宣传材料；推荐对方的产品；新飞冰箱展示样品中摆放汇源果汁，买冰箱送汇源果汁等。各企业通过合作就可以充分利用彼此的资源，节省渠道成本，提高促销活动的有效性。

3.4 混合营销渠道

随着科技的迅猛发展，企业竞争越来越激烈，消费者的需求也越来越多样化，不同细分市场之间的客户消费行为存在越来越大的差异，企业已很难单纯依靠一条渠道覆盖全部的目标市场，它们不得不改变原来的单一渠道模式。与此同时，随着新商业模式的发展，不断涌现的新渠道形式也为企业提供了更多的渠道选择方案。企业可以选择批发商、代理商、零售商等间接渠道来分销产品，也可以选用自建销售队伍、直邮销售、电话营销、互联网营销、社交媒体营销、短视频营销等直销渠道销售其产品。不同的渠道形式各有其优劣势，成功的企业会利用不同渠道的优势，采用混合营销渠道来销售自己的产品。

> **案例 3-5　　爱慕股份全渠道布局，深耕贴身服饰领域成效显著**
>
> 　　在国内贴身服饰行业中，爱慕股份近年来表现出色，在行业中脱颖而出。资料显示，爱慕股份是一家专业从事高品质贴身服饰及其用品的研发、生产与销售的知名企业。经过20多年的成长，爱慕股份持续建设品牌和品类，现旗下拥有"爱慕"（AIMER）、"爱慕先生"（AIMER MEN）、"爱慕儿童"（AIMER KIDS）、"兰卡文"（LA CLOVER）、"爱美丽"（IMIS）、"乎兮"（HUXI）、"皇锦"（EMPERORIENT）、BODY WILD、BECHIC 等品牌。
>
> 　　截至目前，爱慕股份已经全面覆盖了线上及线下渠道，并一直积极探索渠道数字化运营、不同渠道间融合的可行性。其中，在线上线下渠道融合方面，爱慕股份通过打造"云客服"、官方商城及微信小程序等平台，实现了服务场景的多元化，构建了新零售闭环，驱动了"人、货、场"的进一步融合；通过智能化仓储物流系统实现了渠道供应链的融合，提高了不同渠道间补货和调拨的效率。而在全渠道布局上，爱慕股份旗下的产品已经渗透至不同的细分市场，并获取了较好的市场份额。
>
> 　　数据显示，截至2020年底，爱慕股份的零售网络由众多线下直营销售终端和以唯品会、天猫为主的线上渠道所组成。线下零售网点已覆盖全国数十个省、自治区和直辖市，并已进驻了柬埔寨、新加坡、迪拜等国家和地区的地标性商圈，给全球消费者带来了极致的购物体验，构建出一套富有活力的全渠道销售体系，同时创新做强实体零售终端。
>
> 资料来源：搜狐号"生活+"．爱慕股份全渠道布局，深耕贴身服饰领域成效显著[EB/OL]．（2021-07-24）[2022-04-01]．https://www.sohu.com/a/479329650_247703?scm=1019.e000a.v1.0&spm=smpc.csrpage.news-list.68.1629556583119V1p1S0u．

3.4.1　混合营销渠道的优缺点

　　混合营销渠道又称多渠道，是指一家企业同时采用几条营销渠道来销售其产品的渠道体系。简单来说，就是一家企业建立两条以上的渠道分销产品，企业的每一条渠道都可以实现一定的销售额。

　　目前，企业大多采用混合营销渠道分销其产品。混合营销渠道可以为企业带来三方面的好处：

　　第一，扩大产品的市场覆盖面。每个产品的市场都可以再进行细分，仅靠单一渠道不可能覆盖整个市场。企业通过多条渠道，可以使产品到达不同的顾客群，从而扩大产品的市场覆盖面。例如，销售学习机的企业通过在数码城、新华书店、网络等多种渠道展示和销售学习机，就会让更多有不同渠道偏好的顾客都能注意到学习机，从而更多地选择该产品。

第二，降低渠道成本。从表面上看，建设混合营销渠道的投入比单一营销渠道的绝对数额增加不少，但从实际来看，如果多渠道系统能有效地运行，平均下来单位产品的渠道成本反而会下降。对于企业来说，如果能以较小的成本增加来大幅度地提高市场份额是明智的选择。

第三，更好地满足顾客需求。选择混合营销渠道是因为不同目标市场的顾客有不同的需求，采用多渠道就可以更好地满足顾客需求，特别是企业通过不同渠道销售的是差异性的产品时，会更令顾客满意。

混合营销渠道在给企业带来上述好处的同时，也给企业带来了挑战，如果构建和运用多渠道不当，可能会引发以下问题。[一]

第一，加剧渠道冲突。构建多渠道系统之后，不同渠道间可能会出现争夺客户的情况，或由于价格差异而引发窜货等问题，增加了渠道冲突的可能性，一些渠道成员可能会失去动力并撤销支持，甚至报复或退出企业的渠道网络。例如，现在很多企业都采用传统渠道和网络渠道并存的方式进行营销，网络渠道的低价格常常让传统渠道成员大为抱怨，以致出现联合抵制的情况。

第二，出现搭便车的现象。顾客从一条营销渠道中获得服务的同时却把业务投向了另外一条渠道，这样就使原先渠道成员的积极性受挫。对于企业而言，构建多渠道并没有增加市场份额而是逐渐降低了其广度和活力。

第三，顾客关系维护力度减弱。许多企业在构建多渠道系统之后，牵涉资源分配以及管理难度的加大，在某种程度上对客户的控制力逐渐减弱甚至消失，而此时如果企业放弃多渠道营销策略，很有可能就会失去这一部分客户。

第四，构建多渠道的成本超过了销售额的增幅。尽管构建多渠道能在一定程度上降低销售成本，但是以构建多渠道带来销售额的增长大于成本的投资为前提的。盲目地构建多渠道系统而忽视成本与销售额只会加重企业的负担。

3.4.2 混合营销渠道的类型

混合营销渠道根据采用方式的不同，可以分为以下三种。

1. 集中型组合方式

集中型组合方式是企业采用多条营销渠道来销售同一种产品的方式。不同渠道都分销同一种产品，这些渠道很有可能互相重叠，彼此竞争。例如，一家家电企业同时通过零售店、网店、批发市场、自建专卖店销售电视机。当这些不同渠道都在面向同一批顾客销售产品时，彼此之间对顾客的争夺会引发渠道冲突，对渠道冲突管理的好坏决定了集中型组合方式的成功与否。

2. 选择型组合方式

选择型组合方式是针对不同的目标市场采用不同的营销渠道来分销产品的方式。这

[一] 刘林陇，唐鸿，史文俊. 多渠道战略下的渠道整合研究 [J]. 技术与市场，2007（11）：85-87.

些渠道不会互相重叠，也不会彼此竞争。选择型组合方式可以利用不同渠道的优势，为不同目标市场的顾客提供独特的服务。例如，大多数家电企业会把整体市场分为一级、二级和三级、四级市场，省会城市和地级市为一级、二级市场，县城和乡镇为三级、四级市场。在一级、二级市场，主要采用家电专业连锁途径，通过国美、苏宁销售。而在三级、四级市场，主要采用批发商、零售商渠道销售。有的甚至采用自建渠道模式，如专卖店、加盟连锁店等。提供给家电专业连锁的家电和三级、四级市场的家电在型号、功能上会稍有差别，以避免渠道冲突和竞争。这是较为典型的选择型组合方式。

3. 混合型组合方式

混合型组合方式则综合运用集中型和选择型两种组合方式。一般情况下，将单一渠道用于某些特别重要的市场，而将重叠的多重渠道用于较大规模的市场。例如，英国航空公司的业务拓展采用多条渠道组合。对于大公司和重要组织的客户，采用人员推销渠道去开拓；对于团体业务中的订票、度假规划经营，则采用旅行社、互联网、电话营销、旅游商店等多条渠道；对于个体旅游者也采用的是互联网、电话营销、旅游商店等多条渠道的组合。

渠道专栏 3-1　　　　　多渠道销售势在必行

对许多零售商来说，在竞争更加激烈的环境中，以及在无法继续靠增加店铺数量来增长业绩的情况下，多渠道战略是少数增长机会之一。以乐购（Tesco）为例，它是一家总部位于英国的国际性杂货和商业连锁店。Tesco 从一家杂货连锁店起步，现在已经扩展成多种模式，如 Extra（大卖场）、Metro（社区店）和 Express（便利店）等，同时也开拓了网上和邮购渠道。每种渠道和模式定位于不同的选购情况，满足对便利性、分类、真实触感、促销以及价格点的不同需求。这种渠道和模式的多样性使 Tesco 把握了更大份额的传统类别购买机会，并扩展到服装、电子消费品、金融服务、家具、音乐下载甚至旅游等领域，而这些产品和服务是公司的实体店无法有效提供的。

资料来源：LOFTUS B，MULLIKEN J，SHARP J. 多渠道销售势在必行 [J]. 商学院，2009(3)：73-75.

3.4.3　混合营销渠道的构建原则

如果混合营销渠道构建得当，可以给企业带来更多的顾客和更大的市场覆盖面。但如果实施不当也会给企业带来渠道冲突、构建成本过高等一系列问题。所以，企业在构建混合营销渠道时需要遵循以下几个原则。

（1）符合消费者的需求。企业采用混合营销渠道就是为了更好地满足不同消费者群体的需求，扩大市场覆盖面，所以，在构建混合营销渠道时，企业应该对目标市场的需求偏好及所需要的服务产出水平进行分析，再决定到底采用何种渠道组合。

> **案例 3-6　　　　　　　　　　张小泉的营销渠道**
>
> 　　张小泉创立于 1628 年。过去，张小泉采取经销为主、直销和代销为辅的销售模式，其中经销贡献了其收入的近七成。2011 年，张小泉成立了一个 60 人的电商团队。张小泉总经理夏乾良曾向《天下网商》坦言："2013 年开始，我们每一年的净利润增长都超过 50%。"他认为，市场消费升级中出现了"正负两极逆反"现象——"旧的传承"与"新的市场"快速磨合、老字号与年轻人的距离拉近，拥有中国传统元素的东西慢慢受到追捧。目前，张小泉已经建立了相对完善的经销网络体系：线下覆盖大型全国性连锁超市、区域影响力较大的连锁超市、五金制品集散市场、小商品集散市场、社区便利店等；线上经销商主要为思优普公司及京东自营等。
>
> 　　尽管张小泉宣称自身的新零售体系已经完善，但线下仍为其主要营销渠道。2019 年，张小泉线上销售占比只为 39.29%，因新冠肺炎疫情的冲击，这一比例在 2020 年上半年上升至 50.77%。
>
> 　　按用途及功能的不同，张小泉产品分为四类，包括剪具、刀具、刀剪组合及其他生活家居用品。2019 年度的销售数据显示，四大类产品组合分别销售 1.50 亿元、1.12 亿元、1.39 亿元及 7 833.47 万元，分别占当期收入总额的 31.31%、23.41%、28.95% 及 16.33%。
>
> 　　在渠道上，张小泉的品牌定位清晰：陆续开设中高端直营门店，电商和超市仅次于直营门店，销售高性价比产品，批发渠道为较便宜的大众消费品。电商渠道的产品多为标品，由专门的车间生产。从生产到出厂，一把剪刀要经历 45 天共 20 多道工序。
>
> 　　"线上消费者偏年轻化，线下消费者年龄偏大，因此根据不同消费者的使用需求和身体结构做了一些调整和平衡。"例如，刀具的锋利程度会有所不同，或者刀头弯度不一样。为了和年轻消费群互动，公司出炉了一系列戴着墨镜的祖师爷卡通形象，同时扩张品类，上架了筷子、菜板、美甲等产品。
>
> 　　张小泉天猫旗舰店推出一年两次的定制活动，可以在刀剪上刻字和头像。夏乾良告诉《天下网商》："1 000 把限量菜刀，一分钟不到就抢完了。"如今，张小泉将电商业务成立子公司单独运营。
>
> 　　资料来源：知乎，《张小泉渠道案例》，引用时有改动。

　　（2）提高渠道综合收益率。混合营销渠道要实现的是渠道综合效率最大化，而不是每条渠道收益最大化。企业应分清主要渠道和辅助渠道。对于辅助渠道，即使渠道收益率偏低，但只要对渠道整体效率有利，也应该保留。

　　（3）为渠道成员创造更多的价值。企业在构建混合营销渠道时，不能单凭一己之力，要群策群力，借助其他渠道成员的力量更易获得成功。只有为渠道成员创造更多的价值，才能调动渠道所有成员的积极性，从而提高混合营销渠道的效率。

　　（4）塑造渠道的独特性。一种好的渠道模式出来之后，总是会被竞争对手模仿。为了避免被竞争对手模仿和超越，企业需要勤练内功，把企业的品牌和文化整合到渠道系统中，塑造渠道难以被模仿的独特性。

（5）保持渠道的灵活性。企业外部环境是在不断变化的，原先的混合营销渠道所具有的优势可能因竞争状况或顾客需求的变化而消失殆尽。因此，企业要密切关注渠道效率、成本和价格等竞争敏感因素，不断进行渠道创新，使渠道具有一定的灵活性。

本章小结

1. 营销渠道组织模式是指营销渠道成员为实现一定的销售目标组织在一起的方式。
2. 传统营销渠道是指由各个独立的制造商、中间商和顾客构成的渠道。其最大的特点就是渠道成员之间的独立性和松散性。
3. 传统营销渠道具有实现分销职能、没有过多负担、进退灵活、不相互依赖的优点，但同时也具有容易导致渠道冲突、渠道效率低下的弊端。传统营销渠道直到今天仍然大量存在，主要原因是：小型企业被迫选择，大型企业被动选择，中间商或企业主动选择。
4. 垂直营销渠道是指由企业、批发商和零售商纵向整合构成的统一的联合体。垂直营销渠道按渠道成员关系从松散到紧密的程度不同，可以划分为管理式、合同式和公司式垂直营销渠道三种类型。
5. 管理式垂直营销渠道是指由处于渠道不同层次的众多中小企业自愿参与而构成的、在一家核心企业的控制下运作的渠道组织形式。该模式有三个特点：有一个龙头企业；有一个组织体系；有统一的营销策略。
6. 合同式垂直营销渠道是指不同渠道层次中独立的企业和中间商以合同为基础而形成的一个渠道联合体。该模式也被称为契约式垂直营销渠道。合同式垂直营销渠道可分为批发商倡办的自愿连锁系统、零售商合作系统和特许经营系统。
7. 公司式垂直营销渠道是指一家公司全资拥有或通过控股与参股其他渠道成员的方式实际拥有的垂直渠道系统。它可以分为企业主导的公司式垂直营销渠道和中间商主导的公司式垂直营销渠道。企业采取公司式垂直营销渠道的原因有：获得规模效应；提高渠道控制力和渠道运行效率；降低交易费用；提高进入壁垒；方便获取顾客信息；获得更多产业链利润；难以找到符合销售条件的中间商。
8. 水平营销渠道是指处于同一层次而无关联的两家或两家以上的公司横向联合，共同开发新的市场机会的营销渠道。它可以分为制造商水平营销渠道、中间商水平营销渠道和促销联盟三种类型。水平营销渠道参与者的合作动机有：希望实现资源共享和优势互补，发挥协同作用；避免渠道重复建设，节省成本；分享市场，规避风险。
9. 混合营销渠道又称多渠道，是指一家企业同时采用几条营销渠道来销售其产品的渠道体系。混合营销渠道根据采用方式的不同，可以分为集中型组合方式、选择型组合方式和混合型组合方式。构建混合营销渠道时需要遵循的原则有：符合消费者的需求、提高渠道综合收益率；保持渠道的灵活性；为渠道成员创造更多的价值；塑造渠道的独特性。

思考题

1. 管理式垂直营销渠道的优劣势有哪些？
2. 合同式垂直营销渠道的优势有哪些？

3. 企业采取公司式垂直营销渠道的原因有哪些？
4. 批发商倡办的自愿连锁与零售商业的一般连锁商店有何不同？
5. 水平营销渠道参与者的合作动机有哪些？
6. 混合营销渠道的构建原则有哪些？

实践训练

一、实训目的
（1）了解传统营销渠道，明确传统营销渠道的优劣势。
（2）认识公司式垂直营销渠道的类型及其优劣势。
（3）明确管理式垂直营销渠道的特点及其优劣势。
（4）认识合同式垂直营销渠道的类型及其优劣势。
（5）了解混合营销渠道的优劣势。

二、实训内容与要求
选定一种营销渠道的组织模式（如传统营销渠道、公司式垂直营销渠道、管理式垂直营销渠道、合同式垂直营销渠道、水平营销渠道或混合营销渠道），以某一特定企业为例分析其渠道组织模式。完成下列任务：介绍该企业的渠道组织模式并说明属于哪种类型；运用渠道组织模式的相关理论对该企业的营销渠道进行分析；对该企业的渠道组织模式进行评论。

各小组通过实地调查或采用二手资料收集相关资料，讨论后形成讨论稿，完成实训报告并制作演示文稿。教师安排1~2个课时，由部分小组的代表向全班同学交流其成果。由各组互评成绩。实训报告评分如下：理论运用、资料翔实、文字表达70分，小组代表的语言表述和台风20分，团队协作和报告形式10分。指导教师进行综合评定和总结。各小组根据教师和同学的意见修改报告及演示文稿并提交给教师，教师记录实训成绩。

案例分析

小米全面启动线下渠道改革

小米早期通过米聊触达用户，积累了早期用户，早期的100个梦想赞助商来自MIUI。小米通过线上（小米社区、新媒体、小米商城促销）方式，以及互联网电商发展粉丝，粉丝数量达上百万。小米通过小米家宴达到粉丝建设的高潮，目前，小米家宴成为小米为粉丝量身打造的年度盛宴。小米通过不同模式与用户连接，通过社群方式，建设忠诚的小米粉丝群体，通过网上渠道销售出去数以千万部手机。

2015年，小米没有完成预期销量，2016年的销量更是大跌36%，直接跌出了全球前五，这是小米公司发展历史上的至暗时刻。实际上，整个手机市场的销售中，线下销量的比重要远远高于线上。所以，小米即使线上成绩再好，如果不发展线下渠道，也始终无法突破销售规模的天花板。因此，从2016年3月开始，小米拉开了线下渠道布局的序幕。2020年12月初，小米之家的第1 000家门店在成都万象城落地，创始人雷军对小米之家的三年规划如期完成。依靠线上和线下渠道的共同发力，小米公司的确实现了销量的止跌回升，重新进入增长轨道。但小米的千家门店与竞争对手的数万家门店相比，仍存在很大差距。为实现破局，在经过半年多的密集调研后，2021年，小米最终拿出了一套数字化及标准化的解决方案，试图以此来提高线下门店的效率和开店速度。

三类线下渠道的异同

在新的渠道方案中，小米打破了原有的层层分销体系，所有门店都是直接与小米公司对接。这带来的改变是，小米的每一个产品都是从小米工厂直达各个门店，大大降低了利润的损耗以及时间的损耗。

事实上，也只有这样，小米才能真正落实其设想的数字化及标准化管理模式。比如在数字化方面，基于小米研发的零售通App，每家门店的库存、销售等经营数据，都能一目了然。而在标准化上，所有小米之家的装修风格都被统一，同时，线下渠道在促销和活动方面也保持与线上渠道同步。

改革之后，小米的线下渠道只有三种模式：一是小米之家旗舰店；二是小米之家专卖店；三是小米之家授权店。其中，前者是小米自营，而后两者都是加盟的方式。

对小米而言，旗舰店的主要价值是展示品牌形象，所以这些店会开在最核心商圈的最佳位置，而且不会计较盈利问题。此外，旗舰店还有另外一个重要作用，就是为专卖店培养店长。

每个小米之家专卖店都会有一名小米公司派驻的店长，而且他们都是从旗舰店中选拔出来的，目的是帮助专卖店更好地管理经营，所以旗舰店要打造的还有"小米店长"团队。对于专卖店，小米设定了一个全新的商业逻辑，即门店进的货，只要没有卖到消费者手中，就都是小米的库存。而且他们拿货的价格和零售价格是一样的，盈利点在于

商品售出后小米提供的返点。在这样的模式下，小米之家专卖店的盈利方式，就不再像过去一样是看每个产品的利润，而是更看重周转率。只要周转率高，即便单次投入的利润不高，那最终获得的整体回报也不会太低。而且对加盟商而言，在没有了库存压力以后，可以投入更多资金开更多门店，进而提升货物周转率。

而授权店和专卖店的区别，除没有小米派驻的店长外，更核心的差异在于货权。它的盈利模式还是赚差价，即门店以进货价拿货，然后以零售价售出，自己承担库存。不过，除了这个区别，授权店在整体形象以及经营方式上，和专卖店已经没有太大差异。

从小米的角度，当然是希望所有小米之家都是专卖店的模式，但是，这种模式的资产过重，因为小米除了要承担库存的风险，还要派驻店长以及投入一些装修成本等，所以现阶段，在县级以下市场，授权店的模式仍然要存在。

5个月开出4 500家店

新的渠道方案使小米的开店速度开始爆炸式增长。2021年1月9日，小米曾创下单日1 003家小米之家同时开业的惊人纪录，而截至2021年4月底，小米之家的数量已超过5 500家。

3年1 000家店，与3个月4 500家店的开店速度形成了鲜明的对比，这背后小米也在向外界传递一个信号，即它已经摸索出做线下渠道的最佳模式。

2021年5月，小米中国区总裁卢伟冰表示，经过半年的努力，小米已经在河南、江苏两个省实现了100%的县城覆盖，预计到2021年底，县城全覆盖的目标就能达成。而在此基础上，卢伟冰还提出了一个更加宏大的目标，即未来要在乡镇市场开10 000家小

米之家授权店。

2021年6月中旬，21世纪经济报道记者对小米在四川省的线下渠道进行了走访，其间，成都某头部渠道商的负责人告诉记者，他们现在已经开了30多家小米之家，与过去相比，他认为现在最大的变化是零售体系效率更高。

该负责人表示："小米零售通App非常好用，通过它可以随时掌握所有店的情况，现在我们一个人可以负责30多家店，但如果没有零售通，则需要增加至少3倍的人力。"另外，除了管理效率提升，在盈利能力上，过去单店的月营收是几十万元，现在则可以达到200多万元，利润率也提升2~3个百分点至10%左右。

记者通过走访还发现，与其他品牌的线下店相比，小米之家还具有以下两个显著特征。

一是小米具有极强的粉丝属性，比如位于乐山王府井购物中心的小米之家，是小米在四川的第一家线下店。当时这家店开业的整个过程，都有当地米粉的参与，到了现在，这家店也经常举办一些米粉活动。

二是小米较早的生态链布局，现在显出了价值。吴强告诉记者，他的客户群体的换机周期在2~3年，所以如果小米之家只卖手机肯定维持不下去，而小米生态链产品，则是很好的补充。

一家已经与小米签署50多家线下店合作的通信商负责人表示，他不想一辈子都卖手机，但过去，通信行业和家电行业之间有很高的壁垒，而现在，通过小米生态链，他可以涉足更多领域。

更强的用户黏性、更丰富的产品品类，这些都成为小米开拓线下市场的核心优势。不过与竞争对手相比，小米的线下门店数量还有很大的增长空间。所以接下来，小米在线下渠道上仍将保持高速发展的势头，而这套线下打法究竟能产生多大的价值，在小米未来的财报中，或许能找到答案。

资料来源：白杨. 小米全面启动线下渠道改革 数字化标准化拉升周转率 [EB/OL]. (2021-06-24) [2022-04-01]. http://tech.hexun.com/2021-06-24/203834914.html，有改动。

问题：

1. 小米公司在早期采用了哪种渠道组织模式？

2. 小米公司新营销渠道方案中采用的是什么渠道组织模式？这种渠道组织模式有何优缺点？

3. 你对小米公司这种营销渠道模式的未来发展前景有何看法？

第 4 章 渠道成员选择

学习目标

本章介绍了渠道成员的来源、评价与选择，以及渠道任务的分配。通过本章的学习，你应该能够：

1. 认识选择渠道成员的重要性。
2. 明确选择渠道成员的步骤和寻找渠道成员的途径。
3. 掌握选择渠道成员的原则与标准。
4. 明确选择渠道成员的方法。
5. 理解渠道任务的分配。

本章结构

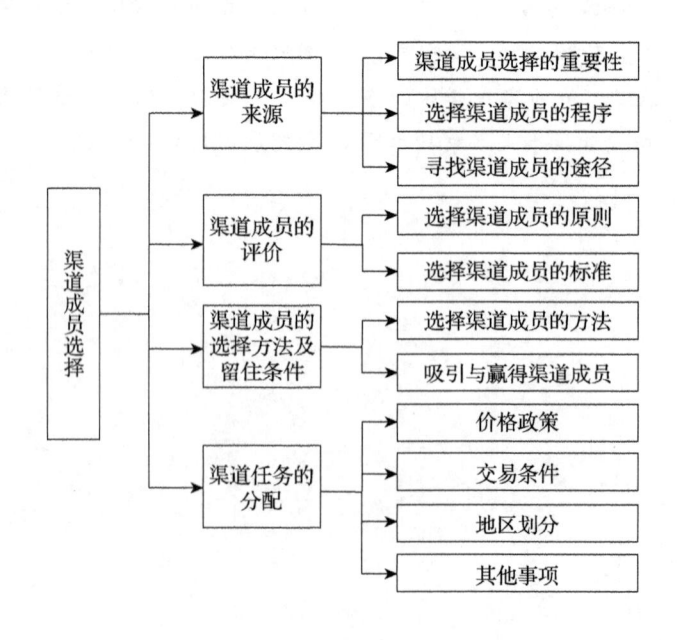

```
                            ┌── 渠道成员选择的重要性
                ┌─渠道成员的─┼── 选择渠道成员的程序
                │   来源    └── 寻找渠道成员的途径
                │
                │ 渠道成员的 ┌── 选择渠道成员的原则
                ├─  评价   ─┴── 选择渠道成员的标准
渠道成员选择 ───┤
                │ 渠道成员的 ┌── 选择渠道成员的方法
                ├─选择方法及┴── 吸引与赢得渠道成员
                │  留住条件
                │            ┌── 价格政策
                │ 渠道任务的 ├── 交易条件
                └─   分配   ─┼── 地区划分
                             └── 其他事项
```

导入案例

小厂家如何"惊动"经销商

原莉是一家食品加工厂的销售主管。食品加工厂的年销售额不足3 000万元,是一家小企业。厂里派原莉去开拓新市场——一个市区人口不足100万的城市,该市有几十家大大小小的快速消费品经销商。

原莉跑了一个星期市场,也接触了一些经销商,因为原莉的产品在这个市场上没有一点儿知名度,大一点儿的经销商要么对她的产品不予理睬,要么开出很苛刻的条件。原莉想,这样一家一家去找经销商不是办法,一是周期太长;二是产品知名度太低,经销商不感兴趣;三是即使有经销商愿意做她的产品,她也觉得如果经销商不守信用,那么风险太大。但是不这样做,怎么做呢?

带着这个问题,原莉又走访了几家终端市场。有一天,原莉正好遇到一位超市零售商在发牢骚,抱怨其经销商送货不及时——电话打过去都三天了,要求经销商送货,但到现在经销商还没有送过来。原莉忙凑上去问:"为什么经销商不及时送货呢?"超市零售商说:"因为这个经销商做得比较大,生意忙不过来,不把我们这些销量小的零售商放在眼里。"

原莉又问:"那你不能换个经销商进货吗?"超市零售商说:"你们这些厂家总是喜欢找那些大经销商做总经销商,几个畅销产品都是他做了总经销商,不从他那里进货还能从哪里进货?"听了这话,原莉的眼睛顿时一亮,心中有了主意。

早前,该市电视台办了一个节目叫《商界名人》,每周一次,每次都邀请一些名人作为嘉宾参加节目,收视率很高。原莉想借《商界名人》来组织一次零售商评选最佳经销商的活动。原莉把自己的想法与电视台《商界名人》栏目组一说,节目组的策划人员很高兴,并表示电视台全力支持,并且由电视台出面,把市工商局也邀请过来,共同组织此次评选活动。评选小组由电视台《商界名人》栏目组、市工商局、经销商代表、零售商代表和原莉组成,评选的对象是全市做快速消费品的经销商。整个评选活动制定了详细的规则,对各种可能的作弊行为制定了防范措施,以确保此次评选活动的公平、公正、公开。评选涉及经销商的服务、经销商的内部管理、经销商的商业信誉、经销商的市场秩序和维护零售商利益等十多项,都是直接与零售商利益有关的内容。评选采取加权评分的方式,按最后综合得分排出名次,得分最高的前三名为此次评选活动评出的最佳经销商。每一张评选表后面还有一个由零售商自由发挥的栏目,填写内容是:"您对此次评选活动有什么看法和建议?""您认为哪些经销商在哪些方面做得较好,在哪些方面做得不足?""您对经销商有什么建议和意见?"

这是该电视台第一次面向所有经销商进行的公开评选活动,在业内引起了很大的反响。平时零售商们对经销商的服务没有特别在意过,这下开始关注了。零售商对经销商品头论足,各经销商也关心零售商是如何评价自己的,有意无意地纷纷改进自己的工作。在评选期间,零售商都普遍反映经销商的服务比以前好了很多。评选结果在电视台的新闻栏目中公布,第一天只公布了第三名获奖者的名单,第二天又公布了第二名获奖者的名单,第三天才最后公布本次评选活动的第一名获奖者的名单。后来,有很多经销商说,在评选结果公布的那三天,一到公布获奖者名单的时候,心都提到嗓子眼儿了。

第一名获奖者不到40岁,几年前才刚刚创业,虽不是本地最大的经销商,但在本地有很好的口碑。为了感谢零售商们对本次评选活动的支持与参与，原莉把三方联合起来，以自己企业、电视台《商界名人》栏目组和第一名获奖者的名义，给每个参加此次评选活动的零售商发送了一张邀请函，邀请他们参加《商界名人》的现场直播节目。第一名获奖者开车带着原莉一起，亲自将邀请函送到零售商手上。零售商们感受到了从未有过的重视，一个个都高兴不已。三位最佳经销商作为特邀嘉宾参加了《商界名人》节目，所有参与此次活动的零售商都被邀请做了现场观众，气氛非常热烈。三位获奖者谈了他们的经营理念、运作模式和未来发展的设想，台下的零售商也就自己所关心的问题进行了提问。经销商和零售商之间做了一次很好的双向沟通。

节目当中还插播了原莉的产品广告。不过，原莉没有出一分钱，是由三位获奖者为感谢原莉策划和组织这次评选活动出资赞助的。原莉把自己企业的产品作为礼物，赠送给参加节目的所有人员。评选活动一结束，原莉就把零售商对各经销商的表扬、建议和意见整理成册，分别赠送给参与此次活动的经销商。

最后，原莉已经不需要去找经销商了，要求做原莉产品的经销商已经排成了队。

资料来源：CSDN "jerry_chen 53660" 博客文章，2004-10-26，有改动。

在设计了营销渠道、确定了渠道组织模式后，接下来的工作就是选择渠道成员了。本章从制造商的角度来介绍渠道成员选择的内容，渠道成员的选择包括寻找潜在的渠道成员，根据选择原则与标准衡量潜在的渠道成员是否合适，采用一定的方法挑选渠道成员并将其留住，将渠道任务分配给渠道成员。本章主要对渠道成员的来源、渠道成员的评价、渠道成员的选择方法及留住条件和渠道任务的分配进行介绍。

4.1 渠道成员的来源

4.1.1 渠道成员选择的重要性

渠道成员的选择就是从众多渠道成员中挑选出适合企业渠道结构的能完成企业分销目标的合作伙伴的过程。直销企业不需要选择中间商，因为企业向顾客直接销售，不涉及中间环节。在采用间接渠道的情况下，设计渠道结构之后，企业的首要任务就是挑选出合适的渠道成员。一般来说，企业在以下几种情况下需要选择渠道成员。

（1）原有渠道成员流失。有些中间商有更好的市场机会，自愿选择脱离渠道，这时就需要重新选择渠道成员。

（2）企业需要重新选择渠道成员替代原有渠道成员。例如，某个中间商故意以低价将企业的产品销售到其他销售区域，导致该地区的产品价格混乱，如果企业停止与该中间商合作，往往就需要挑选新的中间商，补充到营销渠道中。

（3）经过周期性评估，企业发现原有的某些渠道成员无法胜任分销任务。企业在对渠道成员进行年度考核后，认为一些渠道成员没有能力完成分销任务，对这些考核不合格的渠道成员需要进行更换。

（4）企业需要在目前的销售区域获得更高的市场覆盖率。一种常见的情况是，渠道设计不变，但需要在现有基础上增加销售网点以提高销售增长率。例如，一家耐用品公司本来在省级城市有销售网点 100 个，现为扩大市场覆盖面，需要再增加 30 个销售网点，那么在整体渠道设计及模式并未改变的情况下，还需要选择新的渠道成员。

案例 4-1　　　　　　　好的代理商给公司带来运气

斯地勒公司是美国一家生产办公设备的生产商。虽然该生产商拥有优质的产品、有竞争力的价格以及有效的促销手段，但是最终还是通过使用一家优秀的代理商，为顾客提供了满意的服务，从而取得了较好的成果。

事情发生在一个星期二的晚上，斯地勒公司在纽约地区的代理商麦克正与家人共进晚餐，这时接到纽约一家大银行的设备经理打来的电话。这位设备经理在电话里冲着麦克大叫大嚷，暴跳如雷。原来这家银行通过麦克向斯地勒公司订购了一批价值 50 万元的米色开放式办公室用隔板系统，可是刚收到的第一批 500 张隔板却全是深橘红色的！当时，墙壁已经粉刷好，门已经漆好，地毯也已铺好，就等银行董事长前来视察了。

时间只有一个星期。

麦克接到电话后，本可以推卸责任的，因为颜色出问题并不是他的过错，他只是代理。但麦克没有这样做，他在电话里向设备经理真心诚意地道歉并保证马上纠正错误，在董事长视察之前安装好 500 张米色隔板。

麦克积极想办法协助公司解决问题：①尚未交货的部分隔板立即改成生产米色的；②已运到银行的 500 张深橘红色隔板暂不退货，但必须尽快运来 1 800 张米色纤维布。

待米色纤维布运到后，麦克组织人力，在 500 张隔板上刮掉深红色纤维布，全部套上米色纤维布并安装好，银行对此十分满意。

显而易见，正是纽约这位代理商一流的经营素质为斯地勒公司挽回了声誉，斯地勒公司才能在竞争中占一席之地。

资料来源：MBA 智库文档《渠道与经销商及营销渠道》，引用时有修改。

企业选择渠道成员很重要。因为选择渠道成员，不仅仅是为了达成一笔交易，更是为了长期与之进行良好的合作。现在，越来越多的企业与渠道成员建立了良好的关系，有的甚至与渠道成员结成战略合作伙伴关系，这就要求企业慎重地选择渠道成员。企业所选择的渠道成员是否合适，关系到产品能否及时、准确地转移到消费者手里，关系到渠道任务能否完成和分销目标能否实现。

案例 4-2　　　　　　　选择一个好的中间商

美国通用汽车公司在对汽车工业市场进行调研的过程中发现，渠道是该行业中最不受重视的领域之一。其主要表现为每一个市场上代理商使用数量过多。这些代理商相互竞争,经营积极性较低,责任心较差,结果一方面顾客不满意,另一方面汽车成本不断增加。有的汽车公司或许已发现这个问题,但由于种种原因而不愿改变这种现状。这无异给通用汽车公司提供了极佳的市场机会!通用汽车公司首先精选代理商,然后不惜花费时间、人力、物力对这些代理商进行培训,定期考察,对经营业绩好的代理商进行鼓励……这些举措大大调动了代理商的积极性。这些代理商积极为顾客提供满意的服务,促进了汽车的销售。另外,代理商数量减少,也为公司节省了成本。

资料来源:MBA智库文档《渠道与经销商及营销渠道》,引用时有修改。

渠道成员选择的重要程度与企业的分销密度呈负相关关系。也就是说,企业的分销密度越小,其渠道成员的选择就显得越重要。相反,企业的分销密度越大,则渠道成员的选择就越不重要。当企业采用独家分销策略时,意味着一个地区只有一个渠道成员,一旦选择了某个渠道成员就没有机会再去选择其他成员,企业的渠道任务就全部由这个被选定的渠道成员承担,此时,企业的渠道任务能否有效实施完全取决于这个渠道成员的表现,这样企业所承担的风险就很大,因此,分销密度较小的企业要非常谨慎地选择渠道成员。如果企业采用密集性分销策略,意味着使用大量中间商来完成分销活动,以方便顾客购买本企业的产品,因此,选择那些能及时支付货款、有一定销售能力的渠道成员就行了,对渠道成员的其他方面要求不必太严格。如果企业采用的是选择性分销策略,选择渠道成员的决策就很重要,应该仔细审查渠道成员的相关情况,如经营时间、偿付能力、经营的其他产品、信誉和合作态度等,然后从中挑选出一部分渠道成员与之合作。

渠道专栏 4-1

美国学者佩格勒姆(Pegram)在他的研究中有精辟的论断:这些公司(采用密集性分销的公司)常需要将其产品分散到每一个销售网点以期占领市场,并且确保其产品随处可得。除了确保分销商能有良好的信誉,它们很少在选择的过程中运用很多其他的鉴别标准。通常,消费品是通过广告大量"预售"的。因此,企业对选择决策关注甚少,对分销商的选择,实际上也是根本不存在的。

资料来源:罗森布洛姆.营销渠道:管理的视野:第8版[M].宋华,等译.北京:中国人民大学出版社,2014.

4.1.2 选择渠道成员的程序

企业选择渠道成员时,一般会遵循发布招商信息、初选、复选、确定渠道成员、更新渠道成员等步骤,如图4-1所示。

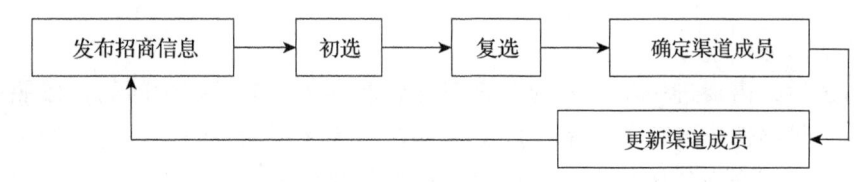

图 4-1　选择渠道成员的步骤

1. 发布招商信息

要寻找合适的渠道成员，第一步就是发布招商信息，说明对中间商的各种要求，如注册资金、市场覆盖范围、销售能力、人员、信誉等，核心是要编制一份详细的招商方案。在招商方案中，关键内容是对中间商的条件要求、选择方法。一个具体的招商方案的例子见表 4-1。

表 4-1　招商方案

序号	步骤	具体做法
1	确定诉求点	吸引中间商的卖点，如有效的促销计划
2	成立招商部门	依具体情况确定岗位与规模
3	确定信息发布渠道	内部人员举荐、顾客提供、交易中的伙伴、广告和招商会议、互联网
4	确定招商层次	是省级、地区级，还是县乡级
5	确定中间商政策	区域划分、价格折扣、付款规定、服务标准等
6	确定招商的形式	（1）拍卖经销权：中间商通过竞标方式买断区域经销权，竞标价格为买权费而非货款 （2）经销权招标：中间商通过竞标方式取得区域经销权，标的是首批进货额和一定时间内的销售额承诺，竞标价格不是买权费而是进货款 （3）开放式招商：在报名的备选渠道成员中依据评价标准进行评选
7	确定招商流程	确定招商方案—配备招商人员—发布招商广告—处理应招信息—发出会议邀请—召开签约会议—督促履约—款到发货—将客户档案移交销售部—分销开始
8	费用预算	设定总费用，并在招商广告、促销品、办公场地、人员开支、办公费用等方面进行分配

资料来源：苗月新. 营销渠道概论[M]. 北京：清华大学出版社，2007.

2. 初选

企业收到中间商的申请后，可以先进行初步筛选，筛选依据就是申请者是否达到基本要求。在这一阶段，企业需要仔细审阅中间商提供的资料，看是否属实（考察诚信），是否符合基本要求（考察实力），尽量进行实地调研（多方考察实力、能力和信誉），坚决剔除不合格者。例如，一家外资垃圾处理机企业寻找中间商，提出的中间商条件是：具有合法的营业执照，有 1 万～5 万元的投资能力；有固定的营业办公场所，30～50 米^{2}的专卖店或在当地百货商场有专柜；有开发新产品的销售团队和组织能力；尤其欢迎橱柜、水槽、厨房家电中间商加盟。这些条件非常粗略，包括资金实力、办公场所、销售能力和相关经验，比较适合初选中间商。对众多符合基本要求的中间商，还需要进行下一步的精挑细选——复选。

3. 复选

经过初选后，需要进一步开展的就是对符合基本条件的潜在中间商，按照系统的方法进行复选，最终选出各项条件都比较适合的申请者来担任中间商。复选的关键在于确定选择标准，运用合适的选择方法，对渠道成员的财务能力、销售能力、管理能力等各个方面进行严格全面的考核，最终确定哪些申请者能够成为渠道成员。

4. 确定渠道成员

经过层层严格选拔，企业就可以确定最后的中间商。当然，因为彼此是合作关系，需要中间商能与企业在渠道目标方面达成一致，具有共同的发展理念，这样可确保彼此合作关系的长久。值得注意的是，最有实力的中间商未必就是适合企业的。非常大的中间商因为实力过强，会与企业争夺对渠道的控制权，所以可能并不适合希望控制渠道的企业。大中间商只适合对渠道没有控制欲望的中小企业。企业需要根据自己产品的特点、中间商代理的产品品牌、市场覆盖能力等做出恰当的选择。

5. 更新渠道成员

选择好渠道成员并成功实现分销，只是企业实现了一个阶段性目标。渠道成员的确定不是一劳永逸的，而是一项长期的、连续的工作，这是因为渠道成员需要不断更新。更新的原因很多：中间商一般每年都要考核一次，凡是没有完成任务，而且也不可能提高的，企业就会按照协议解除合作关系；中间商与企业合作一段时间，感觉和其他企业合作更有利益，也会转投他处；企业总是要不断开发新产品，就需要不断寻找新的中间商来营销新产品。另外，在产品生命周期的不同阶段，随着渠道目标的改变，也需要对中间商进行调整。不管出于哪种原因，企业对中间商的选择都是一个不断持续、循环往复的过程，因此需要不断开展招商工作。

渠道专栏 4-2　　　　　　　　互联网招商

过去，招商不外乎两条路径：一是行业大会招商；二是业务员盲拜招商。这两种方式，不仅费时，而且效率极低。三年前，一家企业的新品上市，采用了互联网招商模式，大致流程如下：

（1）先在行业公众号或行业社群上发布信息，大致形成超过 20 万的阅读量。

（2）把对招商感兴趣的经销商导流到老板社群，有超过 6 000 名经销商有兴趣。

（3）老板在社群做知识分享，并经过业务员现场拜访，超过 600 名经销商确定有合作意向。其中，公司通过一场对有意向客户的招商大会，最终实现 200 多家客户合作。

（4）有超过 100 名经销商全力投入，形成了优势市场。

招商过程，一般要经过很多环节。按照传统方式，招商过程非常长。用互联网手段参与招商，大大提升了效率：一是行业自媒体广泛发布信息。二是社群或网络直播，可以高频高效沟通，特别是高层或老板亲自参与沟通。传统招商过程是厂家的业务员与经销商老板进行沟通，这是不对等的，因而成交率低。用互联网工具，让高层或老板参与招商，对提升招商效率很重要。三是在招商过程中，邀请有意向的客户考察是关键环节，但往往久邀不成行。"场景体验＋直播"模式，有助于经销商快速成交。

资料来源：朱朝阳. 互联网全程渗透深度分销：招商、铺货、动销 [J]. 销售与市场（管理版），2020(6)：42-43.

4.1.3 寻找渠道成员的途径

要选择渠道成员，首先必须找到渠道成员。那么，有哪些途径可用于寻找合适的中间商呢？当代营销学界国际营销渠道和分销系统管理方面最著名的专家伯特·罗森布洛姆博士认为有实地销售组织、行业来源、转售商调查、顾客、广告、行业展销会和其他来源等途径[一]。以此为基础，本书认为寻找渠道成员主要有以下途径。

1. 本企业的销售机构

大企业一般会在不同地区设立销售分公司或办事处。很多大企业都会按照省份划分销售区域，一般都会在每个省设置一个总经理，总经理领导几个到十几个业务经理，每个业务经理管辖一到几个地区市场，负责与当地的批发商和零售商联系。供货、服务、回款是业务经理的主要工作。在与中间商的日常交往中，他们会掌握关于中间商的大量信息，如中间商的管理模式、人员配备、营销能力、商业信誉等，同时也会了解还有哪些潜在的中间商可供开发。如果企业准备替换、增补现有渠道成员，企业总经理，包括下面的业务经理，心中会有一个大概的候选名单。因此，企业应该充分发挥本公司地区销售组织的作用，同时注意运用奖励措施，对销售人员寻找中间商付出的努力支付报酬和给予奖励。销售人员通常需要花时间和精力去寻找渠道成员并与之建立联系，如果企业仅以现有渠道成员的销售量为依据支付报酬，那么销售人员就不会认真地寻找新的渠道成员。

2. 商业途径

商业途径包括行业协会、行业出版物、电话簿、其他企业销售的同类产品、商业展览会和产品订货会等，这些都是获得中间商信息的有用来源。例如，每个城市的电话黄页，都会按照行业对各类企业和社会组织等进行分类，其中的商业组织大都是中间商。还有一些行业协会也是寻找中间商的一个非常好的途径，很多批发商协会或者零售商行业协会每年都会举行年会，有很多特定行业的批发商或零售商的代表会参加，这就使得企业能方便、快速地接触到大量的中间商。一些大型的商业展览会一般会有很多中间商参加，为企业提供了与那些有意经营其产品的批发商和零售商直接沟通的机会，这对生产一些不知名品牌消费品的小型企业尤为有利。

[一] 罗森布洛姆. 营销渠道：管理的视野：第 8 版 [M]. 宋华，等译. 北京：中国人民大学出版社，2014.

3. 中间商咨询

许多中间商都希望能经营质量好、知名度高、容易推广的名牌产品，因为这能为它们带来较高的利润。所以，当企业实力强、品牌知名度高、产品质量出众时，就会有大量的中间商找上门来主动寻求合作，希望成为该企业在某个地区的中间商。例如，格力空调、海尔电器等知名企业因其品牌及产品获得了顾客的普遍认可，所以获得了大量中间商的青睐。

4. 顾客

顾客是渠道的最终服务对象，许多顾客都愿意开诚布公地阐明自己对中间商的看法。因此，向顾客了解他们喜欢的购物地点及对各类中间商的看法，是最为有效的方法，而且非常有助于产品未来的销售。具体了解的方法可以是找顾客座谈，或通过业务人员搜集顾客信息，或采用问卷调查取得第一手资料。

5. 广告

在电视、报纸、杂志、广播、互联网等商业媒体上刊登广告也是一种常见的方式，它具有可操作性强的特点，很多企业都是通过刊登招商广告获得中间商信息的。通过广告，企业往往可以收到大量潜在渠道成员的咨询，进而能收集到大量的渠道成员信息。

6. 互联网

互联网近年来发展迅速，已成为很多企业发布招商信息的主要途径。互联网具有信息量丰富、多媒体展示、更新速度快、受众面广等优势，且大多数中间商、行业协会均建有自己的网站。通过互联网搜索引擎的帮助，企业就能获得大量关于中间商的信息，企业发布的招商信息也可被众多的中间商知晓。随着互联网逐渐渗透到人们日常生活的方方面面，其在寻找中间商中的作用也将更加明显。

7. 其他途径

除上述途径外，企业还可通过同行和朋友介绍、广告公司咨询、商业数据库、去销售现场或开展市场调查等方式发现并选择中间商。

4.2 渠道成员的评价

4.2.1 选择渠道成员的原则

在选择渠道成员之前，企业首先需要确定选择渠道成员的原则。一般来说，不同行业的企业，选择渠道成员的原则不同。处于产品生命周期的不同发展阶段，选择渠道成员的原则也不同。但总结起来，企业选择渠道成员，需要遵循以下一些基本原则。

1. 进入目标市场原则

进入目标市场原则是构建营销渠道的基本原则,也是选择渠道成员最重要的原则。目标市场是企业制定分销目标与渠道策略的基础。企业建立营销渠道,就是为了将其产品顺利地送达目标市场,方便目标市场的顾客就近购买。因此,企业选择渠道成员时,应该根据这一原则,充分考虑渠道成员在目标市场是否拥有分销网络,如子公司、营业机构、分店、忠诚的分销商等,或者是否处于批发市场等重要的商品集散地。此外,还要考虑渠道成员的顾客类型以及这些顾客类型是否与本企业的目标市场相吻合。

2. 形象匹配原则

形象匹配原则是最普遍的原则,也就是我们通常所说的"门当户对"。中间商能够起到树立企业形象和品牌形象的作用。对于顾客来说,中间商的形象就代表着企业的形象,甚至能让顾客出高价购买企业的产品。对于知名企业来说,就更需要重视渠道成员的形象。通常情况下,知名企业总是喜欢与资金实力雄厚、信誉好的渠道成员结为合作伙伴。比如IBM、惠普与英迈、佳杰的合作,海尔、美的与国美、苏宁的合作。企业在选择渠道成员时,要确保所选的中间商的形象与本企业想要塑造的形象相符合。相反,如果企业与中间商的形象完全不符,即使短期内能提高产品销量,从长期来看也会损害到企业形象或品牌形象。

3. 分工合作原则

分工合作原则是指企业应该选择那些在经营方向和专业能力等方面能够执行企业所期望的渠道功能的中间商。在大多数情况下,企业不可能执行所有的渠道功能,需要不同的渠道成员执行不同的渠道功能。因此,企业要对那些具有不同经营特点并能够执行渠道功能的中间商进行甄别。一般来说,专业性强的连锁销售公司、大型百货商店具有较强的分销能力,适合经营技术性强、价值高、品牌吸引力大、售后服务多的产品,但它们不愿意经营低价值的便利品;小百货商店、便利店则适宜销售便利品、中低档的选购品,但它们不愿意为商品做广告,也难以提供售后服务。有些产品的分销还需要中间商具备专门的知识、经验和能力,才能执行相应的渠道功能。根据该原则,企业应该选择那些在经营方向和专业能力等方面能够履行企业所期望的渠道功能的中间商。

4. 产品销售原则

产品销售原则是最核心的原则。企业选择渠道成员的最主要的目的是希望渠道成员能帮助本企业完成产品的销售目标,扩大市场份额。因此,企业在选择渠道成员作为合作伙伴的时候,通常都比较注重渠道成员的实力,包括其实际销售能力、组织管理能力等。只有那些有实力的中间商才有能力去推动和扩大产品销售,才能帮助企业实现扩大市场份额的目标。

5. 效率提升原则

渠道效率指的是一条营销渠道运行的投入产出比。企业的整体渠道效率来源于各个渠道成员的高效率，效率最低的渠道成员会对整体渠道效率产生很大的影响。对于间接渠道而言，其运行效率在很大程度上取决于其他渠道成员的经营管理水平。渠道成员的经营管理水平不仅会影响其工作效率，还会影响整个渠道系统的效率。例如，如果中间商在进货方面管理不善，则往往会出现库存积压或脱销的现象，这会使企业误以为产品供过于求或供不应求，从而进行产能调整，最终造成产销脱节。在选择渠道成员时，要选择有助于提升整个渠道效率的渠道成员，一方面能够将产品以最快的速度送达目标市场的顾客手中，另一方面还要保证渠道运行能以最少投入得到最大产出。

6. 合作共赢原则

在传统渠道关系中，企业和中间商是彼此竞争的关系，为了各自的利益最大化它们常常需要旷日持久的谈判和讨价还价。而在现代的渠道关系中，渠道成员追求的目标已经变为合作共赢，实现渠道整体利益的最大化。企业之间的竞争也不再是单个企业之间的竞争，而是以企业为核心的渠道价值链的竞争。所以，对企业来说，寻找合适的中间商，实现合作共赢，打造高效的渠道价值链已成为企业获得竞争优势的重要手段。在选择渠道成员时，企业要考虑渠道成员的价值观、经营理念与合作精神，只有双方的价值观、经营理念相同，愿意合作，才能使合作顺利和长久。

案例 4-3　　　　　　　　茅台握手高尔夫，特殊渠道直销"会员酒"

茅台集团推出"茅台水立方酒"后，在广东省找到一家经营高尔夫用品的公司——深圳天应体育用品公司（简称天应体育）作为其在广东省的总代理。天应体育在代理销售茅台酒时，不走商场、专卖店等传统渠道，仅靠朋友一个传一个地销售，竟创造了比传统渠道好得多的业绩。

虽然天应体育是经营高尔夫用品的公司，但它是一个销售高端白酒的良好的隐形渠道，因为这些高尔夫用品的用户与茅台酒的消费群很相似。事实上，早在两年前，天应体育就在代理茅台的另一产品"茅台高尔夫会员酒"，并取得了很好的成绩。该产品每年仅生产30吨，并且价格要比普通茅台高出200多元甚至更多，但销量却非常不错。

天应体育由陈静创办，她将高尔夫顶级品牌——美国"卡拉威"球具引入中国，在高尔夫界积累了广泛的人脉资源。这些人是茅台酒消费比较集中的群体，只要有朋友愿意，都可以在天应体育拿货销售。由于是直销，拿到的都是正宗茅台酒，品质就能得到很好的保证。经过近20年的发展，天应体育聚集的消费人群已非常稳定，并有着丰富的会员资源，现已成为中国最大的高尔夫用品商贸企业。天应体育成立了小老虎高尔夫俱乐部，除了提供与高尔夫相关的各种产品和服务，还专门为高尔夫爱好者提供高档生活用品。

"茅台+高尔夫"的模式之所以能够成功，是因为它们的渠道高度重合，而且还能避免商场、专卖店等传统渠道需要的进场费以及很长的账期问题。"茅台高尔夫会员酒"的诞生来自茅台公司原董事长打高尔夫球时产生的灵感，为了突出茅台酒的高端消费品的形象，他萌生了专为高尔夫爱好者酿造一款酒的创意，并亲自参与酿造，推出"茅台高尔夫会员酒"。

资料来源：根据茅台集团官网和公开报道资料改编。

问题：

在该案例中，茅台集团选择渠道成员时遵循了哪些原则？

4.2.2 选择渠道成员的标准

为了选择到合适的中间商，应遵循一定的渠道成员选择标准，即什么样的中间商才符合企业的需要。对不同行业来说选择标准差别很大，对同一行业的不同企业来说，选择标准也各不相同。所以，本书主要从一般意义上来介绍企业选择中间商时主要考虑的标准。

对于渠道成员的选择标准，以往已有学者做过大量研究。布伦德尔（Brendel）在20世纪50年代初就设计了20个标准，用于工业企业选择未来的渠道成员，标准涉及合作意愿、实力、信誉、销售的产品、财务状况、业务人员状况等。希普利（Shipley）在对70家美国制造商、59家英国制造商进行分析后也提出3大类12个标准。这3大类标准包括：销售和市场因素、产品和服务因素、风险和其他不确定因素。最全面、最明确的选择标准由佩格勒姆提出，主要包括中间商的信用和财务状况、销售能力、销售绩效、市场覆盖范围、产品线、管理能力、管理层的稳定性、声誉、态度、规模等10个方面。本书采用佩格勒姆提出的选择渠道成员的10大标准。具体来说，企业选择渠道成员要重点考虑下列标准。

案例 4-4　　　　　　　　　　　汉堡王的加盟条件

1954年，James W. McLamore和David Edgerton创立了第一家汉堡王餐厅。带着对美食的追求和热情，他们想要将火焰烧烤的精华灌注于每一个汉堡中：超过370℃高温火烤，快速锁住肉质的汁水，散发一种独特的香味，与鲜蔬面包搭配，这种方法在当时的美国快餐食品中并不多见。3年后，汉堡王推出了"皇堡"产品，立刻引起轰动。两位创始人的经营理念是：提供优质的食品、公道的价格、迅捷的服务。事实证明，这种经营模式推动了整个行业的发展。2005年6月，汉堡王在上海静安寺开设了第一家中国门店。截至2018年上半年，汉堡王在全球100多个国家及地区经营着超过17 000家门店，并且这个数字还在不断扩大。

根据汉堡王（中国）官网信息，成为汉堡王加盟商的基本条件如下。

（1）对汉堡王品牌有强烈的认同感。

（2）具备一定的财务条件，无犯罪及破产记录。

（3）有零售及运营能力的优先。

（4）在商业地产方面具有竞争优势。

（5）投资目标为中长期。

确定合作意向之后，汉堡王会将选址建议提供给加盟商。一般在特殊商圈或位置（高铁站、机场、核心商圈街铺、大型综合商业地产或游乐项目等）可单店申请，具体要求标准面积 300m² 以上，面宽 8m 或以上，以及符合汉堡王的房产工程技术条件。

资料来源：汉堡王中国官网，https://www.bkchina.cn/join/index.html，引用时有改动。

1. 信用和财务状况

渠道成员的信用和财务状况对制造商的影响非常大。只有信用记录和财务状况良好的渠道成员才有可能按时结算货款。渠道成员的信用和财务状况影响企业的资金链，必须对渠道成员的信用和财务状况进行严格评估，建立完善的资信系统，筛选符合条件的渠道成员作为合作对象，这样才能避免企业的发展受到影响。

（1）信用。研究表明，制造商一致认为调查渠道成员的信用十分重要，它是选择渠道成员时最常用的一个标准。选择中间商时，必须慎重考虑中间商的信用问题。考察中间商的信用，要看中间商的注册时间、注册资本、经营情况，特别是与其他企业在合作期间有无不良付款行为，有无窜货行为等，这样可在一定程度上确保中间商按时结算货款。

（2）财务状况。财务状况决定了中间商能否按时结算货款。一般情况下，企业都希望选择资金实力雄厚、财务状况良好的中间商，与这样的中间商合作有很多好处，不仅可以保证货款及时收回，还可以在必要时让其预付部分货款、帮助企业分担一些销售费用，或者向消费者提供分期付款。如果中间商财务状况差，则拖欠货款的可能性较大。

2. 销售能力

大多数企业都比较看重中间商的销售能力。选择销售能力强的中间商，可以为企业带来更大的销量。中间商所拥有的人员的素质和数量共同决定了中间商的销售能力。中间商人员的素质是需要重点考察的因素。另外，销售人员较多，则可保障中间商完成较多的销售任务。对于那些生产高技术产品的企业来说，销售人员的技术能力也是一项非常重要的考察内容，因为这样的销售人员越多，就越有可能代替企业为顾客提供相应的技术支持。

3. 销售绩效

销售绩效主要考虑的是中间商能否达到企业所期望的市场占有率。如果中间商的销售绩效好，就可以为企业承担更多的销售任务，实现更高的产品销售量，帮助企业提高市场占有率。企业可以从拟选择的中间商那里直接获得详细的销售绩效数据，也可以从其他中间商、本企业产品的消费者、零售商服务的顾客或其他来源收集相关数据，这些资料来源提供了中间商销售绩效历史的信息，从中可以了解拟选择的中间商的销售绩效。

4. 市场覆盖范围

市场覆盖范围是中间商覆盖企业所希望占领的地理区域的程度。中间商必须能使企业的产品顺利到达目标市场，因此考虑中间商的市场覆盖范围尤为重要。企业不仅要分析该中间商销售产品的地区是否与本企业销售计划中的地区一致，而且要分析中间商的销售对象是否与本企业的目标市场相吻合，还要考虑中间商是否占据了太多的地理区域而导致与现有中间商的市场覆盖面重叠。一般来说，企业希望中间商的市场覆盖范围最大，而重叠范围最小。另外，还要考虑中间商的地理位置。零售商的门店地理位置最好位于客流量多的地方；批发商的地理位置要有利于产品的储存、运输和分销，因此，周边的交通状况和基础设施就显得很重要，通常以交通枢纽中心为最佳位置。

5. 产品线

企业选择渠道成员时，要考虑中间商的产品线，通常要从竞争性产品、相容性产品、补充性产品和产品线质量四个方面考虑。

（1）竞争性产品。企业通常会选择那些经营非竞争产品的中间商。因为如果中间商在经营同类产品，则其在向顾客推销产品时，很难保证忠诚于企业，而消费者也会对这些产品进行比较和选择。但是，如果企业的产品要明显优于中间商经营的同类产品，则也可以考虑让该中间商分销，因为这样可以直接打击竞争对手。

（2）相容性产品。企业希望选择那些经营与本企业产品有较好相容性的产品的中间商，因为这些产品并不会直接与企业的产品相竞争。

（3）补充性产品。从消费者角度来看，他们希望中间商经营补充性产品，因为这样的中间商能提供更全面的产品。从企业的角度来看，经营补充性产品的中间商可以增加消费者购买本企业产品的数量。因此，企业应该选择那些经营补充性产品的中间商。

（4）产品线质量。企业还会寻找那些经营产品的质量高于或类似于本企业产品的中间商，而不希望本企业的产品与劣质产品放在一起销售。

6. 管理能力

管理能力强的中间商，其经营效率也较高，有利于产品分销任务的实现。对企业来说，如果中间商的管理人员的素质很差，那么该中间商就不值得考虑。然而，由于评判管理人员的素质非常困难，因此，判断中间商的管理能力的关键点是看其销售队伍的素质和水平，简而言之，高素质的销售人员是中间商管理能力强的象征。

7. 管理层的稳定性

管理层的稳定性也就是管理层的连续性。许多中间商通常是独立的小公司，如果中间商管理层的人员不断更换，就不利于与之进行合作。因此，有些企业比较重视中间商管理层的稳定性，会劝说现有中间商的子女在其父母退休或去世后继续经营下去，以便双方能长期保持良好的合作。

8. 声誉

在业界有良好声誉的中间商将是企业的首选。声誉对中间商来说是一项非常重要的无形资产，口碑好的中间商会获得很多额外的好处，如企业的优惠条件、同行的赞誉、顾客的信任等，因此，一贯声誉良好的中间商会非常爱惜羽毛，不会轻易为一点蝇头小利实施欺诈行为。选择声誉良好的中间商容易使本企业的产品赢得顾客的信任，有助于提升产品的销量。相反，如果所选择的中间商在业界的名声不好，则会对企业的声誉产生负面的影响，进而影响到产品的销售。因此，在选择渠道成员时，企业需要考虑中间商的声誉。

9. 态度

态度指的是中间商有进取心、热情和首创精神。中间商积极进取的态度与经营企业产品的长期成功密切相关，有助于企业的长期发展，因此，渠道成员的态度也是选择中间商的一大标准。企业希望选择具有进取心、创新精神的中间商作为渠道成员。要注意的是，对中间商态度的评价往往是一种管理判断，而不像财务报告中的数据那样可以精确计算。

10. 规模

有些企业选择中间商时只考虑其规模，认为中间商的规模越大，越有利于分销。规模大意味着中间商发展较好，有较强的经营能力，在发展过程中也积累了一定的销售经验，因此经营新产品成功的可能性更大，出现失误的风险更小。同时，规模大也意味着中间商拥有更多的店面和更多的销售人员，对于扩大企业的销售明显是有利的。当然，企业在选择渠道成员时，不能只依赖中间商的规模，要根据自身的实际情况综合考虑上述标准。

案例 4-5　　　　　　　　九阳严格筛选总经销商

济南九阳电器有限公司（简称九阳公司）是一家从事新型小家电研发、生产与销售的民营企业。目前，九阳公司已形成跨区域的管理架构，在济南、杭州、苏州等地建有多个生产基地。九阳公司现已成为小家电行业著名企业，规模位居行业前列。

九阳公司在小家电领域不断拓展，新产品层出不穷，市场规模不断扩大。九阳公司的主要产品有豆浆机、电磁炉、料理机、榨汁机、开水煲、紫砂煲、电压力煲等7大系列100多个型号，同时还开发了专供酒店、写字楼的商用豆浆机，开拓了新的市场空间。九阳公司的产品现已覆盖全国30多个省、自治区、直辖市，并远销日本、美国、新加坡、印度尼西亚、泰国等20多个国家。与技术上的领先优势相比较，九阳公司在市场营销上更为成功，特别是在全国160多个地级城市的营销网络，不仅是实现销售利润的渠道，而且是构筑自身安全体系、锤炼企业核心竞争力的"法宝"。

九阳公司根据自身情况和产品特点采用地区总经销制。以地级城市为单位，在确定目标市场后，选择一家经销商作为该地独家总经销商。为达到立足长远做市场、做品牌、共同发展的目标，九阳公司对选择的总经销商提出了较严格的要求：

一是总经销商要具有对公司和产品的认同感，具有负责的态度，具有敬业精神，这是首要条件。一个好的产品，不仅能给经销商创造一定的经营效益，而且能给其带来更大的市场空间和发展动力。经销商只有对企业和企业的产品产生认同，才能有与企业基本一致的对产品及市场的重视程度，才能树立起开拓市场、扩大销售的信心，将九阳公司的产品作为经营的主项，主动投入所需的人力、物力、财力。此外，对企业经营理念的认同，有助于经销商与企业进行沟通，自觉实施企业营销策略，与企业保持步调一致。这些是企业建立成功的网点和良好的合作关系的根本。

二是总经销商要具备经营和市场开拓能力，具有较强的批发零售能力。这涉及经销商是否具备一定的业务联系面，分销渠道是否顺畅，以及人员素质的高低及促销能力的强弱。企业选择总经销商，就是要利用其开拓市场、扩散产品的能力。总经销商的市场营销能力直接决定着产品在该地市场能够在多大范围和程度上实现其价值，进而影响到企业的生产规模和生产速度。在一种新产品进入一个新市场时，如果经销商不具备经营及开拓的能力以打开市场空间，仅靠企业一方的努力是不足以取得成功的。同时，总经销商作为企业产品流通中的一个重要环节，不仅要能够实现一部分终端销售，掌握第一手的市场消费资料，更重要的是要具有经销产品的辐射力和批发能力，拓宽产品流通的出路。

三是总经销商要具备一定的实力。实力是销售网点正常运营、实现企业营销模式的保证，但是要求实力并不是一味求强求大。九阳公司在如何评价经销商实力上，采用一种辩证的标准，即只要符合九阳公司的需要，能够保证公司产品的正常经营即可，并不要求资金最多。适合的就是最好的，双方可以共同发展壮大。适用性原则扩大了选择的余地。

四是总经销商的现有经营范围与公司一致，有较好的经营场所。例如，经营家电、厨房设备的经销商，其顾客购买意向集中，易于带动公司产品的销售。由于经销商直接面对顾客，经销商的形象往往代表着企业的形象和产品的形象，对顾客心理产生影响，所以对经销商的经营场所亦不能忽视。九阳公司要求总经销商设立九阳产品专卖店，由九阳公司统一制作店头标志，对维护公司及经销商的形象发挥了积极的作用。

九阳公司的业务经理们对于开拓市场首先树立了三个信心：第一，提供的是好产品，满足了消费者的生活需要，有市场需求。而且产品质量过硬，售后服务完善。第二，公司的一切工作围绕市场开展，考虑了经销商的利益，拥有先进的营销模式。第三，坚信有眼光的经销商必定会和九阳公司形成共识，进行合作。这三个信心保证了业务经理在同经销商的谈判中积极主动，帮助经销商分析产品的优势和市场潜力，理解并认同公司的经营理念和宗旨；认识合作能带来的近期及长远利益，研究符合当地市场特征的营销方案，并且在谈判中坚持公司对经销方式的原则要求，在网点选择上不做表面文章，奠定了整个营销网络质量的基础。

> 九阳公司与其经销商的关系，不是简单的立足于产品买卖的关系，而是一种伙伴关系，谋求的是共创市场、共同发展。因而公司在制定营销策略时，注意保证经销商的利益，注重的是利益均衡，不让经销商承担损失。例如，公司规定总经销商从公司进货，必须以现款结算，一方面保证公司的生产经营正常进行，另一方面可促使总经销商全力推动产品销售。那么，如何化解总经销商的经营风险？一是公司的当地业务经理可以协助总经销商合理确定进货的品种和数量及协助到货的销售；二是公司能够做到为总经销商调换产品品种，直至合同终止时原价收回总经销商的全部存货，通过这些措施来消除总经销商的疑虑。
>
> 资料来源：改编自营销传播网上的文章《九阳公司是如何选择经销商的》。
>
> **问题：**
>
> 九阳公司选择渠道成员时采用了哪些标准？

4.3 渠道成员的选择方法及留住条件

在根据渠道成员选择的原则与标准对寻找到的候选中间商进行评估后，企业还需要采用一定的方法，从中挑选出一组合适的渠道成员，并通过提供一些具有诱惑力的条件将这些渠道成员留住。

4.3.1 选择渠道成员的方法

选择渠道成员时，常用的评价方法有评分法、销售量分析法和销售费用分析法三种。

1. 评分法

评分法又称加权平均法，是指对拟选择的每个中间商，根据其分销产品的能力和条件评分，再根据这些因素的重要性分别赋予一定的权重，然后计算每个中间商的总加权得分，从中选择得分较高者作为渠道成员。评分法是一种最常用和最简单的方法，该方法具体步骤如下。

（1）企业列出选择渠道成员的所有考虑因素（选择渠道成员的标准）。

（2）企业对每个拟选择的中间商在每一项因素上进行评价，打出相应的分数。

（3）根据不同因素对渠道功能的作用大小和重要程度，分别赋予一定的权重。

（4）将每个拟选择的中间商在各项因素上的得分与权重相乘，得出其在每项因素上的加权分数。

（5）将每个拟选择的中间商在所有因素上的加权分数相加，得出每一个中间商的加权总分。

（6）对所有拟选择的中间商的加权总分进行排序，根据拟采用的分销模式（独家分销、选择性分销、密集性分销等），选择得分最高的一家中间商或较高的几家中间商作为正式的渠道成员。

例如，一家企业计划在某一地区采用独家分销的模式建立营销渠道。在该地区，该企业已考察了三家零售商作为备选。企业选择的评价因素和权重见表 4-2。各家中间商在不同的因素上都有自己的优势，没有一家特别突出，所以需要企业对这三家中间商用加权平均法进行综合评价，评价结果见表 4-2。从结果来看，原始打分以中间商 1 最高，中间商 3 最低。但根据各因素重要程度，经过加权汇总后，中间商 3 的得分反而最高（82.95 分），所以应该选择中间商 3 作为企业在该地区的零售商。

表 4-2 用加权平均法选择渠道成员

评价因素	权重	中间商 1 打分	中间商 1 加权分	中间商 2 打分	中间商 2 加权分	中间商 3 打分	中间商 3 加权分
经营规模	0.20	80	16.00	78	15.60	82	16.40
地理位置	0.10	80	8.00	84	8.40	85	8.50
市场声望	0.15	86	12.90	92	13.80	78	11.70
管理水平	0.10	85	8.50	79	7.90	88	8.80
合作精神	0.10	90	9.00	83	8.30	68	6.80
服务能力	0.15	88	13.20	90	13.50	85	12.75
货款结算	0.20	76	15.20	77	15.40	90	18.00
总分	1.00	585	82.80	583	82.90	576	82.95

2. 销售量分析法

销售量分析法是通过实地考察，了解中间商目前的销售情况与顾客流量，分析中间商近几年（一般采用近 3～5 年）的销售量、销售额增长水平及其变化趋势，判断该中间商是否具有承担渠道任务的能力，预测其可能达到的销售量水平，据此确定最佳中间商。在选择渠道成员时，需要对每个中间商的销售趋势曲线进行分析，并预测各中间商可能实现的总销售量，从中挑选销售量最高的中间商作为渠道成员。

3. 销售费用分析法

营销渠道在建设过程中以及建成后的日常管理和运作中都会产生一定的销售费用，主要包括分担市场开拓费用、让利促销费用、由于货款延迟支付而带来的收益损失、合同谈判和监督履约的费用等。这些费用构成了销售费用或流通费用，减少了企业的净收益[⊖]。因此，企业可以通过分析不同的中间商可能产生的销售费用来选择渠道成员。一般来说，销售费用分析法有以下三种。

（1）总销售费用比较法。在通过前述选择标准，如财务能力、销售能力、声誉、合作态度等分析拟选择的中间商的基础上，预测各个中间商执行渠道功能过程中可能产生的总销售费用，然后选择总销售费用最低的中间商作为渠道成员。

（2）单位商品（单位销售额）销售费用比较法。销售费用一定时，销售量（销售额）越大，单位商品（单位销售额）的销售费用越低，渠道成员的效率越高。因此，除了直接

⊖ 吕一林，王俊杰，彭雷清. 营销渠道决策与管理 [M]. 3 版. 北京：中国人民大学出版社，2015.

考察总销售费用来选择中间商，还可以将销售量与销售费用联系起来进行综合评价。中间商的预期总销售费用与该中间商预期达到的总销售量（或销售额）的比值就是单位商品（单位销售额）销售费用。在选择渠道成员时，先计算每个中间商的单位商品（单位销售额）销售费用，然后选择费用最低的中间商作为渠道成员。

（3）费用效率分析法。费用效率分析法是以销售业绩（销售量或销售额）与销售费用的比值为评价依据来选择渠道成员。这种方法仍然是综合考虑销售费用与销售业绩来选择中间商。但与单位商品销售费用比较法不同的是，费用效率分析法的比值是用某中间商预期能达到的销售业绩（总销售量或总销售额）除以该中间商的总销售费用，即费用效率。其公式为

费用效率 = 某中间商预期能达到的总销售额（或总销售量）/ 该中间商的总销售费用

从该公式来看，费用效率其实就是单位商品（或单位销售额）销售费用的倒数。所以，费用效率其实判断的是单位销售费用所产生的销售额（或销售量），也就是中间商每花费1元的销售费用能产生多少元的销售额或多大的销售量。

4.3.2 吸引与赢得渠道成员

选择渠道成员是一个双向的过程，不仅企业要选择渠道成员，渠道成员也会挑选企业，因此，企业选择的中间商并不一定愿意成为其渠道成员。如果企业能向渠道成员提供的帮助与支持越多，就越能吸引到优秀的中间商加入营销渠道中。为了使想要的中间商加入渠道中，企业可以向中间商提供具有诱惑力的优厚条件。一般来说，企业可以提供的具有诱惑力的优厚条件包括有获利潜力的产品线、广告和促销支持、管理上的支持、公平的交易政策和友好的关系四种类型。

1. 有获利潜力的产品线

企业提供畅销和有利润潜力的产品线，对中间商来说是最有诱惑力的条件。只要企业能提供销路好与利润丰厚的产品，即使不提供其他条件也能赢得中间商。在同行业中，那些拥有广受好评产品的企业往往更能吸引中间商的合作。对于那些不知名的企业来说，则应该从中间商的利益入手，与中间商进行有效的交流，让中间商明白经销其产品可以获得的利益，做到这一点十分重要。然而，很多企业在与中间商沟通时只谈及产品的高质量，而不是强调产品的销路及其所带来的利润。

2. 广告和促销支持

中间商也期望企业能够提供广告与促销支持。在消费品市场上，强有力的全国性广告计划最能吸引零售商。提供这一广告计划的企业能够获得中间商对产品销售潜力的信任，从而促使中间商加入本企业的渠道中。一些常见的广告和促销支持，诸如合作广告活动、销售点（Point-of-purchase，POP）广告、广告折扣、产品宣传资料和展览厅陈列，都向中间商表明了强有力的渠道支持，可以作为一种有效的诱因来吸引新的中间商加入渠道中。

3. 管理上的支持

管理上的支持包括培训计划、财务分析和预算、市场分析、存货控制流程、销售方法等。中间商比较看重企业是否可以为它们提供以上的管理支持，这些支持可以帮助它们做好管理工作。不过，管理支持的程度要根据渠道关系类型的不同而有所不同。与传统渠道模式中厂商之间松散的渠道关系相比，采用特许经营的企业通常能提供更加全面的管理支持计划。

4. 公平的交易政策和友好的关系

渠道关系并不是排除了人的因素的纯经济的关系。渠道关系是企业和各个中间商之间的关系，是不同组织之间的关系。渠道成员之间可能尊重或鄙视、喜欢或厌恶、信任或怀疑，彼此可能合作或敌视、忠诚或背叛。简而言之，渠道关系不仅是一种经济关系，也是一种人际关系。在渠道成员之间各种各样的协议甚至法律合同背后其实是人与人之间的关系。研究表明，良好的人际关系、真诚的合作甚至渠道成员之间真正的融洽相处都是形成有竞争力的产品、价格和支持计划过程中所不能取代的因素[一]。在争取渠道成员时，企业应该向中间商传递这样的信息：不仅将它们视为交易对象，更视为由活生生的人组成的组织，希望与其建立起一种信任与关心它们切身利益的良好关系。

案例 4-6　　千名优质经销商，我乐家居吸引经销商的理由是什么

我乐家居作为国内定制家居行业中九大上市企业之一，近几年吸引了近千名优质经销商加盟与投资，线下门店更是遍布全国。我乐家居何以收获众多经销商的信赖呢？

理由 1：企业销售业绩与业界口碑兼具

我乐家居成立于 2006 年，并于 2017 年在上交所 A 股主板上市，其上市后不但销售业绩一路增长，更是凭借着出色的原创产品，逐渐成为广受消费者青睐的高端家居品牌，做到了销售业绩与业界口碑兼具。

我乐家居又陆续被评为"2019～2020 十大优选橱柜（全屋定制）品牌""2019～2020 十大定制家居领袖品牌"等，这些荣誉再次证实了我乐家居是家居装修的品质之选。这样一家销售业绩与业界口碑兼具的企业，自然能够收获经销商们的信赖与青睐。

理由 2：原创设计产品深受用户喜欢

我乐家居主打的是原创专利设计，且一直以"我乐，设计让家更美"为品牌理念，从 2005 年成立起到今天更是不断用行业内杰出原创设计刷新当代消费者的审美体验与使用体验。

不管是一经推出就爆火的科技感十足的星云系列产品，还是持续畅销的罗莎系列产品等，我乐家居的原创产品一直以来都广受用户好评。我乐家居以"原创设计"作为品牌卖点，在定制家居行业中形成的差异化竞争优势，为广大我乐家居经销商带来了众多客流。

[一] 罗森布洛姆. 营销渠道：管理的视野：第 8 版 [M]. 宋华，等译. 北京：中国人民大学出版社，2014.

> 事实上，我乐家居高颜值原创设计产品不仅吸引着广大年轻时尚的消费者，也吸引着同样追求美、相信美并致力于创造美好家居生活的合作加盟伙伴。而且，我乐家居凭借高颜值产品吸引了众多的消费者，这也让我乐家居经销商无须为客流量担忧。
>
> **理由 3：经销商加盟体系完善**
>
> 我乐家居一直以来都将经销商视为企业的重要合作伙伴，且始终秉持着与经销商相互协作、合力共赢的初心，这是我乐家居吸引经销商的第 3 个理由。
>
> 我乐家居针对经销商设立了一套完整的加盟流程，并会为经销商提供一条龙的支持和培训服务。同时，针对店面管理、终端设计、销售技巧，包括现场安装等，我乐家居建立了专业团队对新晋经销商进行一对一帮扶指导，会帮助我乐家居经销商在开店初期，顺利开单并逐渐做大做强。
>
> 另外，我乐家居还会为经销商举办不定期的交流活动与培训，帮助全国我乐家居经销商共同进步和成长，并最终实现企业与经销商的共赢。
>
> 我乐家居作为这样一家品牌实力与产品品质兼具的高端定制企业，再加上其为经销商提供的体系化、人性化的加盟与培训服务，理所当然会成为经销商们投资加盟的首选！
>
> 资料来源：改编自中国日报中文网文章《我乐家居经销商选择我乐的三大理由　每个都很充分》。

4.4　渠道任务的分配

渠道任务在渠道成员之间的分配，通常可以通过价格政策、交易条件、地区划分以及其他事项等明确加以界定。

4.4.1　价格政策

价格政策是指一个渠道成员针对其他渠道成员所制定的价格方面的规定。该政策包括企业销售给中间商的产品价格，或者支付给代理商的佣金数额。价格政策反映出一个渠道成员对其他渠道成员在产品销售价格方面的要求。在现实中，价格政策既可以由企业制定，也可能由大的零售商或批发商制定，主要看谁在营销渠道中有话语权。中间商的价格政策通常涉及产品的进货价格及其折扣。例如，沃尔玛对其供应商制定了两条价格政策：一是"供应商向沃尔玛提供的商品价格必须是市场最低价"，二是"供应商应提供下列折扣：……"。

有些价格政策不仅涉及一个渠道成员销售给其他渠道成员的产品价格，还涉及产品的转售定价权。转售定价权是指企业要求中间商以多高的价格向消费者销售产品。例如，有一家企业针对经销商制定的价格政策是："除非双方另有规定，甲方向乙方供货的一般批发价为甲方产品售价的九折……，乙方必须根据甲方规定的零售价向消费者销售产品，不得随意抬价或压价。"如果渠道成员之间能够在产品销售价格方面达成一致，则有助于避免价格混乱（如中间商之间的价格战），可以减少因价格混乱而引发的渠道冲突（如窜货）。

4.4.2 交易条件

交易条件包括的内容比较多,主要包括以下三个方面的内容。

(1)货款付款条件。该条件涉及中间商支付货款的结算方法、支付时间、按时支付货款的奖励以及拖欠货款时的处理。例如,一家企业直接向零售商供货,在合同相应条款中企业对零售商支付货款的规定有:"1.货款以人民币结算;2.每月二十日,乙方通过银行转账将货款拨入甲方指定的银行账户中;3.乙方按时付清货款,甲方将在甲方财政年度结束后按____的比例给予乙方现金奖励;4.甲方将在甲方财政年度结束后3个月内将乙方的年度奖金直接汇入乙方指定的银行账户。"为了让中间商及时付清货款,企业针对中间商按时付款会给予现金折扣并在合同中做出具体的规定。如果中间商不能按时支付货款,企业可以在合同中规定可以容忍的延迟支付比率、延迟期限长度,还可以规定拖欠者应该付出的代价,如拖欠货款期间,拖欠者应该给予本企业的经济补偿,以及超过期限后未能付款时本企业有权采取法律行为,这些规定在一定程度上可以避免因中间商拖欠货款而给企业带来经济损失。

(2)中间商的库存水平、服务质量和服务方式等。例如,"代理商应配备2~4人,专职负责××产品的销售和售后服务工作,在批发商主管认可后,服从本公司区域办事处的统一安排";"代理商负责提供轿车一辆,专门用于本公司开展业务";"代理商所辖区域零售商资金出现困难时,批发商有责任对其提供资金担保,并担保赊欠资金的回收";"本公司承担对零售商的售后服务工作,并承担对因售后服务而产生的配件亏损"[⊖]。

(3)企业向中间商提供的各种保证。为了消除中间商的后顾之忧、鼓励中间商放心进货,企业可以向中间商做出的商品质量保证、价格调整保证、按时供货保证、退换货保证,以及次品或者积压品处理保证。

4.4.3 地区划分

地区划分就是要规定中间商的地区权利,明确说明各个中间商的顾客服务范围,以避免渠道内成员之间发生内耗。地区划分要能够达到快速占领市场、不断提高销量,以及在市场潜力大的区域实现深度渗透的目的。中间商往往希望在某个地区独家经销,将所在销售区域的全部交易都归为己有,也希望企业认可在其销售区域范围内的全部销售业绩,而不管这些销售业绩是不是它们努力的结果。对于中间商的这些要求是否要予以满足,企业可以在合同中做出具体规定。

在企业采用独家分销策略或者使用特许经营模式的情况下,如独家经销、独家代理、总经销、总代理、特许经营,地区划分显得尤为重要,企业应该认真考虑有关中间商的分销地区范围、市场渗透水平和引入渠道新成员等问题,在合同中做出明确的规定,以免日后产生纠纷或引发渠道冲突。

⊖ 庄贵军. 营销渠道管理[M]. 3版. 北京:北京大学出版社,2018.

4.4.4 其他事项

除了上述所涉及的责任与义务的规定，企业还需要针对一些特定内容明确划分各个渠道成员之间的责任界限，如针对促销、信息沟通、销售服务、资金帮助、人员培训、商品展示和商品陈列等方面所做的安排。值得注意的是，要使责、权、利对等，以调动渠道成员的积极性。如果中间商承担了有关分销任务，企业就应该在合同中明确规定中间商的权力、报酬的标准与形式，使中间商积极承担相应的分销任务，提高合作业绩。

本章小结

1. 企业要选择渠道成员，一般会遵循发布招商信息、初选、复选、确定渠道成员、更新渠道成员等五个步骤。
2. 寻找渠道成员一般有本企业的销售机构、商业途径、中间商咨询、顾客、广告、互联网、其他途径等常用途径。
3. 选择渠道成员的原则包括进入目标市场原则、形象匹配原则、分工合作原则、产品销售原则、效率提升原则和合作共赢原则。
4. 选择渠道成员需要重点考虑信用和财务状况、销售能力、销售绩效、市场覆盖范围、产品线、管理能力、管理层的稳定性、声誉、态度、规模等十个方面的标准。
5. 常用的渠道成员选择方法有评分法、销售量分析法和销售费用分析法三种。
6. 渠道任务的分配可以通过价格政策、交易条件、地区划分和其他事项等明确加以界定。

思考题

1. 企业通常在哪些情况下需要选择渠道成员？
2. 渠道成员选择的程序包括哪些步骤？
3. 寻找渠道成员主要有哪些途径？
4. 简述渠道成员选择的原则。
5. 渠道成员选择的标准有哪些？
6. 渠道成员选择的方法有哪些？
7. 简述渠道任务的分配。

实践训练

一、实训目的

加深对渠道成员选择相关理论的理解，熟悉、掌握中小企业如何选择渠道成员。

二、实训内容与要求

各小组选择不同行业内的一家中小企业，对该企业进行调查，了解这家企业选择渠道成员的步骤，寻找渠道成员的途径，选择渠道成员的原则、标准和方法，总结其成功经验并得出启示，或者分析其存在的问题并提出解决措施，形成课题报告后，各小组在课堂上进行汇报，师生共同评价。

案例分析

出牌前先看手中牌

年初，刘江一直觉得有块大石头压在心上，W省的新总代理商业绩毫无起色，下面的经销商人心涣散，整个市场仿佛陷入了疲惫的状态。刘江也曾向大区经理H反映多次，奇怪的是总是胸有成竹的H总是支支吾吾，没有实质性的意见，这越发让刘江心里发毛。

前年年末，W省原总代理商在完成任务的情况下又接了另一品牌，被公司以做同类产品的理由换掉了，而他去年审货实现的销量，远远高于新总代理商；新总代理商做了一年，销量下降了一大截，现在只能勉强维持。

其实，原总代理商在市场上可以说是最早做品牌产品的经销商之一，队伍能力强，管理也较规范。几年前，W省不是公司重点市场，原总代理商在公司很少支持的情况下，从最后一名开始"拓荒"，做了三年，跃升至全国第三名，并且销售曲线一直稳步上升。更重要的是，原总代理商的思路与公司很合拍，抓销量的同时，管理渠道颇有手段，产品的品牌在市场上也声名鹊起，这样的成绩一时成为业内佳话，其省会市场也成为公司的样板市场。

后来，由于竞争激烈，全国市场情况越来越不容乐观，许多区域的销量下滑严重，W省的销售也出现了这种迹象。公司销售总监、市场总监等高管考察市场后，给了一些区域一定的支持，其中包括W省。最终，获得支持的区域只有W省超额完成了当年的销售任务。让人料想不到的是，当年年末，它又接了别的牌子（其实这个牌子与该公司是不同细类）。

据说，原总代理商接另一个牌子的主要原因是大区压货压得他几乎无法周转。而刘江后来了解到，原总代理商做品牌比较注重自己的产品组合，对风险和利润的考虑有自己的一套方法。甚至他们做培训时，不仅培训二三级市场的店长，而且将下面的经销商集中起来，灌输这种经销商盈利思路。

这种情况让大区经理H十分忧虑。刘江知道H的压力：下辖的5个省，除了刘江所在的S省勉勉强强完成任务，W省超额完成任务，其他三省的销量都直线下滑，H的"宝"自然要多押给W省了。

当时，H让W省原总代理商从接手的品牌退出，并大量压货，最终未能谈成，公司收回了信用，撤销了W省的总代理权。

之前H也曾在W省物色人选，但由于W省原总代理商的能力大家有目共睹，同行中没人愿意接。甚至有人说："人家栽树你摘果，谁知道下一个会不会轮到我！"其他行业的谈了一个，由于不敢贸然"下水"，犹豫之后便没了下文。

H不动声色，动员刘江所在的S省总代理商与别人合作，成立一个新公司，到W省接管市场。等刘江知道消息时，H已将刘江与W省区域经理做了对调，希望熟门熟路的刘江能与新总代理商配合默契。

结果，事与愿违，一年做下来，刘江可以说是焦头烂额。

刚开始跑二级市场时，几个大客户还向刘江反映原总代理商这样那样的问题，一段时间后，刘江发现新总代理商与大客户沟通不畅，管理不到位，大客户们私下里还跟原总代理商"藕断丝连"；其他市场的经销商有些是原总代理商将自己的员工培养后派回去当小老板的,根本不吃刘江那一套;一级市场大店多是原总代理商自己的店。更重要的是,原总代理商的店大、位置好,服务一如既往,口碑一直不错。

让刘江感到棘手的是,下面的经销商除了从新经销商那儿进货,也从原总代理商那儿进货,有的甚至只从原总代理商那儿进货。明摆着原总代理商是从别的省倒回的货,H也打报告要求公司查处,但查来查去,最后还是不了了之。

其间,H也曾支持新总代理商跟原总代理商谈判,把市场"盘"下来,但原总代理商要价太高,双方无法谈拢。

年终盘点,新总代理商想打退堂鼓了。赔钱是一方面,更重要的是他们对市场失去了信心。不过,让刘江弄不明白的是,不知H对新总代理商做了什么工作,年初,他们又往库里压了许多货。

前段时间,由于家中有事,刘江赶回家处理一些事情。这期间,有同事打电话说H突然辞职了。刘江一下子蒙了,忙给H打过去核实,H说:"手续刚办完,我想先休息休息再说。等你忙完了,有机会我们聊聊。"

刘江回到W市场时,却听到另一个小道消息:新总代理商被H害惨了,压了满满的货,拿到的返利刚分给H一半,H就跑了。

这几天,刘江越来越头大:新总代理商主动跟原总代理商联系,要求帮忙走货;自己走也不是留也不是,因为跟公司签了两年的合同;新大区经理已经发话,让他拿出W省的市场报告……搞不好,今年的奖金又得泡汤了。

刘江忽然想起过年遇到前任(已跳槽到另一家公司)时了解到的情况。

听前任介绍,原总代理商的业务主要放在两条线上:店面和渠道。尤其在店面管理、围绕店面由各业务组拓展业务、为二级和三级经销商出谋划策、培训它们的店长等方面有自己的一套方法,而且统一价格和售后服务都做得不错。

与原总代理商合作的厂家也比较看重他,有的甚至让他参与公司管理人员的电话会议。这是因为原总代理商能根据市场情况提出运作方案,有较强的品牌推广能力,能对厂家的广告、促销策略提出建设性意见。他做的知名品牌运作良好,不知名的小牌子也被他操作成功过。

原总代理商的老板观念新、思路广,更难得的是,无论是同行还是跟他合作的厂家,都相当肯定他的人品和能力。刘江曾跟H一起,与原总代理商的老板见过两三次,感觉为人很宽容,话说得中肯、有理。相比之下,平常颇自负的H倒显得有些尴尬。

思虑良久,刘江产生两个思路:一是继续扶持新总代理商,促使新老总代理商联手销货。二是建议以原总代理商替换新总代理商,重整市场。究竟选择哪个,拿起笔,刘江又陷入了犹豫中……

资料来源:佚名.出牌前先看手中牌,http://www.360doc.cn/article/1800_75384002.html。

问题:

1. 请对原大区经理H的做法进行评价。
2. 你认为刘江应该选择哪个中间商?为什么?
3. 该案例给你的启示是什么?

模块 3　营销渠道运作管理

第 5 章　营销渠道激励
第 6 章　渠道权力与控制
第 7 章　渠道冲突与合作
第 8 章　营销渠道的协同
第 9 章　营销渠道评估与创新

CHAPTER 5

第 5 章
营销渠道激励

学习目标

本章介绍了渠道激励的基本理论、渠道激励的原则与实施方式以及渠道激励的方法。通过本章的学习，你应该能够：

1. 了解渠道激励的基本理论。
2. 掌握渠道激励的原则。
3. 理解激励渠道成员的思路。
4. 掌握直接激励与间接激励的方式。

本章结构

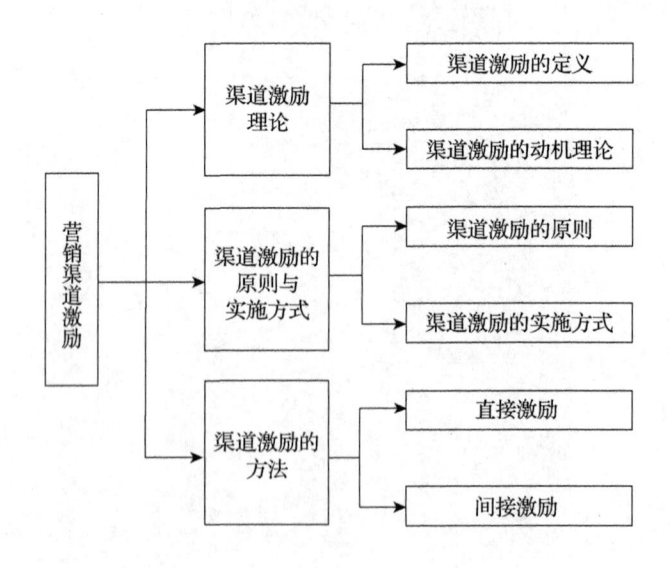

```
                        ┌─ 渠道激励    ┌─ 渠道激励的定义
                        │   理论      └─ 渠道激励的动机理论
                        │
营销渠道激励 ───────────┼─ 渠道激励的  ┌─ 渠道激励的原则
                        │   原则与    └─ 渠道激励的实施方式
                        │   实施方式
                        │
                        └─ 渠道激励的  ┌─ 直接激励
                            方法      └─ 间接激励
```

导入案例

元气森林的营销秘诀

作为一家成立于2017年的互联网创新型饮品公司，元气森林如巨石投入湖中，激起了中国饮料市场的层层涟漪。元气森林以小清新的包装、低糖健康的定位、丰富的产品口味、多渠道的营销迅速打开产品市场。2020年，因为疫情的影响，国内饮料企业"很受伤"。不过，其中并不包括元气森林。而在2020年的元气森林经销商大会上，元气森林2021年的销售目标得以曝光：仅线下渠道，就从21亿元一口气提高到了75亿元。

2021年，元气森林的"产品大年"

在"万马齐喑"的行业大背景下，元气森林底气何在？元气森林掌门人唐彬森给出的答案是两个字：产品。在经销商大会上，唐彬森强调元气森林坚持两大核心战略：一是利用技术工具不断提升供应链效率，节省管理成本；二是不断对产品配方做升级，加大研发投入，甚至不惜"把成本搞上去"，以更好的原材料做出最好的产品。与很多饮料企业不同，元气森林几年前首先成立的并不是公司，而是研发中心。2015年，元气森林研发中心成立；2015~2016年，进入产品研发阶段，成立公司；2017~2018年，元气森林产品正式面向市场和消费者，并在2019年的"双11"大战中一举超越可口可乐成为天猫水饮品类的销量第一名，迅速成为2020年饮料行业的现象级产品。

更多动作：给股权、投冰柜

从种种迹象来看，75亿元线下渠道销售目标的提出，并不是元气森林一时的"头脑发热"。对此，元气森林已经进行了有针对性的布局——给"核心经销商"股权激励。唐彬森表示，元气森林对市场费用的管理将更加趋向整体规划，并会借助系统管理工具做好权力下放，让审批操作更加透明。之后元气森林将重点落实对线下经销商的差异化管理，通过建立一套打分体系，筛选出"核心经销商"，给予其更多的激励，其中也包括授予一定的公司股权。元气森林在渠道投放8万台智能冰柜。在元气森林的总体营收中，电商只占到不足3成，其余都是来自线下渠道，其中便利店渠道又占了大头。元气森林向经销商透露，公司正在开发一套"物流—仓储—门店"的管理工具。这些自主研发的冰柜将全部联网，每卖出一瓶饮料，其销售数据都会实时呈现给元气森林。此外，元气森林对于经销商也有新的测评制度，其中重要的一项考核是冰柜与网点的联通效率。"我们需要站在'从工厂到夫妻老婆店'整个全产业链条之下看我们的运营体系是不是行业最高的。"唐彬森如是说。

数据时代 + 营销

元气森林通过一大波当红明星代言及综艺植入，成功激活品牌的年轻化形象，并利用背后的粉丝经济来塑造品牌的认知度。例如，冠名综艺《元气满满的哥哥》，创新、有冲劲的节目定位与元气森林的形象十分契合。除了花样百出的综艺植入，元气森林还跨界牵手国民手游《和平精英》、螺蛳粉品牌"好欢螺"等，聚焦年轻人，不断输出品牌新鲜感，并进一步提高品牌知名度。2021年，元气森林的营销费用超过7亿元。虽然元气森林一直对外表示不希望消费者喝进嘴里的都是"广告费"，但这家公司的营销费用确实也在逐年大幅提升。2020年，元气森林的营销费用投入为5亿元，2021年这一数字则超过7亿元。元气森林已经拿下了2022年2月B站春晚的冠名，这也符合元气森林"聚焦年轻人"的营销策略。除此之外，元气森林也没有放弃线下营销推广，在电梯间大规模投放，让产品进入大众视野，成功刷了一波脸熟。内容分发、线上线下并行，提高内容推送到达率也成为元气森林的发展模式之一。元气森林线上线下同步进行宣发，占据多通道、多层次完成流量注入。通过明星代言、平台广告推送打响口碑后，元气森林利用关键意见领袖（KOL）、关键意见消费者（KOC）进行进一步有效推广，确保知名度的全面提升。

成功绝非偶然，产品、渠道、促销、品牌、消费者缺一不可。元气森林背后爆红的逻辑是，将产品、渠道、促销、品牌、消费者五者由内而外地整合成为一个整体。元气森林的跨界营销方式，值得其他品牌学习，这种全方位、多层次、宽领域的创新性，更是未来品牌策划发展的方向。

资料来源：1. 小明谈营销.元起森林背后的营销秘诀[EB/OL]. (2021-02-13)[2022-04-01].https://xw.qq.com/amphtml/20210213A07LTQ00. 引用时有改动。
2. 陈默. 线下渠道目标75亿，2021将是元气森林的"产品大年"！[EB/OL]. (2020-12-06)[2022-04-01]. https://www.163.com/dy/article/FT5T3ALO0519FEEC.html. 引用时有改动。

营销渠道建立之后，其顺利运行需要各渠道成员之间的支持与配合，但各成员不会仅仅因为它们都是渠道中的成员就自动地合作，需要企业进行渠道管理，其中最重要的就是要对渠道成员进行激励。有效的渠道激励可以调动渠道成员的积极性，成功地利用渠道成员向顾客销售产品和提供相关服务，从而提高企业的市场占有率和品牌知名度。本章将介绍渠道激励理论、渠道激励的原则和实施方式、渠道激励的方法。

5.1 渠道激励理论

5.1.1 渠道激励的定义

在管理学中，激励是调动人们的积极性以实现目标的过程。为实现组织目标，企业通常会采取各种有效的方法去调动员工的积极性和创造性，使员工努力去完成工作任务。因此，企业实行激励机制的最根本的目的是正确地诱导员工的工作动机，让员工在实现组织目标的同时实现自身的目标，增加员工的满意度，从而使他们的积极性和创造性能继续保持下去。

渠道激励是指为完成分销目标，企业所采取的促使渠道成员高度合作的行为。由于企业和其他渠道成员来自不同的组织，这些独立的组织在目标、发展战略、组织文化和管理模式等方面存在较大差异，渠道成员的行为也不一致。在多数情况下，各个渠道成员的目标与整个营销渠道的目标并不完全一致，如果每个渠道成员都追求自身利润最大化的目标，就可能由于彼此之间缺少协同而导致渠道效率降低。因此，渠道管理者需要采取一系列的激励措施来影响渠道成员的行为，调动渠道成员合作的热情和积极性，为提高整个渠道的效率而努力工作，以实现分销目标。为了使渠道成员愿意执行相应的渠道功能，渠道管理者需要了解人们行为产生的原因，这样才能采用有针对性的激励措施，以保证渠道成员之间的合作，使渠道成员的努力方向与整个渠道的目标方向相一致。

5.1.2 渠道激励的动机理论

激励的理论有很多，这里主要介绍需要层次理论（马斯洛）、X 理论和 Y 理论（麦格雷戈）、双因素理论（赫茨伯格）、ERG 理论（奥尔德弗）、目标设置理论和期望理论等。

1. 需要层次理论

需要层次理论强调，每个人都有由低到高的生理需要、安全需要、社交需要、尊重需要和自我实现需要五种层次的需要，只有当低层次的需要被基本满足以后，人们才会追求下一个高层次的需要。因此，当某种需要已经被满足后，再针对这一需要进行刺激，则激励效果不明显。根据需要层次理论，渠道管理者在进行激励时，首先应知道渠道成员尚未被满足的需要，然后再有针对性地做满足其需要的事情。

2. X 理论和 Y 理论

X 理论和 Y 理论观点如图 5-1 所示。

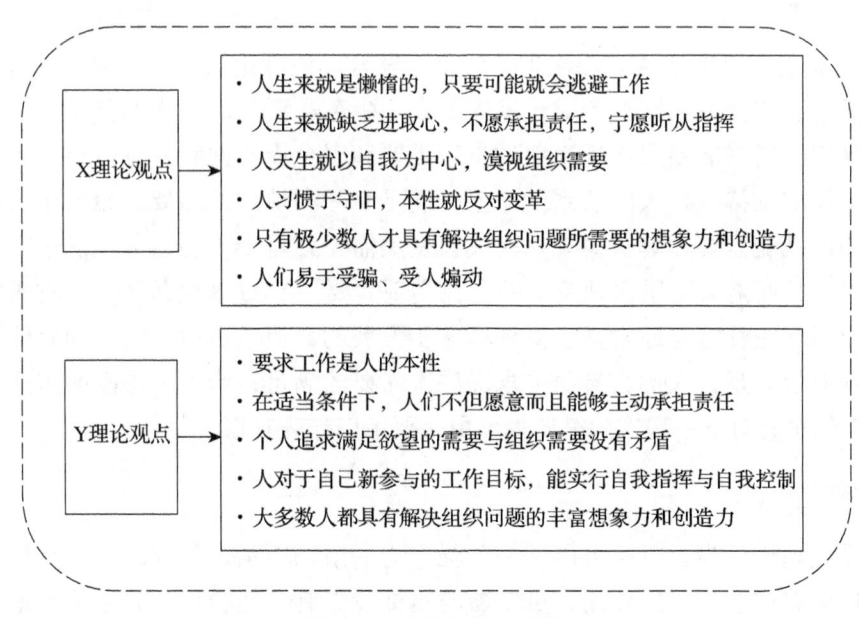

```
┌─────────────────────────────────────────────────────────────┐
│  ┌────────┐    ·人生来就是懒惰的，只要可能就会逃避工作        │
│  │        │    ·人生来就缺乏进取心，不愿承担责任，宁愿听从指挥 │
│  │X理论观点│──→ ·人天生就以自我为中心，漠视组织需要           │
│  │        │    ·人习惯于守旧，本性就反对变革                  │
│  └────────┘    ·只有极少数人才具有解决组织问题所需要的想象力和创造力│
│                ·人们易于受骗、受人煽动                        │
│                                                              │
│  ┌────────┐    ·要求工作是人的本性                           │
│  │        │    ·在适当条件下，人们不但愿意而且能够主动承担责任 │
│  │Y理论观点│──→ ·个人追求满足欲望的需要与组织需要没有矛盾      │
│  │        │    ·人对于自己新参与的工作目标，能实行自我指挥与自我控制│
│  └────────┘    ·大多数人都具有解决组织问题的丰富想象力和创造力 │
└─────────────────────────────────────────────────────────────┘
```

图 5-1 X 理论与 Y 理论

X 理论认为，组织应特别重视满足员工生理及安全的需要，同时也很重视惩罚，认为惩罚是最有效的管理工具。麦格雷戈是以批评的态度对待 X 理论的，该理论认为管理是管理者采取软硬兼施的管理办法指挥他人工作、控制他人活动、调整他人行为以满足组织需要的过程，其后果可能会导致员工的敌视与反抗。与之相反，Y 理论认为，如果组织能扩大工作范围、尽可能地把员工工作安排得富有意义和具有挑战性，那么将能满足员工自尊和自我实现的需要，员工会产生自豪感，从而使员工达到自我激励的目的。只要启发内因，实行自我控制和自我指导，在条件适合的情况下就能实现组织目标与个人需要统一起来的最理想状态。因此，渠道管理者应该充分运用 Y 理论，允许渠道成员参与决策，为渠道成员提供具有挑战性的工作，与渠道成员建立和保持良好的渠道关系，以激励渠道成员努力完成分销任务。

3. 双因素理论

双因素理论也称激励-保健因素理论，该理论认为，影响人们工作态度和行为的因素有两方面：一是使员工感到满意的都是属于工作本身或工作内容方面的；二是使员工感到不满的都是属于工作环境或工作关系方面的。前者称为激励因素，后者称为保健因素。激励因素包括成就感、得到认同、工作本身的挑战性和吸引力、责任感、晋升与个人成长等内在因素，只有这些激励因素的需要得到满足，才能调动人们的积极性。而保健因素包括公司政策、管理措施、监督、人际关系、工作条件、工资等外部因素。当这些因素恶化到员工认为可以接受的水平以下时，员工就会产生对工作的不满意。反之，当员工认为这些因素很好时，它只是消除了不满意，而难以起到激励作用。因此，为了激励渠道成员，渠道管理者必须运用激励因素。

4. ERG 理论

ERG 理论是对马斯洛需要层次理论的重组整合。该理论认为，人的需要可归结为三种：生存需要、相互关系需要和成长发展需要。生存需要是满足人们基本生存的物质需要，这相当于马斯洛需要层次理论中的生理需要和安全需要两种基本需要。相互关系需要是指在组织中维持良好人际关系的需要，满足交际和地位的需要，相当于马斯洛需要层次理论中的社交需要和尊重需要。而成长发展需要则是个人在事业、前途方面发展的需要，相当于马斯洛需要层次理论中的自我实现需要。ERG 理论认为，三种需要存在着多样化的关系。三种需要通常是由低到高逐步发展的，但也可以越级，如果低层次的需要不能得到有效满足，人们会转而寻求高层次需要的满足；当上一层次的需要很难得到满足时，人们也会对下一层次的需要提出更多要求以作为补偿。

5. 目标设置理论

目标设置理论认为，目标可以是一种强有力的激励因素。研究表明，具体的、富有挑战性的目标有较强的激励作用；员工参与目标设定有可能会促使其更努力地工作；获得实现目标进度的反馈会让人们做得更好。渠道管理是一种典型的跨组织管理模式，在实施目标管理过程中要注意，目标要能观察和测量，要明确规定目标的内容、达到程度、实现时间等，如确定渠道成员每月或每季度的销售目标，这样绩效水平会更高。

6. 期望理论

期望理论认为，某种激励对人的行为的激发力量取决于期望值和效价两个因素。期望值是采取某种行为可能带来的绩效和满足需要的概率，即目标实现的可能性；效价则是激励目标对个体的价值。具体地说，某种激励对员工行为的推动力是期望值和效价两个变量的乘积，可以用公式表示为：激励力量＝期望值×效价。只有期望值和效价都比较高时，才会产生较大的激励力量。也就是说，只有个人认为自己的努力能达到工作绩效，工作绩效又会带来特定的组织奖励，且这种奖励对其又有很大吸引力时，激励的作用才会最大。

期望理论认为，人之所以能够从事某项工作并达成目标，是因为这些工作和组织目标会帮助他们达成自己的目标，满足自己某方面的需要。因此，期望理论提出了在进行激励时要处理好三方面的关系，同时也是调动人们工作积极性的三个条件，如图 5-2 所示。第一，个体努力与个体绩效的关系。人们希望通过一定的努力达到某一工作绩效，如果个人主观认为达到工作绩效的概率很高，就会有信心，并激发出很强的工作力量，反之如果他认为通过努力也不会有很好的成绩时，就失去了内在的动力，导致工作消极。第二，个体绩效与组织奖励的关系。如果个体认为取得绩效后能得到合理的奖励，就可能产生工作热情，反之则可能丧失积极性。第三，组织奖励与个体目标的关系。人总是希望自己所获得的奖励能实现个人目标，满足自己某方面的需要。然而，由于人们在文化、年龄、性别、学历、社会地位和经济条件等方面都存在着差异，他们对各种需要得到满足的程度也就不同。因此，对于不同的人，即使采用同一种奖励办法，能激发出的工作积极性也会不同。从渠道激励来看，为了提高期望值，设置的渠道目标要具体可行；要选择有能力的渠道成员并进行培训以提高其完成渠道任务的能力；要言行一致，及时兑现奖励。为了提高效价，要了解不同渠道成员最迫切的需要，针对不同的渠道成员的需要给予不同的奖励。

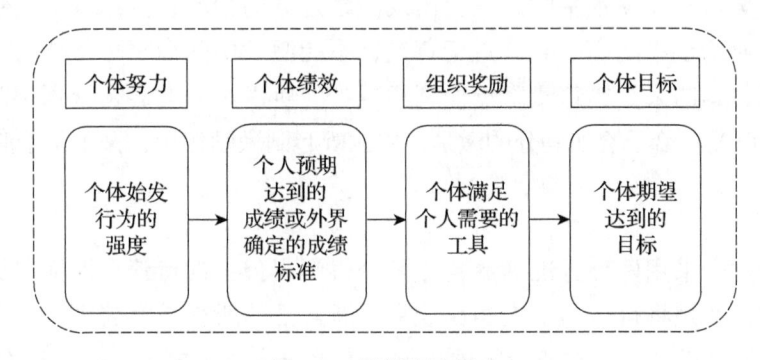

图 5-2 期望理论模式

5.2 渠道激励的原则与实施方式

5.2.1 渠道激励的原则

渠道激励需要遵循一定的原则，否则可能起不到激励的作用，甚至可能产生反作用。一般来说，渠道激励应遵循以下五个方面的原则。

1. 针对性原则

针对性原则是指对渠道成员的激励必须针对它们的具体需求与问题，有的放矢，满足它们的不同需求，解决它们关心的问题，才能达到最好的激励效果。因为渠道成员的需求和问题是多种多样的，因人而异，因时而异，所以对渠道成员的激励手段也必须是多样化的。企业应该注重调查研究，深入全面了解各个渠道成员的实际需求和问题，制定有针对性的激励措施，才能收到相应的效果。

2. 适时原则

激励的适时原则，是指在激励过程中要注意时机的把握，无论是奖励还是惩罚，都应该及时实施。如果时机把握不当，应该奖励时没有奖励，就会使渠道成员产生不满情绪，影响甚至丧失其工作积极性。应该惩罚时不惩罚，则会使渠道成员不知畏惧，继续其错误行为，也会使其他本来遵守政策的渠道成员感到"吃亏"，从而也可能以身试法，这就会使整个渠道系统趋于崩溃，造成无法挽回的损失。同时，适时原则还要求把握短期和长期效应的整体平衡，不能只顾短期效应，否则会使渠道成员产生错误的营销观念，只顾眼前利益，采用不道德的手段销售和竞争，这样会损害顾客对企业的形象认知，影响企业的长远发展。

3. 适度原则

适度原则是指对渠道成员的激励应适度，既不能使渠道成员的需求欲望过度膨胀，也不能因激励程度过低造成对渠道成员积极性的打击。要达到激励适度的目标，企业就要尽量避免出现激励过分和激励不足两种情况[1]。当企业给予中间商的优惠条件超过它为取得合作付出的努力与业绩水平时，就会出现激励过分的情况，其结果是销售量提高而利润减少。当企业给予中间商的条件过于苛刻，不能激发中间商努力工作时，则会出现激励不足的情况，其结果是销售量降低而利润减少。所以，企业必须根据中间商的工作努力程度及业绩情况，给予恰如其分的激励，才能既起到激励作用，又不至于激励过度。

4. 公平原则

中间商经常会采用两种标准衡量自己是否得到了公正的待遇，即横向比较与纵向比较。横向比较，就是将自己与别人相比较来判断自己的所得是否公平。横向公平的基本标准是：某个渠道成员所得与所投入的比例基本上与另一个成员的这个比率相一致[2]。如果与这个标准背离，就会产生不公平感。例如，对于感觉收入低于贡献的中间商来说，会认为遭到不公平待遇，所以会抱怨、有挫败感，其积极性将受到严重影响；而对于感觉收入高于贡献的中间商来说，则会认为不需要怎样努力就可以得到奖励，所以也会对今后的努力不以为然，从而影响到工作效率。纵向比较，就是将自己目前的状况与过去相比较，看自己的努力是否获得了相应的报酬。报酬过高或过低也会产生和横向比较相同的效果。所以，不管从纵向还是横向角度看，激励遵循公平原则都是非常重要的。

5. 奖惩结合原则

奖惩结合原则是指对中间商的激励必须奖励和惩罚相结合，不能有所偏废。奖励是

---

[1] 郭国庆. 市场营销学 [M]. 2 版. 武汉：武汉大学出版社，2007.
[2] 杰克逊，希里奇. 销售管理 [M]. 李扣庆，等译. 北京：中国人民大学出版社，2001.

一种正激励，惩罚是一种负激励，两者都是有必要的。奖励业绩突出的中间商不仅可以调动该中间商的积极性，还能让其他中间商看到工作努力的结果，从而产生赶超的动力。而对业绩不好、行为恶劣的中间商进行惩罚也是必要的，这样可以使所有中间商有所畏惧，不至于为了个体利益做出损害整体利益的行为。

5.2.2 渠道激励的实施方式

根据渠道激励的针对性原则，首先要通过一定的方法和手段，发现渠道成员的需求，才能有的放矢地对它们实施激励，达到良好的激励效果，使其创造最佳销售业绩。所以，渠道成员有哪些需求，通过哪些方法才能发现这些需求，是企业在激励渠道成员之前首先要了解的内容。

1. 识别中间商需求

（1）中间商的需求。在营销渠道管理中，中间商的需求可以分为三大类：第一，获得利润。通过销售企业的产品，获得包括进销差价在内的各种利润，这是渠道成员与制造商进行合作的根本目的和基础。第二，降低风险。中间商一般都是风险厌恶者，在面对经营中出现的诸如制造商的新产品开发、产品供货、价格变动、竞争对手产品及营销策略的变化、顾客需求等方面的变化时，中间商总是想方设法降低风险。第三，提高竞争力。考虑企业的长期可持续发展，很多中间商都非常注重建立和提高核心竞争力，为此制造商都在用各种手段为中间商提供发展机会，如对中间商员工进行培训、辅助其制定决策和投资方式、帮助其拓展业务等，提高中间商的核心竞争力，从而达到激励目的。中间商希望从企业获得的支持和激励见表5-1。

表 5-1 中间商希望从企业获得的支持和激励

企业提供的支持	中间商希望的渠道政策	中间商不希望的渠道政策	中间商的基本需求
价格政策	优惠的、有吸引力的价格政策	企业价格政策死板，利润空间小	获得利润
分销渠道	控制中间商数量，控制恶性竞争	分销渠道密集，竞争激烈	获得利润
订货政策	最小订货批量小，能及时到货，降低库存风险	企业压货，到货周期长，最小订货批量大	降低风险
库存风险分担	企业不压货，企业分担库存积压风险，提供价格保护政策	企业不分担任何产品积压风险	降低风险
信息沟通	企业及时提供产品换代、价格调整、市场变化趋势、营销策略调整等信息	企业不与中间商分享信息，相互不信任，导致中间商决策失误	降低风险
营销支持	品牌知名度高，企业提供市场拓展的支持，提供商机信息	品牌知名度低，企业进行市场宣传力度小，对中间商缺少市场开拓的支持	获得利润，提高竞争力
技术支持	企业对中间商提供产品、技术、运作管理等方面的培训	企业技术支持力度弱，中间商难以及时掌握最好的技术，容易失去眼前及未来的商机	提高竞争力

资料来源：吕一林，王俊杰，彭雷清.营销渠道决策与管理[M].3版.北京：中国人民大学出版社，2015.

（2）发现渠道成员需求的方法。要了解渠道成员的需求和问题，必须采用一定的方法。伯特·罗森布洛姆认为可以采用下列四种方式来发现渠道成员的需求与问题。

1）企业对渠道成员进行研究。为了使产品能更好地被接受，企业可能对顾客的需求非常关注，比较了解顾客所需的产品类别、价格、购买地点、促销方式等，但对渠道成员的了解则非常少。其实，这种了解少是因为主观上企业不够重视，没有意识到有了解渠道成员需求和问题的必要，所以基本上对此没有多少投入。而实际上，只要企业有了这种意识，就完全可以很快地了解到中间商的需求和问题，并能很快解决。例如，Loctite公司是一家生产粘接剂及密封剂的知名企业，这家公司专门为中间商的销售人员生产了拜访客户时的样品。但后来这家公司发现中间商的销售人员在拜访客户时根本不带样品。在和中间商沟通后，这家公司才发现其中存在着理解上的偏差：本公司所设计的样品适合用公文包携带，但中间商的销售人员拜访客户时根本不带公文包。所以后来Loctite公司改进了样品的设计，使它足够小，以便销售人员能用口袋携带，问题得以圆满解决。

2）外部机构对渠道成员进行研究。虽然企业可以自己调研中间商，发现其问题和需求，但这并不是任何时候都适合的。有时中间商可能会出于某种考虑而不敢或不愿将自己的真实需求告诉企业，此时聘请外部专门机构对中间商进行研究可能更为合适。例如，一家家电企业近期的销售业绩不够理想，而市场上顾客对这种产品的需求量很大，发现问题出在中间商身上。家电企业调研的结果总是与中间商提供的信息和数据相矛盾。后来该家电企业通过独立的第三方研究机构对此问题进行调查研究，发现了中间商之所以不愿大量销售该家电公司产品的顾虑所在，从而制定了更为合适的渠道政策，迅速提高了销量。由此可见，采用外部机构对渠道成员的需求与问题进行研究更加专业、客观和高效，尤其是对于那些自己没有市场研究部门或市场研究能力有限的企业来说，依靠外部机构进行相关问题的研究就更有必要。

3）营销渠道审计。这种审计类似于财务审计，为了了解营销渠道运行过程中存在的问题。企业也需要定期对营销渠道进行审计。审计的目的是及时发现渠道中出现的问题。例如，渠道成员如何看待企业的营销项目及其组成部分、关系良好或不佳的地方，以减少或避免可能的冲突、矛盾，实现对渠道结构的优化，使渠道成员密切合作，共同发展。再如，企业可考虑收集中间商的这些信息：价格政策、利润及补贴；产品的范围与特性；新产品及其采取促销方式的市场开发情况；服务策略和程序，如发票、订购日期、运输、仓储及其他；销售人员在客户服务方面的业绩[⊖]。需要注意的是，营销渠道审计工作应该定期进行，以把握相关因素的发展趋势与模式，例如，那些不变的因素、那些逐渐消失的因素及那些在范围上有所扩大的因素等。通过定期审计，那些新出现的因素就比较可能被及早发现。

4）设立中间商顾问委员会。该委员会由企业最高管理层的代表及渠道成员主要负责人的代表组成。企业成员应当包括主管营销的副总经理、销售经理和其他高层管理人员，

⊖ 罗森布洛姆. 营销渠道管理：管理的视野：第8版[M]. 宋华，等译. 北京：中国人民大学出版社，2014.

中间商成员应包括所有中间商中 5%～10% 的代表。委员会的总人数应限制在能使所有成员同时参加会议并交流意见。中间商顾问委员会通常有两位执行主席：一位由中间商选举产生，另一位由企业销售部门的高层担任。

采用中间商顾问委员会了解渠道成员的需求与问题有三个便利：首先，它提供了对渠道成员的认同。通过参加中间商顾问委员会，中间商能在影响其利益的计划中发表自己的观点，自己也参与了渠道计划的制订，从而使它们更能理解和支持企业的行动项目。其次，中间商顾问委员会提供了一个确定和讨论相互间需求与问题的媒介，而常规的渠道信息交流不具有这种功能。例如，生产推土机的卡特彼勒公司就是在一次中间商顾问委员会会议上，从一个中间商的发言了解到其推土机设计上的一个缺陷，从而改进了产品设计。最后，中间商顾问委员会增加了整个渠道的交流，有助于企业对中间商的需求与问题的了解，也有助于中间商对企业的理解，使渠道内部形成了定期交流的机制。

2. 根据中间商的需求实施激励

在了解渠道成员的需求与问题后，企业就可以有针对性地采取相应的方式激励渠道成员。满足渠道成员的需求和帮助其解决问题，实际上就是向渠道提供支持。如果企业能够适时、适度地给予中间商支持，那么就可能创建一支分销积极性高的中间商队伍。然而，在现实中，不少企业的渠道激励是临时的和没有计划的，当中间商表现出缺乏分销本企业产品的积极性时，企业才会采取一些激励措施，如价格刺激、广告补贴、经销商竞赛等。企业可以通过与中间商合作来向渠道成员提供支持。企业与批发商、零售商之间的合作方案的实施，往往有助于传统渠道系统中关系松散的企业更好地结合在一起完成分销任务。表 5-2 列出了一些常见的渠道合作方案。

表 5-2 企业向中间商提供的合作方案[一]

1. 合作广告补贴
2. 支付内部展示费用，包括货架延伸、抛售展示、走廊展示等
3. 买方竞争、销售人员竞争等
4. 各种仓储功能补贴
5. 支付橱柜陈列费和安装费用
6. 检查存货、供应库存、进行全面促销等的人员
7. 展示样品
8. 赠券处理补贴
9. 免税商品
10. 保障销售
11. 店铺和橱窗展示材料
12. 当地调查研究工作
13. 为顾客提供邮寄补贴
14. 预测
15. 自动再订购系统
16. 零售商或批发商单个店铺的运送费用
17. 大量研究，如存货管理会计研究
18. 自由退货权
19. 向店铺人员喜爱的公益机构捐赠
20. 为特殊周年纪念日捐款
21. 当购买者参观陈列室时提供奖品以及娱乐
22. 培训销售人员

[一] 罗森布洛姆. 营销渠道管理：管理的视野：第 8 版 [M]. 宋华，等译. 北京：中国人民大学出版社，2014.

(续)

23. 支付店铺设备
24. 支付新店铺成本或改进费用
25. 多种多样的促销补贴
26. 为独家特许经营支付特殊费用
27. 支付部分销售人员工资
28. 生产商销售人员参与实际零售店销售或参与分销商现场销售
29. 存货价格调整
30. 广告中出现店铺或分销商名称

5.3 渠道激励的方法

在确定了渠道成员的需求和问题之后，接下来就是要针对其需求和问题进行相应的激励。根据激励手段的不同，可将激励方法分为直接激励和间接激励两种。

5.3.1 直接激励

所谓直接激励，就是指通过给予渠道成员物质或金钱的奖励来激发其积极性，从而实现公司的销售目标。例如，折扣、返利、资金支持、利润分成、各种补贴等。中间商与企业合作，其主要还是为了经济利益。所以，直接激励是最有效、最便捷的激励方式。在企业的现实运营中，常用的直接激励方式有以下几种。

1. 价格折扣

折扣是指为了鼓励中间商的某种行为而对产品价格进行的调整，它几乎是所有的企业都在采用的方式之一。折扣一般是由企业提出一定的条件，如果中间商达到条件中的要求，则企业承诺给予一定的价格折扣。常见的折扣种类有如下几种。

（1）回款折扣。所谓回款折扣，即企业规定一定的回款方式与一定的折扣率相联系，以缩短货款回笼周期。例如，某药厂规定：如果中间商用现款现货购买，企业产品在出厂价的基础上，再优惠5%；如果10天之内回款，则在出厂价的基础上再优惠3%；20天之内回款，则优惠2%；一个月回款，优惠1%；一个月以上回款则不优惠。此方法可促使一部分有实力的中间商为获得更大利润，尽可能地缩短回款周期，这利于企业的生产经营。

（2）提货折扣。这种折扣是企业为那些大量提货的中间商提供的一种减价，以鼓励中间商购买更多的产品。提货折扣一种是根据提货等级、数量，另一种是根据提货金额。例如，某家电企业规定：如果中间商一次提货达到100万元，可以在出厂价基础上优惠2%；达到200万元，优惠3%；达到500万元，优惠4%；1 000万元以上，优惠5%。

（3）季节折扣。在销售旺季之前，企业一般都希望中间商提前订货，以压货给中间商，达到一定的市场铺货率，为旺季备货，以抢占热销先机。而在旺季转入淡季之际，企业也希望中间商多进货，以减少企业仓储和保管的压力。所以中间商在相应季节提货，可获得企业更多的折扣。

（4）功能折扣。功能折扣是指企业为了促使中间商愿意执行某种市场营销功能（如运输、仓储、服务）而提供的一种价格减让，也包括为促使中间商同意参加企业的促销活动而进行的价格折扣。例如，如果中间商愿意为顾客提供售后服务，企业就可以在出厂价的基础上再给予一定的价格折扣；如果中间商愿意参加企业的统一促销活动，则根据销售额可在再进货时提供一定的价格折扣。

2. 返利

返利是指厂家根据一定的评判标准，以现金或实物的形式对中间商的滞后奖励。按奖励目的来分，返利可以分为过程返利和销量返利两种。

（1）过程返利。过程返利是一种直接管理销售过程的激励方式，其目的是通过考察中间商市场运作的规范性以确保市场的健康发展。通常情况下，过程激励包括：铺货率、商品陈列生动化、安全库存、指定区域销售、规范价格、专销（即不销售竞品）、守约付款等。能达到相应的要求，企业就对中间商予以一定的返利支持。过程返利是一种很好的管理工具，如果设计得好会起到既能激励中间商，又能管理和控制中间商的作用。例如，某企业的返利政策是这样的：中间商完全按公司的价格制度销售，返利3%；中间商超额完成公司规定的销量任务，返利1%；中间商没有跨区域销售，返利0.5%；中间商较好地执行市场推广与促销计划，返利1%。通过这种过程返利方案设计，既能激励中间商超额完成销量任务，又能规范中间商的运营，避免出现擅自降价、窜货现象，并积极参与企业的促销活动。

（2）销量返利。销量返利是指企业根据中间商完成的销量提供不同程度的返利。具体来说，如果中间商在一定时期内的销量（或销售额）达到企业规定的某一最低值，企业在原来出厂价的基础上，再给予中间商一定比例的返利，销量（或销售额）越高，则返利比例越大。例如，某企业规定：如果中间商分别完成必保任务200万元、争取任务250万元和冲刺任务300万元，返利比例分别为1%、3%和5%，相对应的返利金额分别为2万元、7.5万元和15万元。销量返利常见的形式是销售竞赛。销售竞赛是利用现金或实物对规定区域和时段内销量高的渠道成员进行奖励的一种激励方式，以激发中间商员工的推销热情，掀起"比、学、赶、帮、超"的热潮。例如，某企业在全国范围内，针对中间商的导购人员，开展销售技能比拼大赛。通过这次规模宏大的比赛，不仅激发了大家学习的动力，提升了导购技能，而且还潜移默化地"同化"了中间商的导购员，促使他们主推该企业的产品。此销售大赛不仅让企业受益颇丰，壮大了声势，展示了实力，而且也让中间商很满意，通过销售竞赛，提升了人员素质，扩大了销售额、利润额，取得了较好的效果。

（3）实施返利激励的注意事项。销量返利的实质就是一种变相降价，可以提高渠道成员的利润，无疑能提高渠道成员的销售热情。但事实上，销量返利大多只能创造即时销售，从某种意义上讲，这种销量只是对未来市场需求的提前支取，是一种库存的转移。销量返利的优点是可以挤占渠道成员的资金，为竞争对手的市场开发设下路障。其缺点是若企业运用不当，可能造成渠道成员将返利当利润，而不是向市场要利润；同时一部分善于投机的中间商为获得更多的返利，可能会越区销售，导致出现窜货、价格倒挂等扰乱市场秩序的现象。所以，为了趋利避害，实施返利激励一定要注意以下问题。

1）返利的标准。为了使返利起到预期的激励作用，一定要确定返利标准，如返利品种、数量、次级、返利额度等。例如，最低销售额指标要适中。若太低，中间商不需努力即能达到，则起不到激励的效果；若太高，即使尽全力也达不到，则中间商就不愿再努力，同样起不到激励的效果。同时，为了对大多数中间商都产生激励作用，可考虑针对不同的中间商规定不同的最低销售额。

2）返利的形式。返利按支付形式可分为销售额现金返利、货款折扣方式支付返利、返利与现金奖励相结合的混合模式三种。销售额现金返利，即经销商在某时间段内完成企业规定的销售额，就可以按规定比例及时享受企业支付的现金返利。这是最原始、最简单的一种返利形式，容易操作、易于管理，但是增加了企业的现金压力，使企业缺乏对渠道的后续控制能力。货款折扣方式支付返利，即返利不以现金的形式支付给渠道，而是让经销商在下次提货时享受一个折扣。此方式可以减少企业的现金压力，这是目前最为常见的一种返利模式，但是渠道成员的接受度较差，很难单独运用。返利与现金奖励相结合的混合模式，即一部分返利采取货款折扣的方式支付，另一部分返利则用现金形式奖励。这一模式也是目前比较常见的模式。

3）返利的时间。返利是有时间期限的，包括月返、季返和年返。月返，即每月一结；季返，即每季一结；年返，即每年一结。企业需要根据产品特性、货物流转周期来选择适宜的返利时间，并在相应时间内兑现完成返利结算。月返是中间商最喜欢的方式之一，因为周期短，对账容易，相对比较有利。而年返的时间比较长，按一年的交易金额来计算返利，由于时间太长，不确定因素增加，中间商可能不感兴趣，另外返利还可能成为糊涂账，对双方都不利。

> **案例 5-1　　　　　A 药企对经销商的返利政策**
>
> **销售进度返利政策**
>
> （1）只要经销商在每个季度完成当年销售任务总量的 25%，即可享受该项政策。
>
> （2）进度返利不同品种按不同比例执行，"仲景胃灵丸""宝宝一贴灵""珍菊降压片"的进度返利点数分别为 1.5%、1%、0.5%。
>
> （3）进度返利在下一季度的第一个月末兑现，返利采用安排经销商销售人员外出观光旅游等形式给予。
>
> **年度总量返利政策**
>
> （1）经销商在完成当年各自的年度销售任务总量之后，不论经销商规模大小，按统一标准享受返利："仲景胃灵丸"按照 2%、"宝宝一贴灵"按照 1.5%"珍菊降压片"按照

1%的标准。

（2）返利由A药企在第二个销售年度的第一个月末以现金的形式向经销商支付。

及时回款返利政策

（1）及时结清每批货款的经销商，按月享受当月回款总额0.5%的及时回款返利；连续180天无应收账款的经销商，享受180天回款总额1%的回款返利；全年无应收账款的经销商，除以上两项之外，另外享受年度销售总量0.5%的回款返利。

（2）以上返利为累加返利，经销商可重复享受，但如出现一次拖欠货款行为即取消返利。

资料来源：渠道激励的定义、分类与含义，https://max.book118.com/html/2019/0909/7051110032002054.shtm，有改动。

4）返利的附加条件。要使返利这种形式促进销售，而不是相反（如窜货），一定要加上一些附加条件，比如严禁跨区域销售、严禁擅自降价、严禁拖欠货款等，一经发现，取消返利。例如，可采用"定点＋定量＋定价＋定利"的四定政策，定点是规定中间商的销售区域，定量是给中间商确定销量，定价是规定中间商按公司规定的各项价格体系进行销售，定利是在中间商成功实现上述目标后，由公司按季度或年度进行考核，发放季度或年度返利。

案例5-2　　　　　　　　　百事可乐对返利政策的规定

百事可乐公司对返利政策的规定细分为5个部分：季度奖励、年终回扣、年度奖励、专卖奖励和下年度支持奖励，除年终回扣为"明返"外（在合同上明确规定为1%），其余四项奖励均为"暗返"，事前无约定的执行标准，事后才告知中间商。

（1）季度奖励在每一季度结束后的两个月内，按一定的进货比例以产品形式给予。这既是对中间商上季度工作的肯定，也是对下季度销售工作的支持，这样就促使厂家和中间商在每个季度合作完后，对合作的情况进行反省和总结，以便相互沟通，共同研究市场情况。百事可乐公司在每季度末还派销售主管对中间商的业务代表进行培训指导，帮助落实下季度销售目标及实施办法，增强了相互之间的信任。

（2）年终回扣和年度奖励是对中间商当年完成销售情况的肯定和奖励。年终回扣和年度奖励在次年的第一季度内，按进货数量的一定比例以产品形式给予。

（3）专卖奖励是中间商在合同期内，专卖某品牌系列产品，在合同期结束后，厂家根据中间商的销量、市场占有率情况以及与厂家的合作情况给予的奖励。专卖约定由中间商自愿确定，并以文字形式填写在合同文本上。在合同执行过程中，厂家将检查中间商是否执行专卖约定。

（4）下年度支持奖励是对当年完成销量目标，继续和制造商合作，且已续签销售合同的中间商的次年销售活动的支持。此奖励在中间商完成次年第一季度销量的前提下，在第二季度的第一个月以产品形式给予。

> 因为以上奖励政策事前的"杀价"空间太小，中间商如果低价抛售造成了损失和风险，厂家是不会考虑的。百事可乐公司在合同中就规定每季度对中间商进行一些项目考评：中间商实际销售量、中间商区域销售市场的占有率、中间商是否维护百事产品销售市场及销售价格的稳定、中间商是否执行厂家的销售政策及策略等。
>
> 此外，为防止销售部门弄虚作假，公司还规定考评由市场部、计划部抽调人员组成联合小组不定期进行检查，以确保评分结果的准确性、真实性。
>
> 资料来源：百事可乐对返利政策的规定，https://doc.mbalib.com/view/c320e15233c0ce2ee567fc626c1423ce.html，有改动。

3. 资金支持

中间商一般期望企业给予它们资金支持，这可促使它们放手进货，积极推销产品，例如，采取售后付款或先付部分货款待产品出售后再全部付清的方式，以解决中间商资金不足的困难。这种激励方式比较适合企业刚进入某一市场或者希望尽快扩大市场份额的情况。另外，企业还可以通过提供一定数额的产品进场费、货架费、堆箱陈列费、POP 张贴费、人员推销费、店庆赞助、商店 DM 的赞助等形式向中间商提供资金支持。

5.3.2 间接激励

间接激励是指通过帮助渠道成员提高服务水平、提高销售效率和效果来增加其利益，从而激发它们的积极性。间接激励方式很多，随着社会的发展，其方式还在不断创新之中。目前常见的间接激励方式有以下几种。

1. 日常工作支持

日常工作支持主要包括保证供货及时，减少因订货环节出现失误而引起发货不畅，特别是在旺季保障供货就是对中间商的最大支持和激励；妥善处理销售过程中出现的产品损坏、变质、顾客投诉、顾客退货等问题，切实保障中间商的利益不受无谓的损害；减少因企业政策不合理而造成的渠道冲突；帮助中间商建立进销存报表，做安全库存数和先进先出库存管理，等等。这些工作很多原本就是企业应该做好的日常工作，也是对中间商经营的最好支持。

2. 协助开发新客户

我国中间商的市场营销能力和推销能力普遍不足。为提高中间商的业绩，同时扩大企业销量，企业应派驻业务人员，协助各地区的中间商开拓市场，激发其销售积极性，增加利润。企业优秀的业务员往往是在帮助中间商开拓市场方面做得比较好的，所以常常可以很快改变中间商的销售业绩，提高地区销量。

3. 加强对中间商的培训

由于历史原因，我国中间商整体素质不高，管理能力和自我提升能力不足，在企业发展到一定程度后，非常需要接受管理、营销、财务、人力资源等方面的指导。企业为提高整体渠道效率，很有必要统筹规划，有针对性地对中间商及中间商的销售人员等进行相关方面的培训，提高他们的素质和能力，提高中间商的业绩，使中间商能和企业共同成长，在合作中实现共赢发展。同时，这种培训也可加强中间商与企业的关系，使双方成为长期合作的战略伙伴。例如，联想早期成立的"大联想学院"就是一个专门为代理商提供各类培训服务的机构。华为也注册了华为大学，为华为员工及客户提供众多培训课程，包括新员工文化培训、上岗培训和针对客户的培训等。

案例 5-3　　　　　　　　　**唐恩都乐公司的渠道成员培训**

唐恩都乐公司（Dunkin'Donuts）是 2010 年销售收入在全世界达到 60 亿美元的快餐特许经销商，它的第一家甜甜圈和咖啡专卖店是在 1950 年开业的，如今公司已拥有在北美和其他 31 个国家的 9 700 个店铺，其中大部分是由独立的特许经销商经营的，而所有的特许经销商都在唐恩都乐大学接受过严格的集中培训，该大学设在马萨诸塞州的昆西。

6 周的训练计划包括 5 周的常规课程，其中每周都有 6 天的学习，最后一周要在当地的甜甜圈店工作。该训练计划大约一半是关于甜甜圈和类似产品制作中使用的工艺性生产技术，另一半是关于零售店的业务经理所要涉及的财务、人事和管理实践。每一个特许经销商的培训日程表和每一个为期 30 天的培训中使用的材料都是精心安排的。

由于受训者要按照计划接受培训，所以要接受一系列的考试，这些考试要检验他们对材料所涉及内容的记忆情况及完成与甜甜圈制作相关的各种手工技能的能力。要向受训者发放统一制服、经营手册以及课程所需要的其他物品。

在受训者花费在甜甜圈制作上的两个半星期内，他们要学习的内容包括从甜甜圈酵母的发酵过程到选择正确的油炸设备、设备的保养以及每批甜甜圈的数量安排等。受训者要在开始计划中的管理培训之前，在甜甜圈制作上达到一定的水准。

在管理培训阶段，公司努力将通常被称作"蓝领"的雇员培养成专业的管理者，还要给特许经销商介绍面试和筛选雇员、评价员工的工作绩效以及执行很多其他管理任务等方面的技巧，特许经销商也要学会在使用供应品和销售技能方面如何培训员工。

受训者在培训中进步的记录都要保存下来，以周为单位完成培训报告，在所划分的区域内有特许经销商存在，直接管理者可以复印这样的报告。

唐恩都乐大学的教职员工包括 1 名培训部主任和 2 名助手，外加从附近的公司总部请来的技术、财务和营销主管，以及属于当地公司所有的一个网点被用作培训基地。但培训并没有随着受训者从唐恩都乐大学毕业而结束，公司还期望每一位特许经销商参加之后由公司安排的一系列持续的地区或全国性的培训研讨会。大批唐恩都乐大学毕业生成为多种特许经营单位的所有者。公司称，它的特许经营很少失败，这主要归功于培训期间特许经销商所接受的培训项目。

资料来源：罗森布洛姆. 营销渠道：管理的视野：第 8 版 [M]. 宋华，等译. 北京：中国人民大学出版社，2014.

4. 提供市场情报

市场情报是开展市场营销活动的重要依据。企业可以将所获得的市场信息及时传递给中间商，使它们做到科学决策。为此，企业可以定期或不定期地邀请中间商座谈，共同研究市场动向，交流信息，制定扩大销售的措施；企业还可以将自己的生产状况、生产计划、新品研发信息等告诉中间商，为中间商合理安排销售提供依据。

5. 促销支持

生产者利用广告宣传、促销活动推广产品，一般会受到中间商的欢迎。企业应当在整个市场塑造自己的产品形象，提高品牌知名度，中间商在自己区域内进行促销时，企业也应给予大力支持，为中间商提供各种补贴措施，形成利益共同体，这样做既能提高自己品牌的知名度，又能帮助中间商赚取利润，激发它们推广产品的热情。广告宣传及促销费用可由企业负担，亦可由双方合理分担。企业还可经常派人协助一些主要的中间商安排商品陈列，举办产品展览和操作表演，训练推销人员。促销支持可使中间商的销售额迅速增加，也能增强中间商对企业产品的信心。例如，某企业在某地和某一中间商谈好合作意向后，承诺为了使该中间商尽快开拓市场，企业将在该县电视台的黄金时间连续3个月做每天不低于2次的产品广告。这就是典型的广告宣传支持。

6. 建立并维护合理的级差价格体系

级差价格体系是指在企业将营销渠道中的中间商分为一级批发商、二级批发商、零售商等的基础上，由企业制定的包括出厂价、批发价和零售价等在内的综合价格体系。只有建立合理的级差价格体系，才能保证每一层次的中间商都能通过销售产品取得合理的利润。调动每一层次人员的积极性，渠道才能顺畅，效率才能提高。级差价格体系稳定，才能使广大中间商将精力主要放在管理和营销上，更多地销售产品，防止出现窜货现象。价格体系崩溃，往往意味着企业经营上出现了很大问题。当然，在企业发展的不同时间、不同阶段每一层次的中间商所起的作用不同，级差价格体系也可做相应的调整。

7. 加强终端管理

在渠道为王、决胜终端的时代，中间商的服务水平直接影响顾客是否购买企业的产品。对顾客来说，他们直接感受到的就是终端的商品陈列和促销人员的服务。企业要想实现优秀的销售业绩，就需要零售商拥有良好的终端陈列和较高的服务水平。而现有的零售商受自身水平的限制，在服务上很难达到规范化、标准化。所以，企业有必要制定严格的终端服务手册，对终端商品陈列、POP布置、专柜店头制作、广告宣传、促销话术等做出详细而全面的规定，并委派业务人员协助中间商工作，提供促销物料，指导商品陈列，加强促销员培训，增强他们对企业及产品的认同，全面了解产品的性能和指标，以增加销售技巧，提高他们的服务质量，在顾客心中真正树立企业与产品形象。

8. 精神激励

根据马斯洛的需要层次理论，人们在满足基本的生理和安全需要之后，随之对社交、尊重、自我实现等精神需要产生需求。在渠道激励中，企业应当根据中间商需求的变化调整激励措施，采取不同的精神激励手段。常见的精神激励手段包括：一是旅游，即提供渠道成员放松身心的机会，以提高人员的忠诚度，增强凝聚力，如现在很多企业在年终召开中间商大会，都是前1~2天开会，最后留出1~2天时间在当地旅游；二是组织召开大客户会，即邀请主要客户代表参加企业的新产品说明会、培训会、政策吹风会等，促使这些核心客户深刻领悟企业的营销战略及策略，明晰企业发展方向，更好地实现与企业携手合作共赢的良好局面；三是召开中间商顾问委员会，了解中间商面临的问题及需求，提高中间商对产品研发、市场管理、渠道政策制定等工作的参与度，提高主人翁意识，并为参与者颁发聘书，给予一定的补贴待遇等；四是其他方式，例如，提高中间商的经销地位，邀请它们与企业总裁共进晚餐；聘请在当地有影响力、信誉好的中间商作为企业的名誉顾问，定期邀请其参加企业的一些经营或公关活动；为大中间商派驻专业顾问等，这方面还有很大的创新潜力。

9. 股权激励

股权激励，也称为期权激励，是企业为了激励和留住核心人才而推行的一种长期激励机制。员工获得股权一般需要满足企业制定的条件（通常包括员工在本企业的工作年限和特定目标完成情况等）才予以激励，当被激励的员工满足激励条件时，即可成为公司的股东，从而享有股东权利。从营销渠道管理角度而言，股权激励不仅可以激励中间商，还可以绑定中间商，形成战略合作关系，大幅提升企业的市场表现和销售业绩，并维持优秀的市场业绩。因此，企业可以根据中间商销售产品的增量来判断是否对该中间商实行股权激励以及获取的股权比例。通常中间商的总销售任务完成比例越高，获得的股权越多。股权激励作为一种昂贵的综合性激励手段，应给予志同道合、资源互补的中间商，并根据情况变化及时调整股权比例，对那些能力提升和资源增加的中间商要相应增加股权，反之，则应该减少股权，以便激励和留住那些优秀的中间商。

案例 5-4　　　　泸州老窖的下游经销商股权激励法

在现实中，很多企业激励自己的经销商都会采取返点的形式。泸州老窖公司对下游经销商的激励方法有所不同，它把所有的经销商集中在一起开会，参会者不仅包括泸州老窖的经销商，还包括在中国做得不错的烟酒代理点的小老板。针对这些小老板的需求，即满足当地消费者的需求同时赚点利润，公司提出合作的要求。如果跟泸州老窖合作，第一可以满足他们的利润需求，给予他们绝对大的利润空间；第二可以让他们成为泸州老窖公司的股东。

那么，如何让这些经销商成为公司股东呢？泸州老窖推出了一个机制，假设公司的

> 总股本一共是10亿元，预计从公司的总股本中增发1 000万股，专门给下游的经销商。经销商所获得的股份数额，取决于经销商为泸州老窖创造的价值。比如，销售额完成100亿元就配送1 000万股（指的是泸州老窖酒的销售额，而不是经销商日常卖货的销售额），换句话说，谁有本事一个人从泸州老窖公司进100亿元的酒，这1 000万股份就是他的了。
>
> 当然，一般的小烟酒店，是没有这个能力"独吞"股份的。如果销售额完成了1亿元，那就可以获得1%的股份，1 000万股的1%就是10万股。10万股的股份要不要花钱购买呢？当然要花钱买，而且一分钱都不会少，当初的股票价格是4.68元/股。那么经销商就会问：既然要花钱买股份，市场价格是4.68元/股，卖给我的也是4.68元/股，我凭什么既要进你的酒做你的业务员，又要花钱买你的股份呢？对我有什么好处？
>
> 其实，此处所说的股份购买与市场上的股份购买不同。在市场上花钱购买的股份，买了之后有无风险谁都不敢说；而卖给经销商的股票是确保没有任何风险的。在泸州老窖的股票价格超过4.68元/股的时候，经销商可以用4.68元/股的价格来购买股票赚取差价。这就是泸州老窖给经销商设立的一个股权激励机制。
>
> 这样一来，经销商就会算一笔账：如果是卖其他厂家的酒，只有利润，而不会给经销商配送股份；卖泸州老窖的酒，除了利润，还会有股份的收入，收入多少不确定，但是肯定会有收入，而且还没有风险。于是，很多经销商选择了进泸州老窖的酒。有一年泸州老窖的销售额大涨，企业基本面被市场看好，于是股价就不断上扬，经销商发现股价不断上涨，就更拼命进货、卖货……如此不断循环，结果那一年曾经出现过买国窖1573赠茅台的现象，又恰好赶上了中国股票市场的牛市，所以泸州老窖的股价曾一度上涨到76元/股。当时上海有一家经销商，那一年卖酒倒是没赚什么钱，但是靠进泸州老窖的酒获得的股权配额，把股份卖掉后从中赚的差价就超过了1 000万元。
>
> 国窖1573的牌子在很长时间内家喻户晓！这就是股权整合经销商的魅力和艺术所在！
>
> 资料来源：国窖1573品牌崛起的奥秘：泸州老窖的下游经销商股权激励法，https://www.toutiao.com/a6665293098005824011/?channel=&source=search_tab。

10. 惩罚

根据奖惩结合原则，在所有的激励方式都不能奏效的情况下，企业还必须对有违规行为、又不听指挥的中间商采取惩罚措施，如取消中间商资格或降低经销级别、减少优惠，直至终止合作等。有奖有罚，才能令行禁止，保证整个渠道系统的稳定高效。

本章小结

1. 渠道激励是指为完成分销目标，企业所采取的促使渠道成员高度合作的行为。

2. 激励理论包括需要层次理论、X理论和Y理论、双因素理论、ERG理论、目标设置理论和期望理论等。
3. 渠道激励的原则包括针对性原则、适时原则、适度原则、公平原则、奖惩结合原则。在进行渠道成员的激励管理过程中，企业应当了解成员的需求，进而采取有针对性的激励措施。
4. 根据激励手段的不同，可将激励方法分为直接激励和间接激励两种。直接激励是指通过给予渠道成员物质或金钱的奖励来激发其积极性，从而实现公司的销售目标。

常见的直接激励方式包括折扣、返利、资金支持三种方式。间接激励是指通过帮助渠道成员提高服务水平、提高销售效率和效果来增加其利益，从而激发它们的积极性。常见的间接激励方式包括日常工作支持、协助开发新客户、加强对中间商培训、提供市场情报、促销支持、建立并维护合理的级差价格体系、加强终端管理、精神激励、股权激励、惩罚等方式。

思考题

1. 渠道激励理论有哪些？
2. 实施返利时通常要注意哪些问题？
3. 常用的间接激励方式有哪些？
4. 发现渠道成员需求的方法有哪些？
5. 返利的方式有哪些？

实践训练

一、实训目的
  （1）加深对渠道激励的理解，掌握渠道激励的方法。
  （2）将返利理论运用于实践，提高学生的实战能力。

二、实训内容与要求
  （1）收集一家企业激励渠道成员的实例，对该企业采用的激励方法进行分析和评论，并提出该企业在激励渠道成员方面的改进建议。
  （2）请选择一个新产品，为该产品制订一个返利的方案，方案中应包括返利的标准、时间、内容、形式等。

该实训要求将全班同学分为几个小组，每组4~6人，由各组组长负责安排成员收集资料、讨论、制作报告和演示文稿。由部分小组的代表向全班同学交流其成果，教师进行总结评价，各组根据教师和同学的意见修改报告和演示文稿并提交给教师，教师给出实训成绩。

案例分析

格力集团的渠道激励

格力电器是一家多元化、科技型的全球工业集团，旗下拥有格力、TOSOT、晶弘三大品牌，产品覆盖家用消费品和工业装备两大领域，产品远销160多个国家及地区，为全球超过4亿用户提供满意的产品和服务，致力创造美好生活。2020年，格力电器凭借突出的综合实力再次上榜《财富》世界500强，位列榜单第436位；上榜《福布斯》"全球企业2 000强"第246位，排名较2019年上升14位。《产业在线》公开的2020年度空调品牌内销销量数据显示，格力空调以36.9%的份额排名行业第一，实现26年领跑。

目前，格力电器的产品销售主要依赖于专卖店模式，专卖店销量占总销量的80%左右。格力电器线下专卖店可以分为销售公司直营专卖店、代理商专卖店及经销商专卖店三种。公司销售由区域性销售公司负责，区域性销售公司负责区域内代理商及经销商的对接与管理。从销售层级来看，经销商门店层级最长，需要经过"格力电器—区域性销售公司—代理商—经销商"多个层级，而电商渠道相对较短，只需经过"格力电器—电商"或者"格力电器—区域性销售公司—电商"，层级明显缩减。

一、区域性销售公司优势明显

区域性销售公司首创于1997年，集中了区域内优质经销商资源，进一步增强了公司对渠道的把控力。在区域性销售公司成立前，区域内多家经销商各自为政。1996年，格力在湖北的4家空调经销商为抢占市场份额竞相降价、窜货、恶性竞争，导致格力空调的市场价格混乱，公司利益受损。基于此，格力第一家区域性销售公司诞生了，当时格力和湖北经销商联合，成立以资产为纽带，以格力品牌为旗帜，互利双赢的经济联合体——湖北格力空调销售公司。区域性销售公司联合了每个区域的大型经销商，共同出资参股组建销售公司，格力输出品牌和管理，统一了渠道、网络、市场和服务，产权清晰，激励机制明确，有助于将制造商与经销商组成利益共同体。与传统经销商的模式相比，股份制区域性销售公司优势明显：①集中区域内优质经销商资源，形成利益共同体，统一网络、渠道和服务，有利于优质资源共享；②增强渠道把控力，有效平衡经销商的竞合关系，避免区域内的经销商因为自身利益而使得公司利益受损；③绑定经销商利益，实现公司与经销商的共赢。

二、股权结构引入经销商，深度绑定利益

格力电器的线下渠道依赖于区域性销售公司，全国26家区域性销售公司由北京盛世恒兴格力国际贸易有限公司控制，而北京盛世恒兴的实际控制人徐自发家族也正是河北京海担保投资有限公司（简称河北京海担保）的实际控制人。2007年，为深度绑定经销商利益，公司第一大股东格力集团将其持有的10%的公司股权转让给由公司10家重要经销商组建而成的河北京海担保，作为公司战略合作伙伴引入。截至2019年第一季度，河北京海担保仍持有公司8.91%的股权，为公司第三大股东，河北京海担保的实际控制人与公司线下渠道的实际控制人一致，深度绑定公司与经销商的利益，增强了公司对渠道的把控力，有助于二者协同发展。

三、返利拉动销售积极性，筑就富余利润蓄水池

返利政策是格力渠道布局的重要举措。1995年，格力自创"淡季返利"的销售政策，鼓励客户在淡季投入资金，依据经销商淡季投入的资金数量，给予相应的价格优惠或补偿等，既解决了公司淡季生产的资金短缺问题，又缓解了公司旺季供货的压力。淡季返利在一定程度上能够平滑公司生产和销售的季节性波动，数据显示，2008~2018年间格力家用空调每月产销的波动性明显小于美的。产销季节性的平滑有利于公司充分利用生产资源，提高公司整体的产能利用率。公司而后推出销售返利政策，销售返利是指经

销商在一定时期内累计购买货物达到一定数量，或者由于市场价格下降等原因，公司给予经销商相应的价格优惠或补偿等。董明珠在《棋行天下》一书中提及"1996年凉夏之年结束时，为弥补经销商的损失，返利1亿元，不付现金，按每位经销商销售额的多少，分别打入下一个年度"。销售返利以返还部分利益的方式拉动经销商销售积极性，在一定程度上能够助力公司营收增长。销售返利在拉动经销商积极性的同时也形成了富余的利润蓄水池。长期以来，格力对销售返利采用"无纸化操作"，格力的销售返利以非现金支付，销售返利的计提和兑现主要影响"销售费用"和"其他流动负债"这两个科目，返利的计提和兑现力度变动会影响利润，因此，其他流动负债项目一直被视为公司重要的利润蓄水池。2018年底，公司其他流动负债633.62亿元，其中销售返利618.78亿元，占比达97.66%。

四、流量红利消退，私域有待充分挖掘

互联网逐步从流量进入存量阶段，获客成本不断攀升，私域流量兴起。公域与私域概念相对，公域如同流动的河水，在公共范围内每个企业都可以触达；而私域如同蓄水池，相对私密，私域内的用户可反复利用触达，相较之下私域具有稳定、成本低且可重复利用等多重优势。从公域与私域的角度来看现在家电的渠道：KA和第三方电商平台（京东、天猫等）类似于公域流量的概念，平台销售的家电品牌众多，而家电公司自有的专卖店渠道类似于私域流量的概念，品牌家电专卖店只能销售自身品牌的产品，具有明显的排他性。在线上流量红利消退背景下，互联网运营愈发重视线下市场，并且开始充分挖掘私域流量的可利用性。《2018年中国家电行业年度报告》显示，2018年线下市场渠道格局中除苏宁、国美、五星外，其他渠道占比高达71.5%，其中家电企业的自有渠道贡献了较大比例。家电企业探索自建渠道与当年KA的强势不无关系。2004年，成都国美对空调品类大幅促销，格力被动卷入价格战，交涉无果后选择退出国美，加速自建渠道的进程。2005年，众多家电制造企业为增强自身对渠道的控制力，摆脱对KA的高度依赖，纷纷加入自建渠道的热潮中。

目前，国内三大白色家电龙头中，美的取消了二级经销商，线上对天猫和京东等第三方电商平台的依赖性相对较高，自有渠道销售占比相对低；海尔智家此前改革经销体系，将原有体系内的工贸公司变革为小微公司，划分至体系外，由小微公司自负盈亏，2018年底自有渠道覆盖8 000多家县级专卖店、3万余家乡镇网络；格力电器通过区域性销售公司、返利政策以及将经销商引入股权结构等深度绑定了公司与经销商的利益，具备对渠道的高度话语权，2018年年底公司在国内拥有26家区域性销售公司和4万多家网点。

格力通过区域性销售公司和返利政策筑就了强大的线下渠道体系，线上渠道布局相对较少。格力已意识到自身线上渠道的弱势，正在逐步布局发力。2019年3月，格力与天猫签署了物联网的合作协议，双方将从技术、营销渠道等层面展开深度合作；2019年4月，为进一步完善渠道，促进线上销售，公司在经营范围中增加了电子商务业务，日益优化渠道模式。2020年4月24日，格力电器董事长董明珠开启直播带货首秀，6月1日，董明珠在格力品牌日直播带货，一日累计销售额为65.4亿元，相当于2020年第一季度销售额209.1亿元的31.28%。

资料来源：

1. 林奇工作室.我为什么看好格力？浅谈渠道力的三大支柱[EB/OL].（2019-08-29）[2022-04-01]. https://www.sohu.com/a/337216601_100034414，引用时有改动。

2. 格力电器：2020年年度报告，http://data.eastmoney.com/notices/detail/000651/AN202104281488465557.html。

问题：

1. 格力电器对渠道成员的激励措施有哪些？

2. 运用返利的相关理论分析格力电器的返利政策，并评论其返利政策。

第6章 渠道权力与控制

学习目标

本章介绍了渠道权力的来源和运用、渠道控制的内涵和特点以及渠道控制的内容和方式。通过本章的学习，你应该能够：

1. 理解渠道权力的含义。
2. 掌握渠道权力的来源。
3. 明确渠道权力的运用方式与结果。
4. 认识渠道控制的内涵和特点。
5. 知晓不同渠道成员如何获得渠道控制力。
6. 掌握渠道控制的方式。

本章结构

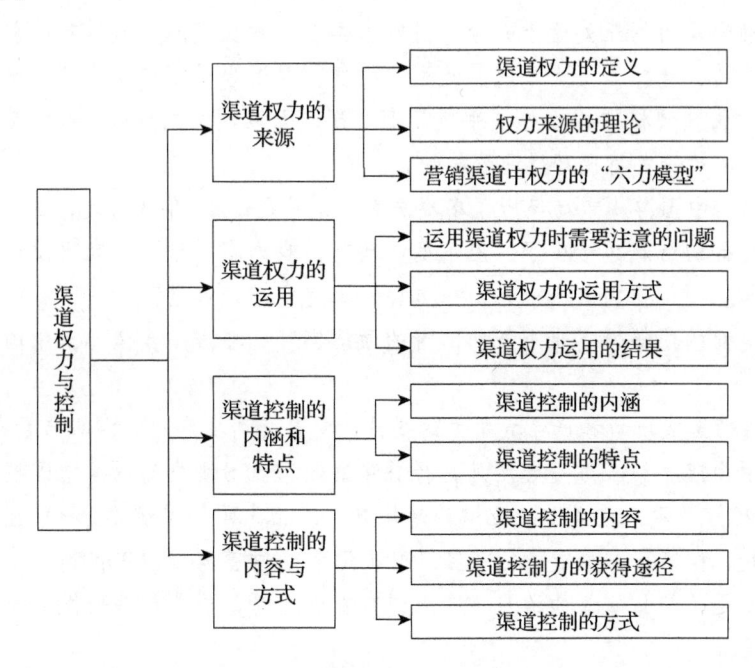

- 渠道权力与控制
  - 渠道权力的来源
    - 渠道权力的定义
    - 权力来源的理论
    - 营销渠道中权力的"六力模型"
  - 渠道权力的运用
    - 运用渠道权力时需要注意的问题
    - 渠道权力的运用方式
    - 渠道权力运用的结果
  - 渠道控制的内涵和特点
    - 渠道控制的内涵
    - 渠道控制的特点
  - 渠道控制的内容与方式
    - 渠道控制的内容
    - 渠道控制力的获得途径
    - 渠道控制的方式

导入案例

腾讯游戏与华为的一场"渠道"之争

2021年元旦，坐拥多款全球最赚钱游戏产品的腾讯，却差点和身为国产手机龙头老大的华为擦枪走火，要从华为应用商店下架包括《王者荣耀》《和平精英》在内的所有腾讯游戏。

2021年1月1日凌晨1点，华为游戏中心紧急发布一则通知。华为表示，腾讯游戏单方面就双方合作做出重大变更，华为不赞同腾讯的提议，不得不依照腾讯单方面要求暂停相关合作。腾讯回应，华为手机游戏平台与腾讯游戏之间的《手机游戏推广项目协议》未能如期续约，导致腾讯游戏相关产品被突然下架。不过，看似剑拔弩张的双方很快就鸣金收兵了。2021年1月1日20点，腾讯游戏官方公告称，经过友好协商，腾讯游戏相关产品已在华为游戏中心恢复上架。

其实这是双方的渠道话语权之争，腾讯率先对手机企业发起挑战，要求国产第一大手机品牌华为按3∶7分成执行，而华为方面则强硬应对：迅速下架腾讯的游戏。或许是囿于华为当前广受国内消费者支持，腾讯又迅速地与华为达成协议，腾讯游戏再次恢复上架。腾讯、华为握手言和的背后，实质是游戏研发商和渠道商在地位和话语权上的较量。虽然这次游戏厂商对手机企业发起的挑战以失败告终，但是，一位业内人士直言，这次争议算是个里程碑，游戏行业变天了。

交火并非只发生于腾讯游戏和华为之间。2020年9月，游戏厂商米哈游发行《原神》和莉莉丝发行《万国觉醒》时，二者几乎是在同一天表示不接受五五分账，放弃在华为、小米、OPPO等主流安卓手机应用商店上架，仅在苹果商店、TapTap、各自官网等几个渠道上线。

这些游戏研发商和渠道商有关收入分配之争并非临时起意。五五分账算是游戏渠道商强势时期的遗留问题。2014年8月，联想、华为、OPPO、vivo、酷派、金立六家手机厂商组成了名为硬核联盟的应用分发营销平台。随后，硬核联盟给出了与游戏研发商五五分账的规则。那时，中国移动游戏市场正处于上升期，游戏种类多、数量多。一款游戏的成功，除了与游戏本身的质量有关，选择能更大限度触达用户的发行渠道也是至关重要的，优质的渠道商自然占据了强势地位。硬核联盟之外，手机厂商小米、互联网公司360、百度应用商店等都以五五分账为准，游戏研发商也只得默默接受。

过去几年里，中国游戏市场经历了多次洗牌。尤其是2018年3月起，游戏版号暂停审批发放，市面上发行的游戏数量少了，应用商店缺乏游戏内容供给，游戏研发商和渠道商的话语权出现了逆转。一位业内人士表示，一方面，渠道商继续维持高抽成；另一方面，主流游戏研发商对渠道商的依赖性逐步走低，二者的矛盾实际还在进一步激化，中国游戏市场正面临新的洗牌。

近年来，随着游戏质量和产品竞争力的提升，对自身研发实力和游戏质量有自信的公司，可以在手机应用商店和第三方平台之外选择更多的渠道。易观发布的《中国移动游戏市场年度综合分析2020》显示，在渠道行业增长趋势方面，相比硬件渠道（硬核联盟、各手机厂商的官方应用市场）和第三方渠道（应用宝、豌豆荚等），垂直渠道（TapTap、九游等）的增长趋势更明显。于是，精品质量的游戏＋多渠道分发的选择，成为游戏研发公司挑战传统手机应用商店的筹码。

正如《原神》2020 年 9 月放弃在华为、小米、OPPO 等主流安卓手机应用商店上架，仅在苹果商店、TapTap、各自官网等几个渠道上线，却也能大获成功。对此，民生证券分析指出，在买量、TapTap 等新渠道模式兴起且云游戏蓄势待发的背景下，传统渠道商的议价能力将进一步减弱，优质内容的价值应该得到重估，有着优秀研发能力的厂商估值有望进一步提升。

资料来源：腾讯战华为：一场"渠道"之争背后，游戏行业变天了，https://ishare.ifeng.com/c/s/v002Qc--x2EKzKdZew8xZt57o3I3lIyDiJOiPKPT8JaQn2c0.

企业建立营销渠道之后，就需要对渠道进行各种管理，其中，渠道控制是渠道管理的一项重要内容。渠道成员需要对其他成员的活动进行控制，对凡是不利于渠道运行、不利于实现渠道目标的行为予以控制，这样才可能让所有的渠道成员协调行动，齐心协力，共同完成渠道任务。本章将探讨渠道权力的来源、渠道权力的运用、渠道控制的内涵和特点、渠道控制的内容与方式。

6.1 渠道权力的来源

6.1.1 渠道权力的定义

要理解渠道权力，首先需要对权力的定义有一定的了解，因为渠道权力从本质上来讲其实也是一种对渠道实施控制的权力。对于权力的研究很多，例如，政治学者达尔（Dahl）认为"A 具有对 B 的权力，即 A 能让 B 做其不愿做的事"。米勒（Miller）和巴特勒（Butler）则认为权力就是一个人控制他人行为的能力。埃兹奥尼（Etzioni）认为权力是在人们相互对立时使对方部分或全部改变的能力。普赖斯（Price）的观点是：权力的本质是影响他人行为的能力[1]。对这些定义进行总结，本书认为，权力就是一方控制或影响另一方行为的能力。

在渠道权力理论中，大多数的渠道理论研究者都是利用社会学中的权力概念来定义渠道权力的。埃尔-安萨里和斯特恩等学者（El-Ansary & Stern，1972）将渠道权力定义为：一个渠道成员对于另一个在同一渠道中不同层次上的渠道成员的影响力，并进一步将渠道权力解释为"某个渠道成员 A 对另一个渠道成员 B 的权力是指 B 在 A 的干预下的行为概率要大于没有 A 干预下的行为概率"。斯特恩（Stern，2001）又进一步将渠道权力定义为"一个渠道成员 A 使另一个渠道成员 B 去做他原本不会做的事情的一种能力"。鲍尔索克斯和库珀（Bowersox & Cooper，1999）等学者则将渠道权力定义为"一个渠道成员影响或者改变另一个渠道成员决策的能力"。虽然各个学者对渠道权力的定义有所不同，但表达的意思是基本一致的，即渠道权力是一个渠道成员对另一个渠道成员行为或决策变量的影响力。

根据上述定义，渠道权力是指一个渠道成员对同一渠道中另一个渠道成员行为的影

---

[1] 罗森布洛姆. 营销渠道：管理的视野：第 8 版 [M]. 宋华，等译. 北京：中国人民大学出版社，2014.

响力。例如，企业迫使中间商必须将畅销品和滞销品或新品搭配进货，或者中间商迫使企业降低产品出厂价，甚至要求企业缴纳进场费等。渠道控制力实际上是中间商与企业之间的一种博弈。对于中间商来说，由于货架空间有限，势必要对众多的企业进行选择，同时会对企业旗下琳琅满目的各类产品精心选购，以利用有限的货架空间获得尽可能多的经济效益。而企业通常希望所有的中间商都采购其产品，并采购其所有的产品种类，以扩大其产品销量。所以，双方之间必然存在矛盾，都想影响对方的行为使其按自己的意愿行事。各方能否达到期望的目标，就要看谁具备更大的影响力。

理解渠道权力应注意两个特殊问题：一是渠道权力是否存在。判断渠道权力的存在与否，关键看一个渠道成员（如企业）能否让另一个渠道成员（如中间商）做了其原本不愿做的事。如果后者本来就想做某件事，正好这时前者来要求后者做某事，后者执行了，在这种情况下不能简单认为渠道权力是存在的，还需要结合其他事件来判断。二是当渠道中双方对彼此都拥有渠道权力时，要分析哪一方能够达到自己的目标。要判断在特定的情况下哪一方渠道权力更强，需要根据具体事件分析渠道权力的来源。

案例 6-1　　　　三只松鼠，在"互联网+"下发展于电商也受制于电商

作为一家靠电商起步的零食企业，三只松鼠恰好赶上了电商发展的红利期。它凭借"坚果+精选零食"的产品矩阵，曾连续9年位列国内主流电商渠道坚果零食类目销量第一。三只松鼠借助互联网将一家零售公司做到了200多亿元的市值，但自2020年5月中旬之后持续下跌，较高点跌幅已超过30%。2020年半年报显示，三只松鼠实现营收52.52亿元，同比增长16.42%，实现净利润1.88亿元，同比下滑41.37%。三只松鼠陷入了"增收不增利"的怪圈，导致三只松鼠进入这种怪圈的原因是什么呢？

三只松鼠发展遇瓶颈，过度依赖线上渠道

作为国内线上休闲食品第一品牌，三只松鼠高度依赖第三方电商平台。2019年，其97%的营收来自线上天猫、京东等渠道，这使得平台拥有更大的话语权。随着平台服务费越来越高，加上物流成本的提升，平台运营费增速远超营收增速。

同时，随着直播带货盛行，多款视频应用成为新增流量入口，导致主流电商平台的流量有所下滑，三只松鼠的线上销售增速有所放缓。为了扩大电商引流入口，三只松鼠通过视频直播等方式继续进行销售。2020年上半年，三只松鼠与各大平台知名主播展开合作，累计开展直播超过50场，实现销售额近2亿元，虽然保障了整体销售额的增长，但同时也增加了获客成本。2020年上半年，三只松鼠的平台运营费继续保持51.3%的高速增长，而营收只增长了16.42%。线上营销成本越来越高，加上线上平台获客越来越困难，三只松鼠陷入了"增收不增利"的怪圈。

2020年短视频平台、生活分享平台、直播平台的兴起带来了流量的重新分配，为此，三只松鼠开始调整线上结构。2020年，在三只松鼠的线上业务营收中（线上业务占比约74%），天猫渠道占比52%，京东渠道占比38%，线上各平台发展进一步平衡。

> **三只松鼠企图打破"增收不盈利"的怪圈**
>
> 为了摆脱对电商平台的过度依赖,三只松鼠采取了扩张线下店和制作动画、多品牌战略的方式争取市场份额。
>
> 财报显示,2020年上半年三只松鼠共新开38家投食店和209家联盟小店。数据显示,三只松鼠2020年度线下业务占比达26%,2021年上半年线下营收已经达到30%。三只松鼠在投资者关系活动记录表中称,未来线上各平台将实现平衡发展,线上线下实现均衡发展。公司业务布局的重心在线下,核心能力依旧在线上,线上起到与用户互动和触达的作用,线下全渠道的布局产生真正稳定的成交。
>
> 三只松鼠先前两次制作动画只花了3 000万元,成本要低得多,但制作动画收到的效果并不太理想。三只松鼠一举设立铁功基、小鹿蓝蓝、养了个毛孩以及喜小雀四大子品牌,分别切入方便速食、婴童食品、宠物食品和定制喜礼业务,探索新的家庭消费场景,但目前来说对三只松鼠的营收影响都不是很明显。
>
> 过度依赖线上平台的三只松鼠,起初吃到了线上流量的红利迅速跻身为行业头部,但随着线上获客成本越来越高,三只松鼠的盈利空间逐渐被蚕食。而三只松鼠现在通过扩展线下门店和制作动画等其他方式进行引流,取得了一定的成效。三只松鼠2021年半年报显示,2021年上半年三只松鼠营收约为52.60亿元,较2020年同期微增0.15%;净利润约为3.52亿元,较2020年同期增加87.23%。
>
> 资料来源:1. 过于依赖电商平台的三只松鼠,尝到了苦果,https://www.sohu.com/a/414929059_100259033,引用时有改动。
> 2. 三只松鼠线上线下"两条腿"并重,新品牌半年亏损近5 000万,https://ishare.ifeng.com/c/s/v0025MK4I5wcoHGSmH5FWfcL39oJ5oo9lySSiG9SJaic-JM,引用时有改动。

渠道成员之间的合作与冲突背后实际上是渠道权力的争夺。渠道权力的分配取决于各渠道成员实力的强弱。实力相对较强的一方在营销渠道中拥有话语权(如产品定价权),而实力相对较弱的渠道成员又会千方百计地增强自身的渠道权力来与之抗衡。简而言之,渠道控制问题的根源就是渠道权力的争夺。只有弄清楚渠道权力的来源,才能更好地增强企业的渠道权力。

6.1.2 权力来源的理论

关于权力的来源有两种理论:一是依赖-权力理论,二是权力基础理论。

1. 社会学视角的依赖-权力理论

埃默森(Emerson,1962)提出了依赖-权力理论。该理论认为,权力来源于依赖。A对B的权力等于B对A的依赖,也就是说,当B依赖于A时,A就对于B拥有权力。同理,当A依赖于B时,B就或多或少对于A拥有权力。在此基础上,斯特恩等学者认为,可以将权力理解为一个渠道成员对另一个渠道成员的依赖程度,因为如果对A有依赖，B 就会改变它通常的行为以适应 A 的需求，B 对 A 的依赖性赋予了 A 潜在的影响力，影响力的大小取决于 B 对 A 的依赖程度。埃默森所提出的理论的重要价值在于，对权力的分析要考虑双方的依赖关系，权力并不是某一方独自拥有的影响力，在相互依赖的关系中，权力是交互的。因此，在营销渠道中，必须从渠道成员关系的背景中来研究权力问题。

2. 社会心理学视角的权力基础理论

社会心理学家弗伦奇和雷文（French & Raven，1959）提出了权力基础理论。这种理论认为，权力来源于特定时点上一方所拥有的权力基础，包括奖赏权力、强制权力、专家权力、合法权力、感召权力。

（1）奖赏权力。奖赏权力来源于一方能够给予另一方某种利益而对其产生影响的能力。如果一方遵从另一方的要求，就会得到某些报酬。

（2）强制权力。它基于一方惩罚另一方的能力。奖赏权力与强制权力可以相互转化。如果一方为另一方提供某种利益，那么是在使用奖赏权力；相反，如果一方撤销或威胁要撤销这种利益，则是在使用强制权力。

（3）专家权力。它来源于一方所具有的某种专业知识。专家权力与奖赏权力是不同的，奖赏权力中提供给另一方的某种优惠可以撤回，而专业知识作为一种资源，一旦将其提供给另一方，就不可能再撤回。

（4）合法权力。它来源于一些成文或者不成文的规则。例如，合同或协议中规定的权利或义务。合法权力与强制权力是不同的，强制权力没有法律保证，不需要法律机构插手，一方就可以对另一方直接惩罚，而合法权力通常有法律保证，一方违法时另一方可以通过法律机构对其进行惩罚。

（5）感召权力。它来源于一方的声望和地位，这种声望和地位对另一方有较强的吸引力，能够获得对方的认同与尊重。

从企业资源基础理论的视角来看，企业是在一个管理框架下联结在一起的各种资源的组合，这些资源包括有形资源与无形资源，也包括获取和运营各种资源的能力。无论是依赖-权力理论还是权力基础理论，都派生于有价值的资源。从静态视角来看，这两种理论统一于企业所拥有的资源，权力实际上是通过占有与掌握对方认为重要的资源而获得的。而从动态视角来看，这两种理论则统一于企业获取和运营各种资源的能力。通常，那些对方急需且难以替代的资源价值最高，占有这些资源的一方就拥有较大的权力。

6.1.3 营销渠道中权力的"六力模型"

渠道权力有多种来源，其中既有强制性的权力，也有非强制性的权力。弗伦奇（French）和雷文（Raven）教授将权力基础定义为一方对另一方施加权力的源泉或根源，

㊀ 科兰，安德森，斯特恩，等.营销渠道：第7版[M].蒋青云，王彦雯，顾浩东，等译.北京：中国人民大学出版社，2008.

他们提出了五种权力基础：奖赏权力、强制权力、合法权力、感召权力、专家权力[一]。后来，雷文教授和克鲁格兰斯基教授又补充了信息权力，合称营销渠道中权力的"六力模型"，如图6-1所示。

1. 奖赏权力

奖赏权力（reward power）是指某个渠道成员通过向其他渠道成员提供某种利益而对其产生的权力，又称为报酬力。奖赏权力的基础是渠道权力主体拥有权力客体认为有价值的资源，而且权力客体相信自己如果遵从权力主体的要求，就能获得该资源。渠道权力主体必须既有

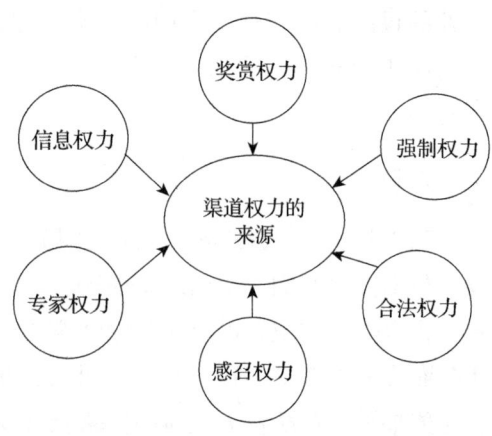

图 6-1 营销渠道中权力的"六力模型"

给予报酬的能力，又有给予报酬的信誉，二者缺一不可。报酬通常以很实际的经济收益形式出现。企业提供的奖赏项目常见的有：提供能带来高利润的产品、地区独家经销权、功能性折扣和促销津贴等。要想保持营销渠道的长期稳定，企业、中间商都必须能够获得利润，这是长久合作的基础。当然也有例外，就是渠道成员受合同约束不能从不盈利的渠道中撤出。但一旦合同到期，得不到满意经济回报的成员一定会从渠道中迅速撤出。所以，长久合作必然是以奖赏权力为基础的。这种奖赏权力与强制权力构成了渠道权力的两种最基本的来源，所谓的"赏罚分明"就是对这两种权力的最好诠释。

奖赏权力通常与企业的实力关系密切。只有企业拥有中间商所认可的资源，具有强大的实力，同时有丰富的指挥、控制渠道行为的经验与良好的奖赏记录时，中间商才会认同企业的指挥，相信自己通过采取企业要求的行动会产生预期收益，并能从收益中得到企业给予的奖赏。例如，家电零售商一般比较喜欢经销格力空调和海尔冰箱，就是因为这两家家电企业实力强、信誉好，并经常给予零售商促销支持，产品销量好，零售商可以从中获取较大的利润。

企业在运用奖赏权力时应注意五个问题：一是奖励资本限制。例如，假设一家保健品企业对全力实施其促销活动的中间商进行现金奖励，则其奖励的资本限制就是它从整个促销活动中所获得的额外利润。如果执行的奖励是给予某款热销保健品，则其奖励的资本限制就是这款热销保健品的存货。二是奖励效果的可靠性。企业希望通过奖励既能调整中间商的行为，又能改变它们的看法。但很多时候奖励可能只是改变了中间商的行为，并没有改变其看法。例如，有的中间商可能将提供奖励看作当前渠道政策不当的表现，也有的中间商可能将奖励看作一种贿赂。这些看法会使企业的奖励效果大打折扣。三是提供奖励会减少影响者的收益。当然，这是一种利益共享，有利于渠道的长期稳定，从整体来看还是值得的。四是连续的奖励会导致效用递减。中间商获得的某种奖励越多，该奖励对其价值就越小，中间商也就越不愿意实施企业所要求的行为。五是有可能会

[一] 罗森布洛姆. 营销渠道：管理的视野：第8版 [M]. 宋华，等译. 北京：中国人民大学出版社，2014.

造成中间商的奖励依赖。中间商执行企业的命令不是出于对企业命令的认同，而是为了额外的报酬。时间长了，中间商会养成为了额外报酬而行动的观念。以后每当企业要求中间商执行某种职能或活动时，中间商都会要求提供额外报酬，没有报酬就不予配合和行动。

2. 强制权力

强制权力（coercive power）是指某个渠道成员对其他渠道成员施加惩罚的权力。强制权力包括减少利润、取消承诺的酬金、罚款、延期交货、减少供货数量或品种、停止供货和中止合作等措施。以企业与中间商为例，强制权力就是当中间商不肯实施企业要求的行为时面临的制裁或惩罚威胁，如罚款、断货，甚至停止合作。强制权力行使的前提是权力客体如果没有遵从权力主体的要求就会受到某种惩罚的心理预期。强制权力与奖赏权力的相似之处，在于两种权力都来自权力客体的主观感受与认知。企业使用强制权力是否成功，取决于中间商对惩罚的认识、惩罚的可能性大小、惩罚的后果等多种因素。

强制权力在渠道关系中普遍存在。拥有强制权力的渠道成员往往在渠道中居于优势地位，如垄断、掌握优势资源、持有合同等。以 Gallo 葡萄酒公司为例，该公司要求中间商必须购买其 40 多个牌子的葡萄酒，而实际上大多数中间商不愿意要其中的很多牌子。但除非中间商愿意购进销量低甚至质量差的葡萄酒种类，否则 Gallo 公司就不把畅销的、利润高的酒卖给中间商。因为 Gallo 公司是全美最大的葡萄酒公司，占据行业主导地位，所以多数中间商无可奈何，只好屈服于该公司的强制权力。其实中国很多行业的企业对其中间商也有同样的要求，中间商为了合作也大都会服从。

应当指出，能实施强制权力的并不限于企业。特定行业规模巨大或处于垄断地位的中间商也同样可能拥有强大的强制权力。例如，世界零售业巨头沃尔玛就拥有这种强制权力。它利用自己的垄断地位，要求所有的供货商必须将价格降低到沃尔玛认可的程度，这种价格往往要比供货商向其他渠道成员供货的价格低得多。虽然供货商并不愿意，但迫于沃尔玛的压力，它们也需要沃尔玛帮助销售产品，所以大部分供货商最终不得不接受。中国家电领域的某些家电专业连锁中间商也具有同样的强制权力，它们往往向家电企业收取促销费、管理费、进场费、产品上架费、选位费、节庆空飘费等各种费用，同时还大量拖欠企业货款，利用付款间隔沉淀大量现金，依靠压榨企业的利润支撑它们的年营收和净利润的增长，这也使得它们与供应商之间的关系越来越紧张，导致众多供应商怨声载道。

虽然人们总是希望领导者赏罚分明，但实际上在现实生活中，权力客体对权力主体运用奖赏权力和强制权力的感受是截然不同的。权力客体会把惩罚或制裁看成对它们企业的一种攻击。所以，对于强制权力一定要慎用。只有在其他方法都用过仍无效的情况下，才应该考虑使用强制权力，否则可能会招致权力客体的防卫与反击。一般来说，当权力客体感觉到权力主体在威胁自己时，他们会降低与权力主体做生意所得利润的预期。这会导致它们对权力主体的不满增加，更易发生冲突。在强制权力下它们可能会屈服，但私下里会想方设法消极怠工，降低合作级别，甚至终止合作，转向竞争者。这意味着会使权力主体的强制权力运用效果大打折扣，甚至起到反作用。

权力主体在使用强制权力前，要对权力客体的反击行为进行考虑。要同时考虑运用强制权力的短期效应（权力客体的不合作反应）、中期效应（权力客体的不信任表现）和长期效应（权力客体对这种关系不愿投入，甚至不愿再合作的反应）。使用强制权力是有成本的，会损害渠道成员之间亲密的合作关系，而这种损害很多时候是在权力主体并未察觉的情况下发生的。所以，权力主体应综合考虑使用强制权力的成本与收益，比较之后再做出明智的决策。

当然，使用强制权力有成本、有风险，也并不意味着不能使用强制权力。强制权力运用得好，很多时候还是可以收到良好效果的。例如，一些企业为提高采购效率，降低库存成本，会要求其原材料供应商采用相应的 ERP 系统，以和自己的电子订单处理系统相匹配。最初原材料供应商大都是被迫采用 ERP 系统的，因为不采用就拿不到企业的订单。但后来的发展证明采用 ERP 系统虽然有一定投入，但它提高了企业管理、销售效率，节约了成本，对原材料供应商的长远发展是非常有利的。所以，它们大都会原谅企业最初采取强迫手段的行为。克服这些威胁产生的危机实际上增进了渠道关系。

3. 合法权力

合法权力（legitimate power）是指一个渠道成员让其他渠道成员感到有责任与义务按照自身要求去做而对其产生的影响力。这种权力来源于渠道中成文或不成文的规则，这些规则规定一个渠道成员有权对其他渠道成员施加影响，其他渠道成员有义务接受这种影响。在公司内部，合法权力普遍存在，表现为下级要向上级汇报工作，接受上级的指挥。但在营销渠道不同层次的成员之间，因为各成员是不同的独立组织，彼此之间不存在上下级关系，所以，合法权力的实施形式与公司内部的就有所不同。在营销渠道中，合法权力有两种来源：一是法律意义上的合法权力，包括国家的法律法规与组织之间签订的合同。二是传统意义上的合法权力，即社会传统观念与规范。对于有严密合同制约的营销渠道，合法权力的主要来源是渠道成员之间签署的合同。例如，特许经营渠道系统中就拥有最强的合法权力，这种权力的基础来源于双方签署的特许合同，在合同中明确规定了双方几乎所有的权利和义务。而对于组织关系松散的营销渠道来讲，可能双方根本就没有签署合同。此时，它们可能会按照对双方关系的传统观念或习惯行事。在这种情况下，合法权力就来源于传统观念或习惯的道德规范。所以，合法权力主要来源于正式的合同，在某些情况下也可能来源于其他非合同的标准。企业为增强合法权力会采用多种手段，如采用契约式垂直渠道系统，成立"批发商俱乐部"，或者干脆进行特许经营，把渠道商变为加盟性或合营性的内部成员，从而享有绝对的合法权力。

4. 感召权力

感召权力（referent power）是指某个渠道成员因在渠道中拥有较高的声望与地位或

其他资源而对其他渠道成员产生的影响力，也称为认同权力或参照权力。对于个人而言，感召权力更多的是源于渠道成员的个人魅力。例如，某些零售采购员特别佩服某个厂家的销售经理，该经理的魅力来自其个人经历、性格、谈吐和举止，这就形成他的感召权力。对于组织来说，感召权力来源于权力主体的声望与地位。如果某个渠道成员拥有良好的品牌、声誉、形象、威望等，会赢得其他渠道成员对它的心理认同与尊重，就会有很多其他渠道成员愿意追随它。一般这样的渠道成员都是营销渠道中的核心成员，而且大都是领导者。例如，苹果、微软、宝洁、沃尔玛、海尔、腾讯等国际知名公司在其各自的营销渠道系统中就有很强的感召权力，很多渠道成员都愿意与之建立长期稳定的合作关系，也心甘情愿地按它们的要求行事。因此，具有感召权力的渠道成员可能是企业，也可能是中间商，或者两者互有感召权力。优秀的企业会选择同样优秀的中间商建立营销渠道。同样，优秀的中间商也会选择优秀的企业进行合作，这样才能适应彼此的定位和形象，实现共同的目标。

5. 专家权力

专家权力（expert power）是指某个渠道成员因具有某种专业知识而产生的对其他渠道成员产生的影响力。当某个渠道成员具有特定的知识、技术、技能或专长，并以此使其他渠道成员信服时，它就具有了专家权力。专业知识的影响既有可能从渠道上游传向渠道下游，也有可能从渠道下游传向渠道上游。前者如企业帮助中间商或者批发商帮助零售商加强经营管理、提高销售技能、改进终端建设等，零售商出于对企业或批发商专业知识的信服而接受建议；后者包括零售商通过与消费者的直接接触，了解到消费者需求的信息，从而向企业或批发商提出相关建议。当然，企业或批发商是否接受，取决于零售商的专业知识，也就是提出的建议的水平。一个利用专家权力影响渠道成员的例子是宝洁公司的"节约库存的多品种销售计划"，该计划帮助零售商在保持最小剩余库存的同时销售宝洁公司的多种产品以满足不同顾客的需求。在特许经营模式中，专家权力的影响尤为明显。特许人会对受许人开展业务培训，移植有效的经营管理模式，帮助它们提升经营绩效，这些都表现为专家权力。实际上，在特许经营中，专业知识是受许人获得的最主要的价值之一。

6. 信息权力

信息权力（information power）是指一个渠道成员向其他渠道成员提供某类信息的能力。信息权力和专家权力有些相似，两者提供的都是无形的内容（知识、技能、信息），提供后都不能再收回。但两者在形成基础方面有本质的不同：专家权力是某个渠道成员经过长期经验积累或者接受专业训练而形成的；信息权力则是由于某个渠道成员容易接触到某一类信息，从而具备了更多的知识，任何渠道成员都有可能因为得到真实可靠的信息而具备这种权力。通常来说，企业会掌握更多新产品开发方面的信息，而零售商则会掌握更多的各种商品销售情况的信息。所以，当企业需要了解竞争对手的销售情况时，可以对零售商进行调研。

6.2 渠道权力的运用

6.2.1 运用渠道权力时需要注意的问题

从企业的角度来看，为了实现分销目标，企业需要运用渠道权力来影响渠道成员的行为，而要运用渠道权力，就必须知道有哪些可以运用的权力基础和应该运用哪些权力基础。因此，运用渠道权力时需要注意下列两个基本问题。

1. 识别可行的权力基础

在多数情况下，渠道管理者都能轻易辨明各种权力基础，通常可以通过渠道成员之间规模的对比、渠道组织模式、环境的改变等来识别。

首先，从组织规模来看，大型企业对与其合作的规模较小的中间商拥有较大的奖赏权力和强制权力。例如，像沃尔玛、麦德龙、亚马逊这样的大型零售商对与其合作的规模较小的供货商拥有较大的奖赏权力和强制权力。当然，渠道成员之间这种规模化差异并不意味着规模大的渠道成员将自动拥有奖赏权力和强制权力的优势，只是说明存在较大的可能性。

其次，就渠道组织模式而言，在合同式垂直渠道模式中，特许经营系统下的合同就为特许人提供了强大的合法权力，也拥有较多的专家权力。而传统渠道模式下的松散的渠道组织就难以为企业带来合法权力。

最后，环境的改变可能会产生某些特定的权力基础。例如，对于科技含量较高的新产品，在这种产品的导入期，由于企业是唯一懂得产品技术、懂得如何宣传产品性能和特色的渠道成员，因此企业就拥有强大的专家权力，中间商几乎会全部接受企业的促销建议。

当然，有些情况下要辨明权力基础并不容易。但只要能仔细考察渠道关系、组织模式及环境变化等问题，仍然可以找到可以运用的权力基础。例如，对于销售鲜花的花店，供货的批发商对花店的渠道权力就极为有限，因为花店完全可以从其他批发商那里轻易地以相同的价格买到类似的鲜花。同样，花店对花卉批发商的渠道权力也是有限的。

2. 选择并利用适当的权力基础

在辨明权力基础之后，渠道管理者就须选择并利用恰当的权力基础以运用权力，这是一个更为复杂和困难的问题。正如前面的分析，正确实施权力，可以改善渠道成员间的关系；强制权力的运用，虽然可以迫使渠道成员去做渠道管理者想做的事，但也会导致渠道关系的恶化。所以，为了改善渠道关系，渠道管理者在选择并运用权力基础影响其他渠道成员时，必须了解各种权力会如何影响渠道成员完成分销目标，渠道成员对各种权力会做出什么反应，以及各种权力会对渠道的全局关系产生什么影响。只有全面考虑这些问题，渠道管理者才能做出合适的选择。

6.2.2 渠道权力的运用方式

渠道权力的运用是企业对渠道成员的行为与决策施加影响的过程。渠道权力作为一种潜在的影响力，拥有渠道权力的渠道成员不一定会运用权力。研究表明，渠道成员行使渠道权力的可能性取决于其所拥有权力的多少，也就是说，拥有权力较多的渠道成员更有可能将潜在的影响力转化为实际的权力。企业要将潜在的影响力转化为能被其他渠道成员感知到的实际权力，通常有两种方法：一是渠道管理者运用企业拥有的权力基础，二是渠道管理者对其他渠道成员采取不同的影响策略。

1. 渠道权力的运用方式：运用权力基础

根据社会心理学中的权力基础理论，渠道权力有五种基础，分别是奖赏权力、强制权力、合法权力、感召权力、专家权力。运用权力基础的观点相当于企业运用这些来自不同基础的权力。但是这五种权力之间的界限并不清晰，这些权力并不是相互独立的，而是相互作用的。营销学者按照比较宽泛的类别将五种权力分成两组，以下有两种典型的分类方法[⊖]。渠道管理者可以根据情况运用不同类别的权力。

一是强制性渠道权力和非强制性渠道权力。强制性渠道权力即强制权力，其运用常常伴随着命令、惩罚、威胁等较为强制的方式；非强制性渠道权力包括奖赏权力、合法权力、感召权力和专家权力等，其运用则通常表现为提供各种报酬、支持和信息等协助。如果企业减缓了对中间商的供货速度，那么企业就是在使用强制性权力，因为企业撤销了原本属于中间商的权益，这会使中间商遭受损失；而如果企业加快对中间商的供货速度，则企业是在使用非强制性权力，因为企业为中间商提供了更多的支持，以避免中间商由于缺货而丧失销售机会。

二是调解性权力和非调解性权力。调解性权力包括强制权力、奖赏权力和法律的合法权力。运用调解性权力时，企业通过向中间商展示权力，可以让中间商感知到并承认权力的存在。调解性权力具有一定的强制性特征。例如，一些企业认为推出新产品非常重要，为了让中间商积极分销这种新产品，会运用奖赏权力给予中间商额外的促销支持。中间商分销该新产品可能并非出于自愿，而分销行为受到企业影响的中间商可能会觉得其自主权受到了一定的侵犯，因而奖赏权力的运用具有一些强制性特征。而法律的合法权力是以商法体系为保障的，如果在双方签订的合同中规定了中间商既要分销企业的畅销产品，也要为企业推广其新产品，那么中间商就必须这样做，中间商就会觉得推广新产品的行为是受到了某种程度的胁迫，因而法律的合法权力具有较强的强制性特征。非调解性权力包括专家权力、认同权力和传统的合法权力，这种权力即使运用，也很难被中间商感知到。非调解性权力则不具有强制性特征。非调解性权力主要是通过向中间商提供各种各样的协助与支持来潜移默化地影响对方的渠道行为，中间商不会感觉到对方侵犯了自身的自主性，而是其自愿地改变了其行为。

⊖ 科兰，安德森，斯特恩，等.营销渠道：第7版[M].蒋青云，王彦雯，顾浩东，等译.北京：中国人民大学出版社，2008.

2. 渠道权力的运用方式：影响策略

在营销渠道研究中，弗雷泽和萨默斯（Frazier & Summers，1984）将影响策略定义为企业执行其权力来改变渠道成员之态度或行为的沟通内容和结构[○]。弗雷泽和萨默斯（Frazier & Summers，1984）对 40 家汽车经销商和 7 家独立的医疗用品与设备批发商进行访谈，并结合社会心理学、社会学、组织行为以及营销方面的文献，将渠道权力的影响策略归纳为以下六种。

（1）信息交换策略（information-exchange strategy）。渠道管理者只与渠道成员们讨论一般的商业议题和广泛的经营哲学，尽管渠道管理者的目的是想改变渠道成员的态度和看法，进而让渠道成员自愿做出有利于渠道管理者的决定，但渠道管理者并不明确说明想要渠道成员去做什么。例如，制造商与零售商一起商讨如何陈列和推荐其新产品对零售商更好。

（2）建议策略（recommendation strategy）。渠道管理者对渠道成员提出建议，说明如果渠道成员按照这些建议采取相应的行动，则渠道成员将会获得更好的效益。例如，如果零售商按照制造商的建议陈列和推荐新产品，零售商就能盈利。建议策略与信息交换策略较为相似，实际上并不一样。与信息交换策略相比，建议策略明确表达了建议渠道成员采取的行动。

（3）威胁策略（threat strategy）。渠道管理者告知渠道成员，如果渠道成员不按照渠道管理者的要求去做，则渠道管理者就会对渠道成员进行某种惩罚。例如，如果零售商不按照制造商的要求陈列和推荐新产品，制造商就会减少畅销品的供货数量。

（4）法律策略（legalistic strategy）。渠道管理者与渠道成员签订了合同（或者协议或备忘录），这意味着渠道成员已经同意按照合同条款执行，如果渠道成员不履行合同，渠道管理者就可以到法院起诉渠道成员。例如，如果零售商不按照合同中规定的要求陈列和推荐新产品，那么制造商可以通过法律途径维护自己的权益。

（5）许诺策略（promise strategy）。渠道管理者明确地向渠道成员承诺，如果渠道成员按照渠道管理者说的去做，渠道成员将获得来自渠道管理者的某种奖励。例如，如果零售商按照制造商的要求陈列和推荐新产品，制造商就会给零售商额外的促销费用。

（6）请求策略（request strategy）。渠道管理者希望渠道成员按照渠道管理者说的去做，而未提及或直接暗示对方任何顺从与否的后果。例如，制造商希望零售商向顾客推荐其新产品。

渠道管理者要想把潜在的影响力变为现实权力，可以对渠道成员采取不同的影响策略，这些影响策略其实都是建立在相应的权力基础上的，如表 6-1 所示。

表 6-1 影响策略与渠道权力基础的对应关系

影响策略	必要的渠道权力来源	影响策略	必要的渠道权力来源
许诺策略	奖赏权力	请求策略	感召权力、奖赏权力、强制权力
威胁策略	强制权力	信息交换策略	专家权力、信息权力、奖赏权力
法律策略	合法权力	建议策略	专家权力、信息权力、奖赏权力

○ FRAZIER G L, SUMMERS J O. The use of influence strategies in interfirm relationships in industrial channels[J]. Journal of Marketing, 1984（48）: 43-55.

一般来说，渠道管理者可以综合运用全部的六种策略。在运用这些影响策略时，可以一种策略为主导，辅以其他策略作为补充，如以法律策略为主导，辅以威胁策略增加效果；或者以许诺策略为主导，辅以信息交换策略和建议策略。渠道管理者应结合渠道权力来源、渠道成员实际情况等采取相应策略。

在后续的研究中，弗雷泽和萨默斯（Frazier & Summers，1986）进一步对40位经销商的委托商进行人员访谈，将影响策略分为强制式影响策略（coercive influence strategy）与非强制式影响策略（noncoercive influence strategy），并提出六种制造商销售代表最常采用的强制式与非强制式影响策略[⊖]。弗雷泽和萨默斯将强制式影响策略定义为，渠道成员若未顺从渠道管理者，则渠道管理者将对渠道成员施予负面的制裁，包括威胁策略、法律策略和许诺策略；而将非强制式影响策略定义为，渠道管理者使用正面性的结果促使渠道成员顺从的策略，且主要着重于改变渠道成员的信念与态度，此种影响策略包括请求策略、建议策略和信息交换策略。大量实证研究的结果发现，使用强制性权力常常会引起权力客体的不满，甚至产生反作用力（权力客体以相同的影响策略来回应），进而发生较为严重的渠道冲突，降低渠道合作水平；使用非强制性权力，由于是通过利诱的方式改变合作伙伴的行为或态度，其要点在于让合作伙伴意识到顺从得到的利益要大于不顺从得到的利益，从而自愿地改变自己的行为或态度，因此一般不会引起权力客体的强烈不满，也不会导致较为严重的渠道冲突。渠道权力的运用策略，并不是一成不变的，渠道管理者必须根据内外部环境的变化，及时改变渠道的运用策略，否则，很可能会使自己的渠道管理陷入被动。案例6-2就较好地反映了这一点。

案例6-2　　格力陷入渠道权力运用策略的旋涡

2020年8月6日，数百名山东经销商围坐一堂，庆祝山东盛美卓越电器销售有限公司（以下简称"山东盛美"）成立。这家新公司是美的空调在山东的第四个业务平台。

令人感到意外的是，在场的经销商大多来自美的的老对手格力，且不乏销售干将。据《临沂晚报》报道，这些干将过去常在格力经销商大会上鼓舞人心，喊出"一日格力人，一生格力情"等金句。而这天，口号却变成了"卖空调选美的""买空调选美的"。

对于经销商反水一事，原格力电器山东销售公司总经理段秀峰曾发表声明称："山东盛美的成立是原格力电器山东销售公司员工的个人选择，原格力业务团队带领客户集体投奔美的是不实报道。"截至新闻发稿时，格力方面尚无官方回应。

尽管流向美的的经销商只是一小部分，但就格力与其经销商强捆绑的关系而言，后者"反水"的情况仍属罕见。

山东的经销商们与格力积怨已久。四个月前，在山东格力一年中最火爆的销售活动"红四月"期间，格力电器山东销售公司——山东盛世欣兴格力贸易有限公司向其所辖区域内的经销商们发出了"封杀令"，要求终止促销，双方停止一切合作，格力选择撤场。

⊖ FRAZIER G L, SUMMERS J O. Perceptions of interfirm power and its use within a franchise channel of distribution[J]. Journal of Marketing Research, 1986, 23(2): 169–176.

这些被格力电器山东销售公司封杀的经销商，正是与山东格力合作多年的商家。一位参与其中的卖场人员表示，格力此次"封杀"的经销商基本都是家电卖场。格力之所以与之反目，极有可能与美的有关。

格力所面临的现状，与其多年的渠道权力运用策略有关。根据格力公布的数据，目前格力在全国拥有30多家销售公司、3万多个终端网点，这些密密麻麻的网点构成了一个庞大的销售网络，成为这家公司多年雄踞市场霸主地位的根基。但同时，这个体系需要持续且巨额的利润来维持运转。一旦缺少利润投喂，格力的根基也将动摇，山东经销商反水就是最好的例子。

格力渠道的问题在经历2017年、2018年的业绩飞速增长后便开始显现。空调市场景气之时，格力的返利政策可以让经销商更卖力，销量也水涨船高；但若情况相反，尤其在疫情重创线下渠道后，格力必然首当其冲，这也是格力加快渠道改革的原因。

在2020年5月的格力业绩说明会上，董明珠表示，渠道改革仍是困扰格力的问题，改革要做，但如何平衡数万名线下经销商的利益仍需要慎重考虑。她还承认"格力在渠道改革上动作确实慢了"。格力"动作慢"的原因是其与经销商的捆绑太强。

20多年前，董明珠一手开创"区域厂商股份合作制"，由每个省的几家大经销商共同出资，参股组建销售公司，共同占有区域市场。这种利益共同体帮助格力掌握了价格话语权，规避了区域经销商之间的恶性竞争。2011年，格力将各个区域公司整合为一家全国性的贸易公司，进一步掌控全国渠道。

除此之外，格力还用独创的返利策略进一步捆绑渠道商：为经销商设定增长目标，如果达成则在年底给予总销售额的一定比例作为奖励。但在不景气的年份，渠道商库存高企无法转手，还会把渠道商深度套牢。

这一系列对渠道强势管控的模式，虽然避免了渠道商之间的利益纠纷，但也可能造成大量空调库存积压，成为难以甩掉的包袱。

资料来源：根据"陆柯言、宋佳楠《业绩下滑，渠道商反水，格力故事要如何讲下去》改编，https://www.jiemian.com/article/4913349.html。

6.2.3 渠道权力运用的结果

不同渠道管理者运用渠道权力所产生的结果可能存在较大的差异，有些是直接的结果，有些是间接的结果；有些结果是短期的结果，有些是长期的结果，这种差异会影响到渠道关系质量与绩效。渠道权力运用通常会产生以下四种结果。

1. 拒不执行

这种结果是渠道成员无法接受渠道管理者所提出的要求，是营销渠道管理断裂的一种表现。拒不执行往往会造成企业与其渠道成员之间的关系恶化或破裂，如果没有找到解决渠道成员之间矛盾的有效方法，会导致一些渠道成员流失，甚至出现渠道系统的解体。渠道管理者应该认识到，在企业实际的经营决策过程中，营销渠道的建立、协调和维护需要渠道成员共同努力才能实现，进而才能提高本企业的市场竞争力，保障企业的长期盈利和健康发展。因此，渠道管理者在行使渠道权力时，应该预测渠道成员对所运用的渠道权力的反应，然后仔细斟酌，再选择最有利于企业渠道发展的决策。

2. 被迫服从

这种结果以渠道成员对渠道管理者的要求直接做出回应的方式来展现。渠道成员按照渠道管理者的要求改变了其原来的行为，可以使企业获得直接的短期收益。强制权力、法律的合法权力及奖赏权力的运用会使渠道成员产生服从行为。为了逃避惩罚或者获得报酬，渠道成员出现了服从行为，但渠道成员的服从行为是身不由己的，并非自觉自愿而改变行为。因此，被迫服从是一种短期的、不稳定的结果。一旦惩罚或报酬等驱使渠道成员服从行为的诱因不存在，服从行为也就随之消失。被迫服从会影响到渠道关系质量和长期绩效。虽然渠道成员表面上服从渠道管理者，但心理上不仅难以接受，还可能在价值观念和态度等方面走到渠道管理者的对立面而产生冲突的隐患，这对渠道关系的维系和渠道的长期绩效提升是不利的。

3. 认同行为

这种结果是渠道成员按照渠道管理者的要求自觉自愿地改变了行为。在渠道成员对企业认同的情况下，不仅会内在地认同渠道管理者的做法与行为，还会自觉自愿地按渠道管理者的要求直接做出相应的反应。感召权力和专家权力的运用会产生认同行为。例如，与在物流方面对零售商施加影响相比，一个知名品牌厂家在品牌管理方面对零售商施加影响更能获得零售商的认同，因为零售商认为该厂家是品牌管理方面的专家，就会自愿按该厂家提供的品牌建议来运作。因此，渠道成员的认同行为仅限于对渠道管理者产生认同的基础范围内。认同行为会影响到渠道成员的态度与价值观，有利于改善渠道的长期绩效。

4. 内化行为

内化行为是由于渠道成员的价值观念与渠道管理者的要求基本一致，双方有着共同的价值观。传统合法权力的运用会导致内化行为的产生。在双方有共同的价值观与目标的情况下，渠道成员会产生内化行为。由于内在价值观与外在目标相统一，内化行为比认同行为更能产生持续较长时间的影响。虽然内化行为并不必然地伴随着直接、快速的服从行为，但是，它有助于彼此在长期内形成紧密的渠道关系，并提高渠道的长期绩效。在运用渠道权力时，渠道管理者需要权衡渠道的短期收益与长期绩效，要注重渠道的长期绩效而非短期收益。

6.3 渠道控制的内涵和特点

6.3.1 渠道控制的内涵

渠道控制是管理控制在渠道领域的具体应用，是一个渠道成员对另一个渠道成员的行为与决策变量成功施加影响的过程。渠道控制的本质是对渠道成员的行为进行控制，它也是一种跨组织控制、相互控制（或交叉控制）和结果导向的行为过程[⊖]。渠道控制之所以产生，是因为渠道成员相互依赖，大家既有共同的利益，也有不同的利益。如果不实施控制，渠道成员各行其是，只为自己的利益考虑，就产生不了共同的合力，行为效果相互抵消，最后使整体利益受损。一般来说，渠道控制是指企业对中间商的控制，但中间商也可以对企业进行控制，因为控制是依赖实力的。有时我们会看到，在实力相差无几的情况下，会出现企业与中间商争夺渠道控制权的现象，如家电行业中国美、苏宁等大型家电专业连锁企业与家电企业对渠道控制权的争夺。

渠道控制问题由来已久，早期主要是从经济学角度研究这一问题的。直到 20 世纪 70 年代初，斯特恩等学者将行为科学方法引入渠道研究领域后，对该问题的研究才逐渐转向行为科学范式。斯特恩（Stern，1967）认为渠道控制是一个渠道成员就某一特定产品（或品牌）为其他渠道成员制定营销政策的能力。这一观点将渠道控制视为一种能力，很容易导致该概念与渠道权力概念的混淆。巴克林（Bucklin，1973）将渠道控制定义为"个人、群体或组织有目的地影响其他个人、群体或组织行为的过程"。这个定义就将渠道控制界定为对行为的控制，回归渠道控制的本质，但该定义并未和营销渠道相结合，所以只是一个泛泛的概念。根据这两个概念，很多人都认为渠道控制与渠道权力是两个等同的概念。但也有很多学者认为两个概念并不相同，渠道权力是一个渠道成员影响另一个渠道成员决策变量的能力，只是一种潜在的影响力，而渠道控制是指一个渠道成员对另一个成员行为和决策变量的实际影响，体现的是权力应用的实际结果。所以两者既有联系又有区别，渠道控制既可以通过运用渠道权力来成功地影响渠道成员，也可以通过合作、参与、关系等方式对渠道成员施加影响。

6.3.2 渠道控制的特点

营销渠道有不同的组织模式。对于直销模式或公司式垂直渠道模式来说，因为渠道系统就是公司系统的组成部分，所以渠道控制其实就是公司内部控制。这种控制依靠行政权力和行政命令就可以实施。而对于其他渠道组织模式，由于要使用大量的中间商，成员分属于不同的独立企业，所以渠道控制比较复杂，主要具有以下几个特点。

1. 跨组织控制

企业对渠道成员的控制是一种隐含着组织内部控制的跨组织控制。渠道控制包括横向的渠道控制与纵向的渠道控制两种类型，两者相互补充，缺一不可。横向的渠道控制

⊖ 吕一林，王俊杰，彭雷清. 营销渠道决策与管理 [M]. 3 版. 北京：中国人民大学出版社，2015.

是一种跨组织控制，是企业的渠道管理者对中间商的行为进行监督与约束。不管是在传统渠道组织中，还是在管理式、合同式垂直渠道系统中，或是在水平渠道系统、多渠道系统中，各个渠道成员都是相互独立的经济组织，具有不同的法人资格、企业文化、战略、行为方式等。因此，企业对渠道成员的控制是一个企业对其他众多企业的控制。例如，一家食品企业对分销其产品的代理商、批发商、零售商的控制，各级中间商并非其下属公司，所以其对中间商的控制只能通过合同、建议、指导、诱导等方式使它们与企业合作，而不能用命令方式。同时，跨组织控制中还隐含着组织内部控制，即纵向的渠道控制。纵向的渠道控制是企业内部的渠道控制，是渠道管理者对整个渠道系统的运行情况进行监督与纠偏。

图 6-2 显示的是以企业为施控者、中间商为被控者的模式。虚线表示的是跨组织控制，实线表示的是组织内部控制。从图 6-2 中我们可以看出，企业对于中间商的控制是由企业的渠道管理者实施的。企业的渠道管理者直接对中间商的中高层管理者和销售人员实施跨组织控制。同时，

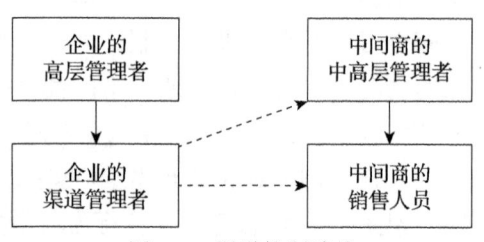

图 6-2 渠道控制路线

渠道管理者要接受企业的高层管理者对他的直接领导和内部控制，中间商的销售人员也要接受来自中间商的中高层管理者的直接领导和内部控制。所以，企业的内部控制（高层管理者对渠道管理者的控制）和中间商的内部控制（中高层管理者对销售人员的控制）会影响企业的跨组织控制，即影响企业对渠道控制的力度、方式和效果。例如，如果企业有非常规范的内部控制，其中高层管理者对渠道管理者的管理就会非常规范，通常也会促使渠道管理者对中间商进行规范的控制。同样，如果一个中间商有比较完善的终端管理体系和激励机制，中高层管理者能对其销售人员实施有效的管理和激励，企业的渠道管理者就可以大大减少对中间商的销售人员的培训和行为控制。

正因为这种跨组织控制与组织内部控制相互交会的特点，很多时候当渠道控制出现问题时，就不能简单理解为一定是跨组织控制的原因，也有可能只是企业或中间商的内部控制出现了问题。因此，当渠道控制出现问题时，企业必须进行全面调查和分析，而不能轻率地得出结论。

2. 相互控制

渠道成员之间的控制是相互的，一个渠道成员在某种或几种渠道功能上有较大的控制权，而在另外的渠道功能上很少有或没有控制权。巴克林（Bucklin，1973）是最早建立渠道控制模型的学者之一，他将巴纳德（Bamard）的权威理论应用于渠道控制分析，并用经济学方法构建了一个渠道控制模型。该模型通过构建中间商的忍耐函数和收益函数描述了企业对中间商控制的有效区间、企业控制战略的作用区间以及影响函数曲线移动的若干变量。然而，这个模型的一些前提假设受到了埃尔-安萨里和罗比凯亚尔克斯（El-Ansary & Robichearx，1974）的质疑，他们修正并发展了巴克林的渠道控制模

型，更重要的是，他们指出了渠道控制是组织间控制这一本质特征，并认为在这样的背景中权威或权力的使用是相互的，因而渠道控制也是相互的，而不是单向的。从渠道成员之间的依赖关系出发，两位学者进而指出渠道关系双方向对方实施的控制是针对不同问题或领域的，这取决于渠道成员在关系中的地位和作用。这种基于渠道依赖关系的相互控制的观点得到了诸多学者（Frazier, 1983, 1999；Reve & Stern, 1979；Skinner & Guiltinan, 1985）的认同。这种渠道成员之间的相互控制体现在：渠道成员之间相互依赖，彼此之间互为施控者和被控者，各自在某种渠道功能上有较大的话语权。例如，企业一般在渠道产品供应、定价等功能上有较大控制权，而中间商，特别是规模较大的中间商在渠道促销方面可能有较大的控制权。这种渠道功能上的相互控制有时会造成企业与中间商对控制权的争夺，特别是在双方实力相差无几的情况下。

3. 非强制性控制

非强制性控制是渠道控制的主要特点。在渠道控制中，企业与中间商之间的关系是平等的，企业内部控制的方法难以使用或者使用效果较差，因此，企业很难运用基于企业层级系统的控制方法，难以通过建立在层次制度上的命令和指挥就使中间商服从。另外，从渠道控制常用的六种渠道权力角度看，强制权力只是其中的一种权力，一般只有在其他权力都不起作用的情况下才会使用，而且要求企业具有较强的优势地位。其他的五种渠道权力如奖赏权力、合法权力、感召权力、专家权力、信息权力等都属于非强制权力，是靠说服、专长、激励等方式实施控制的。

4. 结果导向控制

渠道控制是一种结果导向的控制。从渠道运行的过程来看，渠道控制可以分为对过程的控制和对结果的控制。渠道控制属于跨组织控制，企业与中间商存在着信息不对称的现象，很难对中间商的过程进行全面控制，而对结果进行控制更容易一些。它运用多种控制方式实施控制的目标是使所有渠道成员保持战略目标的一致性，相互协调，高效运作，相互依赖，互惠互利，最终实现共同的渠道目标，实现整体利益最大化。所以，渠道控制采取什么手段，控制哪些环节，控制是否有效，均是以是否能实现渠道目标这一结果为导向的。能帮助实现渠道目标的控制就是最好的渠道控制。

6.4 渠道控制的内容与方式

6.4.1 渠道控制的内容

根据营销组合的构成因素，渠道控制的内容包括对产品的控制、对价格的控制、对分销过程与分销区域的控制、对促销活动的控制。表 6-2 从制造商和中间商的角度，列举了在营销渠道中控制营销组合各个因素的具体内容[⊖]。

⊖ 庄贵军. 营销渠道管理 [M]. 3 版. 北京：北京大学出版社，2018.

表 6-2　营销渠道中对营销组合的控制

控制内容	控制者	
	制造商	中间商
对产品的控制	• 控制产品的生产制造过程 • 落实产品的质量保证 • 确保中间商为产品提供的各种服务能够兑现 • 监督中间商，不使与自己有关的假冒伪劣产品通过中间商入市	• 控制产品的订购数量、品种、规格和质量 • 监督产品质量保证的落实 • 提供产品的安装与维修服务 • 提供售前、售中和售后的服务 • 严把进货关，杜绝假冒伪劣产品
对价格的控制	• 按照合同，监督与控制自己产品的批发和零售价格 • 监督与控制中间商对企业折价政策的落实情况	• 根据市场情况和供销合同，确定或建议产品的批发与零售价格 • 落实制造商的折价政策 • 防止制造商制定对自己不利的价格歧视政策
对分销过程与分销区域的控制	• 按照合同，控制物流过程和分销区域，避免不同成员之间或不同渠道之间发生大的冲突	• 防止制造商的窜货行为和其他投机行为
对促销活动的控制	• 根据合同或实际需要，从事和控制自己的产品的促销活动 • 监督中间商对自己产品的促销方式和促销努力	• 根据合同或实际需要，实施产品的销售点促销，负责产品在销售点的销售活动，进行销售点的现场管理 • 向制造商提供促销活动的建议

此外，根据渠道功能，渠道控制的内容包括对商流的控制、对物流的控制、对资金流的控制和对信息流的控制等。

案例 6-3　　　　　　　张裕解百纳的渠道控制

如果说起中国葡萄酒的"超级品牌"，那么，毫无疑问是张裕解百纳。深厚的品牌积淀，扎实的市场培育，令其拥有了大批忠实的消费群体和相对稳定的市场销量，截至 2019 年 2 月底，张裕解百纳的全球累计销量已达到 5.32 亿瓶。然而，已经创造销量奇迹、成为国产葡萄酒符号的张裕解百纳，其前进的脚步却远不止于此。对于未来的市场，张裕解百纳还有着更大的发展"野心"。

从"牌照制"到"团购联盟商"体系

2017 年 11 月 19 日，第九代张裕解百纳全球同步上市。与此同时，为了更好地保护渠道利润，保障商家的长远稳定收益，张裕首次导入了"牌照制"，实施"地盘论"，严控各省经销商数量。首批牌照在全国仅设 507 个，对于所有牌照商，张裕都会给到完整的代理地盘，从而避免同一区域内不同合作伙伴之间的混战，减少内耗，使得拥有牌照的经销商都能获得相应的收益保障。截至 2019 年 10 月底，第九代张裕解百纳的牌照已发放 467 个。

两年时间，第九代张裕解百纳的市场份额迅速攀升，且渠道体系相当清晰。在福建、浙江等区域，授权牌照商的产品销量和利润空间都同比大幅增加，这在一定程度上打破了"成熟品牌赚钱难"的常规，也让更多的合作伙伴赚到了丰厚的收益。

2019 年，在"牌照制"的基础上，张裕进一步精耕市场，又推出了"金银牌团购联盟商"体系的新举措。所谓"团购联盟商",是指拥有一定高端团购资源的酒行或者团购组织者。在相应的"地盘"内,牌照商(固定区域内的总经销商)负责市场推广,并以街道、乡镇等为依据,进一步细分区域,细分区域内的团购联盟商则负责精耕销售,直达消费终端,完成目标销量。双方互相协作,相辅相成,构成"区域总经销(牌照商)—金牌团购商/银牌团购商"的分级推广体系。

在"团购联盟商"体系中,张裕给予联盟商最大程度的保障:一方面,为团购联盟商提供专业的品鉴会支持和产地游学支持,让它们对产品销售更有信心;另一方面,稳固市场价格体系,避免分销商因库存积压而低价销售,进而保障区域总经销商的渠道利润。显然,牌照制与团购联盟商体系的相互配合,让第九代张裕解百纳的市场之路可以走得更远、更稳。

携手"超级品牌",成就"超级商家"

张裕公布的一组数据显示:2017年,其解百纳经销商的总数量为3 785家;2018年3月,优化为1 730家;截至2019年10月底,已优化为977家。而这一数字,还将会进一步地压缩优化。

2019年下半年,张裕便出台了一份严厉的处罚文件,对涉及不同地区的共30余家经销商给予了警告、扣减市场投入费用,甚至直接取消合作资格等不同程度的处罚。这份罚单的开出,显示出张裕大力度精耕渠道、扶持优质合作伙伴的决心。

一份罚单,不只是对那些不守规矩、破坏市场秩序、心存侥幸的酒商的震慑,更是对认真做市场、做品牌、做推广的酒商的保护。据一位熟悉张裕的外部市场人士透露,"除不遵守市场秩序外,部分酒商被取消合作资格的原因,还有可能是服务能力达不到、市场拓展能力不够、只挂牌不卖货以及经营理念跟不上公司发展步伐等"。

实际上,严格管控市场,正是张裕解百纳品牌价值大幅提升的必经之路。唯有足够高的准入门槛,才能更充分彰显品牌价值优势,也才能让合作伙伴真正"赚"到钱。而"超级品牌"与"超级商家",正是相互成就的。品牌代理商的门槛越高,品牌的市场价值就越有机会得以优质地呈现,而品牌市场价值的提升又会给品牌代理商带去实际收益。所以,当茅台、五粮液等名酒的价值认知不断提升的时候,"名酒经销商"也成为一个特殊的群体,它们数量不多,却依托稀缺的品牌资源,成为市场上的佼佼者。在中国的葡萄酒领域,最具有这一品牌成长潜力的,恰恰就是张裕解百纳。

中国风土,国际品质,消费符号

俗话说,"打铁还需自身硬"。一个能够让合作伙伴赚钱的品牌,还必须有过硬的产品力。自1931年创立以来,张裕解百纳一直在创新中前行,现已推出至第九代产品,畅销全球28个国家,进入欧洲5 000家卖场,是当之无愧的国产葡萄酒头部品牌。对于第九代产品,张裕亦有许多新举措。

首先,产品分级更聚焦。第九代张裕解百纳共有三款,即特选级、珍藏级和大师级,较之以往的四个分级取消了优选级,在消费层级上实现了全新提升。主打150~400元/瓶的价格区间,作为市场消费的腰部产品,而这亦将会是未来中国葡萄酒消费市场上占据最大销量的区间。张裕解百纳则有望成为这一领域的消费符号。

其次,设置防伪识别系统。第九代张裕解百纳在每瓶、每箱上都有专属二维码,每个二维码里记录了这瓶酒的全部信息,包括葡萄品种、葡萄产地、采摘年份、灌装时间、具体生产车间、入库时间、出库时间、出货去向等。瓶身以激光打码省区标识,严格市场监督。同时,每瓶酒上还有可供专业人士辨别的隐形码,以此实现多重防伪。

再次,以国际化品质,彰显中国风土。张裕解百纳是采用中国自主培育的葡萄品种蛇龙珠为主要原料酿造的,从而赋予了其独特的"中国口味",香气浓郁是其典型特征。研究发现,在蛇龙珠中检出构成葡萄酒品种香气的重要成分的萜烯类化合物多达 26 种,而赤霞珠、品丽珠、梅洛中分别只含 17 种、15 种、16 种,蛇龙珠的香气丰富度无疑更胜一筹。2019 年 3 月,在全球最具影响力的德国杜塞尔多夫葡萄酒及烈酒展览会上,张裕解百纳入选"2019 年全球畅销葡萄酒品牌盲品赛"Top5,刷新了中国葡萄酒的国际席位。2019 年 11 月,张裕解百纳又荣膺新加坡《联合早报》"亚洲葡萄酒品牌 Top1"。

最后,张裕解百纳还持续加大推广力度,通过共建团队、共建费用池,为产品的市场推广提供专项费用支持。据悉,张裕解百纳 2020 年的市场投入已达到 5.1 亿元,将会给经销商带去更大的利润空间。

资料来源:《张裕解百纳将打造更大发展野心的未来》,https://www.putaojiu.com/shangxun/280132.html,有改动。

6.4.2 渠道控制力的获得途径

营销渠道由制造商、批发商、零售商和消费者等不同的渠道成员组成,在渠道的运行过程中,制造商与中间商都希望能在渠道管理中有话语权和自由支配权,那么,渠道成员应该如何增强自身的渠道控制力呢?制造商、批发商与零售商可以通过不同的途径来获得渠道控制力。表 6-3 列出了不同的渠道成员获取渠道控制力的主要途径。

表 6-3 获取渠道控制力的主要途径

制造商渠道控制力的获得	批发商渠道控制力的获得	零售商渠道控制力的获得
形成规模经济;提高市场份额	扩大规模和增加客户数量	提高销量
提高品牌忠诚度	发展自有品牌	重视商店品牌和自有品牌的建设
扩展产品线	发展客户网络和培养客户忠诚度	培养顾客对商店的忠诚度
提供较高的数量折扣与销售费用	向零售商提供大批量订货折扣	收取陈列费及其他费用
提供渠道培训与支持	更多货源	大批量买断
严格合同管理	签订合同,如独家代理合同	签订合同,如直供或专销品合同
采取特许经营方式销售	向制造商或零售商提供资金	发展连锁经营
实施前向一体化战略	实施前向和后向一体化战略	实施后向一体化战略
建立渠道信息系统	控制客户或厂家的信息	控制顾客的信息

通常，渠道成员执行的渠道功能越重要，它就越难被其他成员替代，它的渠道控制力就越强，因而渠道成员可以通过承担一些重要的渠道功能来增强自身的渠道控制力。

> **案例 6-4** **山姆超市的渠道控制**
>
> 山姆超市，全称山姆会员商店，创办于 1983 年。作为最早进入中国市场的仓储会员超市，它总被后来者当作参照物，被学习，被对标。"至繁归于至简"，这是出现在第一本苹果手册里的话，也是乔布斯多年信奉的商业原则。在他的坚持下，苹果在同时期永远只推出有限的几款产品，以及所有产品都简单到让人上手就会，无须过多学习和思考。山姆也是如此，SKU 常年稳定在 4 000 左右，只要是摆上货架的商品，就能达到"闭眼可买"的标准。
>
> **1. 爆款**
>
> 雷军认为，在互联网时代，要想成功，必须做出爆款，有引爆市场的产品和策略。温水哪怕能到 99℃，也没啥用，唯有沸腾之后，才有推动变革的力量。爆款的力量，也体现在苹果公司的几次复苏里。不管是乔布斯重返苹果的 20 世纪 90 年代末期，还是互联网泡沫破灭的 21 世纪初，苹果每一次重返巅峰，靠的都是引领时代的爆款。山姆的爆款，从来都是后来者想要窥探究竟的战略手段。只是大家忽略了两条关键信息：一是食物本身是不具备社交传播能力的。这些产品之所以能成为爆款，是因为山姆完成了市场教育，也就是说，山姆已经在这些品类里加上了自家烙印，其他人照搬，即使做得再好，也只会成为山姆的比较对象。二是爆款的出现只是结果，而非策略。对于山姆而言，爆款的出现，更像是无心插柳的结果。加强对产品质量的控制带来的是高品质，形成差异化，继而夯实会员价值，这是一个完整的商业闭环，而爆款，只是其中的一块组件而已。
>
> **2. 爆款背后的真正逻辑，是差异化**
>
> 山姆内部有句话，"满大街都有人做的东西，我们就不做了"。在山姆，如果一款商品在市场上过于同质化，就会被下架，因为在山姆看来，它无法再给会员提供差异化的会员价值。而这是仓储式会员店最核心的能力之一。在山姆，有超过 700 种 Member's Mark 商品（总体 SKU 为 4 000），它们是差异化价值的集中体现。Member's Mark 的豆浆，浓度达到 13%，负责采购的山姆中国工作人员宋彬曾告诉媒体，"国内市场上找不到这么好喝的产品"。此前，他所在的团队做过大量的市场调研，发现无论是在精品超市、大卖场还是在餐饮店，受限于国内制作工艺，豆浆浓度都不尽如人意。相比之下，日本和韩国被公认是豆浆品质最好的亚洲国家，最后，山姆找到了一家韩国企业，说服其在中国投资建厂，花了近三年的时间将这款豆浆摆上货架。
>
> **3. 关于哪些品类要开发自有品牌，山姆自有标准**
>
> 山姆中国首席采购官张青曾介绍，"我们的自有品牌要进入的地方要么是没有清晰的行业标准，我们能够定义标准，要么是这个行业中间环节比较多，我们能够为会员省却中间环节，帮会员避免付不该付的钱。如果我们发现做不好，一定会退出，让供应商做，让比我们

更有能力的人做"。当然，山姆的"任性"也受益于有个"好爸爸"。凭借沃尔玛在全球巨大的采购量，山姆对上游有着很强的把控力，能有效减少成本和中间环节。而本身品牌做起来之后，庞大的出货量也支撑它可以联合上游开发自有品牌的产品，占据价格优势，把控品质。

"人无我有"的差异化，催生了爆款。而具备社交属性的爆款，又能带来源源不断的话题和用户。一篇文章中曾提到，"购买山姆的食物，是身份的象征"。白领们热衷于在社交平台上表达对山姆瑞士卷、麻薯、牛角包的热爱，这些产品在社交网络持续发酵，最终成为爆款，成功出圈。

如今，爆款品类几乎成了会员制商店的标配，但很多效仿者看中的只是它带来的流量。当效仿爆款背后的功课准备不足时，如研发时间更短、配料更廉价等，便很难成功。何况，在商业竞争之中，研究趋势的追随者，本来就敌不过制造趋势的领跑者。

4. 长期主义

以山姆在中国每年开 1~2 家店的节奏而言，放在当下，实在算不上快——毕竟，盒马已经打算在 1 年内拿下 10 家店了。面对过于"佛系"的质疑，山姆会员商店总裁、沃尔玛中国副首席执行官文安德，曾经这样表态："不会为了短期的销售目标或是满足投资人的预期，进而进行品质上的妥协。"怀疑的声音并未因此消散。毕竟，会员店的竞争在国内已经愈演愈烈，而在互联网模式与资本的合力之下，"天下武功，唯快不破"俨然成为唯一的生存法则。不过，是非功过，放在不同的时间维度去看待，可能产生截然不同的结论。山姆其实在走长期主义的路。这条路线的领跑者之一是亚马逊。2000 年，亚马逊股价经历了"脚踝斩"，贝佐斯在给股东们的信中写道："正如著名投资专家本杰明·格雷厄姆所说，短期来看，股票市场就是个投票器；但长期来看，它是个称重机。显然，我们是一家希望上秤的公司，而我也相信，从长期来看，所有公司都和我们的想法一样。而与此同时，我们埋头工作，为的就是让我们的公司变得更胖、更重、更结实。简单来说就是，更胖、更重、更结实的公司，最终一定打败更瘦、更轻、更虚弱的公司。"山姆求稳，在奔跑之前，它要确定自己足够胖。毕竟，它要参加的是一场持久战，耐力比短期爆发力更重要。而且，用户忠实度的建立，非一日之功。

市场调研机构尼尔森在《2019 年消费者与零售趋势分享报告》中指出，在未来零售环境下，消费者的重要性显著提升，加强品牌商与零售商针对"人"的运营能力迫在眉睫，渠道导向型向消费者导向型为核心的转变，正在使商业市场发生根本性的变革。

资料来源：仓储会员店的尽头，是山姆超市？ https://baijiahao.baidu.com/s?id=1703637583822412613&wfr=spider&for=pc。

问题：

山姆是如何增强其渠道控制力的？

6.4.3 渠道控制的方式

实际通过渠道控制改变渠道成员行为时，还需要采取具有可操作性的方式。常见的渠道控制方式有以下几种。

1. 合同或法律控制

合同或法律控制是利用法律或者合同，对渠道成员的权利和义务、成员行为（如保持库存、归还货款、促销力度）和销售目标（销售量和销售额）予以明确规定，是一种最常见的简单有效的渠道控制方式。不管是企业还是中间商，都可以利用法律或合同的强制性权力来保持渠道控制力，但实施有一定风险，而且要求合同要尽量详尽，对未来可能发生的冲突和问题都能在合同中做出明确规定，这实际上又是不可能的。所以，使用这种控制方式一定要谨慎，但作为控制的基础，企业将丑话讲在前面还是很有必要的。

2. 品牌控制

在竞争十分激烈的市场中，消费者区分产品的主要依据就是品牌。这里的品牌包括企业品牌和产品品牌。从渠道管理的角度来看，企业可以利用企业品牌和产品品牌对消费者的影响来获得对整个渠道的影响与控制。对于中间商来讲，一个具有优秀品牌的企业的产品不只意味着利润、销量、形象，更意味着销售的高效。一般而言，畅销的产品不需要中间商进行多大力度的市场推广，所以，可以有效降低中间商的销售成本，也可以带动中间商其他产品的销售。同时因为销售速度比较快，还能提高中间商资金的周转速度。因此，企业只要在顾客心目中建立了自己良好的品牌形象，就可以对中间商施加影响，增加渠道控制的有效性。当然，中间商也同样可以发展优秀的中间商品牌，这方面的典型如沃尔玛、国美等不同行业的零售业巨头。它们凭借自己的品牌也可以对企业施加强大的影响，进行有效的控制。在现代社会，中间商品牌发展的速度还在不断加快。

3. 长期战略和愿景控制

企业应该确立自身的战略目标，进行愿景规划，在市场竞争中确立自己的优势地位。一个长期没有战略目标的企业可能短期内能赚钱，但从长远看肯定没有发展前途。我国的中间商规模小，素质普遍较低，很少有自己的长期规划。但作为渠道管理者的企业一定要有自己的战略目标和愿景规划。因为中间商选择企业合作首先考虑的固然是经济利益，但同时也会考虑企业的未来发展情况，以及与该企业合作有没有美好前景。对于中间商而言，市场机会是有限的，与甲公司合作或者与乙公司合作短期内赚取利润的机会相似，但如果甲公司有发展规划，那么中间商选择与甲公司合作的可能性就会大很多。所以，为了巩固渠道关系，企业一方面要用自己的市场地位与实绩来证明自己的优秀，另一方面还要向中间商阐明自己的长远规划和愿景，使它们产生对未来的"憧憬"。一旦中间商认同企业的理念、发展战略和愿景，即使企业在销售政策、产品方面出现一些暂时性的问题，中间商也会比较容易接受。

4. 利益控制

中间商与企业合作主要的目的是获得一定的利益，尤其是短期的利益。因此，企业必须给中间商留出合理的利益空间。企业必须认识到，如果中间商不合作，中间商会损失合作的利润，也会使企业的整体利润降低。因此，企业要制定合适的出厂价，给中间商留出适度的利润空间，能使中间商经销企业产品获得的利润占到其经销总利润较大的部分。这样，一旦中间商想和企业中止合作就会感到损失很大，从而使企业控制住中间商。具体办法有：提高自己的产品销售量，降低中间商其他产品的销售量；加大自己的返利和折扣力度，使自己给中间商的单位利润加大等。

5. 厂家服务控制

一般来说，中间商受其发展历史与规模的影响，与企业相比管理能力较弱，人员素质也相对较差。企业有专业的财务人员、营销人员、管理人员和市场推广人员等人才和相应的管理、市场经验。很多中间商发展到一定程度后，都有管理、营销、人力资源、财务培训方面的需求。通过其他的途径往往难以有效地满足它们的这些需求，费用也比较高。出于长远合作考虑，企业可以通过为中间商提供培训与咨询来达到管理与控制中间商的目的。例如，企业可以通过提高中间商管理水平、帮助中间商销售、提高销售效率、降低销售成本、增加销售利润等，帮助中间商解决现实问题。这种有针对性的服务会增进双方的合作关系，最终达成共赢局面。

6. 终端控制

由于零售商与顾客直接面对面接触，对顾客需求比较了解，因此，消费品企业控制渠道的一个最常用的方法就是直接控制零售终端。企业要控制住零售商，必须让零售商首先认同企业本身和其品牌、产品，而不是首先认同上游的批发商。这样企业就有把握在某些中间商，特别是批发商出现问题时，把零售商直接转移给新的批发商而不影响整体销量。控制终端的具体办法包括培训终端员工，举行促销活动，举行销售竞赛，建立零售店的会员体系，建立零售店甚至大型最终购买者的基本档案，制作零售店网点分布图以及建立零售店、主要促销员、竞争对手、中间商等的基本情况档案，并经常更新以保证基本资料的准确性和完整性。企业建立了强大的终端数据库，就可以在这个数据库的基础上，开展针对终端的拜访和举行直达终端的各项活动，实施对零售终端的控制，从而增强对批发商的谈判能力，以更有效地控制渠道。

7. 激励淘汰机制控制

企业应该定期或不定期地对中间商进行绩效评估，然后采取不同的激励淘汰措施。例如，在评估后可将所有中间商分为优、良、中、差四个等级，对不同等级的中间商应采取不同的措施。对于属于差等的中间商，又没有提高可能的，要坚决淘汰，不必顾忌对销量的短期影响。对于良好和中等的中间商，则可能需要进行培训。其中，对中等的中间商要求无条件接受培训，假如该中间商不肯接受培训，则要坚决予以淘汰。对于表现良好的中间商，则重点帮助它们提高业务队伍素质，提升其经营管理水平，力争使它们的业绩能更上一层楼。对于优秀的中间商，则必须从战略高度予以支持，并不吝激励，但是又要注意不要激励过分，不能过于放纵和迁就，使它们产生骄傲自满情绪。需要强调的是，激励淘汰机制必须辅以对中间商的系统专业培训，这是提升营销渠道控制力最重要的手段。

8. 价格控制

价格会对企业和中间商的利益产生影响，也会对顾客的需求产生影响。合理的价格体系是保障企业利益、调动中间商积极性、吸引顾客、扩大市场占有率、战胜竞争对手的主要手段。所以，价格控制是企业控制中间商的重要方式。企业价格控制力主要有价格维持和价格差异化两种策略。

（1）价格维持策略。价格维持策略的目的是维持一个合理的价格体系，保证价格的稳定，使渠道成员不能以低于或高于企业制定的价格销售产品。维持价格稳定对营销渠道具有诸多好处：防止价格折扣行为，有利于维持市场秩序，保证中间商的整体利益；阻止中间商的提价或降价冲动，维持顾客和其他中间商及企业的利益；保证产品质量与价格的一致性，维护品牌形象；为中间商留出合理的利润空间等。有时为了维持价格稳定，会造成企业和中间商反目，例如，国美和格力的渠道冲突就源起于国美对格力空调的私自降价销售。

（2）价格差异化策略。价格差异化策略是指企业对不同的目标市场采取不同的价格策略。这样做的原因是市场本身存在差异化，每个细分市场的需求、成本、价格弹性、竞争状况等存在不同，如果采取单一价格则不利于在竞争激烈的市场上进行竞争，也不利于在有竞争优势的市场上获得最大的利润。例如，在我国，大多数企业都会根据各区域市场（通常是按省份划分）的不同制定不同的零售价格，甚至根据营销渠道的不同制定不同的价格。

9. 产品线控制

产品线控制是由渠道管理者控制渠道成员的产品线的深度和宽度，主要有独家交易策略和捆绑销售策略。

（1）独家交易策略。独家交易是指企业要求中间商只能经营其产品或品牌，或者至少不能经营直接竞争对手的产品和品牌的交易行为。独家交易策略使中间商更加依赖企业，更能获得中间商的忠诚。同时，这种策略使企业能更容易地预测产品的销售量，有利于企业做好生产和库存计划；使中间商拥有稳定的供应货源，降低管理成本；使中间商可以更多地获得企业提供的促销支持和其他帮助。

（2）捆绑销售策略。捆绑销售是指企业要求中间商在购买其需要的产品或服务的基础上，还要附带购买企业的其他产品或服务的销售行为。实施捆绑销售策略可以有效增加企业产品的销量，并能压制竞争者产品的销售。此外，这种策略还可以带来附带的高利润产品的联动销售，节约包装成本以及获得产品使用率数据等好处。

10. 所有权控制

渠道管理者为了增强对营销渠道的控制力，会通过控制所有权来进行垂直渠道整合。实施垂直渠道整合有自建渠道和并购其他渠道成员两种方式。有些企业会通过建立直营店、示范店等形式自建渠道，形成公司式垂直渠道系统，还有些企业会收购其他渠道成员，当然这种收购更多的是股权收购、合资经营。例如，TCL 成立的幸福树连锁店就是由 TCL 与中间商合资经营。无论是通过内部扩张还是外部扩张方式进行整合，都是为了使渠道成本降低，提高渠道效率。利用所有权控制渠道，会对价格控制、产品线控制等产生更加有利的影响。

11. 感情控制

目前，越来越多的渠道管理者采用感情控制这一方式增强其渠道控制力。感情控制主要通过人际接触，联络感情，增进友谊，改善朋友关系，进而促进企业与中间商的交易关系，保持双方密切的合作关系。常见的感情控制的方法有：企业高层定期拜访中间商，与中间商交朋友，沟通感情，传递信息，经常就各种问题进行磋商，对中间商的困难表示理解和支持，必要时提供资金、人员等支持，对中间商的支持表示感谢，邀请中间商参与企业的会议和相关活动，等等。企业通过感情投资，与中间商建立亲密关系，就可以使中间商在想和企业终止合作时，顾及双方的良好关系而有所犹豫，不到万不得已不会考虑结束合作。这是一种更为隐蔽且让中间商乐意接受的控制方式。

本章小结

1. 渠道权力是指一个渠道成员对同一渠道中另一个渠道成员行为的影响力。
2. 关于权力的来源有两种理论：一是依赖-权力理论，二是权力基础理论。
3. 渠道权力有多种来源：奖赏权力、强制权力、合法权力、感召权力、专家权力和信息权力，合称营销渠道中权力的"六力模型"。
4. 运用渠道权力时需要注意识别可行的权力基础和选择并利用适当的权力基础两个基本问题。
5. 渠道权力的运用通常有两种方式：一是渠道管理者运用企业拥有的权力基础，二是渠道管理者对其他渠道成员采取不同的影响策略。
6. 渠道权力运用通常会产生以下四种结果：拒不执行、被迫服从、认同行为和内化行为。
7. 渠道控制是管理控制在渠道领域的具体应用，是一个渠道成员对另一个渠道成员的行为与决策变量成功施加影响的过程。渠道控制的本质是对渠道成员的行为进行控制，具有跨组织控制、相互控制、非强制性控制和结果导向控制四个特点。
8. 根据营销组合的构成因素，渠道控制的内容包括对产品的控制、对价格的控制、对分销过程与分销区域的控制、对促销活动的控制。
9. 常见的渠道控制方式有合同或法律控制、品牌控制、长期战略和愿景控制、利益控制、厂家服务控制、终端控制、激励淘汰机制控制、价格控制、产品线控制、所有权控制和感情控制等。

思考题

1. 试述渠道控制的六力模型。
2. 渠道权力的运用方式有哪些？

3. 渠道权力的运用结果有哪些?
4. 渠道控制的特点有哪些?
5. 渠道管理者通过哪些影响策略可以影响其他渠道成员?
6. 常见的渠道控制方式有哪几种?

实践训练

一、实训目的

加深对渠道权力的理解,促进学生对企业渠道管理实践活动的了解,增强学生运用渠道控制理论知识分析现实问题的能力。

二、实训内容与要求

(1) 对某家企业的营销渠道进行调查,完成以下任务:介绍该企业的渠道控制现状;指出其渠道控制力的来源,说明该企业采取了哪些渠道控制方式;分析该企业渠道控制中存在的问题,并提出解决这些问题的建议。

各小组按照实训目的与内容选择某一特定的企业进行资料收集,用六力模型和渠道控制力的应用等理论分析该企业的渠道控制现状和问题,并提出改进建议。各小组在课堂上交流,师生共同进行评价,各组根据教师和同学的意见进一步修改报告和演示文稿并提交给教师,教师给出实训成绩。

(2) 制造商往往认为不应该与更强大的中间商打交道,同样,大多数中间商也认为不应该与更强大的制造商打交道。为什么会产生这种观点?你认为这种说法合理吗?

案例分析

国台酒业假货泛滥,渠道存在失控风险

继处罚跨区域低价销售经销商之后,国台酒业联合工商部门对山东、河南、福建等地市场进行清理,上述地区均查获不同数量的"假货"。国台IPO①在即,多地铁腕清理市场乱象。

2020年6月8日,包括茅台、郎酒、习酒、国台、珍酒、劲牌和钓鱼台在内的7家酱酒企业聚首茅台镇,共同发布了《世界酱香型白酒核心产区企业共同发展宣言》。令人瞩目的是,国台和郎酒分别于2020年5月25日和2020年6月5日提交招股说明书,抢占酱酒第二股。然而,上市在即的国台酒业,面临的问题不仅仅是酱酒第二股的荣耀,还有种种市场乱象。

据报道,2020年4月底,贵州国台酒业销售有限公司市场监察部发布数份文件,对济南、青岛、杭州等地数位存在违约销售行为的经销商进行了通报及处罚。处罚举措包括:扣除一定比例的合同履约保证金,补交保证金;5日之内按团购价收回违约销售的产品;扣除相关订货单的奖励费用;扣除相关区域人员4月份一定金额的绩效。

以杭州某违约经销商为例:该公司跨区低价销售属于严重违约行为,国台将扣除该公司合同履约保证金的100%,在通报下发之日起5个工作日之内重新缴足200%的保证金;按照团购价格收回违约销售的产品,杭州大区协助经销商5日之内整改完毕;扣除

---
① IPO (Initial Public Offering),首次公开募股,是指一家企业第一次将它的股份向公众出售。

该经销商订货单的所有国标酒奖励费用，如该订单奖励已发，即从下批次进货中扣除等额的奖励；期限内未按通报内容整改完成将从重处罚。

2020年年初的经销商大会上，国台酒业总经理张春新表示："其他的事都可以商量，扰乱秩序的事没得商量。大家要强化制度和规矩意识，红线的事不要碰。"

与处罚违约经销商同步的是，国台酒业在河南、山东、陕西、福建等地联合工商部门，对区域内的假货进行收缴、查处。根据其业务员发布的信息，在河南嵩县、陕西榆林、山东威海等地均联合工商部门查获烟酒店内销售的假冒国台酒业产品，数量从几箱到几十箱不等。个别已经申请经侦立案。

被查处的烟酒店老板则反映，所售国台产品并非假货，而是开箱刮码产品，刮去了国台酒业定制的溯源防伪码，以免通过溯源码获知是哪个经销商的产品而给经销商造成损失。

国台酒业的流通产品国标及十五年产品，在郑州终端市场极为少见。即便是个别有销售的门店，销售数量也有限，同时，价格明显高于网络价格。郑州市场上，国台酒一瓶难求，原因何在？

有媒体指出国台酒业在渠道上存在失控风险，同一款产品在不同平台上的价格相差巨大，让投资者大跌眼镜。以国台十五年产品为例，同样的规格在京东旗舰店上标价1 229元/瓶，在天猫旗舰店上的价格却是1 299元/瓶，而在拼多多旗舰店上的价格仅为680元/瓶。粗略计算一下，不同渠道的价格差幅可在50%以上。国台酒业在拼多多上的价格仅约为天猫旗舰店的50%，渠道失控，可见一斑。

而在郑州百荣世贸商城酒类批发市场，国台国标及十五年多数为开箱刮码产品，且只销售给熟客，并要求"担责"，即被酒厂查处了，需要承担相关责任。

据国台酒业一位产品开发商介绍，国台酒业上市在即，但凡有些规模的经销商都已经加入渠道中成为"股权商"，一旦上市，股价上涨，远非酒水差价可比。因此，很多股权商捂盘不售，或者仅仅在团购渠道售卖，而不会批发给终端。

资料来源：IPO在即！国台酒业却假货泛滥 渠道存在失控风险，https://new.qq.com/rain/a/20200612A0G16Z00. 引用时有改动。

问题：

1. 在该案例中，国台酒业的渠道中存在哪些问题？

2. 国台酒业使用了哪些渠道权力？

3. 你认为国台酒业还可以使用哪些渠道权力？

第7章 渠道冲突与合作

学习目标

本章讨论了渠道冲突的概念与理论、渠道冲突管理、窜货管理、渠道合作等内容。通过本章的学习，你应该能够：

1. 理解渠道冲突的概念。
2. 认识渠道冲突的发展过程和渠道冲突的类型。
3. 掌握渠道冲突的原因及其对渠道效率的影响。
4. 了解渠道冲突管理的概念和渠道冲突管理的过程。
5. 掌握渠道冲突的预防和渠道冲突的解决。
6. 理解窜货的定义和窜货的类型。
7. 掌握窜货的原因和窜货的管理措施。
8. 掌握渠道合作的形式与渠道战略联盟的形式。

本章结构

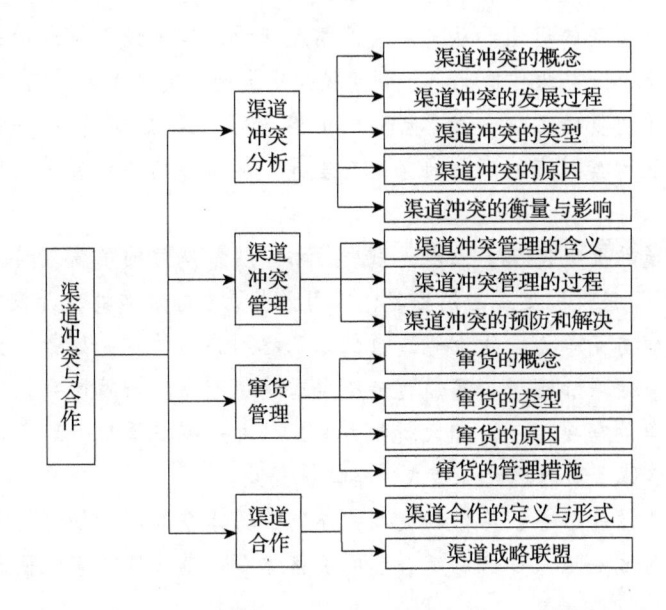

```
                            ┌─ 渠道冲突的概念
                            ├─ 渠道冲突的发展过程
                渠道冲突分析 ─┼─ 渠道冲突的类型
                            ├─ 渠道冲突的原因
                            └─ 渠道冲突的衡量与影响

                            ┌─ 渠道冲突管理的含义
渠道冲突与合作 ─ 渠道冲突管理 ─┼─ 渠道冲突管理的过程
                            └─ 渠道冲突的预防和解决

                            ┌─ 窜货的概念
                            ├─ 窜货的类型
                窜货管理 ───┼─ 窜货的原因
                            └─ 窜货的管理措施

                            ┌─ 渠道合作的定义与形式
                渠道合作 ───┴─ 渠道战略联盟
```

导入案例

互联网背景下紫罗兰家纺的多渠道冲突

作为中国十大家纺品牌，紫罗兰公司是中国最早走品牌化道路的家纺企业，在国内和国际家纺行业享有较高的知名度和美誉度。其线上渠道模式主要包括天猫旗舰店与微商代理；线下渠道模式主要包括直营品牌专卖店与品牌加盟商两种。线上线下两种渠道之间的冲突成为紫罗兰家纺愈演愈烈的矛盾。

1. 渠道冲突的表现

在没有开设线上渠道之前，紫罗兰家纺在特定区域的销售是由该区域的加盟商或者直营店负责管理和经营，由总部定期派人员进行培训与交流；而引入线上网络渠道之后，线上专卖店与线上代理同线下渠道之间的重叠区域经营权以及重叠的目标客户，使得矛盾愈演愈烈。

由于线上渠道省掉了中间商、运输等环节，线上渠道的价格优势更加明显。与此同时，紫罗兰家纺在对线下加盟商与直营店的奖励政策中，是以返点奖励为主，即销量大返利多。而由于构建线上网络渠道的成本相对较低，因此许多加盟商以低价从线上渠道销售产品，将所得返点奖励作为经营利润。在互联网时代，信息传播更加便捷，使得商品价格变得透明，如果线上渠道将价格制定得低于线下或者折扣力度极大则对线下渠道的冲击是巨大的。这会迫使线下渠道降低价格来应对线上渠道的竞争，同时也会影响紫罗兰公司价格策略的制定。

由于线上渠道的产品价格低，不少消费者到线下的专卖店询问产品信息，并且记下型号，然后到线上专卖店购买该款产品。这使得线下渠道在付出了较高的成本后却得不到回报，收支比例失调，就会降低售前服务、产品宣传、产品知识传授等服务水平，从而对紫罗兰家纺线上渠道的经营者产生不满，甚至选择退出经营。

2. 渠道冲突的负面影响

线上线下渠道的冲突对紫罗兰家纺产生了很大影响。从加盟商的角度来看，由于付出了大量的销售、广告、服务等成本却难以得到与之相应的回报，甚至让线上渠道有了"搭便车"的行为，从而会影响紫罗兰家纺在加盟商心目中的形象，进而影响线下加盟商的忠诚度与信任度，甚至会导致加盟商的退出。从消费者的角度来看，线上线下渠道造成价格混乱的现象使消费者在购买体验中出现两种情况：一种情况是线上购买的消费者认为自己所花费用过低，可能会认为紫罗兰主打低端品牌，线下虚高的价格只是促销的手段；另一种情况是面对不同的价格，消费者会认为其对应的产品质量也有差异，从而影响消费者对紫罗兰品牌的信任度与满意度。

线上线下的渠道冲突促使双方采取一系列行动。从紫罗兰的角度来看，它更愿意增加投入（销售人员及广告）来吸引更多的消费者，从而吸引更多的加盟商，开设更多的直营店，扩大紫罗兰的企业规模与竞争力。线上渠道自然愿意看到公司的这一愿景，因为对它们来说成本负担较小，且能有效增加销量。而通过传统渠道销售产品越来越困难，它们更倾向于直接满足消费者以及竞争的需要，从而加大折扣力度，尽可能减少库存，避免产品积压。这样就会使原来制定的价格体系形同虚设，造成价格体系混乱。

线上线下渠道资源的争夺、价格的失调，导致市场体系混乱。如何协调线上线下渠道关系，如何分配销售区域资源，如何制定合理的价格体系，是紫罗兰家纺面临的重大问题。严重的渠道冲突必然会导致公司耗费大量的成本与精力去处理这些问题，从而导致管理成本上升，难以集中精力研发和开拓市场，这会对紫罗兰家纺的核心竞争力造成重大影响。

资料来源：叶勇. 互联网背景下二元销售渠道的冲突与协同：基于紫罗兰家纺的研究 [J]. 中国商论，2020（16）：14-15.

问题：

1. 紫罗兰家纺产生渠道冲突的原因有哪些？
2. 渠道冲突给紫罗兰家纺带来的负面影响有哪些？
3. 你认为紫罗兰家纺应该如何管理渠道冲突？

冲突管理是渠道管理中的重要内容。冲突是营销渠道中的一种普遍现象，会对渠道效率产生一定的影响，企业应该对渠道冲突进行管理，控制渠道冲突的水平，增进渠道成员之间的合作，使营销渠道能够良性运转。本章将对渠道冲突的基本概念和理论、渠道冲突管理、窜货管理和渠道合作进行讨论。

7.1　渠道冲突分析

7.1.1　渠道冲突的概念

许多营销学者从不同的角度研究渠道冲突，因而渠道冲突的定义有很多，在众多的定义中，路易斯·W. 斯特恩等营销学者对渠道冲突所下的定义比较有代表性，被广泛引用。本书采用的是路易斯·W. 斯特恩等学者对渠道冲突所下的定义：渠道冲突是组成营销渠道的各成员间的一种不和谐的状态。当营销渠道中一个渠道成员认为其他成员的行为阻碍了其目标的实现时，渠道冲突便产生了。渠道冲突主要的表现：一个渠道成员正在干扰另一个渠道成员实现自己的目标或有效运作；一个渠道成员正在从事某种会伤害、威胁另一个渠道成员利益的活动，或者以损害另一个渠道成员的利益为代价而获取稀缺资源的活动[⊖]。渠道冲突以对手为中心和方向，并且其追求的目标也由渠道合作者操控。

1. 渠道冲突不同于竞争，是一种干预行为

人们通常将营销渠道中发生的冲突与竞争混为一谈，其实两者并不相同。冲突是一种以对手为中心的行为，这种行为往往受个人因素的影响，而竞争是一种以目标为中心的行为，不受个人情感因素的影响。在冲突和竞争的过程中，虽然都会出现各渠道成员的目标不一致的情况，但是，如果一方并不干预对方实现其目标，这是竞争，而如果一方把精力放在如何对付其他渠道成员上，阻止或妨碍对方实现目标，则属于冲突。因此，渠道冲突与竞争最根本的区别在于是否存在干涉与阻碍对方的行为。

在渠道系统中，企业和零售商之间既有竞争也有冲突。全国品牌与私人品牌之间的纷争属于一种竞争形式。例如，为了提高顾客对各自品牌的接受度，某药品企业和某连

⊖ 庄贵军. 营销渠道管理 [M]. 3 版. 北京：北京大学出版社，2018.

锁药店都以市场为中心，努力开展一系列营销活动来实现各自的目标，在此过程中，双方并不受个人情感因素的影响，并未直接使用一些阻碍对方的行为以提高顾客对其品牌的接受度，双方只是在消费者市场上进行竞争。但是，该药品企业和该连锁药店在药品促销方面的争端则更多地属于冲突。该连锁药店为吸引顾客光顾，向顾客提供折扣券，不论顾客购买什么药品都可使用折扣券，并要求该药品企业承担促销费用，而该药品企业则认为，连锁药店的这种行为使自己当初使用折扣券以达到盈利目标的努力白费了，结果，围绕着该药品企业应该支付多少促销费用的问题，厂商之间产生了冲突。

2. 渠道冲突的根源在于渠道成员之间所固有的相互依赖

渠道成员之间需要相互依赖，执行不同的渠道功能，才能将产品顺利地提供给消费者。例如，乳制品企业主要负责产品的生产和促销，批发商执行融资和物流等功能，零售商专门从事产品的市场开拓和销售等工作，这些厂商只有共同合作，才能把乳制品快速地销售给顾客。渠道系统内各成员之间相互依赖主要是由于这些渠道成员需要利用他人的专业技能、资金、经验等资源，这种相互依赖的关系一方面为渠道成员提供了合作的基础，另一方面也会带来冲突。因为营销渠道是由各个拥有独立所有权的组织构成的，这些组织为了获得更多的利益，会力图去扩大各自的自主权，从而产生干预对方的行为，引发渠道冲突。通常，渠道成员之间的相互依赖性越强，干涉对方实现目标的机会就会越多，渠道冲突出现的可能性也就越大。

7.1.2 渠道冲突的发展过程

渠道冲突不仅是一种状态，更是一个过程，它是一个由各种情节和事件组成的动态发展过程。渠道冲突是一个渐进的发展过程，包括潜在冲突阶段、知觉冲突阶段、感觉冲突阶段、明显冲突阶段和冲突余波阶段。渠道冲突的发展过程如图7-1所示。

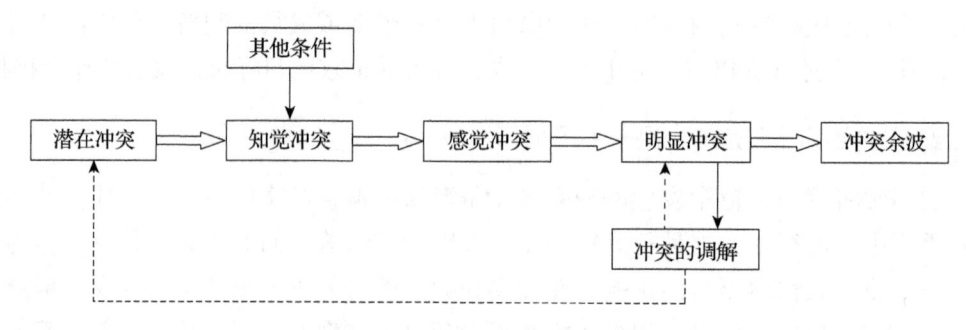

图 7-1 渠道冲突的发展过程

第一，潜在冲突阶段。它是冲突的潜伏阶段，也是冲突的根源阶段，表现为：导致渠道冲突产生的根本原因是渠道成员之间在目标、利益、感知、领域等方面存在着差异。在这一阶段，冲突是潜在的，渠道成员尚未意识到冲突的存在，它是与渠道合作同时出现的。

第二，知觉冲突阶段。在这一阶段，渠道成员意识到与其他成员存在着某种差异或对立，如意图、观点的对立。在一些外力的作用下，如经济形势恶化使批发商考虑重新签订供货合同，潜在的冲突就转化为可感知的冲突。

第三，感觉冲突阶段。当情绪因素介入时，渠道成员将体验到情感冲突。在这一阶段，渠道成员体验到了忧虑、愤怒、沮丧、失望和不满等负面情绪，双方关系紧张，渠道成员开始把冲突人格化，甚至为了报复它们的渠道伙伴而牺牲自己的经济利益。

第四，明显冲突阶段。在这一阶段，冲突表现为看得见的行为上的对立，如反对、争执、诋毁、抵制和报复等对抗行为。双方互相阻止对方的发展，撤销支持，阻止对方达到目标。这些行为可能在轻微的不同意到严重的破坏或复仇行动这一范围中出现。

第五，冲突余波阶段。这一阶段的表现是渠道冲突产生的影响。不管明显的冲突是否处理了，渠道冲突都会进入冲突产生的潜在或实际影响这一阶段。冲突产生的影响可能是积极的，也可能是消极的。

7.1.3 渠道冲突的类型

按照不同的划分依据，渠道冲突可以划分为不同的类型。

1. 按照渠道成员的关系类型分类

（1）垂直渠道冲突。垂直渠道冲突是指同一条渠道中不同层次的渠道成员之间的冲突。这种渠道冲突与渠道中的纵向关系相对应，出现在不同渠道环节的渠道成员之间。例如，制造商与批发商之间的冲突、制造商和零售商之间的冲突、批发商与零售商之间的冲突都属于垂直渠道冲突。

（2）水平渠道冲突。水平渠道冲突是指存在于同一条渠道中同一渠道层次的中间商之间的冲突。水平渠道冲突与渠道中的横向关系相对应，出现在同一个渠道环节的不同中间商之间。这些中间商可以是批发商，如分销同一品牌的不同批发商为了抢夺零售商而产生的冲突属于水平渠道冲突；也可以是零售商，如经营同一厂家电器的两家百货店为抢占市场而发生的冲突也属于水平渠道冲突。窜货是一种典型的水平渠道冲突，中间商低价跨区销售产品会产生很多负面影响。

（3）多渠道冲突。多渠道冲突是指企业采用两条或两条以上的渠道向同一市场销售产品时所产生的冲突。随着互联网的发展，越来越多的企业除利用原有渠道分销产品外，还采用网络营销渠道向同一目标市场销售产品，这些不同的渠道之间往往会发生渠道冲突。例如，某公司对其传统的营销渠道进行调整，建立了网上销售的新渠道，招致传统中间商的不满。

2. 按照渠道冲突的显现程度分类

（1）潜在冲突。潜在冲突是指渠道成员虽然在目标、角色和资源分配等方面存在着差异和矛盾，但没有导致彼此出现行为对抗的冲突。渠道成员之间的相互依赖性和在不同方面的差异性是潜在冲突存在的根源。随着环境的变化或者渠道成员行为的改变，潜在冲突会转变为现实冲突。渠道管理者应该及早识别潜在冲突并考虑应对措施，这样有助于控制冲突的水平，避免冲突导致的不良后果。

（2）现实冲突。现实冲突是指渠道成员之间出现行为上的对抗的冲突。当一方把另一方当作对手，采取对抗行为时，就是现实冲突。渠道管理者要及时分析所出现的现实冲突，并有针对性地采取措施来解决渠道冲突。

3. 按照渠道冲突的性质分类

（1）良性冲突。良性冲突也称为功能性渠道冲突，是指对渠道关系的提升具有建设性作用的冲突。良性冲突有利于渠道关系的协调与改善。如果双方的对立能够改善彼此之间的关系，这种冲突就是良性冲突。当渠道系统中的各个成员意识到彼此的贡献和各自的成功无法离开对方时，就会出现良性冲突。在这种冲突状态下，双方的分歧和对立非但不会使它们的关系受损，反而会使这些渠道成员采取一系列措施：经常进行有效的沟通交流；设置各种途径以表达它们的不满；对过去的行为进行批判式的评价；改善渠道系统资源分配方案使之更为公平；采用更加平衡的权力分配方案；设计并应用一套合理的应付未来冲突的标准。这些措施可以更好地发现并缩小彼此之间的分歧，促进渠道成员之间的合作，从而提高渠道绩效。良性冲突具有建设性，可以使渠道成员获得更多的机会，创造更好的渠道绩效。

（2）恶性冲突。恶性冲突是指会损害渠道关系，甚至导致渠道关系破裂的冲突。恶性冲突是一种高水平的渠道冲突，会破坏渠道关系，降低渠道效率。营销学者对西方经济中数千种渠道关系的实证研究结果表明：在实践中，大量的冲突是破坏性的，而不是良性的。恶性冲突会影响渠道成员长期亲密合作的能力，从而降低渠道成员的满意度。具体而言，恶性冲突不但会带来令人失望的财务报酬，还会破坏渠道关系，令各方需要付出更高的调整成本。

7.1.4 渠道冲突的原因

渠道冲突的根源在于渠道成员之间所固有的依赖性。众多的学者对渠道冲突的原因进行了研究，各人研究的侧重点不同，所得出的结论有一定差异。伯特·罗森布洛姆通过文献研究，对渠道中发生冲突的原因进行了归纳总结，认为冲突的原因主要包括目标不一致、感知差异、资源稀缺、角色界定不清、决策领域有分歧、预期差异、沟通障碍等。

1. 目标不一致

每个渠道成员都有自己的目标，当各渠道成员的目标不一致或不相容时就可能会产生冲突。渠道成员之间的目标经常会存在差异，实现目标的途径也可能与其他成员不相同。例如，某企业的目标是提高市场占有率，在短期内占领市场，而中间商的目标则是获得短期丰厚的利润。由于渠道成员之间的目标不同而引发渠道冲突是很常见的。再如，一家服装店同时经营四个品牌的女装，该店的目标是增加商店的总体利润，提高商店的知名度。只要能实现这一目标，不管卖出哪个品牌的女装对该商店都一样。但是，对于某一品牌的服装厂家而言，其目标是获得一定的销售量和市场份额。如果这家商店不重视该品牌服装的销售，该厂家就会认为商店的这种行为阻碍了其目标的实现，从而埋下了渠道冲突的隐患。

2. 感知差异

感知是指人对外部刺激进行选择与解释的过程。背景、个性、知识等方面的差异会使得人们在感知上存在差异。在营销渠道中，各渠道成员看到的是同一事物，但是对这种事物的解释和态度却各不相同。之所以会出现这种情况，是因为渠道是一个网络体系，是一个整体，而各渠道成员的关注焦点不同，接触到的信息也不相同，所以看到的只是这一整体中的一些分散的碎片而已，加之文化、观念、个性、态度等方面存在着差异，使得渠道成员各方对同一刺激物有不同的感知，这就会出现不同的行为，这些行为可能是对立的，因而它是导致冲突的一个重要根源。例如，在对销售点展示的运用方面，家具生产厂和零售商之间可能会有不同的观点。厂家认为使用POP展示可以向顾客传递产品的相关信息，帮助零售商更好地销售自己的家具，所以花费了不少资金、时间和精力制作出精美的宣传册和宣传画，并将它们与各种家具一起运送给家具店进行展示。但是，家具店则认为POP展示会花费自己很多的时间、精力，也会占用大量宝贵的店面空间，对自身的总体利润提升毫无帮助。因此，在家具厂送来大量的POP展示材料后，家具店把它们当成一堆垃圾处理，将它们做成包装箱，在退换货时一起运送给家具厂，这必然会引发厂商之间的冲突。

案例 7-1

玛丽是一家著名男式衬衫制造企业的营销副总裁，她已经为公司新的全棉易维护衬衫生产线进行了3个月的店内促销活动。这次促销活动提供了一套销售点设备样品，它由与实物大小相同的硬纸板拼成，并在展示的生产线上挂有实际的衬衫。百货店及专卖店希望突出这条生产线，从而利用该展示吸引消费者对生产线的注意力。玛丽在这次零售商的促销活动中起到了关键作用，她为此感到非常自豪。现在该促销活动已经进行了6周，她在焦急地等待这天下午由公司营销研究部门写出的报告。她认为该报告将是赞赏性的。但实际上很多零售商认为该促销活动是灾难性的，特别是很多零售商没有足够的空间来摆放那个与实物大小相同的纸板生产线模型。即使有足够的空间，它们也认为这样做是愚蠢的。

资料来源：罗森布洛姆. 营销渠道：管理的视野：第8版 [M]. 宋华，等译. 北京：中国人民大学出版社，2014.

问题：
如果玛丽继续执行这一促销活动，情况会如何？试进行讨论。

---

3. 资源稀缺

在营销渠道中，渠道成员在贵重资源的分配问题上会产生分歧而造成渠道冲突。由资源稀缺引发冲突的一种普遍的情况是如何在制造商和批发商之间分配零售商，零售商被制造商和批发商视为一种贵重的资源。当制造商决定直接向一些大型零售商供货时，会遭到批发商的坚决反对，因为它们认为制造商对零售商这一贵重资源的分配对自己是不利的，从而引发渠道冲突。例如，一些制药厂只管生产药品，由批发商负责药品的分销，但是随着药品市场激烈的竞争和连锁药店的发展壮大，直接掌控终端对于药品销售是非常重要的。于是，这些制药厂想直接与一些大型药品零售商交易，这会引起批发商的抵制，批发商认为厂家对零售商这一资源的分配不公平，从而使制药厂与原有批发商之间产生冲突。另一种典型的情况是资源稀缺成为特许经营渠道产生冲突的重要原因。资源就是受许人能够经营的市场。在任何一个既定的市场上，如果特许人在已有受许人的情况下又在该市场发展了一个新的受许人，两个受许人会抢夺顾客这一贵重资源，使原有受许人的业务受损，这样原有受许人与特许人之间就会产生冲突。

案例 7-2

比尔是一家专门批发排水设施的中型公司 Newvalue 的老板。比尔与生产优质水龙头的 Jefferson 公司的销售经理通过电话后恼羞成怒。Newvalue 公司已与这家生产优质水龙头且利润颇高的制造商合作多年。"这个可恶的家伙要将产品直接卖给家具中心，"比尔气愤地对儿子保罗说道，"为了建立这种关系，我们真下了功夫呀，可现在 Jefferson 公司却想把我们一脚踹开。"

资料来源：罗森布洛姆.营销渠道：管理的视野：第 8 版[M].宋华，等译.北京：中国人民大学出版社，2014.

问题：

看来冲突即将发生，讨论发生该冲突的主要原因。

---

4. 角色界定不清

角色是对特定岗位的成员应当具有的行为的界定。在营销渠道中，角色是对渠道成员应该执行的渠道功能和活动范围的界定。任何一个渠道成员都要承担它应该执行的任务，如果一个渠道成员偏离了其既定的角色：一方面，该它做的事没做，将那些难做和无利可图的事推给其他成员；另一方面，做了其他渠道成员该做的事，抢着做那些容易做和有利可图的事。这两种情况都会引发渠道冲突。例如，在特许经营中，某特许人承诺向受许人提供人员培训、账务管理、促销等方面的帮助，同时也要求受许人严格按特许人的服务标准、服务流程进行经营，当受许人未按特许人的服务标准进行运作而损害了特许人的信誉时，就会产生冲突。

在传统营销渠道中，渠道成员之间关系松散，角色界定并不清晰，在存货、售后服务提供方、信息收集与传递的执行方等方面，渠道成员间都存在着"应该做什么"和"应该怎么做"的争论。对于存货问题，制造商认为应该由中间商负责，而中间商则认为应该由制造商负责。在售后服务方面，制造商与中间商会相互推诿，都想让对方做，就如何做与怎样补偿等问题难以达成一致。在信息收集与传递方面，制造商与中间商可能都会认为这是对方的分内之事，都不愿意投入资金与人员进行市场调查。

5. 决策领域有分歧

在营销渠道中，每个渠道成员都会以各种方式为自己争取一片独享的决策领域，也就是某一方面的话语权。在特许经营中，特许人和受许人决策的业务领域主要是通过合同明确规定的。而在传统营销渠道中，决策领域有时是"有争议的地方"，围绕着哪个渠道成员有何种决策权，往往会发生冲突。

如果没有明确划分各渠道成员决策领域的界限，当涉及"谁有权决策，做何决策"的问题时就会引发冲突。对价格决策权的争夺在营销渠道中是一种比较常见的情况。制造商认为定价是它们的决策领域，希望零售商能按自己制定的统一价格销售产品，而零售商则认为自己有权制定价格，可以降价或打折销售该产品。制造商感到零售商试图通过定价侵入其决策领域时，可能会产生不满或者采取报复行动。

6. 预期差异

预期差异涉及一个渠道成员对其他渠道成员行为的预期。在现实中，这种预期表现为一个渠道成员对其他渠道成员未来行为的预测。一个渠道成员会对其他渠道成员的行为进行预期，而这种预期可能是错误的，但是该成员会根据对其他成员未来行为的预测采取行动，结果可能导致其他渠道成员做出相应行动，由此引发冲突。例如，某化妆品厂家预期某超市销售该品牌化妆品的数量可能会下降，于是减少对这家超市的销售访问次数和促销支持，结果导致这家超市对该品牌化妆品的销量急剧下降。

> **案例 7-3**
>
> 詹姆斯·约翰逊是一家大型纤维玻璃生产商的营销副总。该企业主要生产面向 DIY 市场的家用绝缘材料。一天，他读完《华尔街日报》上一篇关于最近能源价格将上涨的文章后，感到异常兴奋。他大声地对走进办公室的销售总经理比尔·阿伦说："这个消息对我们太好了，下个季度我们的销售将翻一番。通知你的区域销售经理，让他指示地区销售人员，推动家居中心零售商扩大商品库存和家用绝缘材料的销售面积。"阿伦坦诚地回答道："我马上就去办，但是其结果将是家居中心会在价格攀升到快要下降的时候大量增加库存。"
>
> 资料来源：罗森布洛姆. 营销渠道：管理的视野：第8版[M]. 宋华，等译. 北京：中国人民大学出版社，2014.
>
> **问题：**
> 讨论制造商与零售商对能源价格上涨的不同看法所产生的歧义。

7. 沟通障碍

如果信息不能有效地传播，如渠道成员之间不沟通、沟通缓慢、传递的信息不准确甚至是错误的，都有可能引发渠道冲突。例如，某特许人拥有 500 多家加盟店，许多受许人不断抱怨说，他们向特许人交了特许经营费，但特许人却并未给予相应的支持来帮助他们提高经营业绩。而特许人也争辩说，这些受许人没有提供细致详尽的财务报表，特许人不了解他们的经营情况，因而无法帮助他们改善经营业绩。可以说，该冲突的发生主要是由于特许人和受许人之间缺乏有效的沟通。

> **案例 7-4**
>
> 米其林驰加连锁在中国市场一直是轮胎行业连锁的成功典范之一，截至 2018 年，驰加门店数已逾 1 400 家，成为具有行业影响力的汽车售后服务品牌。但从 2019 年开始，米其林驰加的一些新政策引起了不少加盟店的不满。
>
> 《驰加 2019 全国加盟商运营质量评估手册》要求，全部陈列米其林轮胎或者指定的品牌，如果摆放竞品轮胎，那么该店标准陈列项目将为 0 分。这个指标分数和驰加门店"质量基金"有关，如果摆放竞品轮胎，则这一项将得不到米其林驰加质量基金在标准陈列项目的分数。一位向媒体倾诉不满的米其林驰加店主表示，按要求摆放的轮胎中会有一部分在自己门店根本没有市场，摆放就是占地方。而另一些不允许摆放的轮胎品牌在自己门店很畅销，但是却不能摆放，这会严重影响门店的销量。第二个让驰加店主不满的地方是，驰加要求门店必须摆放经过驰加授权的相关商品，驰加在评估手册里用"必须有"来强调这点。强制要求摆放的产品有：驰加专供加德士机油、驰加专供壳牌机油、力派制动片、专供力魔养护品等。
>
> 除此之外，驰加在合同签订之前没有把相关的政策向轮胎店主讲明讲透，也引起众多店主的不满，影响了米其林与店主之间的信任。
>
> 资料来源：佚名.2019 米其林驰加新政让店主寒心, https://www.sohu.com/a/311136311_358867.
>
> **问题：**
> 驰加的新政策引起潜在冲突的原因有哪些？

7.1.5 渠道冲突的衡量与影响

1. 渠道冲突的衡量

渠道冲突可以用冲突问题的重要性、冲突的强度、冲突的频率三个指标来衡量。冲突问题的重要性指的是引起双方冲突的问题在获利中的重要性程度。冲突的强度是指冲突双方就某一问题争执的激烈程度。冲突的强度可以从很小的分歧到报复性行为或法律诉讼等重大分歧。冲突的频率是指双方就某一问题意见不一致的频率。它可以从零星的争论到持续的关系恶化。将这三个指标综合起来就形成了一个用来测定每一个问题的显性冲突指标：冲突＝重要性×频率×强度，然后将某个产品所有问题的冲突指标进行加总，就形成一项冲突指数，再比较各渠道成员的冲突指数，就可以清楚地看到最严重的冲突发生在何处，并找出渠道冲突发生的原因。使用渠道冲突指数进行衡量，可以避免因情绪干扰而产生的偏差，使得对渠道冲突的诊断更专业，能明确指出各方对立的问题和原因。

渠道专栏 7-1

衡量汽车经销商与生产商的渠道冲突时，可以按照下面四个步骤来进行。

第1步：计算问题的总数。在渠道关系中，与双方都有关联的主要问题是什么？对于汽车经销商来说，一项研究揭示了经销商在处理与生产商的关系时必须面对的15个问题，包括存货（汽车及其配件）、汽车的分配与运输、经销商人员规模、广告、汽车备件的补贴和保单偿付等。这些问题一时间是否处于争论中并不要紧，要紧的是它们关乎渠道关系的重要方面。

第2步：重要性。对于每个问题，确定其对经销商的重要性。这可以直接询问经销商。对于每个问题在经销商获利中的重要性程度，可以用0～10予以打分（其中0代表非常不重要，10代表非常重要）。

第3步：意见不一致的频率。对于每个问题，应该就双方发生分歧的频率收集数据，弄清楚经销商与生产商意见不一致的频率。可以要求经销商回忆过去一年中与生产商在这一问题上的争论，并就这些争论中出现分歧的频率（从根本没有到常有）予以打分，用0表示从来没有分歧，用10表示总是存在分歧。

第4步：争论的强度。对于每个问题，收集有关双方就这一问题分歧的强度（双方的立场有多大差距）数据，经销商可以用0～10表示在一次有代表性的讨论中双方争论的激烈程度，0表示不激烈，10表示非常激烈。

对每一个问题都需要将其重要性、意见不一致的频率、争论的强度相乘。而后，对所有15个问题的乘积求和就形成了一项冲突指数。这样的估算能够在经销商之间进行比较，以观察最严重的冲突发生在什么地方以及为何发生。

资料来源：科兰，安德森，斯特恩，等.营销渠道：第7版[M].蒋青云，王彦雯，顾浩东，等译.北京：中国人民大学出版社，2008.

按照冲突问题的重要性、强度、频率，渠道冲突可以划分为三个层次：高水平冲突区、中等水平冲突区、低水平冲突区，如图7-2所示。高水平冲突区，表现为冲突的问题比较重要，渠道成员间存在着激烈的争端，渠道关系不断恶化；中等水平冲突区，表现为渠道成员间偶尔产生不快，渠道冲突问题的重要性介于高水平冲突区和低水平冲突区之间；低水平冲突区，表现为冲突的问题不重要，成员间分歧小且很少发生分歧。

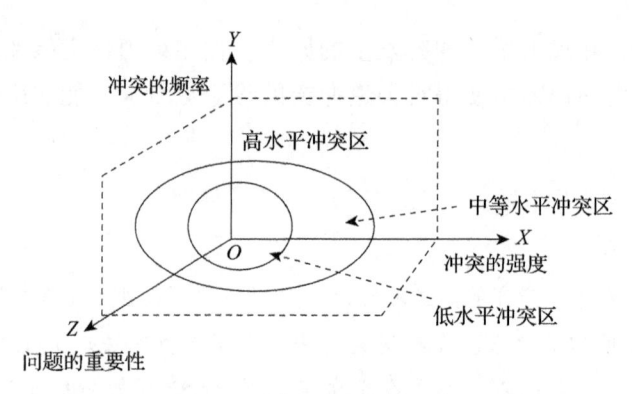

图 7-2　渠道冲突水平层次

2. 渠道冲突对渠道效率的影响

渠道冲突会对渠道效率产生影响。渠道效率是指按照投入产出最优化原则，为保证实现既定的分销目标而全部投入的程度。为实现分销目标的投入产出最优化程度越高，渠道效率越高；反之，渠道效率越低。投入包括任何实现分销目标所需的要素，如资金、时间和人员等。冲突水平与渠道效率的关系如图 7-3 所示。在 $O \sim C_1$ 的冲突水平范围内，不管渠道冲突如何变化，渠道效率维持不变，渠道冲突对渠道效率无影响；在 $C_1 \sim C_2$ 范围内，随着冲突水平的增加，渠道效率也在提高，渠道冲突带来的是正效应，渠道冲突可以提高渠道效率；超过 C_2 点（转折点）后，渠道冲突水平越高，渠道效率越低，渠道冲突对渠道效率的影响是负效应，渠道冲突会降低渠道效率。

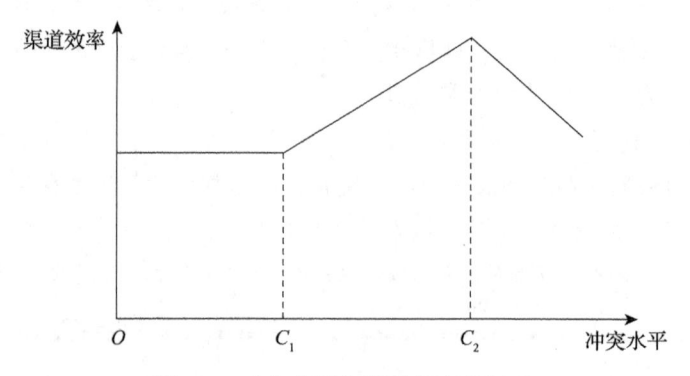

图 7-3　冲突水平与渠道效率的关系

低水平的渠道冲突对渠道效率没有影响，中等水平的渠道冲突会提高渠道效率，高水平的渠道冲突会降低渠道效率。高水平的渠道冲突往往会造成法律争端，导致渠道成员间关系恶化，甚至关系破裂，会损害渠道的正常运行。通过对渠道冲突与渠道效率关系的分析，可以看出，渠道冲突可能对渠道效率没有影响，也可能会对渠道效率产生积极或消极的影响，渠道冲突究竟会对渠道效率产生什么样的影响取决于渠道冲突的水平。这为管理渠道冲突提供了思路，管理者应该将渠道冲突控制在一个合理的水平，也就是说，可以使渠道冲突处于中等水平以激发渠道成员提高效率，也可以降低渠道冲突水平以避免恶性冲突的出现。

7.2 渠道冲突管理

目前，高效协同的营销渠道日渐成为企业在激烈的市场竞争中获得竞争优势的关键因素之一，而渠道冲突已经成为一种普遍现象，并且日益加剧，恶性渠道冲突会令厂商关系恶化，降低渠道运行的效率，甚至会造成企业渠道体系的崩溃，危及企业的生存发展。因此，企业应该重视对渠道冲突的管理。

7.2.1 渠道冲突管理的含义

渠道冲突管理是指企业为实现分销目标，对预防、解决渠道冲突而进行分析、计划、执行和控制的过程。渠道冲突管理的概念具体包含以下几个要点。

（1）渠道冲突管理的目标是确保营销渠道良性运转，实现分销目标。冲突在营销渠道中普遍存在，会对渠道效率产生影响。进行渠道冲突管理，就是要通过预防渠道冲突和解决渠道冲突来提高渠道效率，确保营销渠道能良好、高效地运转，实现企业的分销目标。

（2）渠道冲突管理的任务是预防渠道冲突和化解渠道冲突。对企业而言，有些渠道冲突是可以避免的，而有些渠道冲突则很难防止其出现。从总体来看，企业渠道冲突管理的任务包括两方面：一是预防渠道冲突。在渠道冲突发生之前，企业要对容易引发冲突的各个环节和因素进行分析，铲除冲突产生的隐患，避免冲突的发生。二是解决渠道冲突。当渠道冲突发生时，企业要及时采取措施解决冲突，减轻渠道冲突产生的负面影响。

（3）渠道冲突管理是一个分析、计划、执行和控制的过程。渠道冲突管理需要从分析和研究渠道终端用户的偏好、中间商情况以及企业的渠道状况入手，进行合理的渠道设计，并在渠道运行管理中得到执行和控制。它是一个系统的管理过程，贯穿整个渠道管理过程，而并非只针对某个点进行管理，因此，有效的渠道冲突管理需要做好以下工作：设计恰当的渠道以铲除渠道冲突产生的根源；采用合理的渠道组织模式以防止冲突出现；选择有良好合作意愿和信誉的中间商填充到渠道组织中，以减少渠道冲突；合理运用渠道权力，避免滥用权力所导致的渠道冲突；加强合作与沟通，减少渠道成员之间的分歧，增进彼此的信任。

7.2.2 渠道冲突管理的过程

渠道冲突管理主要包括发现渠道冲突、分析渠道冲突和解决渠道冲突三个步骤，如图 7-4 所示。

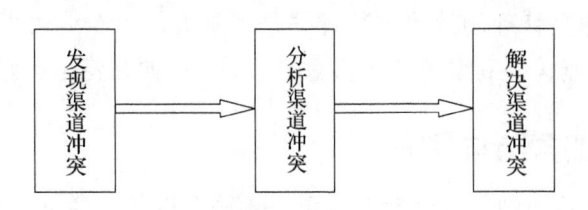

发现渠道冲突 → 分析渠道冲突 → 解决渠道冲突

图 7-4 渠道冲突管理的过程

1. 发现渠道冲突

企业往往容易忽视潜在的冲突，等冲突发展到一定阶段变得明显起来才被发现时，可能已经出现负面影响，使渠道成员之间的关系恶化了。企业要想防患于未然，就要想方设法及时发现渠道冲突，在冲突发展或蔓延之前就处理。发现渠道冲突的方法很多，主要的方法有：①定期召开中间商会议。这一会议的参加者包括企业的管理者和中间商的管理者，这些管理者定期会晤，就营销渠道中的各种问题展开商讨，在对这些问题进行讨论并寻求对策的过程中，容易发现相互间存在的分歧或被忽视的冲突隐患，有助于企业及早发现渠道冲突。②定期调查渠道成员。企业可以对中间商进行常规调查，也可以请独立的市场调查公司对中间商展开调查，通过调查企业和中间商对一些问题的看法，研究它们之间的分歧，有助于渠道成员发现彼此之间的冲突隐患。

2. 分析渠道冲突

对渠道冲突进行分析，主要应做好这几方面的工作：①企业要分析渠道冲突发生的原因。分析原因的目的主要是找出引发渠道冲突的根源，帮助企业采取有针对性的措施以化解冲突。②分析渠道冲突的水平。渠道冲突的水平不同，对渠道效率的影响也不相同。企业可以依据冲突的强度、冲突的频度和冲突问题的重要性这三个指标来衡量渠道冲突的水平，判断渠道冲突处于哪种水平上。③评估渠道冲突的影响。根据对渠道冲突水平的判断，大体可以确定渠道冲突对渠道效率是否会产生影响。如果是低水平的渠道冲突，一般不会影响渠道效率，企业可以不用去理会它。若渠道冲突会对渠道效率产生影响，还要判断所产生的影响是正面影响还是负面影响。假如是正面影响，企业可以利用这种冲突来激励渠道成员。相反，如果是负面影响，由于这种渠道冲突会破坏营销渠道系统，就要及时解决渠道冲突。

3. 解决渠道冲突

当渠道冲突对渠道效率产生负面影响时，渠道管理者就需要解决渠道冲突。要解决渠道冲突，可以从以下方面入手：①制订冲突解决方案。渠道冲突的解决方案中应该包括渠道冲突管理的目标、渠道冲突的解决策略和措施、工作程序、资源保障以及冲突管理绩效的考核指标和标准等内容。②执行方案。企业要确保资源到位，选择合适的人员，采取相应的激励和控制措施，在恰当的时机贯彻实施渠道冲突的解决方案。③评价冲突管理绩效。不少企业在实施方案后就认为渠道冲突管理工作结束了，其实不然，检查冲突管理的工作并对冲突管理的效果进行评估是很重要的，企业可以从中总结经验教训，完善渠道冲突管理机制，提高渠道冲突管理的水平，以便在将来更好地管理渠道冲突。

7.2.3 渠道冲突的预防与解决

渠道冲突是渠道系统中的一个普遍现象，不同程度的渠道冲突会影响渠道效率，也会影响渠道系统的正常运转，因此，企业有必要对渠道冲突进行管理。渠道冲突是一个渐进发展的过程，对渠道冲突的管理主要是做好渠道冲突的预防和渠道冲突的解决。

1. 渠道冲突的预防

渠道冲突的预防主要是针对容易引发渠道冲突的原因，事先采取防范措施以消除冲突的隐患，从而防止渠道冲突的出现。从引发渠道冲突的原因来看，许多冲突是可以通过事先做好预防工作而加以防范的，企业可以通过采用信息密集型策略、合理运用渠道权力和调整渠道结构来防止渠道冲突的出现。

（1）采用信息密集型策略。信息密集型策略是通过渠道成员之间充分的信息沟通实现信息共享，从而预防和阻止渠道冲突。其核心是通过充分沟通、信息共享来增进成员间的信任，建立和维持良好的渠道合作关系，从而达到预防冲突的目的。这一策略涉及大量的信息交换，是高风险的解决方法。采用信息密集型策略来预防渠道冲突的主要方法如下。

1）厂商双方可以通过互换人员来增进了解。渠道成员之间往往对各自的特殊情况缺乏了解，即使进行交流也很难消除误会。解决办法就是互派人员到对方公司去亲身体验一段时间，让双方的人员互相了解彼此的特殊情况，学会站在对方的角度思考，回到本公司后更容易从对方的角度出发考虑合作，从而避免渠道冲突。一个典型的例子是宝洁公司与沃尔玛之间的人员互换与流动，强化了双方的沟通与理解。

2）邀请中间商参加本企业的咨询会议或董事会议。企业可邀请中间商参与到本企业的营销部门中共同审查销售促进计划、广告方案等，听取中间商合理的意见和建议。例如，奔驰的营销委员会中包含7名经销商委员，它们共同预审新的营销模型，并提出营销建议和意见。企业管理者也可以定期与中间商座谈，听听它们的建议或不满，这样有利于及时发现冲突并共同解决冲突。然而，这种方法由于让"局外人"参与进来与企业一起分析现状、提供方案选择建议，甚至参与决策，企业可能会考虑到中间商的要求，甚至不得不调整原有的决策程序或决策方案，以满足中间商的需求，因此，这种方法会带来使企业改变其观点或决策程序的风险。

3）建立会员制度。会员制度的建立为中间商之间定期沟通与反馈意见提供了良好的机会，中间商之间交流的机会多了，了解增多了，分歧也就减少了。会员制度在一定程度上可以预防渠道冲突的发生。

众多学者认为，在对渠道冲突进行管理时，采用信息密集型策略可以使渠道成员的态度更趋于合作，渠道关系更长久，因此应该尽量使用信息密集型策略来避免和化解渠道冲突。

案例7-5

固 特 异

美国轮胎制造商的产品销售通常由独立的轮胎经销商负责，每五个备用轮胎就有三个这样出售。一些经销商独家经销一种品牌，尽管很多经销商也同时经营多种品牌以便能随时易主，但是轮胎制造商意识到消费者开始变得更愿意向大型零售商（比如凯玛特）购买轮胎。这些消费者对地理便利性的要求较高却不需要特殊的轮胎服务。一些大型零售商利用其议价能力向消费者提供经销商无法比拟的低价轮胎。

固特异一度拥有全美最好的轮胎销售网络。定价优势、供货及时、广告有效赋予了它感召权力，因此很多经销商极为忠诚地只经营固特异产品。但当固特异开始使用大型零售商后，它对经销商的供货速度也大幅下降。固特异向大型批发商以及零售商提供低价产品，因此消费者从大型批发商以及零售商处买进的价格竟然低于部分经销商从固特异得到的价格！但经销商却仍然有义务提供售后服务，这使得它们成为渠道"搭便车"情况的受害者。

固特异的经销商抱怨它们拿到的价格不公平，产品质量差，经常缺货，还要接受高压政策吸纳不必要的库存（不接受足够存货就可能面临解约，即使是忠诚的经销商也不能幸免）。这种情况导致一些经销商将其销售资源改投其他品牌，这使得固特异的销量下降。结果是：备用轮胎的市场销量增长了7%，而固特异的市场销量却下降了14%，损失利润5 000万美元。

固特异正在采取行动挽回经销商，通过批发商向经销商发货以加快供货速度，同时统一价格。固特异增进了与经销商的沟通（如开展小组访谈），还推出了一款极受市场欢迎的轮胎，但消费者只能从经销商处购买；同时，它扩大了工厂的生产能力以避免存货转嫁的问题。但是固特异负责销售的副总经理也承认，"关于与经销商的关系，我们还有很多要改进的地方，我们过去遗忘了一点：经销商的成功就是我们的成功"。

资料来源：科兰，安德森，斯特恩，等.营销渠道：第7版[M].蒋青云，王彦雯，顾浩东，等译.北京：中国人民大学出版社，2008.

（2）合理运用渠道权力。渠道权力主要有强制权力、奖赏权力、合法权力、感召权力、专家权力和信息权力等六种类型。由于各种权力来源的界限并不总是非常清晰，很难明确地划分出各种权力，所以西方学者把这六种权力进行合并后划分为更宽泛的类别。常见的划分有两大类：强制性权力与非强制性权力。把强制权力归结为强制性权力，而将剩余的五种权力归入非强制性权力中。凡是强制性权力就是运用这种权力能剥夺某些渠道成员原本拥有的东西，其余的不再进一步区分，都属于非强制性权力。渠道权力与渠道冲突有着内在的联系，渠道权力的运用可以预防冲突，提高双方合作的意愿，也可以导致更严重的冲突产生。企业要合理运用渠道权力，以预防渠道冲突的产生。

1）要慎用强制性权力，防止渠道冲突的产生。许多学者对渠道权力使用的研究表明：强制性权力的使用会导致渠道冲突的产生，渠道冲突又会弱化渠道成员之间的合作和降低渠道成员的满意度，而非强制性权力的运用会强化双方的合作，提高渠道成员的满意度。在实践中，我国家电业的渠道冲突也表明，家电厂商双方常常利用强制性权力来控制对方，加剧了渠道冲突。强制性权力的使用特别容易引起和加剧渠道冲突，一方对另一方的威胁和惩罚都会激起同样方式的报复，互相制裁会加剧双方的冲突，强制性权力的使用会使对方迅速脱离控制。因此，渠道成员在运用渠道权力时，要尽量少用强制性权力，多运用非强制性权力，以防止渠道冲突的出现。

2）正确运用奖赏权力来预防渠道冲突。企业可以对中间商进行合理的经济激励和按业绩奖励，以避免渠道冲突的出现。国外许多营销学者对大量渠道冲突案例的研究表明，将经济激励和按绩效付酬结合起来，再由一个与中间商有良好关系的业务员表达这一建议，大多数矛盾就可以被解决。有效的经济激励往往能激发中间商的销售热情，吸引中间商与企业合作。在对中间商进行奖励时，企业应该按照其在营销活动中销售的产品数量来奖励中间商，而不是按订购的产品数量对中间商奖励，这种做法有助于吸引和维系那些对与企业合作有兴趣的中间商。因此，企业应该结合中间商销售的产品数量与适当的经济激励来奖励中间商，这样能对中间商产生激励作用，吸引中间商与企业长期合作，从而有效预防由于中间商的短期行为或中间商利益不能得到保障而引发的渠道冲突。

3）使用合法权力消除渠道冲突的隐患。企业可以使用合法权力进行合理的区域划分，使中间商能获得足够的销售额和利润，以防止由于区域划分模糊带来的冲突；还可以使用合法权力在合同中明确规定各渠道成员的分工，以避免渠道成员由于渠道分工而产生的争执和冲突。

总之，企业要灵活运用各种渠道权力，以防止发生恶性冲突。当渠道权力得到有效运用时，中间商会考虑到对方拥有的渠道权力，一旦自己偏离合作就会受到无情的制裁，相反，为获得渠道整体利益而暂时牺牲自身利益时会得到各种丰厚的回报，中间商就会慑于对方拥有的权力。为取得长期利益，中间商就会把企业当作合作伙伴，立足于长期稳定的合作，尽力避免发生恶性冲突。

（3）调整渠道结构。企业可以通过调整渠道结构来预防渠道冲突。企业对渠道结构的调整，可从两个方面进行：①渠道扁平化。传统渠道模式层次较多，一般来说，渠道越长，渠道结构就越复杂，企业就难以对渠道进行有效的控制，渠道成员之间的冲突也多。传统的渠道模式中间环节过多，冗长的多层渠道环节必然会造成物流、信息流、资金流不畅，很难适应千变万化的市场环境和消费者的需求，导致渠道冲突不断。如果企业想快速响应市场需求，减少渠道冲突，渠道扁平化不失为一种有效的渠道结构调整措施。渠道扁平化是通过缩短渠道长度，增加渠道宽度来优化企业原有的渠道网络，是一种短宽型的渠道。渠道扁平化并不是简单的减少渠道中的某些层次，而是剔除渠道中不增值或增值很少的环节，由其他更有优势的渠道成员一并来承担原有环节的职能。目前，渠道扁平化已经成为我国许多行业渠道变革的一种趋势，在实践中，很多成功的渠道扁平化都是以现代信息技术作为基础的。②渠道一体化。传统的渠道一般由众多独立的渠道成员构成，是一种"超组织"系统，许多渠道成员往往注重其独立性，追求自身利益的最大化，这样客观上就存在冲突的可能性，通过自己组建、收购、兼并等方式使各自独立的渠道成员归属于企业，使营销渠道成为企业的一部分，实现渠道一体化，从根本上消除了渠道冲突产生的根源，这样就避免了由于"超组织"所带来的渠道冲突。

2. 渠道冲突的解决

渠道冲突的解决侧重于对现实冲突采取措施以降低或消除冲突的负面影响，避免类似冲突再次出现。当渠道成员出现行为对抗时，企业根据具体情况可以采用信息保护型策略，也可以运用渠道权力来化解渠道冲突。

（1）采用信息保护型策略。信息保护型策略是指引入第三方来解决渠道冲突的策略。其核心是将各成员视为独立的利益体，对各自的信息进行保护，不与其他成员共享。信息保护型策略涉及少量信息交换，是一种低风险的解决办法。这一策略的具体方式主要有调解、仲裁和法律诉讼三种。

1）调解。调解是由第三方根据双方的利益进行调停的一种方式。在调解过程中，第三方会力图说服冲突双方，要么继续谈判，要么考虑接受第三方程序上或结果上可行的方案或建议。有效的调解需要明确问题和弄清事实，使冲突双方保持接触，探寻达成共识的基础，促进双方对特定问题形成一致意见，并指导和监督协议的执行。调解是解决渠道冲突的一种常用的、较好的方式。由于调解人处于中立的地位，具有丰富的经验，往往会对争端问题提出新的见解，容易发现"局内人"难以发现的机会。此外，调解人的介入还有助于识别出各方需求，提出双赢的方案，从而增大双方接受调解人所提方案的可能性。不少企业通常都会采用调解方式解决商业纠纷。例如，必胜客、肯德基、麦当劳、假日全球酒店等多家特许经营授权人曾发起一个调解计划，以化解渠道冲突，防止与受许人之间的争端发展到法律诉讼阶段。特许人签约保证把争端交由法院解决之前，将使用调解方式来解决冲突。受许人并未被要求签字保证，但是认为这是一个积极的信号，它表明了冲突可以通过友好的方式予以解决，从而与特许人保持良好的关系。调解可能会成功，也可能会失败，当调解失败时，冲突各方可能会采用仲裁或法律诉讼方式来解决渠道冲突。

2）仲裁。仲裁是双方把纠纷交给仲裁机构，并接受其仲裁决定的方式。仲裁可以是自愿的，也可以是强制性的。在自愿仲裁中，各渠道成员自愿将纠纷提交给第三方，它的裁决是最终的，对各方都具有约束力。而强制性仲裁是各方必须按照法律规定服从第三方，由它做出最终的决定，这种决定同样对各方均有约束力。与法律诉讼相比，利用仲裁解决渠道冲突有许多好处：仲裁可以在几天之内完成，冲突解决比较迅速；由于仲裁所需的时间较短，可以节省由于法律诉讼时间长而产生的费用，因而仲裁费用相对法律诉讼较低；仲裁员或陪审团人员往往由行业内有实践经验的专家担任，所做出的裁决更为公正；局外方不能参加听证会，裁决也不向社会公布，因此，仲裁的保密性强。

3）法律诉讼。法律诉讼是由出现冲突的各方把纠纷提交法院，由法院做出判决的方式。法律诉讼是解决渠道冲突的一种非常有力的方式，但与仲裁相比，通过法律诉讼解决冲突花费的时间可能更长，支付的费用更高。因此，在通常情况下，渠道成员之间发生冲突时，往往采用仲裁方式来解决冲突。只有当上述方式都不能有效解决渠道冲突时，才使用法律诉讼方式。

（2）运用渠道权力解决渠道冲突。

1）发展抵抗性的权力，寻找替代者。如果某一个中间商的实力与企业对等或比其强大，而企业又主要靠这一中间商来销售本企业产品，那么企业可以通过发展抵抗性的权力，也就是发展其他渠道成员来替代这一中间商，来减少被这个中间商威胁、剥削的风险。

2）运用强制性权力清理相关渠道成员。如果遇到多次违反合同规定、一意孤行的中间商，双方冲突较严重，在实在不得已的情况下，企业可以运用强制性权力将这些中间商从渠道系统中剔除，重新寻找和选择合适的渠道成员补充到渠道系统中，从而使渠道能够正常运转。

3）运用合法权力和奖赏权力解决冲突。企业由于渠道策略和激励不当引发渠道冲突时，运用合法权力和奖赏权力能较好地解决这种冲突。例如，某家电厂家在某一销售区域采用多家中间商分销产品，并按中间商进货量返利，由于顾客有限而中间商过多，这些中间商为了自身利益会不择手段降价倾销，从而引发了渠道冲突。在这种情况下，一方面，家电厂家可以运用合法权力实行选择分销，选择一两家合适的中间商来经销本企业产品，以保障中间商的利益；另一方面，家电厂家可以合理运用奖赏权力，除按中间商销售业绩奖励外，还可以按客户开发量、提供的服务、促销合作等情况对中间商进行奖励，以化解冲突。

案例 7-6　　　　　　　　　**耐克对抗 Foot Locker**

耐克是知名运动鞋制造商，Foot Locker 是全世界最大的运动鞋和运动设备零售商，双方一直合作得很好，但是，在 2000 年双方产生了不和。Foot Locker 的新任 CEO 马特·赛拉（Matt Serra）担心沃尔玛会抢走 Foot Locker 的生意。赛拉决定增加对耐克的订单并以此获取更低进价。为了平衡库存以容纳更多的存货，Foot Locker 进行了"买第二双即打半价"的促销活动。Foot Locker 促销的目的是希望消费者可以来抢购，以抢夺零售业份额。耐克一贯抵制此类促销活动，因为这会激起整个运动鞋市场的价格战，因此公司收回了 Foot Locker 所有促销零售点最畅销品的销售权。但是 Foot Locker 一意孤行，甚至逐渐扩大促销品类，对耐克产品线的高端产品也进行了促销。冲突在两大巨头间升级。"当你最大的伙伴，它所有的重点变为服务私利时——对你的畅销品和新品进行促销，两者之间的关系就发生了改变"，耐克的一位发言人这样表示。

2003 年，耐克推出了一款并不畅销的高档运动鞋。赛拉对耐克订单的降幅从 15% 增大到 25%，并且增加了对耐克的竞争对手彪马以及 K-Swiss 的订单。赛拉的目的是逼迫耐克降低出厂价，同时给予 Foot Locker 更多的畅销品。赛拉本以为耐克会妥协，但是耐克表示双方并非同等依赖。相反，耐克采取了报复手段，削减了对 Foot Locker 60% 的供货，尤其是针对畅销品和新品。

这样的惩罚性措施对 Foot Locker 门店的人流量、销售额、利润产生了极大的负面影响。因为消费者受耐克广告引导购买畅销品以及新款运动鞋，但这些都只能在其他零售点买到。而耐克的股价正如其新品发布时那样一路上升。投资者显然把耐克的决策转变看作是其对高端品牌价值的保护。事实证明他们的判断是正确的，耐克很快转向了其他零售商，给予它们优惠，而且耐克的销售部门帮助培养它们的销售实力。接着，耐克成功推出了新款产品，获得市场追捧。

赛拉试图挽回双方的关系，但被拒绝了。最终赛拉将 Foot Locker 在美国的业务转变为一个主管高端产品且很少进行促销的业务单元。现在 Foot Locker 早已改善了其与耐克的关系，并且恢复了盈利。但是，在投资者眼中 Foot Locker 的形象已无法改变：Foot Locker 更多地依赖其供应商，却没有足够的实力影响供应商的决策。

资料来源：科兰，安德森，斯特恩，等.营销渠道：第 7 版[M].蒋青云，王彦雯，顾浩东，等译.北京：中国人民大学出版社，2008.

问题：
在该案例中，耐克与 Foot Locker 是如何运用渠道权力来解决渠道冲突的？

7.3 窜货管理

窜货是一种典型的水平渠道冲突的情形。窜货非常普遍，是所有企业在管理营销渠道时面临的一个共性问题，是令企业感到棘手的一大难题，因此，许多人把它称为渠道管理中的一个"顽症"。

7.3.1 窜货的概念

窜货是指中间商向自己销售区域以外的其他地区销售产品，也就是中间商跨区销售产品的行为。窜货又称为"冲货""倒货""越区销售"。产品从低价区流向高价区，从滞销区流向畅销区，是产品流通的本性，所以，只要同种产品的价格在不同销售区域之间存在差异，在不同区域的畅销程度不同，这种产品必然会在不同的销售区域之间流动。窜货的根本原因在于当前厂商之间单纯的交易关系。

窜货常见的表现形式主要有以下几种。

（1）企业销售分公司之间的窜货。有些企业在不同区域组建销售分公司，对不同分公司制定不同的销售指标，并按销售业绩考核各地的分公司，一些分公司为完成销售指标，就会将产品低价销售到其他地区，造成企业销售分公司之间的窜货。

（2）中间商之间的窜货。有些中间商为了获取最大化的利润，会将产品低价抛售到其他区域，其他中间商为了保护自己的利益，也会跨区低价销售产品。

（3）中间商低价倾销即将到期的产品。对于一些在包装上标有产品有效使用期的产品，如饮料、食品等产品，中间商为了降低风险或减少损失，会低价抛售即将到期的产品。

（4）中间商销售假冒伪劣产品。假冒伪劣产品的超低价位和巨大利润使得一些中间商铤而走险。为了获得超额利润，中间商把假冒伪劣产品混在正品中销售，这是一种非常恶劣的窜货现象。

7.3.2 窜货的类型

根据窜货的动机和窜货的性质，窜货可以分为良性窜货、自然窜货和恶性窜货三种类型。

1. 良性窜货

良性窜货是指在市场开发初期，企业选择了流通性较强的市场中的中间商，使产品销售到其他区域或空白市场的现象。例如，某食品企业的一种新产品投放市场时，在华南地区选择了一家独家经销商负责其食品的销售，结果该区域的这种新产品销售量的30%流向了西南地区这一尚未开发的市场。这种窜货在市场开发初期对企业是有好处的，一方面，企业不需要在空白市场上进行促销，就能提高企业或品牌的知名度，迅速打开市场；另一方面，企业可以通过这种窜货拓展市场，增加产品的总销售量，提高市场占有率。在短期内，适度的良性窜货可以使企业的产品形成销售火热的氛围，提高品牌的知名度和市场占有率。但是，企业应该注意，在空白市场上所形成的渠道系统处于一种自然状态，如果企业今后要重点经营该区域，就应该适时对其进行调整。

2. 自然窜货

自然窜货是指中间商在本辖区内销售产品的同时，无意中向其他区域销售产品的行为。自然窜货表现为相邻销售区域的边界上出现相互窜货或产品随物流走向销售到其他地区。这种窜货很难避免，只要有销售区域的划分就会存在自然窜货。如果窜货量不大，一般不会产生严重的后果，但是，如果窜货量很大，就会对正常渠道的价格体系产生影响，导致正常渠道成员的利润下滑，影响这些渠道成员的积极性。因此，对自然窜货放任自流，最终有可能会发展成恶性窜货。

3. 恶性窜货

恶性窜货是指中间商为牟取非正常利润，故意向自己辖区以外的市场倾销产品的行为。恶性窜货有两个显著特点：一是产品的跨区域销售，也就是把产品卖到本来不属于自己的销售区域。二是降低价格出售或变相降价，一般是以低于厂家规定的价格向其他区域出售产品。它是中间商有意识的一种违规行为，是在暗中进行的恶性销售行为，其本质是获取眼前利益。恶性窜货会给企业带来很大的危害，具体体现在以下几个方面。

（1）扰乱价格体系。一旦发生恶性窜货，各中间商为保住自己的市场份额，往往会降价销售，从而引起价格战，会扰乱厂家整个营销渠道的价格体系。

（2）破坏营销渠道系统。产品利润是中间商分销产品的最基本的动力。当恶性窜货不断激化时，为了降低风险，中间商会纷纷低价抛售产品，这会大幅度降低渠道的利润，利润的减少使得中间商对经营该产品失去信心，丧失积极性，并最终放弃销售该产品，使企业辛辛苦苦构建的营销渠道网络体系毁于一旦。

（3）导致顾客对品牌的信任下降。在恶性窜货情况下，为了获取超额利润，有些中间商会乘机销售假冒伪劣产品,将假冒伪劣产品与厂家的正规产品混在一起销售,以超低价进行倾销,抢夺正规产品的市场份额。充斥市场的假冒伪劣产品和混乱的价格将会导致消费者对企业品牌的信任下降,由于难以辨别真假,害怕买到假货,消费者不敢购买该品牌的产品,使该品牌的产品销售量下降。

> **案例 7-7　　　　　　　窜货无人管,亏损人心寒**
>
> 2020年初的新冠肺炎疫情,让六个核桃的母公司——河北养元智汇饮品股份有限公司(以下简称"养元饮品")颇受损失,同样遭受损失的还有部分经销商。
>
> 在北方市场,六个核桃的送礼属性较强,全年销量的几乎80%都在春节期间实现,2020年,受疫情影响,销量很低。2020年上半年,养元饮品多次实施去库存行动。为了去库存,养元饮品让经销商低价甩货。对不少库存较大的经销商来说,低价脱销就是亏损。去库存的过程造成了比较严重的窜货。
>
> 因存货量太大,内部原有的窜货管理系统变得"力不从心"。大量特价产品的出现,影响了正价产品的销售。内部人士介绍称,以往六个核桃的窜货多是周边相邻市场间的小规模窜货。例如,小超市从周边市场的大批发部拿点货,规模小,最多也就几十件,基本上都是经销商私下解决。一年下来,一个办事处处理的窜货事件低于十起。但是,现在六个核桃跨区域大规模窜货事件增多。例如,四川、湖南、江西、辽宁等大市场,窜货规模涉及十几个市场几千件货。每个办事处经公司处理的窜货事件就有十起以上。陈货少的市场,已被外地陈货窜了四次,陈货处理价格高的市场,也流进了外地陈货。此外,养元饮品业务团队还私下鼓励经销商把货补完,窜出去。如果出了事,业务员再协调公司层面解决。公司方面,也只是象征性地罚一些钱。
>
> 据悉,养元饮品虽也实施了针对2020年窜货处理的规则,比如,跨事业部窜货,一级经销商罚款5万元,市场责任人一次罚300元;窜货市场如在3天内未去收货,将按每件30元给予被窜市场费用补贴,但效果不佳。因为大面积亏损,不少养元饮品原有的经销商纷纷退出,转行做白酒、粮油或调味品经销。2018年养元饮品营业收入为81.44亿元,2019年养元饮品营业收入为74.59亿元,2020年上半年,养元饮品营业收入更是较2019年同期减少48.40%。
>
> 资料来源:刘亚丹,《六个核桃经销商的2020》,今日头条2021-01-06,有改动。
>
> **问题:**
> 该案例中的窜货属于什么类型?它给该公司带来了什么危害?

7.3.3 窜货的原因

窜货的原因很多,有客观原因,也有主观原因,但总的来说,窜货主要有以下几方面的原因。

1. 销量目标制定得过高

目前很多产品处于供过于求的状况，在激烈的市场竞争中，企业为了提高市场占有率，盲目向中间商压销量，不顾地区差异，销量目标制定得很高，中间商在本地区市场饱和，无法完成销售任务的情况下，必然会向周边地区倾销，从而引起连锁反应，周边地区的中间商为规避风险也会低价窜货。

2. 激励不当

有些企业采取季度奖和年终奖等激励措施的力度过大，这种激励往往与销售量挂钩，一般是完成的销售量越高，返利比率就越高，返利就越大。在这种激励机制之下，尽管中间商销售的产品价格低一些，但只要能提高销量，就能获得高额返利，从整体来看，中间商是可以获得利润的。中间商为了得到更多返利而窜货。同时，激励不当对企业而言也是不利的，虽然产品的销量提高了，但利润却减少了，窜货给企业带来了难以下咽的苦果。

3. 渠道监管乏力

在实践中，一些厂家对窜货问题不重视，未设立监管部门，没有建立相应的管理制度或监管不到位，为中间商窜货提供了机会。例如，一些企业没有制定惩治恶性窜货行为的规则和制度，因此，在发生恶性窜货行为时，由于没有依据而无法对渠道成员进行处罚。尽管有些企业建立了相应的规章制度，但由于种种原因未严格执行，没有对违反规定的渠道成员进行惩罚。这样必然会助长恶性窜货行为，使企业难以对窜货进行有效的管理。企业对渠道管理的乏力，使一些中间商有可乘之机，在利润最大化的驱动之下，寻找机会窜货。

4. 价差对中间商的诱惑

我国不少企业在产品定价方面仍然采用传统的"三级批发制"，即出厂价、一批价、二批价、三批价以及零售价。在这种价格体系中，每两级价格之间都存在一定的价差，价差成为利润的源头，尤其是出厂价与零售价之间存在的利润空间可能非常大，会对中间商形成极大的诱惑。为了得到更多的利润，总经销商可能会不按规定在辖区内进行层层分销，而是利用价差进行窜货，直接向不同地区的零售商销售产品，而对于销售同一品牌的零售商而言，往往倾向于谁的价格低就进谁的产品，这样自然会引发窜货。

5. 优惠政策的差异

我国幅员辽阔，各地的营销环境差异较大，消费者的购买能力和消费行为各不相同，同一品牌产品的销售量差异很大。许多企业为了开拓新市场或经济落后地区的市场，会向这些地区的中间商提供一些优惠政策，从而造成不同地区之间的价差。有些中间商正是充分利用了这一价差，从厂家大量进货，再以低于正常批发价的价格销往其他地区，靠较高的销量来得到厂家的返利，从返利和优惠政策中获得利润。

6. 企业销售人员的职业道德低下或行为不端

企业销售人员的职业道德低下或行为不端也会导致窜货。许多企业将销售人员的收入与销售业绩挂钩，当企业将销售人员派驻在中间商那里时，有些销售人员为了多拿奖金，会违反企业的规定，暗中支持所在区域的中间商向其他销售区域销售产品。而有些销售人员因妒忌同事的销售业绩，也会鼓动中间商向同事所在地区窜货，扰乱那些地区的正常销售秩序，使那些地区的中间商丧失销售积极性，造成销售量下降。企业销售人员的这些做法所导致的窜货比较常见，会对企业产生负面影响。

7.3.4 窜货的管理措施

窜货会对企业产生一定的影响，尤其是恶性窜货对企业的危害很大。企业可以采取以下措施来对窜货进行管理。

1. 制定出合理的销售目标

企业要根据市场容量，通过对各区域中间商的销售能力和销售量的正确测算，制定出合理的销售目标，这一目标应该是在中间商能力范围之内可以通过努力来实现的目标。合理的销售目标是降低中间商的销售压力，减少窜货的前提条件。

2. 采取全面的激励措施

单纯的现金返利措施可以激发中间商多进货，但也容易引发窜货，企业不应将销量作为返利的唯一标准进行直接激励，而应采用全面的激励措施。企业可通过向中间商提供有关产品技术和销售技能方面的培训，支持中间商进行专业展览和店面展示以及向中间商提供管理支持以帮助中间商提高管理水平等激励方式，来激发中间商的积极性。同时，在奖励方式上少奖现金，这样有助于减少价差，降低窜货的可能性。销售奖励应与对中间商的综合考评结合起来。对中间商的销售绩效应使用综合评定的指标来评定，如品牌的知名度和美誉度、价格控制、不窜货、不乱价、销售增长率、市场占有率、付款方式等，把是否窜货也作为考核指标之一，以防止中间商为提高销量而窜货。

3. 通过合同约束中间商窜货

企业与中间商签订合同时，应在合同中明确规定"禁止跨区销售"的条款，使中间商严格将分销活动限制在所辖区域之内。在合同中还要对窜货行为的处罚做出明确的规定，将窜货的具体处罚条款详尽地列出，这为处罚违规者提供了法律依据。除了签订合同，企业还要严格执行合同的相关规定，对窜货的中间商不能纵容姑息，不管是老客户还是新客户，要一视同仁，按合同规定严肃处理。而对于举报的中间商，应给予奖励，以鼓励中间商积极地防止窜货。企业通过合理的奖惩，可以使中间商自觉遵守合同，尽量避免窜货。

4. 成立市场督察部

成立市场督察部专门负责处理窜货问题，加强对市场的监督。市场督察部的职责主要有三个方面：一是专门查处窜货的中间商，对其进行处罚；二是对业务人员的工作情况进行监督；三是监管促销费用使用的真实性和有效性。市场督察部的人员要经常巡视各地市场，掌握第一手资料，及时发现问题并进行处理，一旦发现窜货现象，要严格按照规定依据情节严重程度分别给予处罚。有了市场督察部把制止窜货作为一项日常工作常抓不懈，既便于销售人员集中精力做好销售工作，又能快速、高效地处理窜货事件，还能起到威慑作用，使得销售人员和中间商不敢贸然窜货。

5. 包装区域差异化

企业对于相同产品，可以采取不同销售区域使用不同包装的方式，在一定程度上可以解决中间商窜货。包装区域差异化通常有三种措施：其一，包装上的商标颜色差异化，即在不同销售区域使用不同颜色的商标。通过产品包装上的商标颜色差异，企业就很容易发现哪个销售区域出现了窜货，并找出窜货的中间商。其二，包装上的条形码差异化，即针对不同的销售区域，在产品包装上使用不同的条形码。其三，在包装上使用文字标识。在产品的包装上，印刷上"专供××地区销售"的文字。这些文字可以印在产品的包装箱上，也可以印在商标上。在易窜货的产品上使包装差异化，有助于企业在管理窜货中掌握主动权，在一定程度上可以防止和解决中间商的窜货问题：首先，它有助于防止中间商窜货。由于不同销售区域的包装存在差异，企业在一定程度上掌握了产品的流向，使中间商不敢轻易窜货；其次，在发生窜货时，企业可以根据中间商识别码或包装差异弄清产品的来龙去脉，确认违规的中间商。但是，这些措施可能会增加企业的包装成本，在销量很大时，也可能会被违规的中间商仿冒。

6. 制定合理的价格

为了避免价差引发的窜货，企业应该制定出合理的价格体系。企业可以从纵向和横向两个方面来确定价格体系。从纵向来看，价格体系要保障中间商得到合理的利润。企业在制定价格体系时，应注意以下问题：一是企业应给予中间商充分的价差以弥补其费用的开支并提供足够的利润。二是分配给不同环节的中间商的利润应大体与其所执行的营销功能相当。三是分配给中间商的利润应比竞争品牌更具有竞争性。四是根据中间商的销售对象规定价格，严格控制中间商跨环节进行窜货，以消除窜货的诱因。除此之外，企业还要做出违反价格制度的相关规定，对价格体系进行严格监控，及时处理价差所导致的窜货。从横向来看，企业要尽量使不同销售区域的价格差别具有一定的合理性。企业可以采取统一交货定价，对各销售区域的中间商都实行同一个价格。即使企业采用的是分区定价，也需要考虑到运输成本，使不同区域之间的价格差异不足以引发窜货。此外，对各个销售区域采用的销售政策应尽量公平，减少渠道成员之间的价差。

7. 加强对销售人员的管理

为了防止销售人员窜货，企业应该加强对销售人员的管理。首先，企业应该制定合理的招聘、选拔和培训制度，挑选出符合企业要求的销售人员配备到合适的岗位上，防止部分职业道德低下的人员混入企业，并通过岗前教育和在职培训等方法对这些销售人员进行引导，充分挖掘销售人员的潜力，增强他们对企业的忠诚度。其次，企业应建立公平的绩效评估和薪酬制度。企业如果只根据销售业绩来奖励销售人员，往往会使销售人员为获得自身利益最大化而伙同中间商窜货。为了避免这种情况的出现，企业应使用多个指标来考核销售人员的绩效，如从销售业绩、销售政策执行情况、价格控制、窜货等方面对销售人员的绩效进行评估，并将销售人员的绩效评估与薪酬挂钩，奖励不窜货、积极举报窜货的销售人员，严惩窜货的人员，真正实现奖优罚劣，减少窜货的发生。

7.4 渠道合作

7.4.1 渠道合作的定义与形式

渠道冲突与渠道合作共存于营销渠道之中，两者是一枚硬币的两面，渠道合作是渠道冲突的前提，没有渠道合作则没有渠道冲突。然而，各渠道成员要进行合作，就可能会出现渠道冲突。营销渠道存在的必要条件是渠道成员之间最低限度的合作，如果没有这种最低限度的合作，营销渠道就不可能存在。渠道管理者要采取各种措施来增强渠道成员之间的合作，以提高渠道效率。

案例 7-8　　　　　　　　　五芳斋成网红

端午小长假期间，登录天猫五芳斋官方旗舰店页面，用户可选择甜粽、咸粽两大类和鳗鱼、奶黄、牛腩、南美对虾等多种创新口味，不同食材的粽子在端午小长假期间通过天猫能够实现超过 10 000 种创意组合。同时，线上还能送出语音祝福。

天猫与五芳斋合作，首次开启粽子馅料的 DIY 玩法，推出食材领域的定制创新玩法。五芳斋电子商务负责人表示，DIY 粽子馅料对后端快速反应和配送能力是一个考验，市场化也是挑战。得益于天猫提供的一系列技术和营销解决方案，五芳斋首次实现了重构供应链的新零售尝试。

数据显示，五芳斋每天生产的粽子高达 130 万只，市场占有率达到四成。五芳斋已经建立 400 多家中式快餐连锁门店、30 000 多个销售终端；2016 年纯电商销售额超过 3.5 亿元，占整体品牌年销售额的 23%。未来，五芳斋将进一步深入与天猫合作，推出更多新零售玩法，推动线下 400 多家门店与天猫合作。

端午假期过后，五芳斋还牵手同在 1688 品牌站的客户迪士尼，推出迪士尼经典动漫卡通和漫威电影中的经典人物系列礼盒粽子，销售额轻松破亿，一举从"传统老干部"转型成了"网红小鲜肉"。通过 1688 平台,五芳斋和本来生活、北京礼物、故宫等共同打造企业定制款礼品,仅仅本来生活一家就创造了 1 500 多万元的销售额增量。

资料来源:姜雪芬,《承载童年记忆的老字号,玩起新零售来让人直呼脑洞太大》,搜狐号"天下网商"2017-08-22.引用时有改动。

1. 渠道合作的定义

渠道合作是指渠道成员为了达到共同目标而产生的互惠互利的行为意愿和行为。渠道合作的根源是渠道成员之间的相互依赖性,而这种相互依赖性是由资源稀缺或者渠道功能专业化所导致的。渠道成员之间的相互依赖可能是因为它们彼此需要对方的资源,如进入特定市场的能力、专业化技能、资金以及其他资源等。渠道成员之间的相互依赖更是渠道功能专业化的结果。在渠道功能非专业化的情况下,企业直接将产品卖给顾客,不需要依赖其他成员就可以完成整个再生产过程。然而,随着社会分工的发展和专业化程度的提升,这种交易方式变得越来越不经济,多层级渠道逐渐成为主流。在多层级渠道中,各个渠道成员执行不同的渠道功能,每个渠道成员专业化于那些自身具有相对优势的渠道功能上以获得规模效益。然而,渠道功能专业化也将再生产过程分割开来,使得任何一个渠道成员都难以高效率地完成再生产过程中的所有环节,这就造成了渠道系统中各成员之间的相互依赖。因此,渠道成员之间的相互依赖成为渠道合作的根源或基础。通常来说,渠道成员之间的相互依赖性越强,渠道合作的基础越坚实,在其他因素不变的情况下,渠道成员之间的合作程度也越高。而一旦渠道成员之间的相互依赖消失了,渠道合作的基础就不存在了,渠道成员之间的合作也会随之消失。渠道合作能够帮助渠道伙伴节约资源、促进销售、增强获客能力。

案例 7-9   **和路雪全渠道"出圈"**

在食品联名的道路上,全球市场占有率第一的冰激凌品牌和路雪搭上了京东"全渠道"的东风,近年不仅加快推出新品的节奏,更通过京东精准戳中年轻消费者的需求点,在新品即爆品的赛道上加速"狂奔"。

1993 年和路雪进入中国,1994 年首次在北京投产,此后,可爱多、梦龙、千层雪等品牌相继上市。和路雪主打多品牌矩阵:主推年轻人爱与友谊的可爱多,走高端时尚白领路线的梦龙,面向健康一族低热量的轻优,以及抢占冰激凌甜品细分市场的千层雪,四大品牌各自有精准的目标市场。

对和路雪而言,如何满足不同消费群体的需求并精准触达消费者,是一个挑战。随着冷链高速发展,覆盖区域扩大,越来越多消费者开始依赖在线上消费冰激凌;冰激凌从季节性、刺激性的街头消费品逐步转变为家庭长期消费品。在此背景下,京东对和路雪线上零售渠道的拓展和对营销的助力不容忽视。

在产品方面,京东通过 C2M 共创帮助和路雪反向定制消费者喜爱的产品,把"人"

放在最关键的位置,洞察消费者的心理诉求,根据不同场景有针对性地设计产品。京东发现,很多消费者偏爱一次购买不同口味尝鲜,但分开下单的流程又太过烦琐。对此,2020年京东与和路雪推出梦龙"京雪礼盒"16支装,混合口味击中了大量具有囤货习惯的冰激凌消费者的需求,上线5个月销量便超千万。之后,可爱多"情话"礼盒、梦龙"派对动物"礼盒、梦龙"欢愉主义"礼盒也做到了创意性与趣味性兼具,持续引领销量增长。

和路雪2018年4月入驻京东,设立自营旗舰店,2019年营收同比增长210%,2020年更实现破亿,收获了一大批忠实粉丝。现在和路雪京东自营旗舰店的粉丝已达到166万,会员加上已购人数已经突破350万,在国内冰激凌市场站稳了脚跟。

2021年,和路雪与京东在此前合作的基础上再升级。"5·20"这一天,达达集团旗下京东到家携手京东、和路雪,首次联合发起全渠道超级品牌日活动,有效实现线上线下、站内站外全渠道营销,B2C、O2O和线下渠道深度联动。全渠道超级品牌日活动期间,不仅主推千层雪联名新品,重磅上市新品超级可爱多特牛乳熔岩甜筒、可爱多芝士香栗口味甜筒,还推出抢199减100、满79减20等多种优惠活动,让消费者在体验1小时达服务外享受多种优惠,有效助力品牌提升销量。未来,双方还将创新活动玩法、迭代营销方式,持续合作打造平台优质品牌,继续携手共创,围绕消费者的需求开拓细分市场,为行业带来更多的惊喜。

资料来源:根据搜狐号"科技快报网"文章《和路雪全渠道"出圈":揭秘京东"把脉式"营销链路》(2021-05-20)整理改编而成。

2. 渠道合作的形式

渠道合作的形式非常多,其中联合促销、联合储运、共同培训、信息共享、专卖产品与地区保护是比较常见的几种形式。渠道成员之间的合作并不一定局限于一种形式,也可以同时采用几种合作形式。

(1)联合促销。联合促销具体合作方式多样,主要有厂商共同开展联合广告、进行联合产品展示、进行联合调研以及做出联合担保等形式。除此之外,在价格竞争比较激烈的情况下,制造商往往会向中间商提供价格补偿,以帮助中间商灵活应对价格竞争。

(2)联合储运。渠道成员之间可以在储存、运输活动中进行合作,包括生产者与中间商共同加入准时制(Just in Time,JIT)生产系统或者电子数据交换(Electronic Data Interchange,EDI)系统,生产者发起或参与对中间商的紧急货运活动以及生产者为中间商筹集存货资金等。

(3)共同培训。一种常见的共同培训是中间商参与生产者发起的产品培训或销售培训项目。有些实力强大的厂家会对批发商和零售商的销售人员进行产品知识或者销售技能方面的培训,以提高这些中间商的销售能力。

(4)信息共享。各个渠道成员可以通过会议、计算机系统或者其他手段共享数据以实现信息的高效利用。信息共享包括厂商共同加入电子数据交换系统以及时方便地交换信息,厂商联合加入销售商联合会以增加同业之间的交流沟通,渠道成员共同分享渠道调研结果以及举办信息交流会议等。

（5）专卖产品。专卖产品是指生产者向自己的中间商提供专门为之设计的产品，以减轻或应对价格竞争对它们的影响。专卖产品不仅设计独特，而且只在专门指定的范围内销售，使得顾客难以在价格上与同类产品相比较，从而有助于避免由于产品雷同而导致价格战的情况出现。

（6）地区保护。中间商通过获得生产者授予的地区独家代理权，可以避免因同一区域存在多个经营相同品牌的中间商所带来的竞争。这种地区保护可以强化中间商与生产者的合作。

案例 7-10　　　　　　　　宝洁与沃尔玛的渠道合作模式

宝洁是全球最大的日用品制造企业。沃尔玛是全球最大的商业零售企业。它们之间的合作并非一帆风顺。曾几何时，有着"自我扩张欲的家伙"之称的宝洁与沃尔玛经历过长时间的"冷战"。宝洁总是企图控制沃尔玛对其产品的销售价格和销售条件，而沃尔玛也不甘示弱，针锋相对，威胁要终止宝洁产品的销售，并把最差的货架留给它。

1987年，为了寻求更好的手段以保证沃尔玛分店里"帮宝适"婴儿纸尿片的销售，宝洁的CEO戴耶和沃尔玛的老板沃尔顿终于坐到了一起。那个时刻，被认为是协同商务流程革命的开始。

"宝洁－沃尔玛协同商务模式"的形成其实并不复杂。最开始时，宝洁开发并给沃尔玛安装了一套"持续补货系统"，该系统使得宝洁可以通过计算机监控其产品在沃尔玛各分店的销售及存货情况，然后据此来调整自己的生产和补货计划。此项措施很快在客户服务水平的提升和双方库存的下降方面取得了"戏剧性"的效果，并迅速地修复了双方的信任关系。

在持续补货的基础上，宝洁又和沃尔玛合力启动了CPFR（Collaborative Planning, Forecasting and Replenishment，协同计划、预测与补货）流程。这是一个有9个步骤的流程，从双方共同的商业计划开始，到市场推广、销售预测、订单预测，再到最后对市场活动的评估总结，构成了一个可持续提高的循环。流程实施的结果是双方的经营成本和库存水平都大大降低，沃尔玛分店中宝洁产品的利润增长了48%，存货接近于0。而宝洁在沃尔玛的销售收入和利润也大幅增长了50%以上。

基于以上成功的尝试，宝洁和沃尔玛接下来在信息管理系统、物流仓储体系、客户关系管理、供应链预测与合作体系、零售商联系平台以及人员培训等方面进行了全面、持续、深入而有效的合作。宝洁公司甚至设置了专门的客户业务发展部，以项目管理的方式促进了与沃尔玛等合作伙伴的关系，以求最大限度地降低成本，提高效率。

"宝洁－沃尔玛协同商务模式"的形成和实施，最终给双方带来了巨大的收益，并极大地提升了双方的市场竞争能力，巩固和增强了双方的伙伴关系。

资料来源：李伟. 从"宝洁－沃尔玛模式"看渠道创新合作策略[J]. 现代家电，2004(10): 14-15.

问题：
宝洁与沃尔玛渠道合作的形式有哪些？

7.4.2 渠道战略联盟

渠道战略联盟是指同一渠道中的两个或多个渠道成员为了降低渠道成本、增加共享收益而自愿结成的长期的利益共同体。渠道战略联盟是渠道关系发展到一定阶段的产物。建立渠道战略联盟可以节省渠道成本，更加有效地控制渠道和减少渠道冲突。

1. 渠道战略联盟的特征

渠道战略联盟具备三个显著的重要特征：合作性、自愿性和长期性。

（1）合作性是渠道战略联盟最重要的特征，体现为以下两点：一是渠道战略联盟构建的前提是渠道成员有共同愿景以及合作的意愿；二是战略联盟的存续依靠联盟成员对于规则的遵守，即对共同承担责任和义务的高水平承诺。

（2）自愿性是渠道战略联盟的第二个特征。只有在平等、自愿基础上建立的战略联盟，其成员之间才能实现沟通顺畅、权力平等、资源共享、合理分配，这样渠道战略联盟也才能长久。

（3）长期性是渠道战略联盟的第三个特征。若只是为了维持一次交易活动的联盟，不能称之为真正意义上的渠道战略联盟。渠道战略联盟中双方彼此承诺，构筑起较高的退出壁垒，任何一方自行退出都会给自己带来损失，这就使得联盟能够维持较长的时间。

2. 渠道战略联盟的必要条件

在一般情况下，如果营销渠道中各成员能完成渠道任务，则没有必要建立渠道战略联盟，那么，建立渠道战略联盟的必要条件有哪些？通常而言，必须同时具备下列四个条件，渠道战略联盟才有必要和有可能存在。

（1）一方有特殊的需求。一方依靠自身的能力很难满足这种需求，或者一方缺乏财力、物力或者其他资源来满足这种需求；即使自身拥有相应的能力或资源，满足这种需求的成本也过于高昂。在这些情况下，一方会产生与其他渠道成员结盟的动机。

（2）另一方拥有满足对方需求的能力或资源。另一个渠道成员具备满足对方特殊需求的能力或资源是建立战略联盟的基础，也限定了参与联盟的成员条件，会将那些缺乏相应能力或资源的组织排除在外。

（3）双方都可以从联盟中获得利益。实现共同收益最大化是建立联盟的最终目的，联盟所带来的收益不能被一方所独占。这既是建立联盟的前提，也说明渠道成员应该遵循公平分配的原则。

（4）彼此做出高水平承诺。随着交易专有资产的投入以及相互依赖性的增加，风险也随之增大。双方对于责任与义务的高水平承诺可以构筑起较高的退出壁垒，从而降低出现某一方违背契约而损害对方利益的可能性。

3. 渠道战略联盟的组织形式

在网络迅速发展的现代社会，战略联盟被越来越多的企业进行了实践与创新。渠道战略联盟有很多不同的组织形式，常见的有会员制、销售代理制、联营公司与特许经营等形式。因特许经营在前文中已经介绍过，此处不再赘述。

（1）会员制。会员制渠道战略联盟是渠道成员以协议方式所组建的一个类似于俱乐部的组织。渠道成员之间相互信任，共同遵守规则，平等互利，在策略上相互支持，共享资源，协同发展。会员制是渠道战略联盟的初级形式，对渠道成员的约束力较弱。根据参与者的不同，会员制渠道战略联盟可以划分为制造商与批发商之间的联盟、制造商与零售商之间的联盟、批发商与零售商之间的联盟和零售商之间的联盟四种形式。

（2）销售代理制。与传统意义上的销售代理制不同，渠道联盟的销售代理制既要求销售代理商签订代理制合同，又要求制造商签订承包制合同。从制造商的角度出发，它是销售代理制，而从销售代理商的角度出发，它是制造承包制。它通过签订合同形成一种比会员制更紧密的战略联盟关系，制造商利用销售代理商的渠道优势与销售能力，而销售代理商又利用制造商的生产能力和优势。渠道战略联盟的销售代理制具有以下四个特征：①通常采用独家总代理或某地区的独家代理两种形式。制造商只能委托一家销售代理商销售其产品，而该销售代理商在同类产品中同样只能代理这家制造商的产品。②通常采用佣金的形式。销售代理商通过帮助厂家销售产品来获取佣金，而不拥有产品所有权。③双方签订两个协议，内容详尽，合同约束力较强。而一般销售代理制只签订一个协议，合同条款少，合同约束力较弱。④合同有效期较长，必要时可达10年以上。而一般销售代理制的合同通常一年签订一次，合同期限比较短。

（3）联营公司。联营公司是为了发挥各渠道成员的优势而通过法律程序建立起的联合经营体。它是渠道成员之间合作达到较高水平时所组建的一种经营组织。联营公司是一种联系十分紧密的渠道战略联盟形式，要求参与方风险共担、利益共享。联营公司主要有合资经营和相互持股两种形式。合资经营由双方共同出资建立经营组织，共同管理，共同经营，根据股份比例承担风险与分享利润。相互持股是指联盟各方为加强合作而相互持有彼此部分股份，各方资产与人员并不合并的一种组织形式。

案例7-11　　　　　　　　　**名创优品的渠道合作**

　　名创优品采用"联营"模式，即叶国富口中的LP（Limited Partner，有限合伙人）模式。一家200米^{2}左右的名创优品门店，加盟商一次性投资包括：品牌使用费8万元/年、货品保证金75万元（退出返还）、统一预收装修费2 800元/米^{2}以及水电租金等费用，共约180万元。之后，加盟商无须承担任何运营工作，店铺的货品由名创优品公司免费提供，统一上架，店员由名创优品统一培训，店员工资、社保由名创优品代发、代缴。店铺开业后，每天总营收中的62%归名创优品所有，剩余38%（食品为33%）是加盟商的收入，在第二天由名创优品转入加盟商的账户。这样，通过"有限合伙人"模式，名创优品吸引了很多有钱但没有精力经营店铺的投资人，此谓"联营"。

　　名创优品的本质在于使加盟商成为投资人，而且它还考虑到加盟商缺少资金的情况，创新性地设计了分利宝平台。此后，名创优品的店铺在国内迅速铺开，叶国富的商业帝国开始逐步构建起来。

很多人没有看懂名创优品的扩张模式，因为他们并不知道，分利宝平台"一开始就是为了支持名创优品而专门设立的"。分利宝平台上的产品之一为"开店融资"，主要来自名创优品品牌门店加盟商短期融资需求和上游供应商的短期生产资金需求。普通投资人在分利宝上购买金融产品，可获得8%~15%的预期年收益。之后，分利宝将资金通过"开店融资"产品贷款给加盟商，利率18%。加盟商通过评估后，付出约180万元的金额即可加盟名创优品。

对于名创优品来说，分利宝的加入，打造了左手实业、右手金融的商业模式，成就了名创优品在全球难以想象的扩张速度。并且让人叹服的是，名创优品通过分利宝以18%的贷款利率贷款给加盟商，加盟商把钱交给名创优品公司作为加盟费，在线下开设名创优品店铺。这样看来，名创优品既获得了加盟收益，又获得了分利宝放贷收益，且没有承担资金风险，毕竟它还收着加盟商75万元的货品保证金。

资料来源：施若辰. 3年开店1 800家、年销售额100亿元，是什么成就了名创优品？[J]. 销售与市场（管理版），2017(10): 59-61.

本章小结

1. 渠道冲突是组成营销渠道的各成员间的一种不和谐的状态。当一个渠道成员认为其他成员的行为阻碍了其目标的实现时，渠道冲突便产生了。
2. 渠道冲突不仅是一种状态，也是一个动态发展的过程，包括潜在冲突阶段、知觉冲突阶段、感觉冲突阶段、明显冲突阶段和冲突余波阶段。
3. 引发渠道冲突的原因主要有：目标不一致、感知差异、资源稀缺、角色界定不清、决策领域有分歧、预期差异、沟通障碍等。
4. 渠道冲突可以用冲突问题的重要性、冲突的强度、冲突的频率三个指标来衡量。按照冲突问题的重要性、冲突的强度、冲突的频率，渠道冲突可以划分为三个层次：高水平冲突区、中等水平冲突区、低水平冲突区。
5. 不同水平的渠道冲突对渠道效率会产生不同程度的影响。一般认为，对渠道效率没有影响的是低水平的渠道冲突，会提高渠道效率的是中等水平的渠道冲突，会降低渠道效率的是高水平的渠道冲突。
6. 渠道冲突管理是指企业为实现分销目标，对预防、解决渠道冲突而进行分析、计划、执行和控制的过程。
7. 渠道冲突管理过程主要包括发现渠道冲突、分析渠道冲突和解决渠道冲突三个步骤。
8. 渠道冲突的预防主要是针对容易引发渠道冲突的原因，事先采取防范措施以消除冲突的隐患，从而防止渠道冲突的出现，采用信息密集型策略、合理运用渠道权力和调整渠道结构可以预防渠道冲突的出现。
9. 渠道冲突的解决侧重于对现实冲突采取措施以降低或消除冲突的负面影响，避免类似冲突再次出现，企业可以采用信息保护型策略和运用渠道权力来解决所出现的渠道冲突。

10. 窜货是一种典型的水平渠道冲突的情形，是指中间商向自己销售区域以外的其他地区销售产品，也就是中间商跨区销售产品的行为。
11. 根据窜货的动机和窜货的性质，窜货可以分为良性窜货、自然窜货和恶性窜货等类型。
12. 窜货原因包括销量目标制定得过高、激励不当、渠道监管乏力、价差对中间商的诱惑、优惠政策的差异和企业销售人员的职业道德低下或行为不端等。
13. 企业可以采取制定出合理的销售目标、采取全面的激励措施、通过合同约束中间商窜货、成立市场督察部、包装区域差异化、制定合理的价格以及加强对销售人员的管理等措施对窜货进行管理。
14. 渠道合作是指渠道成员为了达到共同目标而产生的互惠互利的行为意愿和行为。
15. 渠道合作的形式主要有联合促销、联合储运、共同培训、信息共享、专卖产品与地区保护。
16. 渠道战略联盟是指渠道成员为了降低成本、增加共享收益而自愿结成的战略性合作联盟。
17. 渠道战略联盟具备三个显著的重要特征：合作性、自愿性和长期性。
18. 建立和维持渠道战略联盟需要同时具备四个必要条件：一是一方有特殊的需求；二是另一方拥有满足对方需求的能力或资源；三是双方都可以从联盟中得到利益；四是彼此做出高水平承诺。
19. 渠道战略联盟常见的组织形式包括会员制、销售代理制、联营公司与特许经营等。

思考题

1. 渠道冲突的原因有哪些？
2. 渠道冲突对渠道效率有何影响？
3. 渠道冲突管理过程有哪些步骤？
4. 企业应该如何预防渠道冲突？
5. 什么是信息保护型策略？该策略的具体方式有哪些？
6. 窜货的原因有哪些？
7. 企业应该如何对窜货进行管理？
8. 渠道合作的形式有哪些？
9. 渠道战略联盟的定义是什么？它具有什么特征？
10. 渠道战略联盟的销售代理制与传统意义上的销售代理制有什么不同？

实践训练

一、实训目的
（1）增加学生的学习兴趣，让学生更好地理解沟通障碍所导致的渠道冲突。
（2）锻炼学生处理渠道冲突的能力。

二、实训内容与要求

1. 渠道冲突的情景模拟

此活动以渠道冲突管理理论为基础，要求各组进行情景模拟，展现某一家企业的渠道冲突产生、发展的过程及冲突管理的过程。各个小组以某一家特定的企业为例，收集该企业渠道冲突及冲突管理的资料，并完成下列任务：

（1）小组成员分别扮演企业人员和中间商的员工，将该企业所出现的渠道冲突展示出来。

(2) 向全班同学展示该企业是如何管理渠道冲突的。要求以小组为单位,采用组长负责制,小组成员进行明确分工,分别扮演不同角色,依次在课堂上进行渠道冲突的表演。

2. 猜成语游戏

本活动以信息传播理论和渠道冲突理论为基础,要求每个小组各派2名成员相互配对,分别充当传者与受者相互配合一共猜10个成语,使用两种不同的传播方式(一种方式是传者只能使用体态语言来表达且两人不能有交流猜5个成语,另一种是传者可以使用口头语言和体态语言来表达且两人能相互沟通猜5个成语)来说明造成信息沟通障碍的因素。

案例分析

刻意的渠道冲突缘何一成一败

刘经理是A仪器厂在华北地区的总经销商。几年下来,刘经理把该地市场运作得有声有色,每年均能超额完成任务,稳居A厂家经销商之首。慢慢地,刘经理开始以功臣自居,不但费用要求越来越高,而且开始坐享功劳,不思进取。A厂家调查发现,刘经理在华北地区工业领域的市场宣传、开发、服务确实做得不错,但对新市场(高校)、新型号产品的销售力度不够。虽然几经沟通,但刘经理仍然故步自封,既不用心开发新市场、新产品,又不让其他经销商代理。于是A厂家决定制造一场渠道冲突,推动渠道变革。

A厂家先派出高层拜访了刘经理,但沟通结果和原来一样。其实这也不能完全怪刘经理,因为仪器产品在高校市场似乎利润很少。高校客户购买仪器的主要目的是教学实验,单次购买量较小,对价格折扣、售后服务等既苛刻又挑剔。开发力度大,短期利润少,刘经理不愿花大力气做这个市场也在情理之中。至此,制造渠道冲突的时机已经成熟。A厂家故意绕开刘经理,联合另外一家与其产品具有互补优势的经销商,联合租赁展台,共同参加了一年一度的"高校仪器设备展示会",向来自全国数百家高校的潜在客户做了宣传。通过产品的演示、资料的介绍再加上同期举办的专场研讨会,不少潜在客户都产生了强烈的兴趣。A厂家还默许该经销商在展会上跟客户达成订购意向,兼售所展示的系列产品。刘经理消息灵通,很快知晓了展会的事情。他怒气冲冲地直奔厂家总部,要与A厂家严正交涉——一场精心酝酿的渠道冲突终于爆发。

A厂家先以"接风"为由,带刘经理去郊区的度假村商谈,在休闲和放松的环境下,初步缓解了刘经理的情绪。然后,A厂家的市场总监来"摆事实,讲道理"。他向刘经理介绍了本次展会获得的近300条客户信息,分析了高校市场的需求特点、竞争状况、市场开发策略,证明了高校市场的潜力和价值。这一番谈话彻底扭转了刘经理此前对高校市场的偏见,打消了他对市场开发难度的忧虑。此时,A厂家使出撒手锏:再次强调,如果刘经理不加大对高校市场的投入和新产品的推广力度,就让别的销售商经营,甚至"窜货"的事情还可能继续上演。权衡利弊之后,刘经理明白再不能坐以待毙了。他分析了市场需求状况和自身能力之后,立下"军令状":在1个月内实现高校市场重点突破;3个月内实现高校市场销售额增长30%;1年内高校市场销售额翻一番;一年半内做到盈亏平衡；经过 2 年左右开始在该市场上实现全面盈利。A 厂家则许诺在价格政策上给予 5%～10% 的特别折扣支持；拨出专项市场开发资金，面向高校客户举办 3～5 场"产品应用技术研讨会"。刘经理尽力开拓高校市场后，整个市场份额逐渐扩大，厂商和经销商双方均获得了利润的持续增长。人为制造并有效管理"渠道冲突"，最后引导、化解冲突，使得 A 厂家兵不血刃达到了目的，实现了厂商和渠道的双赢。

转眼间，A 厂家与刘经理已携手合作 5 个年头，刘经理的业务趋于平稳，增长后劲有些不足，但该行业的总体增长势头仍然良好。因此 A 厂家决定加强终端控制，提高对客户的服务能力，并考虑对部分大客户直接供货。A 厂家再次以参加展会和举办研讨会的名义，直接面向客户，宣传直销政策，制造一场渠道冲突，希望达到威慑和给刘经理巨大压力的目的，并借此激起刘经理的市场开发热情。然而事与愿违，此举激起了刘经理的强烈不满。"A 厂家忘恩负义，卸磨杀驴"，刘经理萌生了决裂之念。此时，A 厂家的一个竞争对手乘虚而入，开始与刘经理"亲密接触"，并开出了更优惠的合作条件。面对新厂家抛出的"橄榄枝"，刘经理还是有些犹豫不决。但在这种情况下，A 厂家仍然没有合理引导，甚至没有和刘经理主动沟通。僵持大半年之后，刘经理怨气越积越重，遂将库存的 A 产品清空，一纸传真结束了与 A 厂家 6 年的合作。A 厂家傻眼了。A 厂家短期内难以找到合适的经销商，以致华北区销量一落千丈，两年后才逐渐复苏；而刘经理与新厂家也磨合了 1 年多，才逐渐走上正轨。一场决裂，厂商两败俱伤。

资料来源：改编自蒋胜发．刻意的渠道冲突缘何一成一败．第一营销网，2007-12-11．

问题：

1. 在该案例中，渠道冲突的类型有哪些？

2. 结合本案例资料，分析产生的渠道冲突的原因。

3. 运用渠道冲突相关理论，分析案例中两次渠道冲突为什么会一成一败。

4. A 厂家应该如何对第二次渠道冲突进行管理？

第 8 章 营销渠道的协同

学习目标

本章介绍了营销渠道中的产品管理、价格管理和促销管理。通过本章的学习，你应该能够：

1. 理解产品决策、产品生命周期、新产品开发与渠道管理之间的关系。
2. 掌握渠道价格制定的原则、渠道价格的管理与控制。
3. 知晓常见的推式促销策略。

本章结构

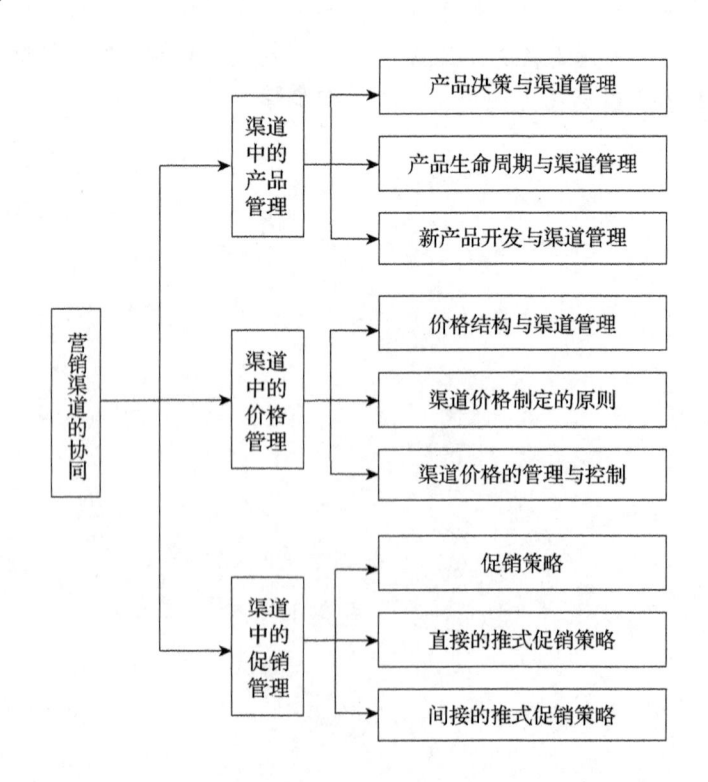

```
                        ┌── 产品决策与渠道管理
            ┌── 渠道中的产品管理 ──┼── 产品生命周期与渠道管理
            │                     └── 新产品开发与渠道管理
            │
            │                     ┌── 价格结构与渠道管理
营销渠道的协同 ──┼── 渠道中的价格管理 ──┼── 渠道价格制定的原则
            │                     └── 渠道价格的管理与控制
            │
            │                     ┌── 促销策略
            └── 渠道中的促销管理 ──┼── 直接的推式促销策略
                                  └── 间接的推式促销策略
```

导入案例

蜜雪冰城的营销之道

蜜雪冰城用自己特有的开店模式与市场布局，在2020年实现了65亿元的销售业绩，净利润为8亿元。2019年，蜜雪冰城全国营业额最好的店铺实现了460万元；而较为普遍的情况，如郑州大学城直营店营业额超过200万元，净利润为35万元。提到蜜雪冰城，大家的印象大都是便宜、好吃、颜色亮丽、随处可见。蜜雪冰城最初靠刨冰起家，通过售卖刨冰、冰激凌衍生品，蜜雪冰城有了最初的雏形。仔细分析蜜雪冰城的营销活动，不难看出其成功原因有以下几点。

1. 目标市场明确

蜜雪冰城先对市场进行细分并选择目标市场。蜜雪冰城主要针对消费欲望高、消费能力低的人群，学生和初入社会的年轻人都是蜜雪冰城的消费群体。门店大都分布在三、四线及以下城市，基本覆盖了低消费人群。这些消费者的显著特点是更加关注价格变化，是需求弹性较高的人群，对价格极其敏感。在同等口感下，蜜雪冰城无疑更具有价格吸引力，即相较于其他品牌性价比更高，给消费者带来的满足感更多，满意度更高。

2. 产品策略

成立河南大咖食品有限公司研发中心+蜜雪冰城股份有限公司研发中心，每个季节，蜜雪冰城都会推出新品，确保消费者能品尝到不一样的美味，让蜜雪冰城四季都畅销。两大产品研发中心全力服务于一个品牌，专业的生产、检测设备和先进的技术，为加盟商提供全方位的服务和一流的产品。产品品种多，并且消费者可以亲眼看到整个制作过程，还可以自行选择想要的图案、形状、口味。这种"现场制作、现场售卖、开放式工作空间，让顾客吃得放心"的模式吸引了一批又一批的顾客。从调查结果来看，超过70%的消费者对蜜雪冰城的口感、态度和健康理念还是满意的。蜜雪冰城深谙视觉营销之道，在品牌设计上更是独具匠心，从始至终贯彻蜜雪冰城"怎么艳丽怎么来"的气质，品牌标识以玫瑰红为主，红色给人以红火热闹的感觉，容易被人记住。蜜雪冰城的菜单也独具特色，没有令人眼花缭乱的名字图片，名字简单易懂，只有精品和新品，可以减少沟通成本，节省顾客的时间精力成本。蜜雪冰城在初秀冰激凌大获全胜之下，选择乘胜追击，继续研发核心产品，蜜雪冰城的奶茶产品价格"没有更低，只有最低"，这是其他奶茶店难以企及的。高性价比的产品是助力蜜雪冰城成功的因素之一。

3. 价格策略

如今的茶饮产品，动辄二三十元的售价，而蜜雪冰城的产品价格，许多都在10元以下。蜜雪冰城主打3元冰激凌，价格低，味道好，吸引了更多的客流量，也带动了其他产品的销量，通过薄利多销而获利，并且蜜雪冰城的很多爆款产品都是2020年才涨了1元。例如，冰激凌从2006年开始就是2元，现在才卖3元。保持低价的办法就是控制成本，蜜雪冰城为此建造工厂研发中心，从源头控制原料的成本，掌握议价权。建立完整供应链除了自建工厂，还需要有高效的物流体系。蜜雪冰城在东南西北中五大方向建立物流分仓，尽可能地提高物流效率，减少中间商的流通环节，大规模降低了成本。标准化、机械化的生产流程，实现了大规模批量生产，产量越多，单个产品分摊的固定成本就越低，单个产品的利润空间也就越大，自然就形成了规模经济，即产量越多，利润越多。在茶饮品牌中，性价比更高的蜜雪冰城无疑更具有竞争优势。它通过低价格吸引一大批消费者，拥有了自己的忠诚粉丝，成功地在价格上避开了各大茶饮品牌在高消费市场的竞争，又提高了品牌知名度，使品牌经营规模不断扩大。

4. 促销策略

蜜雪冰城紧跟潮流不断改进促销方式，有线下促销，也有线上促销，在各种社交平台上与顾客互动，让消费者参与活动增进对其品牌的认同感、归属感。例如，蜜雪冰城推出的 App 新人注册活动主要有免费吃冰激凌和新人优惠券。"1 块钱优惠券""音乐节""联名活动""合作电影""满 10 元送福袋"等，不断用优惠刺激消费者，促使其很快做出消费决定，大大提升了客户的复购率。针对加盟店的促销策略，蜜雪冰城从店内自制广告和街头传单的利用两方面给出了建议。在店内自制广告方面，强调张贴广告数量适宜，过多和过少均会破坏加盟店固有的特色、气氛，反而会减弱广告的效果，因此加盟店的自制广告宣传海报重点要放在招牌产品和基本产品上，同时注重张贴位置，在张贴前认真分析各个传媒的覆盖情况，主要观众、听众以及他们与本企业的细分市场的关系，找出其交叉点，创造最佳促销效果。在街头传单的利用方面，数量适中，内容简明，介绍店名、招牌产品、价格、电话、地址、简明地图等，同时在设计时应从接受者的角度来看是否有收藏价值，如附印折扣优惠券或兑换纪念品的传单，印有公章，并规定有效期限，有利于顾客对该券的真实性产生肯定的态度，重视对分发员工的培训，不要见人就发，要针对某种适合消费的顾客群，并馈赠礼品。

资料来源：1. 蜜雪冰城案例分析，https://baijiahao.baidu.com/s?id=1684120209479692166&wfr=spider&for=pc.
2. 刘玉雅. 蜜雪冰城在郑州市的营销策略分析[J]. 中国管理信息化，2016，19（15）：70-71.
3. 冲击年销售额 100 亿，蜜雪冰城凭什么. 界面新闻. 2021-07-06.
4. 蜜雪冰城加盟店"促销策略"，https://www.sunyoton.com/anli/1380.html.

从营销管理的角度来看，企业基本的营销任务是在不断变化的营销环境中选择并确定目标市场，设计并运用有效的营销组合策略，在满足消费者的需求和欲望的基础上实现企业的目标。因此，渠道策略作为营销管理的主要策略之一，应与营销组合中的产品、价格和促销这些策略相协调，以满足目标市场的需求和竞争要求。企业构建和维持渠道网络系统，正是为了支持和强化营销组合中的产品、价格和促销等要素，从而为满足目标市场的需求而服务。本章将对营销渠道中的产品管理、价格管理和促销管理进行介绍。

8.1 渠道中的产品管理

产品是营销组合的基础，企业通常先确定应该向消费者提供什么产品，然后再来决定采用什么样的营销渠道将产品提供给消费者。因此，产品策略对渠道策略有着直接或间接的影响，渠道策略应该支持和配合产品策略。反过来，渠道策略也会影响产品策略。渠道中的产品管理主要涉及产品决策、产品生命周期、新产品开发与渠道管理之间的关系。

8.1.1　产品决策与渠道管理

　　产品决策是在企业经营战略的指导下，根据市场研究的结果，结合企业自身的条件，确定未来一段时间里以何种产品（产品组合）满足目标市场的需求以及推出该产品的过程。例如，康养旅游产品决策是指企业根据不同资源禀赋，结合消费者层级的需求差异，设置适销对路的文化养生、旅居养生、医疗养生等康养旅游路线及目的地。产品决策必须与渠道管理相结合，做到相互协调，才能取得良好的营销效果。产品决策需要决定推出何种产品和如何生产这种产品，而渠道需要完成的任务是将这种产品推向市场，这就要求产品策略与渠道管理相互配合。产品策略决策包括以下几种。

　　1. 产品定位与渠道管理

　　产品定位涉及塑造一种产品在消费者心目中的位置。企业通过产品定位向消费者头脑中灌输一种产品与众不同的个性或形象，与竞争者的同类产品区分开来，使该产品占据消费者的心智空间。

案例 8-1　　　　　　　　　薇姿重返药房

　　薇姿曾宣称是"全世界只在药房销售"的护肤品牌，在1998年首进中国时，也遵循着这一渠道理念，主做药房渠道。巅峰时，薇姿在中国药店的专柜数量达3 000个，年销售额曾突破15亿元，并常年占据国内皮肤学级护肤市场的"头把交椅"。

　　然而，由于种种原因，薇姿未能一以贯之。2008年，薇姿开始突破药房渠道，逐步进入百货、屈臣氏、电商等多渠道，开启品牌在中国市场的新一轮探索。目前，薇姿的主要营销渠道有线上和线下两种，线上以天猫、京东等电商旗舰店以及薇姿微信小程序为主，而线下已经在全国百货布局的薇姿，伴随着线下红利消失、同类型品牌发展强劲，将会把"药店"作为一个重要渠道。药店的消费者更加关注痘痘肌、光防护等真正的皮肤问题。在药房销售能抓到薇姿最核心的消费者，因为他们都是皮肤问题的关注者。在未来，薇姿可能会为药房渠道做定制产品。

　　2020年8月11日，薇姿携手全国性大型医药零售连锁企业——国大药房，在上海国大药房南京西路店正式启动国内首个为药房渠道设计的"O+O（线下与线上渠道融合）"皮肤健康科学管理中心。此番与国大药房合作共创的"O+O"健康管理新模式，打通了"线下＋线上"的完整消费闭环，以数字化手段优化了消费者的购物体验，开拓了品牌与消费者互动模式的新方向。薇姿会采取类似国大药房这种线上化、轻资产的运作模式，未来和百货不会再以专柜形式进行合作。从这点来看，薇姿今天与国大药房的合作是回归，更是薇姿在线下渠道的二次革命。

　　对薇姿而言，首选国大药房，不仅因为其是全国性的大型医药零售连锁企业，也因为国大药房对数字化经济的探索走在前列。2019年底，国大药房门店总数5 021家，其中电商O2O业务覆盖门店超2 800家，电商业务同比增长29.7%。此外，国大药房已与

> 饿了么达成合作，消费者下单后1小时内即可收到药品、薇姿护肤产品。依托国大药房的综合实力，薇姿将在上海和北京复制5家涵盖咨询、检测、试用三大功能区的"旗舰店"，并将仅保留了咨询服务和产品展示的"咨询站"模式推广至全国10个城市超300家国大药房门店。
>
> 在国大药房内，更关注服务的专业性，由门店药师提供肌肤测试、咨询和产品体验服务。薇姿与国大药房此次合作就抛开了库存、产品销售这一环，没有薇姿产品的库存与销售。在药房内主要以体验为主，为消费者试用相应的产品，再引导其通过"国大到家"小程序下单，提供直送到家服务。为此，欧莱雅中国和薇姿品牌对国大药房全国3 000多名驻店药师提供了专业的皮肤健康知识、皮肤护理咨询和皮肤检测科技操作培训。后续驻店药师将扩大至1万名。与此同时，驻店药师还将通过企业微信长期跟进消费者的产品使用反馈，给予消费者"全皮肤周期"的护理建议，与之形成紧密的黏性关系。
>
> 资料来源：春晓，《今天，薇姿重返药房》，腾讯网2020-08-11。引用时有修改。

渠道成员的类型、渠道成员的产品陈列与促销方式会对产品定位产生影响。不同类型的渠道成员会使消费者对产品质量产生不同的印象。通常而言，在高档百货商店销售的产品，代表着高品质、高档次以及服务优质。在超市销售的产品，消费者会认为这是一种大众化的产品。因此，实施产品定位战略前，首先，要考虑产品定位战略与渠道成员的类型之间的关系。其次，要确定零售商陈列产品和介绍产品的方式。例如，星巴克将Via速溶咖啡定位为高品质咖啡，其广告词为"和我们的现磨咖啡一样美味的速溶咖啡"。与现磨咖啡相比，人们往往认为速溶咖啡是一种质量次一级的咖啡。如果在超市销售，顾客通常只注重低价格而不关注咖啡的口感，这就难以支撑Via速溶咖啡的高品质定位。因此，星巴克选择了在星巴克的店铺中直接销售，将Via速溶咖啡与其现磨的手工咖啡陈列在一起，并对店铺中的咖啡师进行培训使其对Via进行积极的评价。星巴克充分利用自身良好的公司声誉和较高的品牌价值为Via速溶咖啡增强了可信度，通过其零售店渠道快速、高效地创造了顾客对速溶咖啡的新认识，使得Via速溶咖啡的产品定位获得了成功。

2.产品差异化与渠道管理

产品差异化意味着企业试图向消费者提供与竞争者不同的产品，促使消费者购买或以更高的价格购买。例如，云南白药早期在传统渠道销售的主打产品是云南白药（跌打损伤中成药），后来随着渠道竞争的需要陆续开发出药品及医疗器械系列产品，如云南白药膏、云南白药创可贴等；原生药材及养生系列，如三七、螺旋藻片等；大健康产品系列，如云南白药牙膏、养元青洗发水等；茶品系列，如云南白药天颐茶品。云南白药通过这些具有差异化特征的产品满足多层次消费者多样化的需求，赢得了竞争优势。企业可以通过不同的产品名称、差异化的包装、特定的广告、在不同的商店进行销售或者这些要素的组合来实现产品差异化。使消费者感知到产品的重要差别是创造差异化产品的关键所在，要让消费者能觉察产品的差异性。

企业可以利用渠道差异化来实现或增强产品差异化。出售产品的商店类型、产品陈列、销售方式与提供的服务都可以用来创造产品差异化。例如，Trader Joe's 是美国的一家杂货店，提供精品食品，供更多的烹饪消费者选择使用。Whole Foods 专注于更富裕的消费群体，其产品包装以绿色为主，反映了品牌的有机食品属性，品牌档次更高，产品更精致，产品展示更用心，专门为消费者提供更健康的食品，这就使得进入 Trader Joe's 的食品品牌与进入其他超市的食品品牌区分开了。当企业通过渠道管理来实现产品差异化时，首先，若中间商对产品差异化影响较大，则渠道管理者要选择那些与其产品形象相吻合的渠道成员。其次，当零售商对产品差异化影响较大时，渠道管理者要向零售商提供产品展示与介绍所需要的支持，从而激励零售商积极参与创造产品的差异性。

3. 产品组合调整与渠道管理

产品组合是企业提供给市场的全部产品线和产品项目，说明了企业的业务经营范围。在当前激烈的市场竞争中，很少有企业仅靠一个产品来获得较高的销售额和利润，大部分企业都通过合理的产品组合，向不同目标市场提供不同的产品来提高市场占有率和利润水平。随着营销环境的变化，企业会对产品组合进行调整，有些情况下会增加产品。例如，娃哈哈集团从儿童营养口服液做起，先后向市场推出瓶装水、碳酸饮料、茶饮料、果汁饮料、罐头食品、医药保健品、休闲食品等八大类近 100 个品种的产品。在有些情况下，企业会放弃那些获利少或者亏损的产品。这种调整可能会引起一些中间商的不满。当企业拓展产品线时，一些中间商可能会抱怨，随着产品种类或品种的增加，这不仅会使其物流成本增加，还会因需要更大的货架空间来摆放各种产品而使销售工作难度增加；而当企业收缩产品线时，有些中间商则可能会抱怨还有很多顾客想购买那些企业停止生产的产品，从而使其失去盈利的机会。

企业拓展或收缩产品线需要获得中间商的支持和配合，这样更容易获得成功。例如，宝洁公司决定缩减部分品牌的产品时，先与各个零售店、超市联合进行调查，然后才决定保留那些顾客最需要的产品而停止生产其余的产品。在处理拓展或收缩产品线与渠道策略的关系时，首先，企业在根据自身最佳利益而调整产品组合前，应该尽可能地考虑全部渠道成员的意见。其次，在确实需要调整产品组合时，企业应该努力向渠道成员解释产品扩展或缩减的原因，以消除中间商的疑虑。最后，对于生产线的重大变动，企业应该提前通知渠道成员，以便让它们有足够的时间对这种变化进行准备。

4. 产品品牌策略与渠道管理

从品牌策略来看，品牌使用者决策涉及生产者品牌、中间商品牌、混合品牌（既使用生产者品牌，又使用中间商品牌）等。生产者品牌是企业使用自己的品牌销售产品，如可口可乐、柯达、IBM 等都属于生产者品牌。中间商品牌是生产者将产品卖给中间商，由中间商使用它自己的品牌销售产品。中间商品牌的产品定价一般低于生产者品牌的同类产品价格，中间商往往将其品牌陈列在货架较好的位置处。混合品牌是一部分产品使用生产者品牌，另一部分产品使用中间商品牌，如惠尔浦公司生产的产品既用它自己的品牌，又用中间商的品牌。

由于生产能力过剩，越来越多的企业采用混合品牌。在这种情况下，在购买同一企业的产品时，消费者既可以选择购买生产者品牌，又可以选择购买中间商品牌，由于两种品牌的产品都是来自同一个企业，如果这种产品在同一个零售商处销售，一开始因生产者品牌的知名度较高会使得生产者品牌的产品销量高于自有品牌产品的销量，但随着更多的消费者意识到这两种品牌的产品实际上是一样的，就会因为自有品牌价格更低而经常购买自有品牌的产品，这会造成企业和渠道成员之间的直接竞争。

在采用混合品牌之前，企业应预先估计可能发生的竞争行为，并采取下列措施：①不要向同一个渠道同时提供生产者品牌和中间商品牌；②在不同地区分别销售生产者品牌和中间商品牌；③尽量使生产者品牌和中间商品牌的产品实体有一定的差异。

5. 产品售后服务决策与渠道管理

产品售后服务是售后最重要的一个环节，产品售后服务的可获得性和服务质量成为消费者关注的一个重点，但很多企业尤其是消费品的制造商，忽视了产品售后服务的意义，致使产品售后服务成为产品管理中事后才能想到的问题，这使得消费者对产品售后服务极为不满。在大多数情况下，许多企业是通过中间商分销产品的，往往需要依靠中间商为消费者提供售后服务。例如，雷克萨斯汽车公司授权经销商处理售后问题，主要通过经销商向其高档轿车的消费者提供优质的产品售后服务，使消费者方便、快捷地从其经销商处得到一系列服务，可以说，产品优异的质量和良好的售后服务共同打造出雷克萨斯汽车良好的品牌形象。然而，要得到渠道成员的支持并非易事。对于期望得到渠道成员支持的企业来说，需要选择那些具有良好服务形象和服务设施齐全的渠道成员，并向渠道成员强调产品售后服务是产品整体概念的重要组成部分。同时，企业应该对提供售后服务的渠道成员进行激励。

8.1.2 产品生命周期与渠道管理

产品生命周期是产品从投放市场到退出市场所经历的全部过程，一般分为产品导入期、成长期、成熟期和衰退期四个阶段，如图 8-1 所示。产品生命周期不同阶段对渠道管理的要求不同，企业需要根据产品生命周期所处的阶段进行相应的渠道管理。

1. 导入期的渠道管理

在产品的导入期，消费者对新进入市场的产品缺乏了解，中间商往往不愿意经营风险较大的新产品，因而企业面临着提高产品知名度和组建渠道系统的困难。在产品的导入期，除了采用广告和其他促销方式提高产品知名度，还要让顾客能够容易购买到产品，否则促销努力会付诸东流。因此，在产品导入期，首先，企业应该确保有足够数量的渠道成员以获得足够大的市场覆盖面。然而，这不是一件容易做到的事，这是因为，如果市场需求增长迅速，企业生产的产品只够提供给很少一部分中间商，而如果需求增长缓慢，则又难以吸引到足够多的中间商。所以，在产品导入期，渠道管理者需要为获得足够大的市场覆盖面而进行计划和协调。其次，企业应该向渠道成员提供充足的产品以保证其货架上有货。如果不能及时供货，可能会出现产品脱销的现象，从而减少新产品成功的可能性。

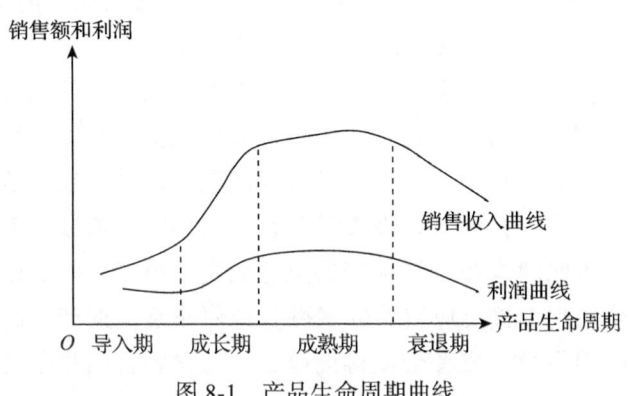

图 8-1　产品生命周期曲线

2. 成长期的渠道管理

在产品的成长期，销售量急剧上升，竞争者看到有利可图，纷纷进入，市场竞争加剧。针对这种情况，第一，企业要确保足够多的渠道成员有充足的存货，以免阻碍销售量增长。在成长期，顾客对新产品的需求快速增长，确保顾客能买到是新产品成功的一个关键点。企业向大量中间商提供足量的新产品，利用它们将产品供应到不同目标市场，让顾客能够买得到，从而保持销售量快速增长的势头。企业还可以增加新的营销渠道，采用多渠道来满足不同目标市场对产品的需求。第二，企业要注意那些试图挤入本企业营销渠道的竞争对手，争取渠道成员对本企业产品的支持。成长期产品销售量的快速增长容易引起竞争者的注意，它们会采取行动抢占渠道资源。因此，企业要留意渠道成员对其经营的竞争者产品采取的行动。一些实力强的企业还可以使用多品牌策略，能在分销过程中占领零售商的更多货架空间，从而压缩了竞争者产品的货架面积。第三，要加强与渠道成员的合作关系。企业需要制订对渠道成员的支持计划，保持和巩固与渠道成员的合作关系，建立高效稳定的营销渠道。

3. 成熟期的渠道管理

在产品成熟期，销售量增长缓慢，市场饱和，全行业产品出现过剩，竞争加剧。面对这种情况，许多渠道成员会减少订购量、降价销售，甚至停止销售。为了减轻渠道成员这些行为带来的严重后果，企业可以采取下列措施：一是提高渠道成员的收益，并降低分销过程中的风险。最直接的策略是激励渠道成员，如向渠道成员提供各种价格折扣、广告津贴，以及一些丰厚的回报政策等。二是调整渠道结构来延长成熟期。企业应从消费者的需求出发，选用一些消费者更容易、更方便接触到的营销渠道。企业可以通过增加不同类型的中间商来扩大产品销售量，如将原来在百货商店销售的产品引入社区便利店销售。企业还可以将原先在线下渠道销售的产品放到线上渠道销售，以接触到更多的顾客，扩大市场覆盖面。

4. 衰退期的渠道管理

产品进入衰退期的原因有科技的进步、竞争性产品的出现、消费者偏好的改变等。当产品处于衰退期时，产品销售量迅速下降，价格降到最低水平，大多数企业无利可图。因此，在产品衰退期，企业通常会进行渠道成本控制，以防止利润进一步被侵蚀。渠道管理者应该考虑两个问题：第一，是否应该削减渠道成员？原先大量经营这种产品的渠道成员往往会放弃该产品，只剩下少数销量很少的渠道成员在经营该产品，这种高成本的渠道会使利润进一步减少，渠道管理者需要在权衡不同渠道成员带来的收入与服务成本的基础上，决定是否取消这些销量很少的渠道成员。第二，减少或停止衰退期产品的供应时，渠道成员会出现消极反应吗？如果减少或停止衰退期产品的供应，会影响本企业其他高利润产品的销售量，或者会使得渠道成员与顾客转向竞争者处购买，则这种做法是不明智的。

> **案例 8-2　　　华为手机产品生命周期及市场营销策略**
>
> 互联网时代，智能手机取得了飞速发展，华为手机作为手机市场的知名品牌，面对形势日趋严峻的手机市场，仍然有很长的一段路要走。下面将分析华为手机在产品生命周期四阶段的特点及市场营销策略。
>
> **导入期**
>
> 手机，作为一种高新技术产品，更新换代的速度日新月异，市场上不断地有新手机推出，因此新产品的研发至关重要。据统计，2017 年，华为投入研发费用 897 亿元人民币，说明华为很注重研发，另外还注重满足年轻群体消费者的偏好。在产品导入期，市场竞争者较少，企业要是能够建立一个有效的营销渠道，就能将新产品更快地推入市场发展阶段。首先，在价格方面，华为针对低、中、高端市场的不同手机，有不同的定价。华为在进入市场时，主要采取的还是低价策略，同性能的手机，华为手机会比其他品牌的手机便宜，以高性价比来吸引消费者，从而迅速占领市场；其次，在渠道方面，华为主要采取线上与线下相结合的分销模式。线上主要是通过华为自营的商城以及与各大电商平台的合作来销售，线下主要是通过华为的实体店、与运营商等的合作、手机连锁店等进行销售。可以说，华为已经建立起了一个较为成熟的销售网络，并且在互联网时代也很会利用电商这个平台。
>
> **成长期**
>
> 在产品改进方面，华为的每一款新产品都会根据市场进行一些改进，涉及外观、性能等方面。例如 P20，采用了和 iPhoneX 一样的刘海屏设计，但是又保留了 P10 的 home 键，既保留了原来产品的特色，又有新的设计亮点，再加上手机的配色丰富多样，所以这

款新的 P 系列旗舰机取得了很好的销量。华为的促销方式多样，如降价促销、广告宣传等。降价是华为常用的促销手段。在一些节假日、双十一购物节等时间段，华为在线上线下都开展折扣活动，如赠送充电宝、自拍杆等礼品，很吸引消费者。广告宣传也是华为重要的促销手段，相关数据表明，2016 年华为的网络广告投入费达到 13 678 万元，华为近几年越来越重视广告宣传，促使大众对华为的了解越来越深入。近年来，华为的广告越来越走心，广告中经常传递着华为这个品牌、这个企业的精神，但是华为广告的创意还是略逊色于苹果。例如，被誉为迄今为止最伟大的电视广告的《1984》，以叛逆方式向世界宣告苹果电脑要来了；iPod 广告《剪影》，色彩对比鲜明，突出产品，内容简单却给人带来强烈的视觉冲击……这一个个的广告都为人们所津津乐道，所以，华为在广告宣传片上可以有更多的考量，如思考怎样的匠心独运更贴合产品、更吸引大众。

成熟期

在产品成熟期，企业都会改变定价，产品的价格会下调许多，其实这也往往预示着可能会有新的产品出现。华为 P10，从进入市场时的 3 000 多元到 P20 上市后，价格猛跌到 2 000 多元，虽然有新的产品出现，但是仍有人选择购买这款曾经的旗舰机。华为在这个阶段，需要做的就是尽可能地挽留消费者，延长产品成熟期。

衰退期

对于衰退期的产品，华为最需要做的就是继续做好售后服务。虽然产品购买量少了，但是还是有很多使用者的。如今华为的售后覆盖了许多城市，还有线上的售后服务，方便快捷。但是在售后服务的价格上，过高的费用可能会让消费者望而却步，华为可以进行一些适当的调整。售后的服务态度也应该是重点关注的部分，热情、良好的售后态度，才会让消费者放心并愿意下次依然选择这个品牌。

资料来源：肖梦瑶．华为手机产品生命周期及市场营销策略分析 [J]．科学与财富，2019（6）：165．有改动。

8.1.3　新产品开发与渠道管理

新产品开发的失败率很高，甚至有些很好的新产品已经投放市场，进行了大量的广告宣传，仍然失败了。对于企业来说，在分销过程中获得渠道成员的支持成为新产品成功的一个关键要素。没有渠道成员之间的紧密合作，新产品要想获得成功，会面临很大困难。新产品的开发管理要求渠道成员之间开展更高程度的合作，为此，企业需要从以下五方面入手，如图 8-2 所示。

1. 让渠道成员参与新产品的开发

促使渠道成员关心和接受新产品的一个有效方法是让它们参与新产品的开发计划，在新产品开发的概念创意阶段征求渠道成员对新产品的想法，在市场试销阶段收集一些渠道成员的反馈信息。例如，沃尔玛超市留意到儿童购买汉高"香子兰"胶带多用于滑板或其他运动器材，并且了解到孩子们十分想要的胶带是彩色胶带，沃尔玛将此信息传达到汉高集团，汉高集团根据沃尔玛提供的顾客需求信息，专门为这些儿童生产了彩色胶带，最终大获成功，使沃尔玛和汉高集团实现双赢。渠道成员参与新产品开发，在新产品的规格和包装方面所提出的建议非常重要，因为中间商掌握着顾客需求和使用体验的第一手资料，通常也很了解竞争者的情况。因此，在控制一些重要信息泄露的风险前提下，让渠道成员参与到新产品的设计与开发当中来，利于培养渠道成员的主人翁意识，这样它们会更积极地分销由它们参与构思所开发出来的新产品。

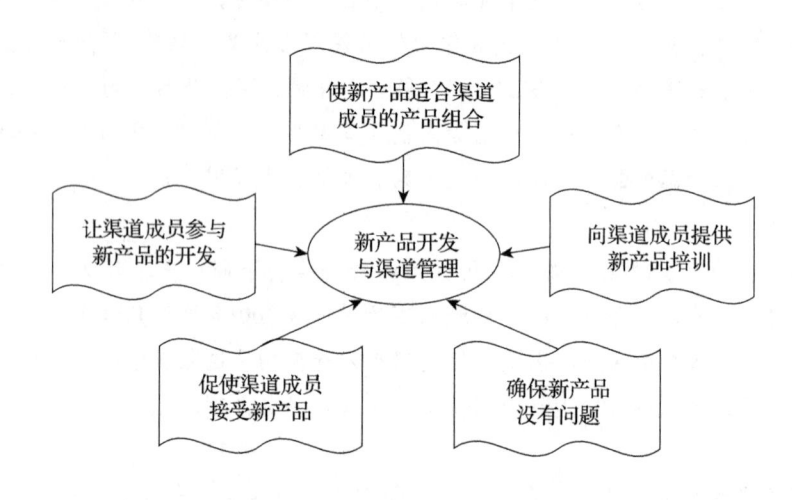

图 8-2 新产品开发与渠道管理

2. 促使渠道成员接受新产品

由于大多数新产品需要通过渠道成员才能传递给消费者，新产品能否销售成功取决于渠道成员对新产品的接受程度，这就需要了解渠道成员对新产品的关注点。渠道成员关心的主要是新产品能否带来利润，如何打开新产品的销路，新产品是否容易储存、运输和展示等问题。所以，新产品要获得渠道成员的认可，企业就要实事求是地向批发商和零售商传递新产品盈利的信息，同时要让渠道成员相信新产品是能够销售出去的，促使渠道成员接受新产品。另外，要在新产品的外观设计上下足功夫，让渠道成员能更加便利地陈列和储存新产品。

3. 使新产品适合渠道成员的产品组合

产品组合是指一个企业提供给市场的全部产品线和产品项目，它说明了业务经营范围。大量企业不仅开发新产品，还将畅销的产品稍加改进后推出新的品种以增加品牌的可见性与占据零售商更多的货架空间，如一家生产日化产品的公司同一品牌下就有几十种不同品种规格的洗发水和护发素，这就给许多零售商带来了无效的产品组合。一些大零售商有意识地减少产品，优化其产品组合以便于管理，如沃尔玛超市将 24 种不同的卷尺减少到 4 种，这样既可以降低存货成本与管理成本，又便于消费者进行购买决策。面对这种情况，在开发新产品时，企业不仅需要评估其能力能否有效地生产新产品并开展营销活动，还应当考虑现有的渠道成员是否认为新产品适合加入它们的产品组合中，并消除它们对于在现有产品组合中增加新产品的疑虑。

4. 向渠道成员提供新产品培训

为了使新产品能够迅速被顾客接受、确保新产品能成功销售，对渠道成员进行新产品的相关培训是很有必要的，这有助于增强渠道成员对新产品的了解与信任，知道如何对新产品进行介绍与展示，明白销售中可能出现的问题及其解决方法。在对渠道成员进行新产品的培训时，培训类型与水平会因行业类型及产品技术的复杂性而存在差异。例如，对技术较复杂的大型工业设备来说，进行培训时需要在介绍设备的功能和操作方法上花费大量的时间，而对于简单的消费品而言，进行培训时只需简单地说明。渠道管理者应该提前对新产品的培训要求进行研究。虽然在对渠道成员进行新产品培训时因聘请讲师、租用场地等会有费用支出，但是，有效的培训不仅会提高新产品成功的可能性，还会增进企业与渠道成员之间的合作关系。

5. 确保新产品没有问题

在分销新产品的过程中，渠道成员可能会遇到不少问题，包括难以读懂的产品说明书、包装以及可能引起严重后果的产品质量问题，会给渠道成员储存与销售新产品带来困难，甚至会损害渠道成员的品牌形象，这会使得渠道成员尽量避免分销那些可能会给自己带来麻烦的新产品。因此，确保提供给渠道成员的新产品没有问题，对于新产品的成功非常重要。虽然不能避免新产品可能出现的全部问题，但是，认真仔细地制订一个新产品计划，有助于企业在产品通过渠道成员传递到消费者手中之前发现新产品的缺陷。

8.2 渠道中的价格管理

价格是营销组合中唯一能够创造收益的因素，产品研发和生产、渠道的运行和管理、促销活动的开展都会产生成本，价格可以说是营销组合中一个非常重要的要素。定价策略与渠道管理有关，价格的高低和不同渠道层次价格的制定，会影响市场需求和渠道成员各方的利益。因此，全面分析定价决策对渠道成员的影响，是企业制定价格策略的一个重要构成部分。

8.2.1 价格结构与渠道管理

营销渠道的定价犹如很多人分蛋糕，营销渠道中每一层次的中间商都希望从消费者支付的产品价格中分到一部分，以弥补其成本并得到令人满意的利润。为了说明这一点，我们来看市场定价为15元的一种牙膏的渠道价格结构，如图8-3所示。在这一渠道价格结构中，消费者得到定价20%的交易折扣，以12元的价格从零售商处购得牙膏；零售商得到定价40%的交易折扣，以9元的价格从批发商处购得牙膏；批发商得到定价50%

的交易折扣，以 7.5 元的价格从制造商处购得牙膏；制造商的生产成本为 6.5 元。可见，制造商、批发商以及零售商的毛利润分别为 1 元、1.5 元和 3 元，全部来自消费者支付的价格与生产成本之间的差值。

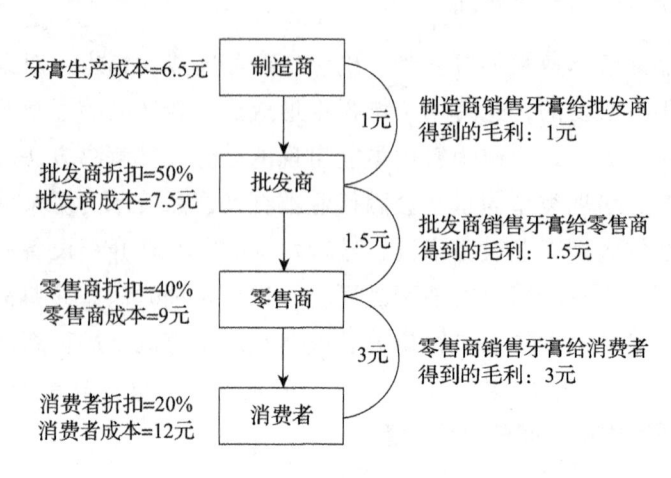

图 8-3　定价为 15 元的某牙膏的渠道价格结构

从渠道的定价来看，每两个不同渠道层次的价格之间存在一定的价差，每个中间商都希望企业提供的价差可以弥补其成本和提供足够的利润。在大多数情况下，只要企业提供的利差能使中间商盈利，中间商就会购进该产品。反之，中间商就不愿意销售企业的产品。因此，价格会对中间商的行为产生重要的影响，当中间商认为企业的产品定价考虑到了自己的需要和利益时，中间商可能会与企业密切合作。相反，如果中间商认为企业的产品定价使其难以盈利，中间商与企业之间极少会进行合作，甚至会出现冲突。因此，渠道管理者应重视渠道因素，及时调查了解不同渠道成员对定价问题的看法，将其作为定价决策中的一个必要部分加以考虑，以确保定价决策和实施有助于促进渠道成员提供高水平的合作。

8.2.2　渠道价格制定的原则

从渠道管理的角度出发，企业制定价格策略时要充分考虑渠道成员的反应，不仅要提高各级中间商的合作意愿，还要尽力避免渠道冲突或使冲突最小化。为实现上述目标，企业的渠道价格制定应遵循以下八个原则。

1. 确保中间商能获得合理的利润

任何一个中间商都希望收益能够超过其经营成本，对于所获得的利润率都有一个习惯的标准。经营成本一定的情况下，利润率越高，出售相同数量的产品，渠道成员获得的利润额越大。渠道成员对于无利可图的产品通常缺乏销售积极性。因此，给予中间商超过其经营成本的利润是企业的价格策略得以顺利执行的基础。当企业的定价策略与渠道成员的利益长期相悖时，渠道成员将倾向于更换供应商或者自建中间商品牌。

企业实际上是通过所提供的利润来购买分销服务的，从长期来看，如果这些利润同中间商的追求不一致，企业就不能在竞争环境中买到中间商的服务。因此，渠道管理者应该定期检查渠道成员的利润结构，了解利润是否能使其成员满意，同时重视竞争产品的渠道价格及其影响，必要时做出相应的调整。

2. 各层次中间商的利润率应随所执行渠道功能的成本的大致比例而变化

企业希望能够独立设定利润率标准，按照不同层次的渠道成员所执行的渠道功能来分配利润。然而，并没有多少企业有能力利用成本会计数据来设定利润率标准，批发商和零售商的利润率通常是由行业的传统惯例来决定的。因此，大部分企业中的渠道管理者所能做的就是定期对不同渠道成员所执行的渠道功能及其利润进行检查，并尽量进行协调。可以参考奥克森费尔特的建议调查以下问题："渠道成员有存货吗？它们是大量购买还是少量购买？它们提供维修服务吗？它们为顾客提供信息服务吗？它们提供产品配送服务吗？它们帮助培训客户的销售人员吗？"执行多种渠道功能的渠道成员，其经营成本会上升，理应获得更高的利润率。渠道管理者应根据检查结果，进行渐进的改变，调整利润率。对于那些执行库存、订货、维修、提供信息和配送服务等功能的渠道成员，企业应该给予更高的利润率。此外，渠道管理者还要注意如果渠道中存在一些引起纠纷的不公平因素，应该及时调整利润率，从而提升渠道内的合作水平，减少渠道冲突。例如，一些连锁零售商虽然名义上是零售商，但实际上却执行大批发商的功能，包括大批量购买、订单处理、储存和配送等，它们希望能获得比批发商更低的进货价格，对企业给予的折扣非常不满。

3. 维持本企业产品与竞争者产品利润率之间的合理比例

通常情况下，渠道成员不仅销售本企业的产品，也在销售竞争对手的同类产品。如果渠道成员销售竞争者产品所获得的利润率明显高于销售本企业产品的利润率，那么渠道成员愿意花更多时间和精力销售竞争者的产品。因此，企业应该维持本企业产品与竞争者产品利润率之间的合理比例。但是，渠道成员对于经营不同品牌产品所获利润率差异的容忍限度究竟有多大，要根据具体情况而定，并不存在标准的答案。所以，渠道管理者应该根据具体情况权衡本企业产品与竞争者产品所获利润率之间的比例是否合理，适时进行调整，使渠道成员获得有吸引力的利润，从而使本企业生产的产品在渠道中占据优势。

4. 特殊定价安排不应太过频繁

为了在短期内提高产品的销量，企业往往针对渠道成员采取免费商品、特价、减免货款、提高数量折扣等特殊定价安排形式。然而，如果这种特殊定价安排太过频繁，会让渠道成员认为这些价格促销不是暂时的，而是常态的，从而认为特殊定价安排是顺理成章的，这样一来，渠道成员就期望企业持续地开展特殊定价安排。但是，从企业角度出发，如果企业频繁地采取特殊定价安排，不仅会产生渠道定价问题，而且会损害企业的品牌价值。因此，长期或不间断地采取削价措施是不可取的。当采用特殊定价安排时，渠道管理者应当权衡特殊定价带来的品牌价值损害，尽力实现长期效益最大化。

5. 渠道成员可获得的利润率要符合惯用标准

在大多数交易中，渠道成员会把惯用的利润率当作正常、适当、公平的标准。而企业可能会根据生产经营状况对利润率做出调整，这会引起渠道成员的不同反应。当利润率偏离惯用标准时，利润降低的渠道成员会产生不满，从而对企业的产品只提供有限的销售支持甚至不支持。因此，企业调整利润率时，需要向渠道成员解释清楚利润率偏离惯用标准的原因，提出一个背离惯用标准的强有力的理由，力争得到更多渠道成员的理解与认可。

6. 低利润率的产品要能达到促销目的

在现实中，企业所生产的不同风格、款式的产品利润率有所不同。一些产品通常是产品线内价格最低的，只能为企业和渠道成员带来较低利润，主要用于批发领域中"投石问路"，或者与零售商进行贸易往来，这些产品通常被视为促销产品。由于促销产品的利润率较低，这种产品很难得到渠道成员的青睐。只有让渠道成员相信这种产品在优惠期间进行促销的价值，它们才会愿意销售这些低利润率的产品。例如，手机企业通过宣传低价位的手机吸引消费者进店，随着客流量的增加，零售商将有更多的机会向消费者推荐价位更高的手机而获得更多的利润。因此，渠道管理者可以向渠道成员提供可接受的促销产品，要尽可能地使用低利润率的产品来实现促销的目的，给彼此都带来好处。

7. 价格结构应包含按照主要价格点供应的产品

价格点是指在零售层面上顾客所习惯的商品的特定价格，顾客期望能够在该价位上买到这种商品。例如，一位顾客期望以200元购买到某品牌的牛仔裤，这里的200元就是价格点。在特殊情况下，某一商品的价格点会使消费者对其产生根深蒂固的看法。价格点既能以极低的单位价值存在，比如麦当劳的"随心配1+1=¥12"系列、肯德基的"超值套餐"等，也能以极高的单位价值存在，如动辄几万元的奢侈品女包，同样也可以在上述两个极端之间存在，如一两百元的普通运动鞋。从渠道管理的角度出发，企业需要知道渠道成员期望以何种价格销售产品，并向渠道成员供应这些价格点的产品。例如，宝马公司研发出多种档次的车型，确保其经销商在高尖端汽车市场的各个价格点上均有车型售卖。

8. 同一条产品线内不同产品的价格差异要与产品特征之间的差异相联系

企业的同一条产品线中会有不同类型、规格的产品，在为这些不同的产品制定价格时，企业必须慎重考虑这些产品的价格差异与产品特征之间的差异的关系。如果不是基于明显的或重大的产品特征差异来确定价格差异，可能会影响高价位产品的分销。例如，若价格为170元和200元的两种不同的产品特征差异较小，零售商可能会倾向于销售较低价格的产品，从而失去销售高价位产品的兴趣。即使渠道成员经营同一产品线内的全部产品，在销售时也会遇到困难。例如，一家经营体育用品的零售商，销售同一品牌的8种不同的羽毛球拍，这些羽毛球拍都很相似但价格各不相同，当顾客询问为何价格有差异时，售货员却难以解释。因此，企业对同一条产品线内不同产品的定价要与其产品的特征相关联。

8.2.3 渠道价格的管理与控制

为了维护渠道价格体系的稳定，渠道管理者应仔细识别因定价策略引起的渠道问题，并采取一定的措施对渠道价格实行管理和控制。

1. 级差价格体系的管理

级差价格体系是指企业针对渠道中不同层次的渠道成员分别制定不同价格的综合价格体系。在渠道系统中，很多企业为产品定价时，会制定出一系列的价格，如出厂价、批发价、零售价等。以某品牌牙膏为例，该品牌牙膏采用三层渠道，产品从企业开始经由批发商、零售商最终到达消费者手中，产品价格从相对稳定的出厂价开始到批发价、零售价，价格依次升高，当产品到达消费者手中时价格最高。级差价格体系主要解决的是产品利润如何在渠道成员之间分配的问题，利差的合理性是该体系成功的关键。利差已经成为产品流动和渠道成员努力工作的动力，任何一个渠道层次的价格变化，都会引起其他渠道层次的价格和利润的变化。因此，企业需要设计合理的利差，构建有效的级差价格体系，确保渠道成员之间的利润分配公平合理，使所有的渠道成员都得到激励，以提高渠道成员销售本企业产品的积极性。

建立起级差价格体系后，如果没有进行管理，容易出现跨级拿货、杀价倾销和窜货等问题，这就会扰乱渠道秩序，影响渠道成员之间的合作。在管理级差价格体系时，要注意以下几个方面。

（1）确保不同层次的渠道成员能获得合理的利润空间。实践证明，使渠道成员获得满意的利润率是促进渠道成员之间合作的关键。当企业采用长渠道时，一级批发商和零售商的利润通常能得到保证，但二级批发商与三级批发商的利润容易受到一级批发商和零售商的制约。因此，在制定级差价格体系时，应确保营销渠道各个层次的成员都能获得合理的利润，尤其要保证中间层次的二级批发商与三级批发商的合理利润空间，以提高渠道成员销售产品的积极性，促使渠道成员与企业建立并保持长期合作关系。

（2）设置适度的价格折扣标准并严格执行。企业在设计各环节的价格折扣标准时，要尽可能地使每个渠道层次的价格折扣合理，以确保各层次渠道成员利润分配的合理性。价格折扣过高容易引发降价竞争，价格折扣过低则难以调动中间商的积极性。另外，企业不仅要考虑出厂价，还要考虑产品从出厂到消费者整个渠道各层次的价格，处理好出厂价、一批价、二批价和零售价等之间的关系，保证同一层次渠道成员的进货价格一致。

（3）严格规范各层次渠道成员的行为。企业在对各层次、各地区的渠道成员实施级差价格体系时，需要严格规范渠道成员的行为。为保障级差价格体系，在面对团购和个人消费者时，企业及各级批发商应当严格地分别按照团队批发价和个人零售价销售产品，以免损害零售商的利益；为保证各地一级批发商进货价格一致，企业与一级批发商可以按到岸价结算，所有运费都由企业承担，以尽可能杜绝一级批发商之间的窜货；对于大型超市的特供价一般也不应低于批发价格，以避免超市以低于批发价的价格进行促销而扰乱整个价格体系的情况出现。

案例 8-3　　　　　　一级经销商没有价差利润

有一家乳品企业采取的价格政策是这样的：厂家卖给一级经销商的价格是 10.6 元 1 袋，而一级经销商也按 10.6 元 1 袋的价格卖给下级中间商，一级经销商原则上是没有价差利润的；然后这些中间商以稍高于 10.6 元 1 袋的价格卖给零售商。

对于按厂家价格政策销售产品的一级经销商，在每个季度结束后，按其销售数量的多少，每箱给予较高金额的返利。而对于不按厂家价格政策销售产品的一级经销商，则不予返利，甚至停止供货，取消其经销权。也就是说，一级经销商不是靠差价赚钱，而是靠厂家的返利赚钱。如果一级经销商违反了厂家的价格政策，低价出货，这就意味着，一级经销商不仅一分钱赚不到，还要自己承担降价部分的损失，所以谁也不敢乱降价。这样就使得产品价格在市场上保持稳定，既防止了竞相窜货、杀价等混乱现象，又保证了经销商的利润，提高了其经营的积极性。

资料来源：根据优文网资料库——管理资料《零售终端的价格，如何有效掌控？》整理改编（2019-01-01）。

---

2. 渠道价格的控制

在营销渠道运行的过程中，企业会遇到一些具体的或特别的定价问题，这时需要对渠道价格进行一定程度的控制。

（1）减少对渠道价格的控制。从企业的角度来看，有必要对渠道成员的定价实施一定程度的控制。例如，为了提高商店的商品销量，零售商大幅降低某公司产品的价格开展促销活动，但是，该公司为维持品牌定位和品牌形象，则不允许零售商出现这种行为。又如，为了保证促销的效果，企业要求零售商不得提高产品的售价。企业要有效地实施价格策略，往往需要渠道成员的支持与配合。但是，企业与渠道成员属于市场中不同的经济主体，对产品的定价可能存在不同的看法，都希望能够掌握定价的自主权。当企业对渠道成员的价格策略进行控制时，渠道成员就会认为自主权受到了侵犯，从而可能引发渠道冲突。由此可见，企业在非必要的情况下应该尽量避免对渠道成员进行价格控制，即使进行价格控制，也应该采取温和的控制方式，如劝说、给予相应补贴等，而不宜采用强制手段，以免引起渠道冲突。

（2）积极应对定价策略变化引起的反应。由于成本上升、市场需求变化、市场竞争加剧以及其他环境因素的变化，企业需要对定价政策与相关的销售条款做出重大调整。但是，渠道成员往往不愿意接受这种调整，只习惯与使用某种固定模式的定价政策的企业打交道，而且它们的定价策略与企业的定价政策密切相关，对现状的任何改变都会引起渠道成员的关注甚至反对。因此，企业在计划对定价政策进行调整时，应当分析渠道成员可能出现的反应，并制定相应的措施。

（3）谨慎采取涨价行为。随着营销环境的变化，企业不得不涨价。如果营销渠道中每一位成员都能依次将涨价转嫁给下一个，并最终被顾客所接受，则全部渠道成员都不会有怨言。但是，如果这种涨价不能全部转嫁，渠道成员被迫通过降低利润率、消化一部分或全部涨价，则会使它们非常不满。这时，企业就应当考虑如何缓和涨价所带来的消极影响，而不仅仅是简单地采取涨价措施。缓和涨价所带来的消极影响的方法包括：首先，在计划涨价之前，企业应该认真地权衡涨价与保持原有价格之间的利弊，分析涨价的短期利益与长期利益，再做出相应决策。一般来说，只要不损害企业的长期利益就应该尽量维持原价。其次，在不得不涨价的情况下，企业可以采取允许渠道成员在涨价生效前购买产品、提供资金援助、采用更自由的支付方式、减免涨价的一部分产品的货款等措施，尽量减少涨价给渠道成员带来的消极影响。再次，企业还可以通过改变营销组合的其他要素，特别是产品策略，来抵消因涨价而给渠道成员造成的损失。最后，企业可以改进产品，这样零售商可以告诉顾客涨价是因产品价值增加；企业也可以减少产品的功能或附件，推出一些简装版的产品。

（4）仔细审视双渠道定价策略。在采用双重渠道分销产品时，企业不仅可以借助渠道成员分销产品，也可以直接向消费者销售产品。随着互联网技术和物流技术的发展，越来越多的企业开始通过互联网直接面向消费者销售产品。网络直销有助于企业贴近市场、扩大市场覆盖面，但也带来了一些问题。如果企业以低于中间商的价格将产品直接销售给顾客，那么会严重影响中间商的销量。这些中间商原本就对企业自设直销渠道颇有怨言，加之发现企业以低价向顾客销售产品，这些中间商可能会停止销售企业的产品以发泄怒气，这就会给整个渠道系统长期的发展带来不利影响。因此，在制定双渠道的价格策略时，企业直接销售产品的价格应该等于或高于渠道成员销售产品的价格，避免损害渠道成员的产品销量，使渠道成员能够获得满意的利润。

（5）争取渠道对价格激励的支持。很多企业经常把价格当作一种促销工具来使用，利用降价、特价销售、赠券、买一赠一、季节折扣、回扣以及其他方式来激励渠道成员，以提升某种产品的销量。虽然顾客会对价格激励做出积极的反应，但是渠道成员对此并不一定感兴趣，尤其是超市、大卖场对于以下事务会感到厌烦：大量赠券的发放、特价商品放上货架时必须清楚地标明以及不同企业的特殊价格所带来的一系列细节问题。例如，一袋洗衣粉降价几毛钱，可能会刺激顾客的购买欲望，而对于零售商来说却不足以激励它们全身心地投入到洗衣粉的价格促销活动中，它们需要购买更多的存货，提供额外的展示空间，在货架的显著位置摆放特价商品以及进行广告宣传。由于顾客与零售商对降价的反应有着明显差异，零售商不积极参与，企业的价格激励政策就难以达到预期目标。因此，对于企业而言，为争取各层次渠道成员的支持，提供简单易懂、适度的价格激励显得至关重要。在进行价格促销策略设计时，渠道管理者一方面要考虑应当给予顾客多大的价格激励来刺激其购买欲望，另一方面还要考虑应当给予零售商何种程度的价格激励才能调动零售商的积极性。

（6）将灰色市场与搭便车的负面影响降至最低。对于那些拥有知名品牌的企业来说，灰色市场与搭便车极有可能损害其品牌价值。灰色市场是指未经授权的经销商或零售商以较低的价格销售名牌产品。在灰色市场上销售的产品范围很广，包括奢侈品、服装、化妆品、数码相机、手机、个人电脑等。搭便车是指中间商以低价向消费者销售产品，却很少提供相关服务，这些服务包括提供产品信息、销售辅助和售后服务等。例如，一位想购买服装的顾客可能到品牌专卖店去了解相关服装的信息并试穿，却到网店以低价购买服装。灰色市场与搭便车是相关的，灰色市场上流通的产品往往是搭便车的产品。如果灰色市场与搭便车的做法广泛传播，会削弱企业管理渠道的能力，降低渠道效率。灰色市场的存在会冲击授权中间商的产品销量，提供全面服务的授权经销商（或价格较高的渠道成员）对此会产生不满，有些中间商会更换合作企业，有些中间商会出现报复性行为（如说企业产品的坏话），还有些中间商干脆就变成灰色市场售卖者或搭便车者。灰色市场与搭便车现象会损害企业的利益，为避免相关负面影响，企业应从两个方面采取措施：一是在渠道设计过程中严格控制那些以选择性分销及购买者偏好（如对更多服务的渴望）为特征的渠道设计决策，可以限制灰色市场与搭便车者数量的增加；二是停止与那些将产品转售给非授权经销商或者零售商的渠道成员的合作，以避免出现灰色市场现象。

案例 8-4　　　　电商时代的渠道价格混乱，后果有多严重？

在如今传播多元化、碎片化时代，打造出成功的品牌不容易，维护一个品牌更不容易，仅仅因为价格管控不力，让渠道商失去信心——不卖货，以及失去顾客的信任——不买货，导致品牌及产品从此陨落，就太可惜了。

贝因美奶粉，曾经是中国奶粉第一品牌，2014～2016 年，贝因美业绩持续下滑，重要原因是企业高级管理人员动荡，不重视产品渠道价格管控，批发商相互冲货、窜货，零售商竞相降价杀价，渠道商或微利或无利甚至亏损严重，大量经销商及零售商不得不放弃贝因美奶粉的经销，导致企业业绩严重受损，2016 年年报预亏 7.5 亿元！同属于奶粉业的合生元，作为高端品牌奶粉的引领者，视统一零售价为品牌生命线，同一规格产品，保证线上天猫、京东旗舰店、自有电商平台妈妈 100 同价，线下 2 万多家婴童店、商超及药店同价，线上线下同样统一价格，这种价格管控能力，业界无出其右。数年来，合生元作为高端奶粉第一品牌的地位稳如泰山，严密的价格管控作用功不可没。纵观商家竞争惨烈的淘宝、天猫、京东等线上电商平台，消费品公司宝洁、美的、海尔、OPPO 等品牌的产品价格控制做得非常到位，数十上百家线上分销商的价格与官方旗舰店的零售价保持高度一致，相同规格的产品，线上网店与线下零售店的价格也保持同步。营销导向品牌至上的中国新生代手机品牌主力畅销产品 OPPO-A7、OPPO-R9，在线上、线下数万家手机零售店统一售价 1 599 元、2 499 元，其价格管控能力也不一般。

新经济时代，淘宝、天猫、京东、唯品会，各地商超、专营店等线上线下渠道环境越来越复杂多元，批零价格的信息越来越透明且传播速度越来越快，使渠道价格管控越来越重要，实务中的管控难度也越来越高。

资料来源：罗建幸.电商时代的渠道价格管控，做到就赚大了![J].销售与市场（渠道版），2017（6）：24-26.引用时有改动。

8.3　渠道中的促销管理

促销是一种信息沟通活动，是企业向消费者传递企业和产品的信息，激发消费者的购买欲望，促使消费者产生购买行为的活动。促销手段主要有广告、人员推销、公共关系、销售促进等。促销作为营销组合中的一个重要构成部分，对刺激消费者购买、提高产品销量、扩大产品的知名度和美誉度、塑造品牌形象和企业形象有着重要的作用。但是，促销作用的发挥，是与营销渠道的支持紧密相关的。

8.3.1　促销策略

从总体来看，促销策略主要有拉式策略和推式策略两大类。有些企业倾向于运用推式策略，有些企业则主要使用拉式策略，也有些企业既使用推式策略又使用拉式策略。不管企业使用哪种促销策略，这些促销策略都需要与渠道相配合才能发挥作用。

1. 拉式策略

拉式策略是企业使用非人员促销方式吸引顾客，以扩大产品销售的一种策略。该策略一般采用广告和销售促进等手段，直接针对消费者进行促销，以刺激消费者的购买欲望，从而间接地促进渠道成员与企业合作，来拉动渠道成员对企业产品的进货量。企业所采用的拉式策略就是要创造消费者对于产品的巨大需求。渠道成员出于利己动机会主动促销企业的产品。一般情况下，企业使用密集型的广告宣传等，激发消费者的购买欲望，促使零售商向批发商、批发商向企业进货，最终满足消费者的需求，以达到促进销售的目的。拉式策略如图 8-4 所示。

图 8-4　拉式策略

2. 推式策略

推式策略是企业运用人员推销和销售促进等手段将产品推入营销渠道，并通过中间商将产品最终推向市场的一种策略。推式策略主要是以中间商为促销对象，通常采用人员推销和销售促进等促销手段，促使中间商主动将产品推向消费者。推式策略意味着企业直接与渠道成员一起工作，在制定与实施促销策略时共同合作。企业利用推销人员与渠道成员在合作范围、渠道价格或利润分配等方面进行谈判，对渠道成员进行促销激励以获得其更加直接可靠的促销支持，鼓励和促进中间商更积极地进行产品推广，通过渠道成员开发市场、扩大销售。在采用推式策略时，企业把产品推广给中间商，再由中间商将产品推广给消费者，以提高产品的销量，如图 8-5 所示。

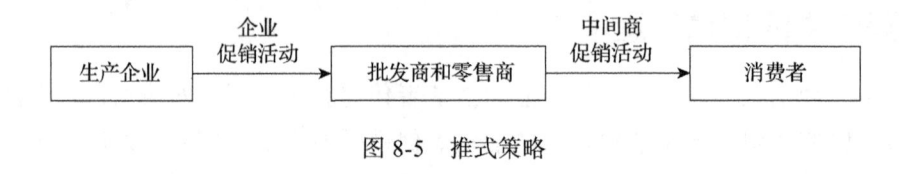

生产企业 →（企业促销活动）→ 批发商和零售商 →（中间商促销活动）→ 消费者

图 8-5 推式策略

渠道专栏 8-1　　　　　　　　促销新方式

菲利普·科特勒和凯文·莱恩·凯勒在《营销管理》（第 15 版）中将促销组合提炼为营销传播组合。除广告、人员推销、销售促进和公共关系，他们还总结了营销现实并提出四种新的传播模式：

（1）事件和体验：目的在于建立与品牌相关的互动。

（2）直复营销和数据库营销：利用信件、电话、传真、电子邮件或互联网直接与特定的顾客或潜在顾客沟通，或者引发其反馈或对话。

（3）在线和社交媒体营销：旨在吸引顾客或潜在顾客并直接或间接地提高知名度、改善形象或促进销售的在线活动和项目。

（4）移动营销：采用在线营销的形式通过顾客的智能手机、移动电话或平板电脑进行沟通。

他们指出，在新的营销传播环境中，尽管广告通常是营销传播活动的核心元素，但对于销售以及品牌和顾客资产的建设来说，并不是唯一的，甚至也不是最重要的。公司需要根据实际情况，将营销传播预算在这八种主要的传播模式上进行分配。

资料来源：科特勒，凯勒. 营销原理：第 15 版 [M]. 何佳讯，于洪彦，牛永革，等译. 上海：格致出版社，2016.

8.3.2 直接的推式促销策略

在采用推式策略时，企业通常需要渠道成员的参与。如果企业希望渠道成员在促销本企业产品时给予合作，那么就应该向渠道成员提供支持，要获得支持可以采用多种形式，常见的形式有下列几种。

1. 合作广告

合作广告是指由企业和中间商共同分担广告成本，为产品做广告。它也叫共同付费广告，是企业为渠道成员提供的一种最常见的促销支持方式。企业大多希望能够对合作广告活动实行一定程度的控制，企业通常对广告形式和广告媒体的选择做出决定。对于企业而言，合作广告的实际效果在很大程度上取决于其他渠道成员提供的支持。渠道成员应该从以下三个方面进行配合：一是渠道成员要拥有所做广告产品足够的存货；二是能提供恰当的产品现场展示；三是在必要时提供人员销售支持。要想得到这些配合，企业就需要对合作广告进行管理。如果缺乏有效的管理，渠道成员可能会出现一些错误的行为，这种情况很常见。有些零售商以较低价格支付广告费，然后再以较高价格向企业索要广告费。还有些零售商没有将共同付费广告的资金全部用于企业产品的广告上，而是截留下来变成自己的利润，甚至转移用途为自有品牌的产品打广告。为了避免这些情况，企业必须对合作广告进行有效的管理。

案例 8-5　苏宁快消与可口可乐达成合作，借力小店深挖智慧零售

2019年4月22日，苏宁快消与可口可乐（中国）以及可口可乐中国区两大装瓶集团——太古可口可乐、中粮可口可乐达成战略合作，自2019年到2020年末，苏宁快消集团与可口可乐将在产品销售、营销资源整合与共享、品牌联合推广、互联网大数据领域展开全面深入的合作，线上线下双渠道同时发力。

作为国内首屈一指的智慧零售品牌，苏宁覆盖传统家电、3C电器、日用百货等品类，并在线上线下全渠道布局中全面发力，凭借强大的物流、售后、智慧零售体系成为消费者最爱的购物渠道之一。而可口可乐公司则是全球知名的饮料行业巨头，旗下拥有众多饮料品牌，产品遍布世界各地。在中国，可口可乐公司为消费者提供了20多个品牌、60多种饮料产品，深受人们喜爱。显而易见，合作对双方而言都是一次强有力的优势互补，二者牵手将实现最大程度的资源共享、共赢。

在产品层面，可口可乐将优先向苏宁快消集团提供新品、定制款式、专供款式等优势资源，满足消费者差异化的需求；苏宁快消集团则背靠苏宁大数据平台，为可口可乐提供精准的用户画像，对不同性别、不同年龄段、不同地域、不同职业等人群进行细分，分析不同人群的消费偏好，为可口可乐的产品研发、营销策略予以支持。

此外，苏宁在线上线下渠道智慧融合方面的优势也备受期待。尤其是苏宁快消集团旗下的5 000多家苏宁小店，其线下场景将作为双方共同推广可口可乐全品类饮料产品的重要线下平台。

苏宁小店在学校、社区、商圈、交通枢纽等各类人流密集的零售场景都设有店铺，能够快速而准确地感知消费者的需求变化。因此，苏宁小店的线下场景将作为可口可乐在国内加速品牌与产品拓展、不断实现影响力提升的前沿阵地。而随着苏宁小店App功能的不断迭代，其社交平台的流量资源也是不可小觑的。在社区团购业务方面，苏小团、生

鲜预售功能、小店拼团、小店云超等服务陆续上线后，苏宁小店在线上能够更充分地满足用户多样化的商品选择和服务需求，进一步触达各类消费人群。

　　与此同时，双方还将通过多种形式的营销资源整合与分享进行"量身定做"的宣传，例如，在苏宁每年重要的营销节点上进行强化合作，实现广告资源的互换互联、强强联合，凸显苏宁小店与可口可乐双方的品牌优势，提升双方的品牌影响力与产品核心竞争力，不断挖掘线上线下渠道智慧零售的新玩法。

　　资料来源：科技三国，《苏宁快消与可口可乐达成合作，借力小店深挖智慧零售》，2019-04-25，引用时有修改。

2. 促销折扣

促销折扣是由企业直接向其他渠道成员发放现金或者给予其他形式的补贴，以鼓励这些成员努力销售企业产品的形式。它是一种比较直接的渠道促销形式。例如，企业可以直接向其他渠道成员提供现金支持，也可以按特定产品交易额的一定百分比支付补贴。提供促销折扣是为了鼓励批发商或零售商尽可能多地购买企业的产品，为本企业的产品提供更好的货架位置，在店面中的合适位置进行展示等。与合作广告相比，促销折扣具有明显的目的性和针对性，与渠道成员的经营效果直接关联，因而效果更理想。近年来，企业给零售商的促销折扣急剧上升，造成企业的促销费用大幅增加。因此，企业需要考虑花在争取零售商合作方面的资金是否值得。如果要提供促销折扣，也要考虑渠道成员的需求，确保促销折扣计划与渠道成员的要求一致。

3. 进场费

进场费是指企业为鼓励渠道成员（主要是零售商）接受、展示与支持企业的新产品而以现金或商品的形式支付给渠道成员的费用，也被称为货位津贴。进场费作为另一种形式的促销折扣，由于企业和零售商对于进场费的看法截然不同，已经成为非常重要而又备受争议的一种促销形式。从企业的角度来看，进场费是为将新产品摆上货架而被零售商逼着支付的一大笔费用。很多企业都认为进场费具有歧视性，尤其是对规模和实力较小的企业，它们往往没有能力承担这笔高昂的费用。然而，从零售商的角度来看，进场费是对它们接受的新产品可能卖得不好的风险的一种补偿，也是对它们推动新产品销售所做努力的一种回报。无论如何，进场费在企业与零售商之间越来越流行，进场费所覆盖的产品类别也在不断增加。随着零售商变得更大、更强，进场费不仅会延续下去，而且很可能会成为大型零售商在交易中要求促销补偿的主要形式之一。因此，渠道管理者应该尽可能地找到公平处理进场费的方法，从而使企业与零售商实现共赢。

4. 展示和销售支持

展示和销售支持是指企业在零售商的经营场所内通过展览活动来推销产品的形式，包括支架、货架、平台、标志、宣传套件和专门设计的店铺展示等形式。展示和销售支持在商业上常常称为POP展示。现今，售货员已经在很多超市和大卖场消失，展示和销售支持这一促销方式就显得很重要。不少企业在 POP 展示上花费很多资金，其目的是推动零售商利用 POP 材料促进产品的销售。展示和销售支持在很多情况下是很有效的，但是企业往往难以让零售商使用这些材料。一个原因是零售商在短时间内会收到各个企业提供的大量材料，如此一来，便会有许多材料都来不及被打开就被丢弃了。企业来不及向渠道成员说明这些材料的有用性则是另一个重要的原因，而企业与渠道成员对这些材料的作用往往会有完全不同的看法。因此，渠道管理者必须先弄清楚展示和销售支持是否真的有用，而且所提供的 POP 材料应该随着顾客需求的变化而变化。例如，随着人们越来越关注健康问题，供应有机食品的一家企业在各大超市的一个食品区悬挂了"为什么购买有机食品"的标志，让顾客觉得自己正在购买有价值的产品。如果企业希望零售商更具热情地销售本企业的产品，还应该开发更多有效的展示和销售支持。

5. 店内促销

店内促销作为一种激发顾客对特定产品产生额外兴趣的短期活动，其效果是十分显著的。店内促销有多种形式，包括名人现场宣传、样品试用活动和现场抢购活动等。传统的促销形式难以吸引大多数顾客，更具想象力与吸引力的店内促销形式往往能获得很好的效果。例如，可口可乐公司曾经进行过一次非常有名的店内促销。在一家超市内，可口可乐公司的饮料堆得像小山一样高，一位著名的音乐节目主持人被安排"埋在"这些饮料中间，这位主持人不断地喊着"买我出去"，吸引了大量的顾客涌入这家超市购买可口可乐饮料和其他商品，几个小时后，这位主持人才得以自由。这是可口可乐公司历史上最成功的一次促销活动，非常具有想象力和吸引力。无论采用何种形式的店内促销，渠道管理者最为关注的应该是零售商能否从中获益。如果零售商不能通过店内促销活动增加其销售收入和利润或者提高店铺识别率，它们就没有积极性去配合企业开展这些活动。因此，在为一场店内促销活动做计划时，首先需要考虑的是它能否为零售商带来经济利益或者非经济利益。

6. 竞争和激励

竞争和激励是一种常见的促销形式，是指企业对销售表现优越的中间商提供奖金、奖品或其他奖励。它主要用来激发中间商销售本企业产品的积极性。竞争和激励的形式多种多样，激励的范围很广，包括现金、商品、旅游等。例如，苹果公司曾经向销量最高的销售人员奖励汽车和现金。竞争和激励有明显的正面作用，同时也有负面作用。一旦使用不当，很容易引起渠道冲突。为了推销某些特定产品，企业可能直接向中间商的销售人员提供推销资金。然而，在渠道成员看来，这种行为与它们的目标和观念相抵触，零售商不希望其销售人员诱导顾客或向顾客施加压力，让顾客购买一些不需要的产品，而自己从中获利，因为这会损坏自己的商誉，从长期来看对其发展是不利的。企业与零售商之间目标的不同和对推销资金看法的差异，往往会引发渠道冲突。因此，企业应谨慎使用竞争和激励。

渠道专栏 8-2　　　　　　　　　如何让促销位从差变好

在实体门店的销售要素中，被看到是第一位的，也就是陈列位置很重要。促销是业绩提升的重要方式，而影响促销业绩的关键因素就是促销位置。同样的产品，同样的促销活动，在流量入口和犄角旮旯的促销位置的产出可能是天差地别的。如果现有陈列位不好，影响销售效果，就免不了要把商品调整到更好的促销位上。但现实情况往往是，企业的钱也花了，业务员嘴皮子也磨了，仍拿不到好的促销位，卖场采购总会想出各种理由来回绝。如何谈判促销位的调换，争取到更好的促销位，成了困扰业务员的一大难题。

思考逻辑

对于卖场采购来说，"促销位"是用来帮助卖场赚钱的"工具"。因而，衡量一个"促销位"是否为自己创造了最大效益，除了考虑收取正常的促销费用，采购更看重的是商品销售业绩的提升为自己带来的利益。毕竟，单个促销位的费用是"死"的，而促销创造的销售价值却是"活"的。同一个促销位，用在哪个品类上、投在哪个商家身上能够给自己创造出最大的效益，采购就会愿意将其分配给谁，这是采购看待促销位价值的思考逻辑。

解决之道

在与采购谈促销位的调换时，不要只是"花钱去砸，花更多钱去砸"这种简单粗暴的思路，只有抓住"创造更多销售价值"这个关键点来切入，才有可能取得谈判的成功。所以，业务员应学会站在采购的立场来寻找谈判的思路，具体来说，在与卖场采购谈促销位的调换时，应抓住以下几个关键点。

1. 倒推找根源

在向采购提出更换促销位时，不要一见面立刻直接说要换位置，因为采购本能的反应是拒绝，应该基于销量不佳这个结果来倒推：是产品选择的原因、价格的原因、促销员的原因，还是赠品的原因？通过数据和事实把所有原因都否认之后，直指促销效果不佳的根源——促销位置不合适。这时采购就会意识到为了促进销售，有必要调整促销位了。注意：业务员要用数据和事实去说服采购，而不是自己强要。

2. 不要谴责抱怨

即便采购做出了一个看似错误的安排，也不要当面指责。相反，应首先肯定采购对自己的支持，并表示感谢。因为当面谴责很容易让对方产生抗拒心理，从而让双方的沟通陷入僵局。在谈判前，首先要人为制造一种和谐、宽松的谈话氛围，并尽可能地拉近对方和自己的距离。最好的沟通，一定是在良好情绪支配下的沟通。从这层意义上讲，站在对方的角度，其实就是试图从感情上将对方和自己的位置放在一起，制造出亲近的局面。

3. 算账找差距

发现促销位影响了促销效果，说服采购调换促销位的好办法，就是通过算账来向采购陈述一个事实：活动的预期与现实存在较大差距，间接向采购暗示双方利益都在遭受损失！为了弥补损失，最好的办法就是通过更换促销位来提升销量。

因此，供应商需要收集以下一手资料给采购：

- 自己预期的销售额——实际的销售额（具体到日）；
- 现有促销位的弊病——列举该区域不适合开展促销的事实；
- 促销活动应在哪个区域开展——从消费者购物心理和消费习惯上分析。

4. 多给几根胡萝卜

在让采购明白只有调整促销位，才能改善目前较差的销售状况后，应补充强调自己将会在哪些方面确保促销位调整后销量会提升。例如，加大买赠力度，延长促销时段，增加促销员，扩大宣传力度以及增加活动场次等。这些调整措施的意义在于：一方面增加谈判达成的诱惑力；另一方面给采购一个台阶，就算调整了位置，他也额外赢得了促销资源，他的自我感觉会舒服很多。

资料来源：根据中国营销传播网案例改编而成。

8.3.3 间接的推式促销策略

除了上述比较直接的、目的性强的推式促销策略，企业还可以采取一些迂回的、温和的推式促销策略，同样可以达到让渠道成员推销本企业产品的目的。间接的推式促销策略主要有下列几种。

1. 为渠道成员提供培训

对渠道成员的销售人员进行培训，可以提高其销售人员的业绩，这是企业赢得渠道成员合作的最有效的策略。企业为渠道成员的销售人员所提供的培训要想取得成效，在培训时就应该从渠道成员的需求入手，以渠道成员能接受的方式来进行培训，同时针对不同层次的渠道成员的销售人员分别开展不同内容的培训。对于批发层次的销售人员，培训内容包括三个方面：一是企业产品知识；二是销售技巧；三是拜访客户时的说服技巧。企业尤其要注重对销售技巧的培训，包括倾听技巧、舒缓紧张的技巧、建立信任的技巧、向比较固执的客户销售的技巧、维护良好形象的技巧、何时和如何推销特色的技巧、优惠的技巧、反馈技巧等。对于零售层次的销售人员，培训内容主要是产品知识和销售技巧。零售商的销售人员向消费者提供的主要是产品使用方面的信息。

2. 明确销售任务指标

企业规定渠道成员在一定时期内需要完成销售任务指标，既能激励渠道成员，也是一种获得渠道成员促销支持的有效工具。为达到激励的目的，企业可以对那些完成或超额完成销售任务指标的渠道成员予以奖励。汽车制造商会给予那些完成销售任务的经销商奖励，按照它们的销售额返还一定比例的金额，这是一笔金额很高的款项，能使经销商获得更多的利润。恰当使用销售任务指标的关键是制定这些指标的方式和内容。制定的销售任务指标应当公平、可行、可控和灵活。如果企业自行制定这些指标而要求渠道成员必须实现，这种以强制方式规定的指标会造成渠道成员的敌意和对抗。另外，如果企业的产品不能成为渠道成员的产品组合中的重要部分,渠道成员就不会重视企业所规定的销售任务指标。因此,企业应当在发掘渠道成员销售潜力的基础上,与渠道成员共同制定一个合理的销售任务指标,这样的指标才能在赢得渠道成员合作方面发挥积极作用。

3. 协助渠道成员销售

企业分派销售人员到渠道成员那里帮助其开展销售活动,这些销售人员主要从事以下工作:检查中间商的存货水平、处理订单、拜访零售商并向其展示新产品、帮助安排橱窗和店内展示、解答中间商的问题、提供意见与培训、提供技术支持等。当渠道成员希望得到上述帮助,或者缺乏完成企业分派的任务的能力时,协助销售是一种有用的促销策略。然而,协助销售也存在一些不足:首先,费用较高。对从事该工作的销售人员的素质要求较高,尤其是在B2B市场上,往往需要接受过高等教育且有特殊培训经历的员工,他们通常是高学历、高收入的销售人员,但他们能协助的渠道成员有限,因而增大了销售费用。其次,会引发渠道冲突。当销售人员在从事渠道成员的一些工作时,二者就会发生冲突。最后,可能会让渠道成员感到厌烦。如果企业的产品只占渠道成员的产品组合的一小部分,当企业的销售人员督促渠道成员关注本企业的产品时,就会使渠道成员因其占据了自己的销售人员过多的时间而心生不满,觉得企业的销售人员令人讨厌。因此,在对于协助销售人员的安排上一定要注意这些潜在的问题,如果因此而引起渠道成员的对抗而不是促销合作,那就得不偿失了。

4. 参加商品展示会

商品展示会往往是由一些协会组织的年度盛会,涉及的领域(包括玩具、重工业设备等)十分广泛。对于大多数的商品展示会,参会人员包括企业、批发商、零售商,企业的各种代理和经纪商以及媒体人士。参加商品展示会的主要目标(除达成交易外)是让企业的产品尤其是新产品获得最大的关注和最广泛的认同,从而增强相关公众对企业的认同和尊重。通过参加商品展示会,企业不仅可以向现有的和新的渠道成员销售大量产品,也可以面对面向渠道成员展示新产品,同时还获得了一个与渠道成员进行社会交往的机会。经常参加商品展示会的企业更容易获得媒体的关注与消费者的青睐,无形中为渠道成员提供了有力的促销支持。

本章小结

1. 产品决策与渠道管理相互影响,渠道中的产品管理主要涉及产品决策、产品生命周期、新产品开发与渠道管理之间的关系。

2. 产品生命周期不同阶段对渠道管理的要求不同,企业需要根据产品生命周期所处的阶段进行相应的渠道管理。在产品导入期,企业要确保有足够多的渠道成员以获得足够大的市场覆盖面,并向渠道成员提供充足的产品以保证其货架上有货;在产品成长期,企业要确保渠道成员有充足的存货,注意试图挤入本企业营销渠道的那些竞争对手，加强与渠道成员的合作关系；在成熟期，企业要注意提高渠道成员的收益并降低分销风险，调整渠道结构来延长成熟期；在产品衰退期，企业需要考虑渠道成员的淘汰和渠道成员对削减产品的反应。

3. 新产品的开发管理要求渠道成员之间开展更高程度的合作，为此，企业需要从五方面入手：让渠道成员参与新产品的开发，促使渠道成员接受新产品，使新产品适合渠道成员的产品组合，向渠道成员提供新产品培训以及确保新产品没有问题。

4. 价格会对中间商的行为产生重要的影响，渠道管理者应重视渠道因素，及时调查了解不同渠道成员对定价问题的看法，将其作为定价决策中的一个必要部分加以考虑，以确保定价决策和实施有助于促进渠道成员提供高水平的合作。

5. 企业的渠道价格制定应遵循八个原则：确保中间商能获得合理的利润；各层次中间商的利润率应随所执行渠道功能的成本的大致比例而变化；维持本企业产品与竞争者产品利润率之间的合理比例；特殊定价安排不应太过频繁；渠道成员可获得的利润率要符合惯用标准；低利润率的产品要能达到促销目的；价格结构应包含按照主要价格点供应的产品；同一条产品线内不同产品的价格差异要与产品特征之间的差异相联系。

6. 级差价格体系是指企业针对渠道中不同层次的渠道成员分别制定不同价格的综合价格体系。在管理级差价格体系时，要注意三个方面：①确保不同层次的渠道成员能获得合理的利润空间。②设置适度的价格折扣标准并严格执行。③严格规范各层次渠道成员的行为。

7. 在营销渠道运行的过程中，企业会遇到一些具体的或特别的定价问题，还需要对渠道价格进行一定程度的控制，包括六个方面：①减少对渠道价格的控制。②积极应对定价策略变化引起的反应。③谨慎采取涨价行为。④仔细审视双渠道定价策略。⑤争取渠道对价格激励的支持。⑥将灰色市场与搭便车的负面影响降至最低。

8. 渠道促销策略有拉式策略和推式策略。拉式策略是指企业使用非人员促销方式吸引顾客，以扩大产品的销售。推式策略是指企业运用人员推销和销售促进等手段将产品推入营销渠道，并通过中间商将产品最终推向市场。

9. 推式促销策略分为直接的推式促销策略和间接的推式促销策略。直接的推式促销策略包括合作广告、促销折扣、进场费、展示和销售支持、店内促销、竞争和激励。间接的推式促销策略包括为渠道成员提供培训、明确销售任务指标、协助渠道成员销售、参加商品展示会。

思考题

1. 产品生命周期不同阶段对渠道管理的要求有哪些？
2. 试述新产品开发中获得渠道成员支持的途径。
3. 简述级差价格体系的含义与管理办法。
4. 企业的渠道价格制定应遵循哪些原则？
5. 简述渠道价格的控制。
6. 直接的推式促销策略有哪些？
7. 间接的推式促销策略有哪些？

实践训练

一、实训目的

（1）加深对营销渠道协同的理解，掌握渠道中的产品管理、价格管理、促销管理。

（2）培养学生的团队协作能力与沟通能力，使学生能更好地理解企业与渠道成员在产品、价格、促销策略方面的合作关系，认识到渠道协同的重要性。

二、实训内容与要求

（1）以一家采用多渠道销售产品的企业为例，分析不同渠道之间存在哪些差异以及这些差异的合理性，并提出改进建议或者总结其成功经验。

（2）选取一种感兴趣的新产品，调查了解类似产品的级差价格体系，运用相关理论为这种新产品设计一张渠道价格结构图，并制定其中任何一个渠道层次乱价以后的应对措施。

（3）选取一家熟悉的企业，分析新冠肺炎疫情期间该企业推式促销策略的变化。

（4）对自己感兴趣的一种推式促销策略的具体案例进行介绍和评论。

案例分析

小罐茶的营销渠道

中国茶业界近来出现一款现象级产品。上市仅3年的小罐茶不仅销量超出预期，而且令茶业界完全转变3年前对其的质疑态度，竞争者们转而开始模仿小罐茶的包装、广告和核心诉求。小罐茶是杜国楹和他的团队经过三年多的酝酿，在2016年7月推出的茶叶品牌，小罐茶8个品类的茶均为每罐50元，每盒有10罐和20罐两种规格，当年即实现销售回款1亿元。2017年，一则小罐茶的纪录片式广告占据了央视的屏幕，"小罐茶，大师作"的口号让人过目不忘。小罐茶突破中国传统茶按工艺和地域建立品牌认知的思路，通过统一包装、统一标准、统一售价，打造出一个以统一形象为显著特点的全品类茶品牌。这个诞生不久的品牌在2017年销售收入达6.8亿元。2018年春季，小罐茶又推出新品小罐绿茶，延续其旺销势头。

2015年9月，重庆小罐茶专卖店最先开业，该店开到第三个月的时候，单店月销售额突破了20万元。在重庆专卖店获得成功之后，2016年初又有一些过去的老合作伙伴在其他城市开设专卖店，效果同样不错。这时的小罐茶还没有大规模的广告投放，因此也没有大规模的招商。直到广告策略确定下来之后，2016年7月，小罐茶才召开全国招商会，启动全国市场的渠道建设。招商的对象仍以创始团队以前的合作伙伴为主。随着8月大规模的广告投放，第一批代理商纷纷在全国各大城市开设小罐茶专卖店。2016年底，全国开业门店达到70多家。在门店和广告的交互宣传之下，新的合作代理商不断涌现。截至2017年底，小罐茶在全国建立了460余家专卖店、3 000家分销店。

小罐茶的专卖店分为3种：20米^{2}左右的店称为迷你店，仅在商场缺乏合适位置时作为替代方案；40~60米^{2}的店是主力店，在空间体验和商品展示上都恰到好处；60米^{2}以上的店定义为形象店，目前最大的店面达100米^2，主要用于展示品牌内涵和宣传产品。小罐茶的定位是中高端消费品，所有店面都要求开在城市的核心商圈，主要集中于两类：一类是高端商场和百货公司，另一类是商业区或高端社区的临街店。专卖店的装修方式大多以单一深色为基调，四周采用玻璃展柜，按照品类陈列小罐包装的产品。店面中间的柜台上摆放的是当前销售的产品，一般包括10罐装小礼盒、20罐装大礼盒以及茶具单品和套装。柜台之后通常是一张长桌，上面放有饮茶专用的茶壶和茶杯，用于店内免费的品茶体验活动。一代专卖店由日本设计师设计，多见于三、四线城市和中心城市的非核心店。2017年底公司推出二代店，由苹果体验店设计师Tim Kobe倾力打造，更具国际化风格，主要布局在中心城市的高端商场中。

在经营背背佳和8848时，杜国楹团队大多采用省级代理制的经销体系，即一个省设置一个代理商。这种渠道模式所积累下的30多个比较固定的合作伙伴，也顺势成为小罐茶全国招商会上的第一批代理商。所不同的是，小罐茶是中高端消费品，因此在上市第一天公司就打算放弃省代而采用扁平化地代模式。原来的30多个代理商签下了80%的当地省会城市，空出来其他的周边城市。随着咨询合作者的增加，公司不断补足其他地级市的代理。2017年第一季度末，小罐茶在全国已签下近200个城市，初步实现代理商的全覆盖。截至2018年5月，小罐茶经销商已覆盖全国超过230个城市。

小罐茶的代理商主要分为三类：第一类是原来的合作伙伴，第二类是在当地有商业资源并想做消费品的商户，第三类是快消品渠道商，尤其是酒水销售领域的渠道商。管理策略上采取"总部—大区—地方"的三级模式：总部负责输出策略和核心支持，设有零售管理部、分销管理部、培训部、工程物料部等；总部下设八个大区（东北、西北、华北、京津、华中、华南、西南、华东），设有大区总监和业务人员，包括零售管理人员、培训人员等，由他们负责所有规范的落地事宜，对代理商进行指导、监督和检查；地级代理商以地级市为主，涉及部分百强县，工作以执行总部规定为主。

仅仅依靠现有的四五百家零售店，想要实现整体人群覆盖依然很难。因此，代理商除了在当地开设零售店，建立分销渠道成为重中之重。分销渠道重点锁定两类：第一类是经销各种茶叶品牌或品类的商店，这些店的客户也会存在对小罐茶的需求；第二类是烟酒分销渠道，也是公司的重点渠道，因为烟酒的消费人群与茶叶的消费人群几乎一致，产品的属性也互相匹配。

从分销结果来看，茶叶店的销售积极性较弱，烟酒渠道的积极性更高。茶叶店经营多个茶叶品牌，小罐茶分销价格未必具有优势，因此销售动力不足。相比之下，烟酒店由于原先不经营茶叶，小罐茶对其来说属于销售增量，因此积极性很高。过去的烟酒店即使卖茶，由于缺乏标准化产品，占比也不会超过5%。小罐茶出现后，毛利高于部分烟酒产品，因此深受烟酒店的欢迎。但烟酒渠道商大多缺乏销售茶叶的专业技能，应对客户需求的经验不足。

总体来看，目前全国零售和分销的收入比例是1∶1，即五百多家零售店和几千家分销店的销售贡献不相上下；在复合渠道中，茶叶店和烟酒店的销售业绩也不相上下。但从长远来看，渠道建设重点将落在高端烟酒店的分销上。公司认为，未来零售和分销的比例至少会达到1∶10，零售店规模固定在一千多家，而全国约有六百万家烟酒店，覆盖量可能达到上万家，或将成为小罐茶的主要合作对象。

电商也是各大消费品牌重点关注的渠道。但小罐茶进入电商渠道却源于一次机缘巧合。众所周知，在电商销售中，价格是十分重要的因素，而小罐茶平均客单价近1 300元，因此，最开始并没有考虑往电商上发展。2016年春节后进入茶叶销售淡季，公司内部十分焦虑。恰逢春茶三月底上市，有人提出罗辑思维公众号的粉丝人群和小罐茶的目标群体很相似，于是尝试联系对方进行合作。罗辑思维用一分钟的语音向用户推荐小罐茶，并把产品陈列在商城中的重要位置上。上线当天，小罐茶销售额赫然突破百万元。公司因此对线上渠道产生信心。此后，天猫、京东和小罐茶的官网平台逐步建立起来，电商渠道欣欣向荣。

一般而言，厂商都会采取线上价格比线下价格优惠的策略，小罐茶却反其道而行之。为了维护各地经销商的利益，线上平台始终和渠道终端保持价格一致，即使在旺季做促销也不会低于线下价格，甚至有时线下的折扣幅度还更大一些。在总体销售占比上，电商约占25%。从电商销售的市场反馈来看，小罐茶的消费者中男女比例基本持平，年龄35岁以下的消费者约占70%，消费者的平均年龄比整个茶行业年轻10岁；平均客单价为1 200~1 400元，是茶行业平均水平的12倍。

资料来源：宋学宝，曹珊珊.小罐茶：传统茶行业的变革者[J].清华管理评论，2019（5）：113-122.

问题：

1.进一步收集小罐茶的资料，从产品管理与渠道管理相互作用的角度分析小罐茶的营销活动，并提出管理启示。

2.小罐茶是如何对渠道价格进行控制的？

第9章 营销渠道评估与创新

学习目标

本章介绍了渠道评估的原则与方法、渠道系统绩效评估、渠道成员绩效评估、渠道调整与创新。通过本章的学习,你应该能够:

1. 理解渠道评估的目的、原则和方法。
2. 掌握渠道系统绩效评估的四个方面。
3. 了解渠道成员绩效评估的七个标准。
4. 理解渠道调整的原因、方向和方式。
5. 知晓渠道创新的五个方向。

本章结构

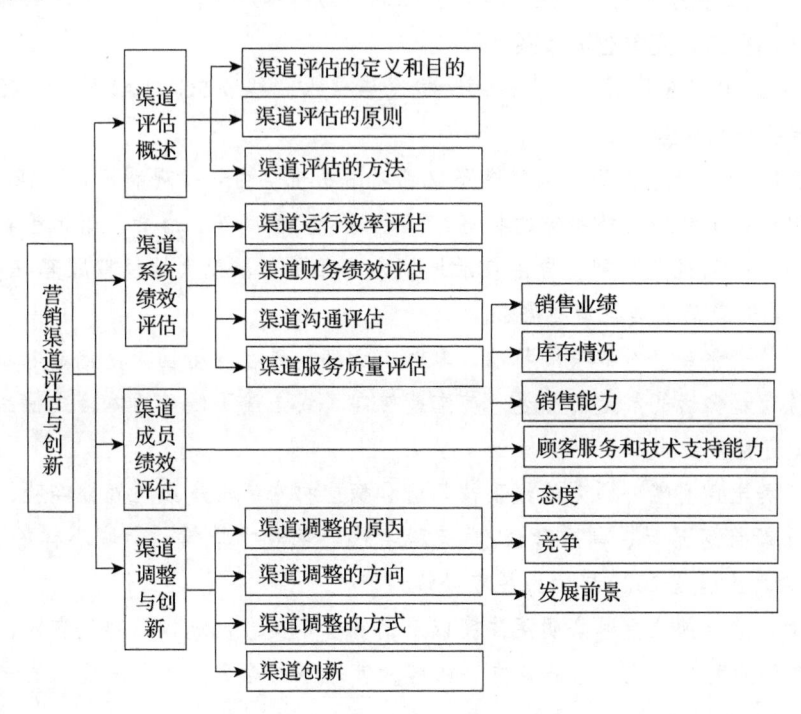

```
营销渠道评估与创新
├── 渠道评估概述
│   ├── 渠道评估的定义和目的
│   ├── 渠道评估的原则
│   └── 渠道评估的方法
├── 渠道系统绩效评估
│   ├── 渠道运行效率评估
│   ├── 渠道财务绩效评估
│   ├── 渠道沟通评估
│   └── 渠道服务质量评估
├── 渠道成员绩效评估
│   ├── 销售业绩
│   ├── 库存情况
│   ├── 销售能力
│   ├── 顾客服务和技术支持能力
│   ├── 态度
│   ├── 竞争
│   └── 发展前景
└── 渠道调整与创新
    ├── 渠道调整的原因
    ├── 渠道调整的方向
    ├── 渠道调整的方式
    └── 渠道创新
```

导入案例

美宝莲跟百货公司说再见

2020年6月，美宝莲已从上海当地的百货渠道集体撤出。百货渠道专柜亏损，是美宝莲放弃这一渠道的主要原因。此外，过去美宝莲在上海地区的百货专柜都由经销商运营，为了提高供货效率，公司总部决定采取直营模式。如今，除屈臣氏渠道外，上海地区的美宝莲直营店仅余8家。2020年1月，美宝莲还撤掉了北京、长春、哈尔滨等地的百货专柜。

就此，欧莱雅中国回应称："为满足消费者需求并强化作为高街品牌的形象，美宝莲决定对线下渠道进行战略调整，从之前的百货公司柜台渠道转向线上线下联动的体验式门店。接下来，美宝莲还是会有开店计划，门店类型主要是精品店，也就是开在购物中心或时尚商业街区的单品牌门店。"这是美宝莲继退出超市大卖场渠道后，在中国进行的又一次大规模的渠道策略调整。

电子商务和购物中心的兴起，改变了人们的消费习惯，对整个百货业造成的巨大冲击也促使如美宝莲这样的美妆品牌转变渠道策略。

布局精品店，从大众走向高端

美宝莲在华发展的20余年里，中国大众消费者对彩妆的认知和需求已相当成熟，美宝莲也将在门店升级、产品升级和品牌形象上做相应调整。

在门店升级上，新开设的门店有别于传统店铺，从消费者的体验出发在门店增设一些功能区块——直播区、数字区和社交区等，原本最主要的卖货功能将退居其后；在产品升级上，疫情期间美宝莲完成了产品的迭代，其中包括产品包装的升级，新品将在第四季度上市；在品牌形象上，美宝莲认为"轻欧美妆"将是一大妆容趋势，未来整体品牌形象会倾向于"轻欧美风"，之后还会挑选新代言人来代表更新升级后的品牌形象。

挖掘线上新模式，完善营销体系

美宝莲在2020年5月新开的上海潮玩概念店试水，结合5G和AI技术的互动直播，使门店销量与转换率均翻倍。

通过"5G+AI"技术，线上消费者不仅可以用手机自由切换观看视角，180度观看店内情况，还可以近距离看到主播脸部的特写，零距离亲测粉底液、唇膏、眼影等各类彩妆单品的实效，突破了平面视角限制，自由灵活地放大产品细节，极大地模拟顾客到店体验场景，满足顾客足不出户逛店的美妆消费需求。

近年来，随着消费升级战役的打响，零售市场环境正在发生巨大变化。电商平台火热登场，线下传统商超卖场气氛走向低迷，美宝莲转向了线上线下联动的体验式精品门店，同时加码电商渠道进行营销。

一方面，美宝莲有着一系列的线下快闪店和探店打卡活动+线上直播经验，例如，2019年开展的惹火新街区活动、美宝莲×雪芙联名快闪色号咖啡馆、十城小样粉底液墙、FIT ME CITY 探索之旅以及2020年的火星应援站。

另一方面，美宝莲注重结合明星热度以及消费者审美潮流选择品牌代言人，其合作代言人的头衔涵盖了品牌代言人、品牌挚友、品牌大使等不同等级。美宝莲选择的代言人都是热度较高的偶像明星。

此外，美宝莲在跨界营销上的投入亦是一大亮点：2018年与某网红主播推出美宝莲橡皮擦的限量合作款；2019年与服饰品牌 EVISU 联名推出限量款粉底液，与强生安视优联名推出迷你款眼影盘限量款等；2020年与漫威推出联名彩妆。美宝莲选择不同类型的品牌跨界，丰富了品牌和产品形象，避免了产品的一成不变，带给消费者更多的刺激和选择，使得美宝莲的品牌得以延伸，创新之余更达到 1+1>2 的效果，拉动了产品销售。

资料来源：C2CC 传媒，《商超/百货不香了？美宝莲或将全面退出》，2020-09-30，引用时有修改。

对营销渠道进行评估和创新是渠道管理中一个必不可少的环节。在营销渠道运行一段时间后，企业就需要对营销渠道进行评估。渠道评估能够使渠道管理者准确地了解营销渠道的运行状况及其各个方面的情况，并在此基础上对渠道的结构和政策进行必要的调整和创新，以提高渠道效率，更好地适应营销环境的变化。

9.1 渠道评估概述

9.1.1 渠道评估的定义和目的

渠道评估是指厂商通过系统化的手段或措施测量和评价营销渠道系统绩效和渠道成员绩效的活动。这一定义明确地指出了渠道的评估者和评估对象。该定义中的评估者是厂商，即生产厂家和中间商，也就是说，渠道的评估者既可以是制造企业，也可以是批发商、零售商等中间商，本章主要是从制造企业的角度来介绍营销渠道评估。从渠道评估的对象来看，可以对整个营销渠道系统进行评估，也可以只对营销渠道中某一层级的渠道成员进行评估。在实践中，很多企业同时对整个营销渠道系统和对某个层级的渠道成员进行评估。

通常，营销渠道评估的目的主要有三个方面：①了解渠道成员的绩效情况，据此奖优罚劣。对各个渠道成员进行评估，掌握各渠道成员的业绩情况。对那些绩效突出的中间商进行奖励，分配更多资源以促进其发展。对绩效差的中间商，应根据具体情况进行重新培训、惩罚甚至淘汰。②发现整个渠道系统运行中存在的问题，为企业调整渠道提供决策依据。通过渠道评估，发现渠道系统中存在的问题，并根据企业内外环境的变化，或调整个别渠道成员，或调整某条渠道，甚至对整个渠道系统进行调整。③了解渠道绩效和改进渠道管理工作。通过渠道评估，企业可以掌握各个渠道成员的绩效和整个渠道系统的绩效情况，总结经验教训，从而不断完善渠道管理，提高企业的渠道管理水平。

9.1.2 渠道评估的原则

为了提高渠道评估的有效性，企业在评估营销渠道和渠道成员时，必须遵循一定的原则。具体而言，渠道评估的原则主要有：

1. 科学性原则

企业在评估指标选择的恰当性、数学处理方法的严密性等方面要遵循科学性原则。在进行渠道评估时，应当建立起较为科学的渠道绩效评估体系，以系统化的方式，将影响渠道绩效的各个因素进行整合，以便企业对营销渠道进行更有针对性、更有效的评估。

2. 系统性与简洁性原则

在评估营销渠道时会涉及许多因素，要尽可能地建立完整的评估体系，来全面、综合地分析营销渠道。但要把所有影响营销渠道的因素都纳入评估体系中，会加大评估的成本和难度，还会降低评估的准确性。所以，评估体系要保持其简洁性，在保证指标体系完整性的基础上，选取影响绩效评估的主要因素，层次分明，逐步求精，并尽量避免各层指标之间重叠。

3. 定性与定量相结合的原则

很多企业在进行渠道评估时，通常使用定性指标，使评估结果难以客观、准确地反映渠道绩效。因此，对渠道评估应该采取定性和定量相结合的方法，来构建渠道的评估体系。对于定性指标，应明确定性指标的含义，采用一种标准赋值的方法，使其能够很好地反映定性指标的性质，减少主观性，以反映定性指标的客观性。常用的定性指标包括消费者满意度、渠道便利度、渠道忠诚度和渠道氛围等。在进行定量指标分析时，必须要有清晰的概念、明确的计算方法，需要综合考虑评估所需数据的获取性等因素。常用的定量指标有销售额、销售量、市场份额、利润额等。

9.1.3 渠道评估的方法

渠道评估常用的方法有两种：一种是历史比较法，另一种是区域比较法[一]。其中，历史比较法就是将渠道系统或渠道成员的当期销量与上期销量做比较，得出上升或下降的比值，然后再与整体市场的升降百分比进行比较。区域比较法，就是将各渠道成员的绩效与该区域销售潜量分析所得出的数值进行比较。具体地说，就是将某区域内各渠道成员在某一时段的实际销售量与通过分析得出的该区域销售潜量进行比较并且排序，然后通过测算相关指标，确定这些渠道成员在这一时段是否达到某一标准。进行区域比较的一大难点就是很难客观把握该区域内的销售潜量。企业可以根据比较结果对表现出色的渠道成员予以奖励，而对低于市场平均水平的渠道成员，则要进一步具体分析，找出原因并要求其调整或改进。

9.2 渠道系统绩效评估

渠道系统绩效评估是对营销渠道的整体绩效进行评价。从企业的角度来看，渠道系

[一] 张闯. 营销渠道管理 [M]. 2 版. 北京：清华大学出版社，2020.

统绩效评估主要可以从渠道运行效率、渠道财务绩效、渠道沟通和渠道服务质量等方面进行评价。

9.2.1 渠道运行效率评估

渠道运行效率是指渠道成员之间的合作、协调和积极性发挥等方面的综合情况。影响渠道运行效率的既有渠道外部因素，也有渠道内部因素。从渠道外部来看，顾客特征、需求层次、竞争压力、政策法规、经济状况、技术发展等因素都可能会提高或降低渠道运行效率。例如，我国政府出台的一系列关于医药行业创新研发的政策，有助于提高医药行业的渠道运行效率。从渠道内部来看，渠道成员的数量、声誉、资本实力、营销能力、努力程度等因素都会对渠道运行效率产生影响。对渠道运行效率的评估是以渠道建设目标和分销计划为依据，检查和分析渠道功能的执行情况、渠道成员的合作意愿与努力程度、渠道冲突情况以及销售是否达到目标等。渠道运行效率评估主要是从渠道畅通性、渠道覆盖面、渠道流通能力和渠道冲突四个方面来衡量。

1. 渠道畅通性

渠道畅通性是指产品流经各个渠道环节时的通畅程度，也就是产品是否能在合适的时间传递给顾客。渠道畅通性可以通过产品是否在中间环节积压，产品是否按正常时间到达某一环节，产品是否存在断货现象等情况来判断。为了确保顾客所需的商品从企业顺利到达顾客手中，营销渠道应保持高度的通畅性。有效运行的渠道应该是那些能够使信息、所有权、商品实体、资金等畅通无阻地流动的渠道。对渠道通畅性的评估主要可以从以下几个方面来进行。

（1）渠道主体到位情况。在渠道运行的过程中，每种渠道功能都必须有明确的主体来承担。通常情况下，一个渠道主体不限于承担一种渠道功能，而每种功能也可由不同的渠道成员来承担。例如，运输功能的承担者，既有可能是专业的物流公司，也可能是企业本身，还可能是中间商自己。

（2）渠道的功能配置情况。渠道的运行是一项系统的工程，产品、服务、信息、人员、资金等都必须到位。这其中每个环节的功能配置是否合理，直接关系到渠道运行的通畅性。例如，商品的储存是渠道畅通的重要物质保证和基础，这项功能的配置在不同企业中的决策是不一样的。

（3）渠道环节的衔接状况。渠道各环节间的衔接直接影响渠道的通畅性。例如，批发和零售这两个环节，如果在批发环节商品运转出现问题，商品不能及时配送到零售环节，就可能导致零售环节出现缺货、断档等问题，消费者可能会被迫购买竞争对手的产品，从而给厂商带来不利的影响。毕竟在营销渠道中，完全一体化经营的只有少数企业，大部分的企业需要渠道成员间的相互协调、配合。因此，渠道各环节间的衔接，直接影响渠道的运转效率。

（4）渠道成员的长期合作性。渠道运转要保持长期性和稳定性，取决于渠道成员间联系或契约的长期效力。对于以契约为主的整合渠道，都会面临合同到期的问题。如果合同到期后，不能续签，同时又没有合适的渠道成员接替，渠道的运转就有可能中断，所以，渠道成员的长期合作性直接关系到渠道的通畅。

2. 渠道覆盖面

渠道覆盖面是指某个品牌的商品通过渠道销售能够达到的最大销售区域范围。渠道覆盖面越广，则渠道能够接触到的潜在顾客越多。对渠道覆盖性的评估可以从以下几个方面来进行。

（1）渠道成员的数量。渠道成员的数量，在一定程度上反映了该渠道的市场覆盖面。一般而言，渠道成员的数量越多，市场覆盖面就越广；反之，则越窄。例如，如果在某一区域，只有一个批发商，则这个批发商只能向少数零售商销售商品，但如果同时有几个批发商，就可能向更多的零售商分销产品，则该商品分销的地区范围就会更广。

（2）渠道成员的市场分布状况。渠道成员的市场分布越广，其市场的覆盖面就越广，商品的销售区域也就越广。通常，长渠道的渠道成员分布较广，其市场覆盖面也就更广。

（3）商圈的大小。商圈的大小也是判断渠道覆盖面的一个重要内容。商圈是指每个商业网点吸引顾客的地理区域。以商店为核心，向四周扩散，构成一定的辐射范围，形成商圈。零售商圈的规模和形状受各种因素的影响，如商店的类型、商店的规模、竞争者的位置、交通状况、消费者的购买习惯等。通常，零售商的数量越多，则企业的市场覆盖面越广。零售商之间的距离越远，则它们之间的商圈出现重叠的可能性越小，企业的市场覆盖面也就越广。

当然，需要注意的是，渠道覆盖面并非越广越好，因为越广需要付出的资源和精力就越多，对渠道管理水平的要求也就越高。渠道覆盖面只要能满足营销目标的需要就是最佳的。

3. 渠道流通能力

渠道流通能力，又称单位时间流通量、流速，是指平均在单位时间内经由该渠道从企业转移到消费者的商品数量。通过对渠道流通能力的评估，可以检测和估计营销渠道的基本功能以及实现预期分销目标的能力。一般来说，对渠道流通能力的评估主要取决于整个渠道中瓶颈环节的流通能力。例如，假如某种产品通过二级渠道来分销，即"企业—批发商—零售商—顾客"，在该渠道中，有1个批发商和3个零售商。如果企业的月供货量是800单位，批发商月均批发能力是700单位，而3个零售商总共的月销售能力是750单位，消费者的需求量是750单位。那么，该渠道的流通能力只有月均700单位，消费者的需求不能得到完全满足。在该渠道中，批发环节制约了整个渠道的商品流通量，成了影响渠道流通能力的短板。找到瓶颈后，企业就可以将资源投放到相应的地方，改进渠道的流通能力。

通过渠道流通能力来对营销渠道效率进行具体评估时，需要从历史、计划、波动性以及趋势等方面进行认真分析，相应的主要评价指标有渠道流通能力增长率、渠道流通能力利用率等。

（1）渠道流通能力增长率。渠道流通能力增长率是指通过对相邻两个单位时间内同一渠道的商品流通量进行比较，来说明后一单位时间内的渠道流通能力相对于前一单位时间的增长幅度，即以前期单位时间内的商品流通量为基准，来对同一渠道内当前的流通能力进行评价。渠道流通能力增长率的大小，主要取决于各渠道成员之间的合作程度以及目标市场的经济情况，同时还受替代品供给的增减、消费者的收入水平、消费习惯以及需求的变化等因素的影响。因此，从渠道流通能力增长率的大小不难看出各渠道成员之间的合作程度和各中间商的促销力度等。

（2）渠道流通能力利用率。通常情况下，在营销渠道的运行过程中，对渠道流通能力的评估主要是对其利用率的考核，即对实际的商品流通量与渠道的流通能力进行对比。渠道流通能力利用率通常可以用下面的公式来计算：

$$渠道流通能力利用率 = \frac{实际的商品流通量}{渠道的流通能力} \times 100\%$$

渠道流通能力利用率说明了各渠道成员参与产品分销的积极性。该指标的高低取决于企业的供货量、仓储运输的效率、批发商与零售商的促销力度以及各个环节之间的有效协作程度。常用的主要考核指标有平均发货量（一次发多少）、平均发货间隔期（多久发一次）、日均零售数量、平均商品流通时间等。

4. 渠道冲突

渠道冲突是指渠道成员之间的一种不和谐状态。当一个渠道成员的行为与它的渠道合作者相反时，渠道冲突就产生了。渠道冲突在整个渠道运行中是不可避免的，无论怎么对渠道进行设计和改进，都不能完全消除冲突。过多的渠道冲突会导致渠道成员之间的合作关系或工作效率受到很大影响，甚至导致渠道堵塞，但一定程度的渠道冲突能产生建设性的作用，使渠道成员获得适应环境变化的能力。所以，处理渠道冲突的重点不是消除冲突，而是管理冲突。

9.2.2 渠道财务绩效评估

对企业来说，经济效益是衡量渠道效率的最核心的内容。任何渠道的评价，都不能脱离对经济效益的考察，它不仅涉及企业的发展前景，而且还涉及渠道本身的调整。对渠道财务绩效的评估可以从以下几个方面进行。

1. 销售分析

销售分析是营销渠道运行效果分析的主要内容，主要用于测量和评估营销计划及其销售目标的实现情况。这种分析将计划销售水平和实际销售水平进行对比分析，并找出没有达到预期销售水平的原因。销售分析有销售差异分析和区域/产品分析两种方法。

销售差异分析是对销售额的变化进行原因分析，找出影响其变化的因素及作用程度，以便为调整提供依据。

例如，某企业计划全年销售产品 10 000 件，平均单价 50 元，所以销售额应为 50 万元。但当年实际销售产品 8 000 件，平均单价 40 元，共计实现销售额 32 万元，比计划销售额少 18 万元。这时我们可以用销售差异分析法分析变化原因。

$$销售量变化引起的差异 = \frac{销售量的变化量 \times 计划单价}{销售额的变化量} \times 100\%$$

$$价格变化引起的差异 = \frac{单价的变化量 \times 实际销售量}{销售额的变化量} \times 100\%$$

销售量下降引起的销售差异 =（10 000 - 8 000）× 50/180 000 = 55.56%

价格下降引起的销售差异 =（50 - 40）× 8 000/180 000 = 44.44%

从计算结果可以看出，55.56% 的销售差异是由销售量下降引起的，44.44% 的销售差异是由价格下降引起的。然后，再进一步分析，找出销售量下降的原因并进行改善。

区域/产品分析是指按产品销售区域或产品类别进行比较分析，应先找出未能实现预期销售额是由于哪些地区或哪些产品没有完成销售任务所导致的，再深入分析找出影响销售差异的主要因素，从而有针对性地采取措施。

2. 渠道费用分析

渠道费用是企业在组织商品销售过程中产生的各种费用，通常是零售总成本与制造成本之差。渠道费用的高低及不同费用之间的比例，会直接对不同渠道成员的利润产生影响。渠道费用分析一般可以用渠道费用额和渠道费用率来分析。

（1）渠道费用额。渠道费用额是指一定时间内营销渠道内所发生的各种费用的总额，包括直接推销费用、市场促销费用、渠道成员的代理费用、厂商自建渠道成本、仓储费用、包装与品牌管理费用、其他市场营销费用，是判断营销渠道财务绩效的基础。这些费用中有些与销售额直接相关，称为直接费用，有些与销售额无直接关系，称为间接费用。

（2）渠道费用率。渠道费用率是指一定时期内，营销渠道的费用额和商品销售总额之间的比率。该指标可以在不同的企业之间进行比较，也可以在同一个企业内部的不同时期进行比较，或将计划和实际进行比较。通过比较，可以判断渠道成本的高低，也可以看出渠道费用是否节约。渠道费用率的计算公式为：

$$渠道费用率 = \frac{当期渠道费用额}{当期渠道商品销售总额} \times 100\%$$

（3）渠道费用率升降程度。这是从动态角度来反映渠道费用节约或浪费的指标。在其他条件不变的情况下，渠道费用率变化为正数，则表明渠道费用上升，渠道成本提高；若是负数，则表明费用下降，节约了成本。

3. 盈利能力分析

获得利润是营销渠道及其成员的重要目标，也是营销渠道持续运转的基本保障。盈利能力可以通过以下指标来评价。

（1）销售利润率。销售利润率即利润额与商品销售额的比率。它通常作为评估渠道获利能力的主要指标之一，说明渠道运转带来的销售额中包含多少利润。一般来说，高效运转的渠道往往能带来很高的销售利润率。销售利润率的计算公式如下：

$$销售利润率 = \frac{利润额}{商品销售额} \times 100\%$$

（2）费用利润率。费用利润率又称为成本利润率，是指当期利润额与费用总额的比率。这种分析相当于投入产出分析，也就是说，渠道在运行中每花费100元资金可以创造多少利润。费用利润率的计算公式如下：

$$费用利润率 = \frac{当期利润额}{费用总额} \times 100\%$$

（3）净资产收益率。净资产收益率是指企业的利润额与其净资产额的比率。净资产收益率的计算公式如下：

$$净资产收益率 = \frac{利润额}{净资产额} \times 100\%$$

4. 资产管理效率分析

评价渠道是否处于有效运转状态，除对渠道运行结果进行分析外，还可以对渠道运行的过程进行分析。其评价指标主要有资金周转率和存货周转率。

（1）资金周转率。资金周转率用产品销售收入与资产占用额的比率表示，也称资金周转速度，该指标反映了渠道中现有资金被循环使用的次数。资金周转速度越快，说明渠道的资金利用率越高，渠道的获利能力也越强。资金周转率的计算公式如下：

$$资金周转率 = \frac{产品销售收入}{资产占用额} \times 100\%$$

（2）存货周转率。存货周转率也称存货利用率，是指企业一定时期的产品销售收入与存货平均余额的比率。存货平均余额是期初存货余额与期末存货余额的平均数。在营销渠道中，资金通常是以存货形式存在的，因此，要提高资金周转率就必须提高存货周转率。存货周转率可以反映企业渠道的销售效率和存货状况。存货周转率越高越好，说明存货周转速度越快，企业的资金利用率越高。如果该比率较低，说明渠道中有存货积压，需要及时处理。存货周转率的计算公式如下：

$$存货周转率 = \frac{产品销售收入}{存货平均余额} \times 100\%$$

5. 市场占有率分析

渠道成员的销售绩效并未反映出相对于其竞争者而言，企业的经营成果如何。企业的销售额增加了，可能是由于经济形势较好，也可能是因为该企业的营销活动比竞争对手更有效。市场占有率分析法就可以剔除一般的环境影响，通过将本企业与竞争者进行横向对比分析来考察本企业渠道的竞争能力。市场占有率分析法有以下几种。

（1）全部市场占有率分析。全部市场占有率即用企业的销售额占全行业销售额的百分比来表示。使用这种方法之前要先明确两个方面：其一，是以销售量还是以销售额来计算；其二，要确定行业的范围，即明确本行业所应包括的产品、市场范围等。

（2）可达市场占有率分析。可达市场占有率是指企业销售额占企业所服务市场销售额的百分比。所谓可达市场是指企业计划进入的重要目标市场。它包括三种：①企业产品最适合的市场。②企业市场营销努力所及的市场。③在企业销售绩效中占有重大比重的市场。可达市场占有率与全部市场占有率不同，一个企业可能只有相对较小的全部市场占有率，但有近100%的可达市场占有率。

（3）相对市场占有率分析。相对市场占有率是指企业的销售额占竞争者的销售额的百分比。一般可以使用两个指标计算相对市场占有率：①以企业的销售额占最大竞争者的销售额的百分比来表示。相对市场占有率超过100%，表明该企业是市场领导者；相对市场占有率等于100%，表明该企业与竞争者同为市场领导者。②以企业的销售额占市场上最大的3个竞争者的总销售额的百分比表示。例如，某企业有30%的市场占有率，其最大的3个竞争者的市场占有率分别为20%、10%、30%，则该渠道成员的相对市场占有率是50%。在一般情况下，相对市场占有率高于33%即被认为是强势的。

在计算出企业的市场占有率后，还要分析市场占有率变化的原因。渠道成员可从产品大类、顾客类型、地区以及其他方面来考虑市场占有率的变动情况。一种有效的分析方法是从顾客渗透率（CP）、顾客忠诚度（CL）、顾客选择性（CS）以及价格选择性（PS）等因素来分析。顾客渗透率是指从本企业购买某产品的顾客数量占该产品所有顾客数量的百分比。顾客忠诚度是指平均每个顾客从本企业所购产品数量与其所购同种产品总量的百分比。顾客选择性是指本企业一般顾客的购买量相对于其他企业一般顾客的购买量的百分比。价格选择性是指本企业平均价格相对于所有其他企业平均价格的百分比。这样，全部市场占有率（TMS）就可表述为：TMS＝CP·CL·CS·PS。假设某企业在一段时间内市场占有率有所下降，该公式可以为我们提供四个可能的原因：①企业失去了某些顾客（较低的顾客渗透率）。②现有顾客从本企业所购产品数量在其全部购买产品中所占比重下降（较低的顾客忠诚度）。③企业现有的顾客购买量较小（较低的顾客选择性）。④渠道成员的产品价格比竞争者的产品价格高很多（较低的价格选择性）。经过调查，企业可确定市场占有率改变的主要原因[⊖]。

⊖ 卜妙金. 分销渠道管理[M]. 2版. 北京：高等教育出版社，2007.

9.2.3 渠道沟通评估

营销渠道不仅承担着产品的销售功能，而且还担负着信息沟通和实体分配等基本功能。畅通的渠道应当有良好的信息沟通体系作为后盾。研究表明，渠道沟通存在问题会造成信息失真、沟通障碍、渠道冲突等不良后果，进而导致各渠道成员的满意度与承诺程度的降低，最终使渠道效率下降。因此，在对营销渠道的评估过程中，应注意对其沟通状况进行评估。

> **渠道专栏 9-1**
>
> 对于渠道沟通的概念界定，理论界最初倾向于采用两种不同方式：一种方式集中关注渠道成员之间沟通流的内在属性，包括沟通的频率、双向沟通的程度以及沟通的正式性等，这一方面的代表人物包括 Brown（1981）、Anderson 和 Weitz（1989）等；另一种方式则集中关注渠道沟通质量的整体评价，包括沟通的益处、沟通是否充分以及沟通的效力等，代表人物是 Guiltinan、Rejab 和 Rodgers（1980），Bialaszewski 和 Giallourakis（1985）等。
>
> 资料来源：邓少军，陈涛．渠道沟通理论研究动态探析 [J]．市场营销导刊．2007（6）：43．

一般来说，在营销渠道中，批发商或零售商等渠道成员是市场信息的传送者或搜集者，而企业或渠道管理者是信息的最终接收者或使用者。从企业的角度来看，渠道沟通情况的评估通常可以从以下几个方面来评价。

1. 沟通频率

沟通频率是指信息沟通的频繁程度。研究表明，沟通频率与沟通质量正相关。因而，沟通频率是衡量渠道沟通质量的一个主要指标。对信息沟通频率的评估，通常可以用信息发布或传输的次数，相邻两次信息发布的间隔时间等相关数据资料来进行评价。如果在一定的时间内，渠道成员之间信息沟通间隔时间较长，则说明各成员之间在这一段时间内沟通次数较少，彼此对市场行情、产品分销状况了解较少，这将不利于整个渠道的畅通运行，这时企业应采取一定的措施来提高各渠道成员之间的沟通频率。渠道成员之间进行密集的信息沟通，可以使成员及时了解目标市场动态和营销环境的变化，从而采取积极有效的措施来适应环境的变化以及顾客需求的改变。

2. 沟通内容

通常，企业希望得到及时的、可靠的、有价值的市场信息。例如，当地政府的法规与政策、当地市场的经济状况与发展趋势、竞争者的营销战略与最新动态、企业自身的业务开展情况和消费需求的变化等，以便及时地调整策略，使本企业产品的分销活动顺利地展开。各个渠道成员，尤其是离终端顾客较近的中间商能否细致、认真、负责地搜集有价值的市场信息，将直接影响整个渠道的信息沟通质量。为了搜集到重要的市场情报，避免在一些无关紧要的资料上花太多的时间和资金，渠道成员必须对信息的用途加以了解，掌握相关信息价值的评估标准。同时，企业也应加强与渠道成员之间的及时沟通，让它们真正认识并了解其所要搜集的信息情报的具体用途和价值，并对已收到或使用的信息的质量加以评估，以判断并通知对方其所提供信息的质量和可靠性。为调动中间商搜集市场信息的积极性，除了正常的补贴，企业可以考虑对有价值的市场信息，按照价值的高低对相关中间商予以奖励。

3. 沟通方式

不同的信息需要用不同的沟通方式来进行传递。例如，有的信息可通过公共方式传递给企业，而有的信息则需保密。对于有保密要求的信息，应通过合适的沟通渠道进行传输，如工作邮箱、共享的办公自动化系统等，以免给企业造成利益损失。

4. 沟通时间

信息具有较强的时效性，营销渠道中的信息也是一样。在一定的时间内，及时有效的信息对企业的生产、销售和管理等多项活动具有重要的指导作用和参考价值。然而，信息一旦过时，曾经最有用的信息也会变得毫无价值。因此，渠道成员应以最快的速度将其所搜集到的有用信息，及时准确地传送至企业手中，以保证其具有最佳的时效性。

9.2.4 渠道服务质量评估

渠道服务质量评估是一种非财务的评估方法。营销渠道的服务质量会直接影响到顾客的满意度。因此，对于企业来说，还需要对渠道的服务质量进行评估。这可从实体分配服务、促销效果与效率、顾客抱怨与处理等方面进行。

1. 实体分配服务

实体分配也称物流，是指通过有效地安排商品的仓储、管理和转移，使商品在需要的时间到达需要的地点的经营活动。实体分配的功能包括产品运输、保管、装卸、包装、流通加工等活动，以及在开展这些活动的过程中伴随的信息传播。实体分配服务质量是指渠道成员满足顾客需求的及时程度，可用准时交货率进行评价。准时交货率是指一定时期内准时交货的次数与总交货次数的百分比，该比率反映了渠道准时交货的情况。实体分配的目标是通过有效选择，适当兼顾最佳顾客服务与最低配送成本。

2. 促销效果与效率

促销效果评估通常采用事后评估，分析促销活动后产品销量、品牌认知等变化情况，与预期进行比较，评价是否实现促销目标。它是检验促销活动是否达到预期目标的较好途径，同时也为今后的促销决策提供参考和衡量标准。促销效果评估内容包括促销活动前后零售商的销量、商店货架空间的分布、零售商对合作广告的投入、消费者对促销活动的态度等。促销效率评估既要考察促销活动是否达到预期目标，也要衡量促销费用是否高于促销收益。渠道管理者应该记录各次促销活动的费用、产品销量的增长情况等数据，并做到事前计划、事中控制和事后评价，以提高促销效率。

3. 顾客抱怨与处理

顾客抱怨是指顾客对产品或服务的不满和责难。顾客抱怨行为是在不满意的基础上产生的，所以可以作为顾客满意度的反向指标。顾客抱怨表明渠道服务存在质量问题，让顾客感到不满意。顾客抱怨程度一般用顾客抱怨率，也就是一定时期内顾客抱怨次数与总交易次数的百分比来表示，可以反映出渠道服务的不合格程度。如果顾客抱怨率高，则说明渠道成员出现的服务失误较多，渠道所提供的服务质量较差，那么就需要对营销渠道做出调整。

对于顾客抱怨，渠道成员应理性对待，将其视为帮助企业改进工作、提高顾客满意度的机会。企业应协助下游企业建立顾客抱怨管理制度，提高其顾客抱怨处理效率。例如，可以鼓励顾客公开提出批评和建议，同时对私下抱怨的顾客进行追踪调查，搜集其抱怨的内容，分析抱怨的原因，发现渠道问题及时纠正，并针对整个抱怨事件建立顾客抱怨卡，记录事件处理过程。

9.3 渠道成员绩效评估

在营销渠道中，渠道成员直接影响商品的分销效果，甚至决定企业渠道策略的成败。所以，企业在组建营销渠道后，还应该对渠道成员进行监测和评价，考察其经营表现和经营业绩，以便明确中间商的价值贡献，及时发现中间商工作中的问题，并为适时调整渠道提供客观依据。一般来说，企业对渠道成员绩效的评估标准包括渠道成员的销售业绩、库存情况、销售能力、顾客服务和技术支持能力、态度、竞争和发展前景等。

9.3.1 销售业绩

企业的成功高度依赖于渠道成员的业绩，因此，在评估渠道成员的所有标准中，销售业绩是最重要的标准，而且在现实中也是应用得最普遍的标准。在评价渠道成员的销售业绩时，要进行全面的比较分析：一是将渠道成员当前的销售与历史销售进行纵向比较；二是将一个渠道成员的销售与其他渠道成员的销售进行横向比较；三是在已经确定销售定额的情况下，要将渠道成员的销售额与销售定额比较。评估渠道成员的销售业绩可用销售额增长率和销售额统计来具体分析。

1. 销售额增长率

一般来说，只有那些销售额有较大幅度增长的渠道成员，才是优秀的渠道成员。企业对渠道成员销售额的增长情况必须做具体分析。如果渠道成员的销售额在增长，但本企业商品的平均增长率不升反降的话，那么说明企业对这种渠道成员的管理并不到位，该渠道成员并未大力促销本企业产品。

2. 销售额统计

分析年度、月度销售额，如果渠道成员的年度销售额在增长，但各月销售额有较大的波动，表明该渠道成员的销售状况并不稳定。渠道成员的销售额只有呈稳定增长态势才能算是良性的。

9.3.2　库存情况

渠道成员缺货会使企业丧失很多机会。因此，一个适当水平的存货是评价渠道成员绩效的一项主要指标。从根本上来看，企业应该要求渠道成员保持一定的库存，特别要求达到企业同渠道成员最初签订的协议中的库存水平。有些协议很正式，渠道成员保持的库存量已经在双方签订的协议中进行了明确规定，这种库存量通常是企业与渠道成员根据在对该地区市场销售潜力预测的基础上共同制定出来的，这样就可以要求渠道成员按合同规定来保持一定的库存，并对其进行评估。在对渠道成员进行存货水平考核时，可以将实际存货水平与存货计划相比较。但是，很多小企业缺乏实力，不能使强大的中间商接受存货条款。对渠道成员维持库存的评估工作难易不一，企业可以自己来评估，也可以利用外部的市场研究公司来做该项工作。不管谁做，都应该考虑评价渠道成员库存的关键问题，如渠道专栏 9-2 中所列出的 8 个问题。

渠道专栏 9-2　　　　评估渠道成员库存绩效的关键问题

1. 渠道成员的存货总体水平是多少？
2. 存货占用了多少货架或空间？
3. 相对竞争者而言，提供了多少货架或空间？
4. 某一特定产品的数量和份额是多少？
5. 上述数量和份额与渠道成员预计购买的相应的竞争产品相比如何？
6. 库存量和库存设施如何？
7. 陈货有多少？已经为消除陈货采取了什么措施？
8. 渠道成员的存货控制和保管系统是否充分？

资料来源：罗森布洛姆. 营销渠道：管理的视野：第 8 版 [M]. 宋华，等译. 北京：中国人民大学出版社，2014.

9.3.3　销售能力

在评估渠道成员的绩效时，渠道成员的销售能力也是一项评价指标，因为企业通过对渠道成员的销售能力分析可以判断出其销售业绩。渠道成员的销售能力取决于其销售人员的销售能力，尤其在批发层次更为明显。因而，企业通过对批发商的销售人员进行评估，可以了解该批发商的销售能力。在对渠道成员的销售能力进行评估时，企业最佳的信息来源是销售人员的个人销售记录，但企业要获取这样的信息是有一定难度的，很多渠道成员往往不愿意或不能将这些信息提供给企业。假如能够获得这些信息，企业在分析时应注意下列几个因素。

（1）渠道成员将企业的产品种类分配给其销售人员的数量。从渠道成员愿意为本企业产品配备的销售人员数量上，企业可以判断出本企业产品所面临的风险程度，产品的市场范围有多大，以及渠道成员为销售本企业产品而投入的资源程度。

（2）销售人员的销售能力及销售技巧。企业要长期收集这方面的相关数据，对销售人员进行动态评估。如果渠道成员的销售人员在销售能力和技巧方面显示出越来越弱的趋势，往往会影响到未来的销售业绩。

（3）销售人员对本企业产品的兴趣。销售人员对本企业产品的兴趣变化情况，通常能够显示出渠道成员兴趣的变化趋势，同时，也能反映出该渠道成员未来的销售绩效走势。

（4）销售人员对竞争对手的产品和服务的了解程度。市场竞争的加剧要求渠道成员的销售人员要很好地了解竞争对手的产品和服务，既要了解它们的优势，更要了解它们的不足，以便在销售中提炼可以打动顾客的说辞，同时不引起顾客的反感。

9.3.4 顾客服务和技术支持能力

对于需要大量售后服务的营销渠道来说，渠道成员的顾客服务和技术支持能力将是评价它们的重要标准。在一些技术含量比较高、竞争非常激烈的行业，顾客往往会对售后的技术支持和快速响应有很高的要求。只有那些掌握了新技术、能维持高效供应链和能快速响应顾客需求的渠道成员，才能获得顾客的认可并最终获得好的销售业绩。因此，这种服务能力就成为企业选择和评价渠道成员的重要标准。

9.3.5 态度

对于企业的发展来说，渠道成员对企业及其产品线的赞同态度是影响其销售业绩的重要因素。但一般只有在销售数据不好时，渠道成员的态度问题才会被企业关注。所以，为了在渠道成员的态度问题影响销售绩效之前及早发现这种消极因素，应该在销售数据以外单独地对渠道成员的态度进行评估。在评估渠道成员态度时，企业可以通过多种途径来了解渠道成员的态度。企业可以利用自己的调研部门或外部的研究机构，还有中间商顾问委员会，针对渠道成员的需求和问题进行调查分析。除了通过上述的正规渠道，企业还可以利用销售队伍和小道消息等非正式途径来了解渠道成员的态度。

9.3.6 竞争

对渠道成员的绩效进行评价时，渠道管理者还应当考虑以下两种类型的竞争。

（1）来自当地其他竞争对手渠道成员的竞争。绩效评价只有和当地的竞争情况结合起来考虑才更有意义。例如，某一特定渠道成员可能在绩效方面看起来较差，但如果考虑到当地竞争的残酷性，则其绩效可能就应该被认为是不错的。事实上，一些企业经常会不遗余力地对那些面临特殊竞争的渠道成员给予特殊支持。

（2）来自渠道成员自身经营的其他竞争对手产品的竞争。一些渠道成员往往同时是多家竞品的经销商。如果渠道成员对竞争者的产品给予太多支持，那么给予企业的产品的支持就会变少，这会通过销售额的下降反映出来。渠道成员将销售支持重点转向竞争者的产品与由此而导致销售额减少之间，通常有一个时滞，所以，企业要关注销售额数字的变化，以便占据有利的位置，尽早采取适当的措施加以制止。

9.3.7　发展前景

营销渠道的发展离不开渠道成员的共同努力，拥有良好前景的渠道成员将是企业理想的合作伙伴。因此，企业还要对渠道成员的发展前景进行评价，即评价渠道成员未来的绩效。这将为企业在未来设立合理的分销目标，确定渠道结构及选择渠道成员等方面提供依据。企业可以通过下列基本问题来判断渠道成员发展前景。

（1）渠道成员过去是否完成了企业在当地的销售计划？

（2）渠道成员的整体业绩是否与该地区的一般业务活动水平相一致？

（3）渠道成员的组织在扩展吗？渠道成员在设施、库存保持和产品展示的质量上有明显的改进吗？

（4）渠道成员的销售队伍在数量和素质上是否有所提高？

（5）渠道成员自身管理方面的问题，如渠道成员的接班人变动，在未来是否会面临风险？

（6）渠道成员是否具有市场适应能力和市场开拓能力，以满足该地区可能会出现的市场扩张？

（7）渠道成员如何预期自己的中长期发展前景？

从以上问题的答案中可以获得渠道成员未来绩效的主要信息。除了上述提到的评估标准，评估渠道成员还可以采用其他标准，如渠道成员的财务状况、渠道成员的声誉以及渠道成员为顾客所提供的服务的质量等，企业应该从自身的需要、产品的特点和市场的情况等方面来选择评估的内容。

9.4　渠道调整与创新

《孙子兵法》说："水因地而制流，兵因敌而制胜。故兵无常势，水无常形，能因敌变化而取胜者，谓之神。"营销环境不断变化，企业也必须随着企业内外部环境的变化而不断调整营销渠道，才能把握新的市场机会，提高渠道的运行效率。因此，企业应该对营销渠道定期进行调整和创新。

9.4.1　渠道调整的原因

有些企业在调整渠道时，只是对原有渠道进行一些小的改进，而有些企业会采用与原来渠道完全不同的营销渠道。一般而言，当出现以下情况时，企业会考虑调整其营销渠道。

1. 现有渠道的分销效果不理想

企业对现有渠道进行评估后，发现渠道的分销效果不好，如成本过高、效率过低，这意味着现有渠道不能很好地满足顾客的需求，有必要对其进行调整和改进。企业需要分析具体原因，如现有渠道设计时存在错误，或在选择中间商时考虑不周，或对渠道控制不力等，进而采取相应的改进措施。例如，在计算机行业中，迈克·戴尔正是由于有了从计算机知识比他更少的经销商处购买计算机的不满意经历，才开发了计算机直销法，缔造了个人计算机行业的神话。计算机直销法使计算机购买者可以通过电话从专业知识丰富的计算机公司职员而非普通营业员那里获取产品信息。

2. 影响渠道的因素发生重大变化

随着时间的推移，影响渠道结构的各种因素发生了重大变化，从而使得企业不得不调整营销渠道。这些影响因素的变化是导致渠道调整最常见的原因。所以，企业有必要定期对这些影响因素进行监测、检查、分析。另外，当企业确信影响因素即将发生重大变化时，企业也可以提前行动，对原有的渠道进行调整。

3. 企业营销战略转变

企业营销战略的转变，如开拓新市场、开发新产品、目标市场和市场定位变化等，都需要企业对营销渠道做出相应的调整。市场开发是许多企业寻求发展的一种成长战略。如果企业使用原有渠道难以为新市场提供服务，企业就有必要建立一种新的营销渠道。在中国的一些大城市，奢侈品市场几近饱和。奢侈品公司的主要机会，还是向中小城市扩张。但是，在小城市，很难找到经验丰富的合作伙伴和中间商，以及高水平的服务人员，因此，这些公司开始与受许人进行合作，通过加盟店来销售奢侈品。虽然成熟品牌并不经常这样做，但这样能够快速并且用较少的资金将产品销售到新的市场。产品开发是密集式成长的战略之一，如果企业向现有市场推出了高技术的新产品，企业需要强化对消费者的技术与服务支持，但当前的经销商缺乏这方面的人才储备，现有渠道成员难以有效地完成这种新产品的分销，那么就需要对原有渠道进行调整。

4. 出现新兴渠道

新兴的营销渠道可能会给企业带来全新的机会，因此企业有可能会获得意想不到的销售业绩，并且会重新定义生产成本或服务标准。在网络技术日益发展的今天，网络购物成了消费者的时尚选择，众多企业都开始积极开辟自己的网络渠道。而网络营销的出现，在给这些企业和网络中间商带来巨大商机的同时，也不可避免地对传统渠道产生冲击，需要企业对原有渠道体系进行调整改进。

> **案例 9-1　　美特斯邦威的渠道调整**
>
> 　　受疫情影响，消费者的购买方式已发生变化，原有的零售场景逐渐迭代，美特斯邦威（以下简称"美邦"）主动调整渠道策略，大幅度调整因商圈转移无法盈利的店铺及低效店铺，同时持续布局有发展潜力的优质渠道。一方面，美邦在 2020 年前三季度关闭店铺 504 家，及时止损，提高了企业抗风险能力。关店之外，美邦继续加快在核心商圈以及下沉市场的渠道布局，同时新开店铺 105 家。另一方面，美邦也积极调整线上线下销售比例，线上业务占比增加。电商除主流公有平台（淘宝、唯品会、微商城、京东等）外，其他社交零售平台也有较大增长。直播带货模式的出现，让受疫情影响严重的衣食住行、娱乐等各行业看到了新机遇，美邦也第一时间加入这一赛道并取得亮眼的成绩。数据显示，公司线上业务占比已达 30% 左右，尤其是以直播、社群营销为代表的社交新零售增长较快，相关收入增速达到惊人的 548%，一定程度上弥补了零售渠道的负面影响。美邦还积极发展"线上引流 + 实体消费"新模式，线下导购员发起直播，引导区域内消费者进店消费，促进以门店和导购为依托的私域流量活跃度。
>
> 资料来源：改编自《湖北长江商报》(2020-09-13) 文章《美邦服饰"清库存"存货降两成，调整渠道关店 504 家拓展 IP 资源库》。

9.4.2　渠道调整的方向

　　为了适应市场的变化，企业需要经常调整自己的营销渠道。在调整过程中，企业要注意处理好和大多数渠道成员的关系，特别是当企业内部的营销人员和渠道成员之间有较深的感情和利益关系时，防止出现较大的负面影响。总体而言，企业调整营销渠道应朝以下方向努力。

1. 关注顾客满意度

　　渠道调整的最终目的是给顾客提供更好的服务，让顾客更满意。所以，企业应找出使顾客满意的关键驱动因素，积极发展那些能给顾客带来实际利益且成本较低的渠道。戴尔公司正是在认识到传统数码产品经销渠道给顾客带来价格提高且技术支持困难的问题后，建立了计算机产品的网络直销渠道，这成为经典的戴尔模式。

2. 开发新渠道

　　新兴渠道对顾客来讲，往往意味着更低的价格、更好的顾客体验，因此会迅速得到顾客的积极响应。当新兴渠道出现时，企业应在第一时间进行考察，快速设计应对方案，积极进行渠道调整。反应的及时与否经常会带来市场地位的改变。例如，家电连锁超市巨头国美和苏宁在面对网络购物渠道的兴起时，不同的反应速度造成了它们市场地位的逆转。

3. 填补市场空白

　　各类营销渠道均有自己适合的细分市场。因此，当企业产品要进入新的细分市场时，企业就需要进行渠道调整，或者在原有渠道的基础上增加新的渠道，填补市场空白。例如，曾有计算机设备企业只关注传统数码产品经销渠道，而忽略了系统集成商们的大客户直销渠道，从而错失了巨大的潜在市场。

4. 重组渠道

当前企业的竞争已不是单个企业之间的竞争，而是以企业为中心的供销价值链，也就是整个营销渠道之间的竞争。因此，成功的企业除了关心自己内部的管理问题，一般也会积极维护并提高整个营销渠道的竞争力。它们往往会通过鼓励经销商整合，对优秀经销商提供优惠政策，以新技术整合各个渠道成员的 ERP 以及重新设计物流管理系统等各种形式，提升整个营销渠道的经济性，加强渠道成员之间的信息共享，甚至联合进行即时性新产品开发，从而取得供销价值链竞争的优势。

9.4.3 渠道调整的方式

营销渠道的调整可能是小范围的调整，如对市场营销任务重新分配，调整个别的中间商，也可能是大的变革，甚至于建立全新的营销渠道。通过对渠道的调整，企业能够获得更大范围的客户，实现较高的利润率和市场覆盖率。通过协调渠道各方，发挥彼此的资源优势，企业还可以实现延伸市场触角、分散市场风险、扩大优势范围的目的，使渠道成员获得共生共荣、协同推进、长远受益的效果。

1. 调整渠道政策

渠道政策包括价格政策、促销政策、铺货政策、信用政策、市场推广政策、人员管理政策以及渠道激励政策等。渠道不是一成不变的，所以渠道政策也不能一成不变，而是需要根据外界环境和企业发展战略的变化不断做出调整。特别是当通过渠道评估发现当前渠道政策存在问题时，企业更应该及时调整渠道政策。例如，当品牌知名度高、产品供不应求时，可以对中间商实施预付货款的信用政策；而在产品不太好销的情况下，则实施先发货后付款的信用政策。

2. 增减某些渠道成员

增减某些经销商是渠道调整中常见的做法。基本上每个企业都会在年终经过渠道评估后，根据经销商的业绩状况决定下一年是否继续合作。不合作就意味着剔除了某些渠道成员。为了弥补渠道销量的不足，企业也会补充一些新的成员。当然，在替换渠道成员时，企业需要对替换可能产生的影响做出综合分析，尽量降低替换对财务指标和渠道功能可能带来的负面影响。

3. 增减某类渠道

企业通过渠道绩效评估发现公司产品不适合在某类渠道中销售时，就应该果断决策，放弃这种渠道。当然，企业如果发现公司产品更适合在某类渠道销售，也可以增加新的渠道。不过，增减某类渠道往往是衡量利弊之后的结果，因为减少某类渠道意味着销量可能会降低，可能会影响生产，令其他经销商不安。当然，减少某类渠道也会减少企业在这类渠道的投入，使企业能集中精力做好最适合的渠道。所以，不管是增加还是减少某类渠道，企业都要充分考虑各种结果后再做出决策。

4. 重组和更新整个渠道系统

这是最复杂的一种渠道调整决策，涉及对企业现有渠道系统进行彻底的调整，这种调整会引起渠道功能、渠道成员分工的重新安排和渠道成员利益的重新分配，因而调整的难度很大。所以，在做出渠道整体调整的决策之前，企业需要仔细考虑这种调整是否可行，渠道成员会如何反应，是否会导致重大冲突。对新渠道的费用、收益等也需要做出预估，仔细权衡。特别要注意的是，不要因为外界环境中出现了短暂的限制因素变化就迅速调整整个渠道，而应先尽量通过渠道管理去适应这些变化，并随时监测限制因素的进一步变化。只有企业的渠道体系受到外部严重威胁或者内部发生重大变化，渠道微调解决不了问题时，企业才应考虑更新整个渠道系统。

案例 9-2 　　　　　　　　　东阿阿胶的渠道调整

根据东阿阿胶 2020 年发布的公告，东阿阿胶 2019 年预计亏损 3.34 亿～4.59 亿元，业绩下滑幅度则扩大为 116%～122%。对于业绩亏损的原因，东阿阿胶表示，近年来，受整体宏观环境以及市场对价值回归预期逐渐降低等因素影响，公司渠道库存出现持续积压。为避免企业长期良性健康受到不利影响，2019 年公司主要侧重于清理渠道库存，主动严格控制发货，全面压缩渠道库存数量，尤其在下半年进一步加大了渠道库存的清理力度，因而对经营业绩的影响有所加大。

东阿阿胶主动压缩渠道库存并控制发货，迫于无奈。2010～2018 年，东阿阿胶密集涨价，公司主力产品阿胶块出厂价上调的次数高达 11 次。这种密集调价行为尽管催生了市场繁荣，但也留下了后患，有些经销商依赖囤货来获利。东阿阿胶曾在召开的机构投资者电话会议中坦言，公司涨价，所有渠道商都赢利。因为阿胶保质期是 5 年，如果经销商囤货，差价收益就比较高。市场好时，经销商囤货的话，或许不愁卖。市场不好时，渠道囤货或变成危机。2018 年下半年起，阿胶的销售行情急转直下。销售市场变冷，加上整个阿胶行业的竞争日益激烈，甚至有竞争对手采取猛烈降价、大范围促销行动，某种程度上也对东阿阿胶造成冲击。

为应对当前发展困局，东阿阿胶提出了相应举措，表示将通过开拓新渠道、新市场，理性控制下游库存，拉动终端纯销，夯实终端销售基础与质量；推进渠道扁平化，加强和区域优质经销商及连锁零售药店龙头的深度合作，对传统渠道进行深耕；深化新零售渠道合作，提升效率及覆盖率；继续布局开发前线市场，"药店+医疗"双轮驱动，向县、乡领域市场拓宽，加快三甲、二甲、社区民营医院的开发等。

> 基于长远考量，东阿阿胶主动进行了渠道调整。受宏观环境影响，同时为推动渠道销售，东阿阿胶也在放缓经销商的回款速度，对战略客户授信增加。东阿阿胶在渠道上也在寻求新突破，已经布局社交媒体和电商渠道，从高端向中低端渗透，利用品牌势能扩大市场边界。
>
> 资料来源：改编自《证券日报》（2020-01-20）文章《东阿阿胶渠道库存积压》，以及东阿阿胶《2019年度业绩预告》。

9.4.4 渠道创新

当企业原有渠道通过各种调整都难以适应外界环境变化时，渠道创新就成为必然选择。例如，直销模式、互联网企业发展的O2O模式、新媒体渠道模式等，其实都是渠道创新的结果。这里我们不阐述新的渠道模式，而主要探讨渠道创新的方向。

1. 渠道扁平化

传统分销渠道一般采用"企业——一级批发商—二级批发商—三级批发商—零售商—消费者"这样的长渠道模式。但这样的销售网络，一方面是中间环节过多，渠道费用高昂，以致消费者不得不接受较高的零售价格；另一方面，中间商截留了大量中间利润，最终获得超常规发展，使整个营销渠道权力在不知不觉中向中间商转移，以致出现"渠道为王"的说法。此外，市场竞争的日益激烈，也使企业需要将更多资源和更多精力放在最终消费者身上，降低价格，做好服务。面对这样的渠道和竞争环境的变化，企业进行渠道改革、实施渠道扁平化就势在必行。渠道扁平化实际上是对营销渠道进行优化，减少渠道中不增值和增值很少的环节，以加强渠道控制，降低成本，为消费者提供更好的服务和更合理的价格。渠道扁平化到底应该到什么程度，目前企业和分销商并没有明确的目标。有的企业采取直销模式，直接取消了中间商，由企业直接销售产品给消费者。这样可以降低营销成本，减少库存压力，使自己的产品价格更有竞争力。当然，不是所有的产品都适合直销，企业实力也各不相同，中国广阔的地域、经济和人文特点的差异也使很多企业无法单靠自己的实力进行产品分销，还需要通过总经销、零售商等环节才能更好地开拓市场。

2. 渠道品牌化

品牌已经渗透到我们生活中的方方面面，产品需要品牌，服务需要品牌，营销渠道同样需要品牌。专卖店就是渠道品牌化的一种典型方式。专卖店具有以下几个优点：一是可以作为一个产品展示中心，充分展示自己的产品，提升品牌形象。例如，我们在很多地方都能看到的小米形象店、华为专卖店，店里展示的小米与华为的多种高科技数码产品集中体现了两家高科技企业的雄厚实力。二是可以作为一个推广中心，消费者很容易被专卖店营业员专业、热情的服务所打动，从而对产品有更多的了解，留下更深的印象。三是可以作为一个培训中心。在这里，消费者可以听营业员专业、生动的讲解，现场体验产品的用法和功能，从而了解更多的产品知识。四是可以作为一个销售中心。通过现场的示范和试用，消费者更容易产生购买欲望，从而现场购买或者线上购买。通过经营专卖店，企业不再把销售仅仅看作是一种商品买卖，而是上升为一种渠道品牌经营。企业可以建立统一的、具有个性的、符合时尚的渠道品牌文化，实现渠道增值。

3. 渠道集成化

随着科技与社会的发展，各种新兴渠道层出不穷，如综合性连锁、品牌专卖店、集团采购、网上购物等。其中又以网上购物形成的网络渠道对传统渠道的冲击最大。网上购物低廉的价格、自由的购物时间、近乎无限的产品选择、快捷的物流系统等，使网络渠道相对于传统渠道具有无可比拟的巨大优势。面对网络渠道的进攻，企业或主动或被动地选择"触网"。在传统渠道和网络渠道并行发展了多年之后，无论是传统企业还是互联网企业都逐渐发现，二者的渠道集成可能才是更好的解决方案。应充分利用二者各自的优势，共同创造一种全新的经营模式。由此，O2O 渠道模式逐渐形成。O2O 即 Online to Offline，是指将线下的商务机会与互联网结合，让互联网成为线下交易的前台。O2O 的概念非常广泛，只要渠道中既涉及线上，又涉及线下，如一家企业既有网上商城又有线下实体店，并且网上商城与线下实体店全品类价格相同，就可通称为 O2O。O2O 的优势在于把线上和线下的优势完美结合。通过网购引流，把互联网与地面店完美对接，实现互联网落地。线上平台为消费者提供消费指南、优惠信息、便利服务（预订、在线支付、地图等）和分享平台，而线下实体店则专注于提供贴身的服务，进行产品和品牌形象展示。

4. 渠道伙伴化

渠道伙伴化是指通过渠道整合，建立伙伴型的渠道关系，企业和各级中间商不仅是利益共同体，而且是命运共同体。渠道伙伴关系具有目标统一、资源共享与相互依存等特征。在紧密型的伙伴关系中，企业和中间商共同致力于提高渠道网络的运行效率，降低费用和管控市场。企业需要重视长期渠道关系（如帮助中间商制订销售计划），渠道成员责任共担（如建立零库存管理体制），妥善解决渠道冲突。企业的业务人员要担当中间商的顾问（而不仅仅是获取订单），为它们提供高水平的服务。总而言之，企业要为中间商提供人、财、物、管理等全方位的支持，以确保中间商与企业能共同进步、共同发展。在实践中，企业可以通过公司式、管理式和合同式垂直渠道系统建立与渠道成员的伙伴关系。

5. 渠道下沉化

早期阶段，企业位于营销渠道的顶端，通过对总经销商的管理来开展销售工作。这种方式操作简单，工作量小，所以成为当时的主流渠道模式。但随着市场的相对饱和，该渠道模式的弊端逐渐显现：尽管企业在逐年增加产品广告费用和促销费用，产生了较大的促销拉力，但由于渠道网络不健全、终端市场铺货率不高、渗透深度不足等原因，消费者在零售店铺很难找到想购买的产品。而且，产品进入零售店后，摆放到什么位置、如何陈列展示、POP广告如何张贴、补货是否及时等，均会影响产品在终端的销售力。针对这些问题，企业提出"决胜终端""渠道下沉"等渠道建设和管理思想。一方面，企业通过对代理商、批发商、零售商等渠道成员的服务与监控，使得自身的产品能够及时、准确、迅速地通过各渠道到达零售终端，提高产品展示率，使消费者买得到；另一方面，通过加强终端建设（如设立专柜、配备促销人员等），开展各种各样的促销活动，提高产品出样率，激发消费者的购买欲望。以往许多企业往往都是以大城市为目标市场，一般只是在省会城市，至多只会在地级市设立销售机构，这样很容易产生市场空白点，浪费市场机会。现在多数企业则选择渠道下沉，在县市甚至乡镇设立销售办事处，深入基层市场进行分销，以更有效地开拓中小城市和农村市场。

本章小结

1. 渠道评估是指厂商通过系统化的手段或措施测量和评价营销渠道系统绩效和渠道成员绩效的活动。
2. 渠道评估的目的是了解渠道成员的绩效情况，据此奖优罚劣；发现整个渠道系统运行中存在的问题，为企业调整渠道提供决策依据；了解渠道绩效和改进渠道管理工作。
3. 企业要对营销渠道定期评估，应该遵循科学性原则、系统性与简洁性原则和定量与定性相结合的原则等。
4. 营销渠道评估的方法有历史比较法和区域比较法。
5. 渠道系统绩效评估是对营销渠道的整体绩效进行评价。
6. 从企业的角度来看，渠道系统绩效评估主要可以从渠道运行效率、渠道财务绩效、渠道沟通和渠道服务质量等方面进行评价。其中，渠道运行效率评估的内容包括渠道畅通性、渠道覆盖面、渠道流通能力和渠道冲突；渠道财务绩效评估包括销售分析、渠道费用分析、盈利能力分析、资产管理效率分析和市场占有率分析等方面的内容；渠道沟通评估主要内容包括沟通频率、沟通内容、沟通方式、沟通时间等；渠道服务质量评估可以从实体分配服务、促销效果与效率、顾客抱怨与处理等方面来进行。
7. 企业还可以对渠道成员绩效进行评估，通常是从渠道成员的销售业绩、库存情况、销售能力、顾客服务和技术支持能力、态度、竞争和发展前景等方面进行衡量。
8. 企业的任务不能仅限于设计渠道并推动其运转，还要根据新的市场动态，对营销渠道进行调整。当出现现有渠道的分销效果不理想、影响渠道的因素发生重大变化、企业营销战略转变、出现新兴渠道等情况时，企业就应考虑进行渠道调整。渠道调整的方向是关注顾客满意度、开发新渠道、填补市场空白和重组渠道。
9. 渠道调整方式有调整渠道政策、增减某些渠道成员、增减某类渠道、重组和更新整个渠道系统。
10. 当企业原有渠道通过各种调整都难以适应外界环境变化时，渠道创新就成为必然选择。渠道创新的主要方向有渠道扁平化、渠道品牌化、渠道集成化、渠道伙伴化和渠道下沉化。

思考题

1. 简述营销渠道评估的目的和原则。
2. 如何评估渠道运行效率？
3. 渠道财务绩效评估可以从哪些方面进行？
4. 渠道成员绩效评估的标准有哪些？
5. 哪些情况下企业需要调整营销渠道？
6. 渠道创新的方向有哪些？

实践训练

一、实训目的

（1）了解渠道创新的主要方向。

（2）了解企业的营销渠道变化，掌握渠道调整的情况和方式，模拟开展渠道调整工作。

二、实训内容与要求

（1）收集一个渠道创新的实例，说明渠道创新的原因、方向及其具体的做法，讨论便利品的营销渠道在未来的发展趋势。

（2）访问一家企业的网站，或者通过其他途径，收集该企业营销渠道方面的材料，运用渠道调整理论，完成下列任务：介绍该企业营销渠道的基本现状；分析该企业现有营销渠道中存在的问题；对该企业的渠道调整提出建议。

各小组通过查阅资料加深对渠道调整的理解，并做好企业渠道现状资料的收集整理；各小组根据搜集到的资料，分析讨论该企业渠道中存在的问题，提出调整方案，完成实训报告并制作演示文稿。教师安排1~2个课时，由部分小组的代表向全班同学交流其成果，各组互评。实训报告评分标准如下：理论运用、资料翔实、文字表达70分，小组代表的语言表述和台风20分，团队协作和报告形式10分。指导教师进行综合评定和总结。各小组根据教师和同学的意见修改报告和演示文稿并提交给教师，教师记录实训成绩。

案例分析

贝因美多渠道发展实现扭亏为盈

2020年的新冠肺炎疫情进入常态化防控时期，这给诸多行业带来很大的打击，特别是奶粉行业，一个季度畅销到断货，一个季度又紧急迫降下来。面对这样复杂多变的市场环境，各个品牌也在纷纷调整应对策略。

实现扭亏为盈

根据贝因美发布的2020年三季报业绩预告显示，2020年1月1日至9月30日，预计实现净利润3 700万~5 200万元。

对于前三季度的业绩表现，贝因美表示，报告期内公司积极应对市场变化，强化内部运营改善，狠抓精准营销，保持了主营业务收入的持续增长。同时，贝因美对疫情带来的影响及未来行业变化也做了阐述。公司表示，国内进入疫情常态化防控时期，市场竞争更为激烈，消费者更注重消费体验和产品的性价比，导致品类销售结构变化和业绩相应变动。

这份业绩，是贝因美借着国货奶粉消费趋势，围绕大单品"爱加"持续不断的转型以及在渠道口碑的慢慢修复等综合因素影响下的结果。

曾因渠道混乱导致主营业务乏力

根据贝因美2018年年报,公司拥有51个婴幼儿奶粉注册配方,既有国产又有进口,涵盖了大众、高端、超高端,以及全系列婴童辅食。尽管产品线已经齐备,但贝因美的关键性问题在于渠道。

此前,贝因美的销售渠道主要为商超、母婴店。三聚氰胺事件后,商场、超市里很多奶粉品牌被下架,而贝因美未被波及。贝因美抢占市场,主要采取深度分销模式,依赖销售人员推销。但这一渠道的维护难度极大、成本很高。

数据显示,2012~2014年,贝因美经销商及商超相关费用分别为7.81亿元、9.9亿元、11.9亿元,总体销售费用与营业成本相等,甚至更高。为了控制费用增长,2015年,在净利润下滑九成的情况下,贝因美削减了近500家经销商。

与此同时,移动互联网的兴起改变了消费习惯,贝因美却没能及时跟上新零售和消费升级的时代变化,业务模式依然停留在传统阶段。

曾经的奶粉业巨头贝因美,在错失了移动互联网和新零售渠道突飞猛进的5年之后,主营业务收入已经大幅落后于同行。数据显示,2018年贝因美奶粉营收23.36亿元,同比下降7.42%,而同期飞鹤奶粉销售额为116亿元,伊利奶粉的销售额超过80亿元(其中婴幼儿奶粉超过60亿元),君乐宝奶粉销售额也超过了50亿元。

同样值得关注的是,贝因美2018年研发费用大幅减少,同比下降61.3%,仅占营业收入的0.63%,研发人员则从2017年的55人减少到2018年的33人。

此外,贝因美3大募资投资项目——黑龙江贝因美5万吨婴配粉项目、北海贝因美3 000吨米粉项目、年产6万吨儿童奶生产线技术改造项目均未达到预期效益,其中儿童奶项目2018年亏损170.19万元。

2019年4月16日晚间,*ST因美发布公告称,公司股票自4月18日起被撤销退市风险警示,由"*ST因美"变更为"贝因美",证券代码不变。连续亏损两年的贝因美在创始人谢宏"回归"后终于实现扭亏为盈,打赢了"保壳战"。

贝因美2018年财报显示,公司当年实现营收24.9亿元,归属于上市公司股东的净利润4 111万元,经营活动产生的现金流达到2.91亿元。然而贝因美的扭亏为盈并非销售扩张带来的,而是财务调整所致。

渠道升级攻坚克难

早在2014年初,贝因美管理层意识到国内奶粉行业早已过了黄金发展期,贝因美早在2012~2013年对此已有感受。电商和海淘的兴起,加速了行业下滑。经过几番研讨后,公司选择了走转型升级之路。经过多轮筛选,贝因美选择全球最大的信息技术和业务解决方案公司——IBM,作为转型升级的合作伙伴,摸索转型升级之路,预计将通过三年的时间,打造全新的贝因美。

"对转型期带来的阵痛早有预料,但低估了行业的下滑速度。"董事长王振泰说。诸多不利因素叠加,是否会令二次创业的贝因美就此作罢?贝因美对此给出了否定的回答。贝因美总经理黄焘表示,在战略性引入合作伙伴IBM后,贝因美的改革集中在公司的内部结构上,包括搭建骨干框架ERP及CRM,进行流程再造。而当前,贝因美正在推行营销渠道的变革。

据了解,贝因美推进中的渠道变革包括设立营销控股子公司,构建营销领域的业务实施平台,设立15家营销全资子公司,赋予子公司更多的销售经营责任；同时对部分客户进行优化，由原本的经销商体制转变为代理商体制，通过代理商的转制，鼓励优质的客户（代理商）做大做强，把好产品、好资源集中在有意愿发展壮大的代理商手中，给代理商带来可持久保障的品牌及利润的优势，增强渠道变革带来的竞争力。据悉，贝因美也通过持续招商来吸引更多优质的代理商，与贝因美共同发展。

在渠道变革之外，贝因美加大研发投资，聚焦核心品类，开发新产品实现多点开花。2019年贝因美年报数据也显示，大单品"爱加"营收同比增长35.15%，取得的成绩离不开超高端产品的贡献。因此2020年在品类布局上，贝因美坚定地聚焦核心品类，提升产品颜值，梳理产品内涵，创新产品特色。2020年7月，贝因美对年销售额达到10亿元级别的大单品——爱加进行技术革新和包装升级。贝因美同时也以前瞻的战略眼光布局特配粉、羊奶粉、有机奶粉等细分增量市场。2020年上半年，公司营养品业务实现营业利润646万元，同比增长超1倍。高研发投入带来了产品更新迭代，贝因美正走向母婴生态圈的全品类布局，以期形成综合竞争优势。

尝试更多渠道，迈向"大国品牌"

中国奶粉行业经历了渠道转型、格局动荡，如今逐渐走向加速集中阶段。2020年的疫情让奶粉市场动销变得很难，在各渠道价格战厮杀之下大家都苦不堪言。在这一过程中，能够迅速适应渠道变革，牢牢把握终端渠道，同时迎合消费者高端、细分、品牌化发展的乳企必将获得更多支持。

对于传统母婴渠道，贝因美一直在加强修复。业内人士在接受媒体采访时表示，在2020年7月以后，奶粉市场竞争更加激烈，市场的流货增多，价格混乱，而贝因美在这个时间段能够做到控货控价，保持了渠道良性运转，尽管净利润增长比较少，但总体来看，企业处在一个健康的发展运行状态。

2020年7月，贝因美获得了央视《大国品牌》组委会颁发的大国品牌证书；10月，中国奶业协会在第十一届中国奶业大会上重磅发布了《2020中国奶业"融智创优"品牌企业名录》，贝因美成功入选。这些认可让"大国品牌"成为渠道打动消费者的有力武器。

同时，为了给消费者提供更丰富和快捷的购买途径，贝因美在运营层面以用户需求为原点，以新零售场景为抓手，以爆款品类为主线，通过定增项目完成新品类研发制造和数智化营销改造，统合综效提升运营效率，实现新零售的跨越布局。

资料来源：

1. 晶怡. 扭亏为盈，多渠道发展 贝因美以大单品"爱加"奶粉迈向大国品牌. 全球婴童网，2020-10-17.

2. 佚名. 贝因美靠搬迁补偿和政府补贴实现扭亏 渠道混乱主营业务乏力. 凤凰网，2019-04-22.

3. 李小平. 贝因美进入转型攻坚期 发力渠道变革. 证券时报，2015-09-07.

问题：

1. 你认为贝因美进行渠道调整的原因有哪些？

2. 贝因美的渠道调整方式有哪些？

模块 4　网络环境下的渠道管理

第 10 章　网络营销渠道管理

CHAPTER 10

第 10 章
网络营销渠道管理

学习目标

本章介绍了网络营销渠道的特点、功能、类型、设计、管理及创新。通过本章的学习，你应该能够：

1. 理解网络营销渠道的含义和特点。
2. 明确网络营销渠道的功能和类型。
3. 掌握网络营销渠道管理的具体内容。
4. 认识网络营销渠道的创新形式。

本章结构

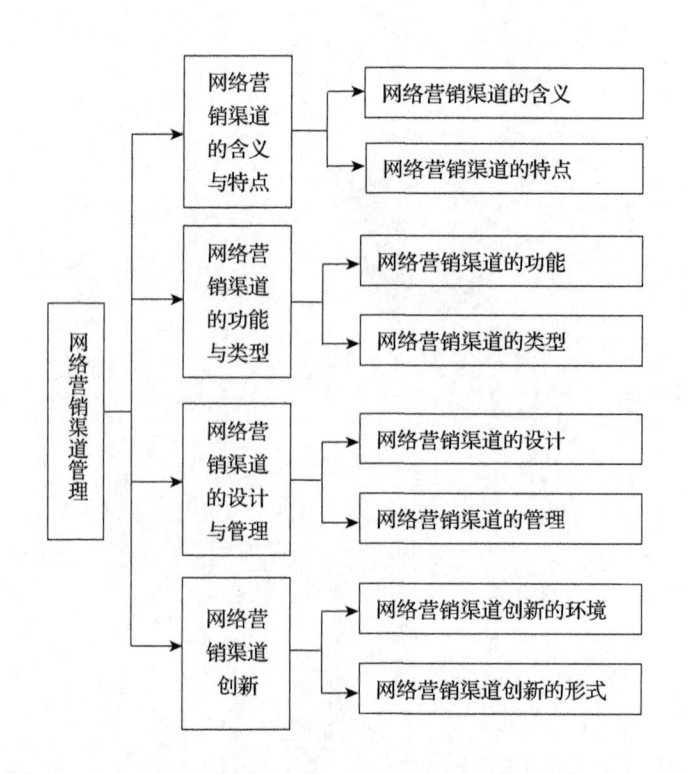

```
                                    ┌── 网络营销渠道的含义
                    ┌─ 网络营销渠道的含义与特点 ─┤
                    │                └── 网络营销渠道的特点
                    │
                    │                ┌── 网络营销渠道的功能
                    ├─ 网络营销渠道的功能与类型 ─┤
网络营销渠道管理 ──┤                └── 网络营销渠道的类型
                    │
                    │                ┌── 网络营销渠道的设计
                    ├─ 网络营销渠道的设计与管理 ─┤
                    │                └── 网络营销渠道的管理
                    │
                    │                ┌── 网络营销渠道创新的环境
                    └─ 网络营销渠道创新 ─────┤
                                     └── 网络营销渠道创新的形式
```

导入案例

荣耀京东 × 快手双超级品牌日：探索品牌营销新形式

荣耀京东 × 快手双超级品牌日营销活动的销售额突破了 3.5 亿元，全场景覆盖用户超过 3 亿，而且还获得了"2020 年通信超品创新营销案例奖"，是一场完美的营销活动。

优势互补：最大化展现平台优势

在全球新冠肺炎疫情下，电商平台也未能幸免，当然相对其他行业，电商的恢复非常迅速，目前已基本恢复到疫情前的增速水平。京东作为电商巨头，Q1 用户、收入以及利润率增长均超预期。京东主要的用户群都集中在一、二线城市，通过京东物流的出色运营和企业的强管控，京东不仅收获了良好的用户口碑，同时品牌品质也得到了保证。不过随着消费结构的重组，新消费市场的巨大红利出现在了京东面前，而这次项目合作的另一方——快手为其提供了一个绝佳的新消费市场流量入口。

在新消费市场的经营上，快手可以说是业内翘楚。根据统计，截至 2019 年初，快手不仅在一、二线城市实现了高程度的覆盖，同时在一、二线城市之外的流量红利市场月活动设备达到了 6.18 亿台，占其整体的 54.7%，并且这个增幅还在持续高涨。这意味着日活用户超过 3 亿的快手，用户分布基本上与移动互联网的分布趋同，一定程度上可以说有网的地方就可能有快手的用户。

作为一家传统的电商平台，京东拥有较高的成交效率和品牌曝光量，同时在售后、物流以及供应链上也更加完善；《快手平台电商营销价值研究报告》显示，快手在新消费市场用户占比高达 61%，同时"老铁经济"让用户与主播之间的黏性更高，相较于京东，快手的用户更加多元，粉丝更乐意为 KOC、KOL 买单，在购买转化率上要更高。在这次营销活动中，京东和快手可以说形成了强互补，最大程度地提高了人群覆盖率，同时，也极大地促成了消费者的转化。

全渠道营销：品牌零售创新转型的新探索

2016 年底，国务院办公厅印发《关于推动实体零售创新转型的意见》（简称《意见》）。《意见》在促进线上线下融合的问题上强调："建立适应融合发展的标准规范、竞争规则，引导实体零售企业逐步提高信息化水平，将线下物流、服务、体验等优势与线上商流、资金流、信息流融合，拓展智能化、网络化的全渠道布局。"而线上线下全渠道营销可以说是该意见下品牌探索出的最好的一种方式。

这次荣耀京东 × 快手双超级品牌日活动不仅实现了自营店铺和生态店铺的联合，也实现了线上和线下的联合。在京东站内站外，借力京东店铺、京东政企、京东优质 POP 店铺等多渠道联动为超级品牌日包装，共计 16 家京东之家店铺参与荣耀直播挑战赛，同时联合快手线上线下直播联动，快手头部主播到店为荣耀产品专场直播带货，给荣耀线下体验店带来大量的人气和超高的曝光量，形成了线上线下全渠道的营销阵营。

不仅如此，本次荣耀京东 × 快手双超级品牌日活动以同一视觉、同一主题、多类人群、多个平台，为全渠道场景的创新形式探索了更多的可能。未来，线上线下全渠道将成为一种全新的零售趋势。

消费者至上：新零售时代下电商的重点

电商最重要的三要素是"人、货、场"。如何精准地识别品牌的用户群，如何提高消费者的便利性，如何以消费者为中心提升用户体验，是平台和品牌最需要优先思考的。这次荣耀京东×快手双超级品牌日活动做到了。

在荣耀京东×快手双超级品牌日项目上线之前，平台就对消费者进行了专项调研。根据消费者在网购时可能遇到的各种痛点，荣耀为消费者量身打造"荣耀放心购"服务项目：全场景以旧换新、30天无忧退货、365天免费换新等多项购前安心服务保障项目，极大地解决了消费者的购机后顾之忧，全程为消费者购物保驾护航。

这次荣耀为用户提供的专享服务不仅提升了消费者的体验，也极大地增加了用户的平台黏性。

多方共赢：品牌与平台共同探索的目标

荣耀京东×快手双超级品牌日活动不仅是手机行业中电商平台与短视频平台首次共建双超级品牌日活动，也是全行业首次电商平台与短视频平台共同打造超级品牌日活动，更是一次多方共赢的营销活动。未来，企业单打独斗的局面将会结束，平台合作将会是品牌营销的主要运作模式。打造一个多方共赢互利的合作生态需要品牌和平台共同探索。

对于荣耀来说，这次京东荣耀×快手共建双超级品牌日无疑是成功的。通过O2O新模式，线上线下多渠道曝光，快手和京东双平台战略运作，不仅为荣耀赢得了新的潜在用户群，也沉淀了荣耀品牌资产。而在这个项目中，京东也再次向外界展示了自己的营销能力、大数据能力、运营能力和金融能力等多方面的核心竞争力，在赋能品牌之外也提升了京东的行业地位和用户黏性。

作为合作的另一方，快手也在这个项目中证明了品牌在快手卖货的可行性，为品牌在快手卖货奠定了良好的氛围与基础。而作为这个营销项目最直接的参与者，消费者也收获了异于平常的双平台购物体验，以及更加精准的专项服务。可以负责任地说，荣耀京东×快手双超级品牌日是品牌、电商、短视频以及客户多方共赢的整合营销项目，对之后的品牌合作具有重要的指导作用，为品牌和平台提供了一种新的尝试。

中国正在进入"新消费时代"，而年轻人正是新消费时代的主力军，得年轻人者得天下。在营销活动中触达和满足年轻人的消费需求，需要的可能不仅仅是传统的购物方式。新消费模式重构了人、货、场，也让商业数字化发生前所未有的变革。这样的变革，需要新的营销形式去应对。荣耀京东×快手双超级品牌日营销项目的创新尝试无疑是成功的，是值得借鉴的。未来可能会出现各种各样类似的营销活动，其中都应有荣耀京东×快手双超级品牌日的一份功劳。

资料来源：根据数英DIGITALING官网资料整理改编，2020-08-26。

10.1 网络营销渠道的含义与特点

10.1.1 网络营销渠道的含义

近年来，随着以信息技术为核心的科技的发展，营销渠道正在经历革命性的变化。

现在，不仅是年轻人，甚至很多中老年人都有了互联网购物的经历，网上购物已成为人们日常生活的一部分。戴尔、亚马逊、淘宝、当当、京东商城、唯品会等已成为互联网时代靠网络营销起家的典型，网络营销渠道已成为绝大多数企业采用的常规渠道模式。实际上，一些学者预言，互联网将从根本上改变营销渠道的结构和战略，由砖和水泥搭建起的购物中心、商店和顾客常去的零售中心很可能将被虚拟的商场和商店所取代，网上购物将代替去商店购物。所以，不了解网络营销渠道的发展情况是不可想象的。

1. 网络营销渠道的定义

网络营销渠道，也称电子化营销渠道，是指企业通过互联网或其他与互联网相连接的电子设备寻找、接近消费者或用户，或者消费者或用户通过互联网或其他与互联网相连接的电子设备寻找供应者，进行买卖交易的营销渠道[一]。理解这个定义，有以下四点需要注意。

（1）通过网络营销渠道销售产品的目标市场是那些使用计算机或其他电子设备与互联网相连接的消费者或用户。

（2）企业与顾客之间沟通的主要媒介是计算机、手机或其他与互联网相连接的电子设备，如平板电脑、网络电视等。

（3）在网络营销渠道中，顾客从网络上获得产品信息，通过网络讨价还价、订购，收到产品后从网上支付货款，完成整个交易过程。也就是说，在网上完成信息流、资金流和商流，配合线下的物流，完成整个网络营销过程。当然，少数产品可以通过互联网直接实现配送，如音乐、软件、图片、心理咨询等可以数字化的产品。

（4）在网络营销渠道中，企业与顾客是相互市场营销的关系。企业会积极寻找顾客，以实现销售。而顾客也会主动寻找产品，进而寻找企业，实现双方满意的交易。

网络营销渠道和传统营销渠道相比，在作用、结构和费用方面具有明显的差异。从作用看，传统营销渠道的作用是相对单一的，它主要是把产品从生产者转移向消费者。网络营销渠道的作用则是多方面的，它既是信息发布的渠道，也是销售产品、提供售中服务的快捷途径，还是洽谈业务、对客户和消费者进行技术培训和售后服务的渠道。从结构看，传统营销渠道可分为直接渠道和间接渠道，间接渠道一般较长。网络营销渠道也可分为直接渠道和间接渠道，但间接渠道却简单得多，一般只有一级中间商。从费用看，传统营销渠道因为中间环节较多，所以渠道费用高昂。而网络营销渠道结构简单，中间环节少，所以可以降低渠道费用。

2. 网络营销渠道的发展现状

我国的网络营销渠道起步较晚，直到 1996 年才开始尝试。但随着我国互联网的快速普及和发展，网络营销渠道的发展也非常迅速。根据 2022 年 2 月发布的第 49 次《中国互联网络发展状况统计报告》，截至 2021 年 12 月，我国网络购物用户规模达到 8.421 亿，

[一] 庄贵军. 营销渠道管理 [M]. 3 版. 北京：北京大学出版社，2018.

较 2020 年 12 月增加 5 969 万，占网民整体的 81.6%。我国网络购物市场依然保持着稳健的增长速度。从 2013 年起，我国已连续 7 年成为全球最大的网络零售市场。2019 年，全国网上零售额达 10.63 万亿元。尽管受 2020 年初疫情的影响，但 2021 年全国网上零售额仍达 13.1 万亿元，同比增长 14.1%，其中实物商品网上零售额占社会消费品零售总额的比重已达 24.5%。截至 2021 年 12 月，我国网络支付用户规模达 9.04 亿，较 2020 年 12 月增长 4 929 万，占网民整体的 87.6%。具体如表 10-1 所示。

表 10-1 2020.12～2021.12 各类互联网应用用户规模和网民使用率

应用	2020.12 用户规模/万人	2020.12 网民使用率	2021.12 用户规模/万人	2021.12 网民使用率	增长率
即时通信	98 111	99.2%	100 666	97.5%	2.6%
网络视频（含短视频）	92 677	93.7%	97 471	94.5%	5.2%
短视频	87 335	88.3%	93 415	90.5%	7.0%
网络支付	85 434	86.4%	90 363	87.6%	5.8%
网络购物	78 241	79.1%	84 210	81.6%	7.6%
搜索引擎	76 977	77.8%	82 884	80.3%	7.7%
网络新闻	74 274	75.1%	77 109	74.7%	3.8%
网络音乐	65 825	66.6%	72 946	70.7%	10.8%
网络直播	61 685	62.4%	70 337	68.2%	14.0%
网络游戏	51 793	52.4%	55 354	53.6%	6.9%
网络文学	46 013	46.5%	50 159	48.6%	9.0%
网上外卖	41 883	42.3%	54 416	52.7%	29.9%
网约车	36 528	36.9%	45 261	43.9%	23.9%
在线办公	34 560	34.9%	46 884	45.4%	35.7%
在线旅行预订	34 244	34.6%	39 710	38.5%	16.0%
在线医疗	21 480	21.7%	29 788	28.9%	38.7%
互联网理财	16 988	17.2%	19 427	18.8%	14.4%

资料来源：2022 年第 49 次《中国互联网络发展状况统计报告》——互联网应用发展状况。

从表 10-1 我们可以看出，现在我国消费者对互联网的使用已变得非常普及。随着电子商务、电子政务、互联网内容和技术的发展，消费者已经可以通过网络进行社交、搜索、购物、娱乐、学习、投资、工作、医疗等各项活动，而且活动领域还在不断扩大。可以说，互联网已经变成消费者日常生活不可或缺的部分，生活由此变得越来越方便。2021 年，网络购物充分发挥了促消费、助转型、保市场等作用，不断增强经济的韧性：各类网络消费节、电子消费券等有力地释放了消费潜力，促进了消费回暖；跨境电商、农产品电商、生鲜电商等新业态、新模式为促进新产业转型、带动消费回流及农产品上行提供了坚实助力；网上营销、网上交易等数字化运营方式以及电商平台资源和技术扶持，为企业和市场应对疫情冲击提供了缓冲。可以说，网络营销渠道已经成为企业的主流渠道，甚至是一些企业的唯一渠道。

案例 10-1　　　　　苏宁全面、开放地拥抱互联网

苏宁易购作为中国领先的 O2O 智慧零售商,其公司全面、开放地拥抱互联网基本已经完成。其主要体现在三个方面:与外部流量巨头合作、试水线上零售的新模式、持续打造数字化供应链。

与外部流量巨头合作

苏宁易购先后与快手、抖音两大短视频平台进行合作。它们之间的合作可以说是各取所需,苏宁易购为抖音、快手提供了零售行业内稀缺的供应链能力。苏宁易购也能从抖音、快手获得流量支持,利于其主营业务扩张。比如苏宁易购在抖音平台上的"首秀"——2020 年 6 月 17 日当晚的苏宁易购 618 超级秀。这场电商综艺晚会的"带货"能力显著,五个半小时成交额突破 50 亿元。

试水线上零售的新模式

在零售的新模式上,苏宁易购在直播电商和社交营销等方面频频发力。

苏宁易购于 2019 年开启直播电商模块,直播电商模块的引入能够更加有效地赋能商户,提升流量转化效率,助力公司分享直播带货模式快速兴起所带来的红利。苏宁易购通过签约及自主培养的方式丰富主播资源储备。直播是线上零售行业获得突破的机会,网红主播作为新的渠道,带来新客,满足商家卖货需求,也将改变过去以平台为核心的流量分配机制。新流量分配机制的诞生,将加快电商行业洗牌。

除直播电商外,公司也在社交营销端发力,相继推出苏宁拼购、苏小团、推客等新营销工具。以推客为例,2019 年苏宁门店端的苏宁推客订单同比增长超过 3 倍。社交营销的引入,一方面,有助于完善公司的客群结构,提升用户黏性;另一方面,用户之间更容易实现人际传播裂变,降低获客成本。

持续打造数字化供应链

在供应链数字化改造方面,下沉市场的零售云加盟店是很好的参考坐标,苏宁零售云打通线上线下,使加盟门店"人、货、场"实现了全面数字化。

具体来说,零售云拥有云仓、中心仓、门店仓复合式交付体系,实现了高频主销商品在门店备货,消费者即买即装,而低频长尾商品可以利用云货架一键下单、中心仓、云仓为用户进行配送。这带来的结果是,在成本未增加的情况下,SKU 增加将带来坪效提高。据已开店的数据统计,零售云平均单店整体销售提升 2 倍以上,资金周转率提升 6 倍。

资料来源:读懂财经研究所,《从苏宁易购涨停,看其互联网转型成效》(2020-07-10),引用时有改动。

10.1.2　网络营销渠道的特点

网络营销渠道是以互联网为基础发展起来的。互联网具有快速、高效、低成本、一对一互动、虚拟性等特点,这些特点决定了与传统营销渠道相比,网络营销渠道具有以下特点。

1. 覆盖范围广

全世界任何人只要拥有可以上网的计算机、手机或其他电子设备，都可以上网访问任何企业、商业网站并进行网上购物。而对企业来说，哪怕只是一个很小的企业，哪怕处于偏远的山区，只要能够建立自己的网站或者在电商平台注册，只要物流能够到达，就可以通过互联网在全球范围内寻找顾客，将产品销售到世界各地。例如，现在很多生活在大山里的农户，只要能上网，就可以通过农产品销售网站，或者抖音短视频，或者内容分发平台等，将农产品卖向全国甚至全球。这在以前根本是不可想象的。但在互联网时代，这样的事情每天都在发生。从需求与供给的角度看，其实全球范围内原本就有很多人有共同的消费需求（长尾市场），但在以前，因为信息不畅和物流技术落后，顾客分散在各地，企业无法向他们提供产品。现在，通过网络，企业可以将世界各地具有相同需求的顾客汇总起来，形成一个较大的目标市场。于是供给和需求有了一个交集，就有了网络购物的快速发展。通过网络，企业的产品可以辐射到整个世界，而不像以前只能辐射到一定的区域。所以，在辐射范围方面，传统营销渠道根本无法和网络营销渠道相提并论。

2. 使购买更方便、快捷

在网络营销渠道中，消费者可以随时购物、利用碎片化的时间购物，不需要舟车劳顿，不需要排队结账，搜索商品和比价变得非常简单，商品选择范围也远大于传统营销渠道。消费者需要做的仅仅是坐在家里，点击鼠标或手机屏幕下单，就可以坐等送货上门。所以网络营销渠道提高了产品价值和服务价值，降低了货币成本、时间成本、体力成本和精神成本，为消费者带来了更多的顾客感知价值，因此能迅速地得到消费者的认可与采用。

3. 降低营销成本

从理论和现实看，网络营销渠道的确可以大大降低营销成本。首先，网络营销渠道有效降低了渠道成本。网络营销渠道大大减少了中间商的层次，甚至取消了中间商，所以，可以有效地减少中间商的层层加价，还原产品价格，降低渠道成本。该差价可以在企业、网络中间商和顾客之间进行分配，实现多赢。其次，网络营销渠道节约了开店费用。网络营销渠道通过网上虚拟化经营，做到无店面销售，可节约渠道成员租赁店面的租金、装修费、水电费、办公费、人工成本等一系列开店费用，降低分销成本。再次，网络营销渠道可以大幅度降低物流成本。中间商根据订单进货，甚至可以直接要求企业根据订单发货，自己保持零库存，这样就大大降低了库存压力和资金风险。同时，库存集中在企业或者在全国、全世界布局的有限仓库，根据订单直接发运给顾客，而不用像传统营销渠道那样将产品先运输至批发商、零售商处，零售商再将产品分发至众多的零售商店，这样就可以大大减少仓库数量，提高仓库位置选择的灵活性，降低多次运输造成的损坏、搬运、装卸、仓储、盘点等费用，从而有效降低库存、运输等成本。最后，网络营销渠道还可以有效降低促销费用。企业通过网络或其他新媒体发布促销信息，不用再印刷、包装、邮寄发送宣传材料。网络信息发布渠道的费用又远低于传统媒体渠道，可以节省广告宣传费用，从而有效降低促销费用。

4. 互动性强

互联网具有强大的互动性，企业可以通过网络实现整个产品销售过程的互动性。首先，在产品设计阶段，企业就可以通过电子公告栏、电子邮件、网上问卷等进行市场调查，了解顾客需求的变化，顾客对产品概念、产品功能、产品定价等的意见，根据顾客的需求和意见设计产品。现在，通过建设企业论坛（如小米的米圈）、微博、微信公众号等，企业甚至可以让消费者直接参与产品设计过程，实现产品的快速迭代。其次，在产品销售阶段，企业可以在网上发布产品、促销信息，顾客可以自己登录查看产品信息，向企业的销售人员在线咨询产品情况，并根据需要在网上订购产品，支付货款。再次，在产品交付阶段，企业可通过电子邮件、短信、网上物流信息查询系统等随时了解货物的运输情况，实现对物流的全程跟踪。最后，在售后服务阶段，企业可在网上设置常见问题解答（FAQ），解答顾客在使用产品的过程中经常碰到的常规问题，实现自助服务。对一些特殊问题，也可以在网上留言或直接在线向客服或技术人员咨询。同时，顾客对所购产品的满意与不满意情况均可在网上留言或打分。例如，在淘宝网，顾客购买产品后，就可以对网店的产品质量、服务态度等打分，网店靠打分积累信誉度。同时，网店也可以就顾客货款支付、沟通情况打分，顾客也依靠这些打分积累个人信用。网店信誉与顾客个人信用情况在淘宝购物中有重要的作用。上述各方面的互动性也是很多年轻顾客喜欢网上购物的原因之一，而在传统营销渠道中，这些互动性是很难实现的。

5. 缺乏直观感受，延时交货

从理论上讲，绝大多数的产品和服务都可以通过互联网进行销售。从网络营销的实际发展中我们也可以看到，通过网络营销渠道销售的产品种类在快速增加，以前很多人认为无法通过网络销售的产品，如时装、珠宝、家具等，现在都已成为网络购物的对象，以致有人说，网上购物只有你想不到的，没有你买不到的。但网络营销渠道有它的天然缺陷——虚拟性。顾客在网上看到的一切都是虚拟的，他们摸不到、闻不到实际产品，更不用说实际试用或操作产品。例如，汽车、运动器械、音响设备等产品需要顾客实际接触试用才能决定是否购买，而网络无法提供这种直观体验。另外，网络的虚拟性也让顾客无法体验到购物气氛，而这种气氛是影响顾客购买的一个重要因素。而且，无论物流怎样发达，在网上购物后不可能像在实体商店那样马上得到实体商品，延时交货不可避免。所以，需要马上使用的产品不适合网络营销渠道。这两个问题可能通过虚拟现实技术和物流技术的发展能在一定程度上解决，但要想完全解决估计可能性不大。所以，在未来，便利店、汽车 4S 店等可能仍然会长期存在。

10.2 网络营销渠道的功能与类型

10.2.1 网络营销渠道的功能

作为一种新兴渠道，与传统营销渠道一样，以互联网作为支撑的网络营销渠道也应具备传统营销渠道的功能，才能承担企业产品分销的任务。传统营销渠道一般具有收集和传递信息、促销、谈判、匹配、订货、物流、融资、付款、风险承担等功能，涉及顾客在购买产品的过程中的信息沟通、产品所有权转移、资金转移和实物转移等内容。因此，一个完善的网络营销渠道至少应有三大功能：订货功能、结算功能和配送功能。

1. 订货功能

网络营销渠道可以为顾客提供产品信息浏览、站内搜索引擎，方便顾客寻找产品，并能从多个角度使顾客对产品的外观、性能、使用等有一个相对准确的认识。例如，很多网站都有产品介绍、如何安装和使用的视频以及在线客服等，来解答顾客对产品的各种疑惑。顾客一旦对产品比较满意，就可以在网上直接下订单。订货系统要能为顾客购买多种产品提供方便，让顾客自由地增加和减少产品，最后选定产品后能集中结算，统一送货。同时，这一订货系统还应该方便企业获取顾客信息，以便建立顾客数据库，今后根据新老顾客的不同及顾客忠诚度开展相应的促销活动、产品推荐等。拥有一个完善的订货系统，可以最大限度地降低企业库存，减少销售费用。

从现状来看，网络营销渠道的订货功能已比较完善。多媒体技术，包括正在快速发展的虚拟现实技术，使网上产品的展示越来越接近线下的真实状态；在线客服 24 小时服务方便消费者咨询；在线评论及晒图方便消费者了解其他已购物的消费者的评价；购物车方便消费者自由增减商品；注册使消费者不再需要重复填写个人信息。可以说，在网络上，消费者订货已非常方便。

2. 结算功能

顾客在购买产品后，企业或网络中间商应该提供多种结算方式，以方便顾客进行付款。目前国外流行的几种方式有：信用卡、网上银行、PayPal 等。近几年国内网上支付系统发展很快，常见的付款结算方式主要有：支付宝、微信、信用卡、网上银行、邮局汇款、货到付款等。目前网络购物中，支付宝和微信支付应用最为广泛，其次比较流行的是信用卡，其他支付方式逐渐被淘汰。可以说，在支付方便性方面，中国已经走在世界前列。我国不仅网上购物支付方便，在日常生活中，移动支付也成为最普遍的支付手段，越来越多的人已经出门不带钱包。只要手机在手，几乎所有的交易都可以通过移动支付完成。

3. 配送功能

一般来说，网上销售的产品分为有形产品和无形产品两类。对于无形产品如服务、软件、音乐、文件等产品，可以直接通过网络进行传送，顾客在网上下载即可。对于有形产品的配送，则要涉及运输和仓储问题。目前，除少数企业实施自行配送外（如 IBM 的蓝色快车物流系统），大多数企业都通过第三方物流公司进行配送。国外已经形成了巨型的专业配送公司，如著名的美国联邦快递公司、UPS、USPS 等，其业务覆盖全球，可实现全球快速的专递服务。专业从事网络直销的戴尔公司就将美国货物的配送业务都交给联邦快递完成。国外网上商店之所以发展迅速，专业配送公司的存在也是一个重要原因。在这方面，我国由于人工成本较低，近年来伴随着网络购物的发展，快递行业得到了迅猛发展，已经走在了世界前列，形成了"四通一达"加菜鸟网络、速递易等行业巨头，还有很多大的互联网企业也组建了自己的物流公司，如京东商城、唯品会等，甚至有些企业开始尝试用智能机器人送货。可以说，现在国内网络购物，一般下单后 3 天之内，货物就可以被送上门，或者送到小区里或小区附近的速递易智能柜、菜鸟驿站，下班时消费者就可以顺便取货。甚至有些商品下单后，几个小时内就可以送货上门。例如，在京东商城订购计算机，只要附近仓库有货，一般上午订货，下午就送货上门了。目前，随着订货、结算、配送等功能的完善，中国的网络购物已经非常普及。

除了上述三大功能外，网络营销渠道还具备其他功能，如信息功能、促销功能等。具体来说，企业通过网络向消费者提供产品信息，发布促销信息，而消费者则向企业发出需求信息，响应促销信息，实现一种信息的双向交流，为达成交易奠定基础。

10.2.2 网络营销渠道的类型

在传统营销渠道中，中间商是渠道中的重要组成部分，这些中间商能解决生产与消费中的空间分离、时间分离、所有权分离、供需数量和货色供需的矛盾，减少交易总次数，从而提高交换效率，节约交易费用。但随着互联网的发展和网络营销渠道的兴起，传统中间商的地位正在受到严重挑战。戴尔公司网络直销模式与 IBM 公司传统经销模式的竞争让我们看到了网络营销渠道与传统营销渠道相比的巨大优势。在网络环境下，网络营销渠道主要有网络直销渠道和网络间接营销渠道两种类型，如图 10-1 所示。

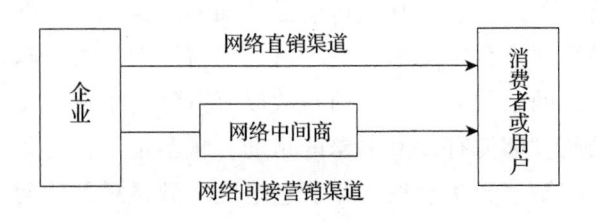

图 10-1 网络营销渠道类型

1. 网络直销渠道

网络直销渠道是指企业通过互联网直接将产品销售给消费者的营销渠道。网络直销渠道与传统的直销渠道一样，都没有中间商介入，商品直接从企业转移给顾客或使用者。

在网络直销渠道中，虽然不使用批发商、零售商等中间商分销产品，但需要许多为直销渠道提供服务的辅助商，如聚集消费者需求的电商平台，提供货物运输配送服务的专业物流配送公司，提供货款网上结算服务的网上银行，以及提供产品信息发布与网站建设的互联网服务提供商（ISP）和电子商务服务商等。

网络直销渠道具体有两种形式：一种是"企业—企业官网—消费者或用户"。企业建立自己的官网，内嵌网上商城，企业有专职人员负责网上的产品销售和相关服务。例如，华为公司的华为商城就位于企业官网内，消费者或用户要购买华为的产品，都可以上华为商城浏览购买，和上京东商城等专业电商网站购物没有什么区别，只是华为商城相当于华为自己的专卖店，里面只销售华为自己的商品。另一种是"企业—电商平台内的企业网店—消费者或用户"。企业以付费或合作的方式在电商平台（如京东商城、天猫等）开设官方旗舰店，销售自己的产品。虽然这个过程中有平台企业的参与（如认证企业资质、抽检产品质量、记录交易过程等），但主要销售活动是在企业和消费者或用户之间完成的。例如，小米公司在天猫上开设小米官方旗舰店，销售小米的各种产品，其销售政策与小米官网相同，但使用的是天猫的虚拟空间。

网络直销渠道具有诸多优点：第一，能够使企业与消费者直接接触，企业可以直接从顾客处搜集到真实的第一手资料，以便合理安排生产进度，使产品适销对路。第二，利用互联网的交互特性，使过去单向的信息沟通变成了双向信息沟通，增强了企业与顾客的直接联系。第三，网络直销渠道可以提供更加便捷的相关服务，如网上支付服务、网上售后服务和技术支持等，既可以方便顾客，也可以使企业以最小成本为顾客服务。第四，网络直销渠道可以大大减少过去传统营销渠道中的流通环节，有效降低渠道成本，如库存成本、促销成本等，使企业能以较低价格销售产品，顾客也能从中获得价格的优惠。第五，企业的销售人员能利用互联网提供的各种便捷工具，如电子邮件、电子公告牌等，随时根据顾客需求及变化开展促销活动，提高产品销量。第六，企业能够及时了解顾客对产品的意见、要求和建议，从而对产品做出改进，提高产品质量，改善企业管理。

网络直销渠道具有上述多种优点，以致有人认为网络直销渠道将会取代传统营销渠道，甚至网络间接营销渠道。这种观点可能是片面的。实际上，网络直销渠道也有其不足之处。第一，在采用网络直销渠道第一种形式的情况下，由于越来越多的企业和商家在互联网上建立网站，网站数量剧增。面对数以百万计的企业网站，很少有顾客会耐心地访问一个个企业网站。即使有搜索引擎的帮助，顾客也不会有耐心去阅读成千上万个搜索结果。单个企业网站也无法解决产品货色搭配、数量搭配等问题。所以，企业还需要采用网络间接渠道进行销售。第二，顾客的需求总是多种多样的，即使在大多数人都喜欢网上购物的时代，仍然会有相当多的顾客喜欢实际的购物氛围。例如，有人就喜欢到实体书店去感受幽雅的读书环境，接触不同的人，这靠单纯点击鼠标或手机屏幕是无法完成的。第三，有些服务在网上是不可能完成的，如洗衣、加油、理发、到酒吧喝酒等日常服务。事实上，从目前的情况来看，网络直销渠道比较适合的是大型商品、贵重商品及生产资料的规模化交易，而对于单价较低、需求量少及需要货色搭配的产品的购买，还需要网络间接营销渠道来满足。

2. 网络间接营销渠道

网络间接营销渠道是指企业通过网络中间商把产品销售给顾客的营销渠道。与传统间接营销渠道不同的是，基于互联网的网络间接营销渠道只有网络中间商这一中间环节，中间环节大大缩短。

网络间接营销渠道也有两种具体形式：一种是"企业—电商平台上的中间商网店—消费者或用户"。例如，目前，淘宝网上的网店大都是直接从生产企业处进货，然后直接销售给最终顾客，中间只经过网店这一个环节。这里中间商网店与传统的经销商或代理商一样，也是通过赚取进销差价或代理费获得利润，只是零售终端从线下搬到了线上。另一种是"企业—网络中间商—消费者或用户"，即网络中间商在自己建立的网络平台上从事经营活动，销售或帮助销售产品。这种模式其实也可以细分为两种情况：一种是类似于携程旅行网、去哪儿网这样的网络中间商，它们依靠自己掌握的货源和客源，撮合双方交易，最终和资源供应商分账。它们并不事先购买商品赚取进销差价，只是赚取撮合交易的佣金，有点像传统营销渠道中的代理商。另一种是类似于京东商城、唯品会、当当网等大型网络商城。它们有大量的自营店，先到企业进货，然后在自己的平台上销售，赚取进销差价。这种模式其实类似于传统的经销商，和中间商网店的做法差不多，只是自己有网上商城，规模要大得多而已。当然，这些网上商城除了自营店外，也有大量的非自营店，这时其功能相当于淘宝那样的电商平台，要向入驻商户收取技术服务费，相当于虚拟空间的租金。

与传统营销渠道相比，网络间接营销渠道具有以下优势。

（1）简化了市场交易过程。这与传统间接营销渠道作用相同，网络间接营销渠道也可以减少总交易次数，简化了交易过程，从而节约了交易费用。

（2）提高了客户的平均订货量。与传统营销渠道相比，一方面，网络间接营销渠道能够以最短的渠道销售商品，减少中间加价，满足顾客对商品价格的要求；另一方面，这种渠道能够通过网络平台自动撮合的功能，组织商品的批量订货，满足企业对规模经济的要求。例如，一年冬天，有一个普通农民种的 1.5 亩[一]地大棚樱桃即将成熟，如果拿到当地市场去卖，因为需求不大，卖不到好价钱，大约一斤只能卖到 4 元钱。后来该农民登录了易时代网站的"商务快车"，把"早熟的樱桃现在上市"的信息发到了 37 个网站上。结果第二天，他就接到了来自郑州、惠州、哈尔滨等十几个城市的顾客的回复，都争着要这批早熟樱桃！最终，樱桃卖给了哈尔滨的一个咖啡厅的老板，以 40 元一斤的价格成交。正是易时代网站的"商务快车"这一网络中间商，帮助这个农民节约了去外地洽谈的费用，找到了最好的客户，实现了批量订货，最终将樱桃卖到了最合适的地方，并且卖了最好的价钱。

[一] 1 亩 = 666.67 米^2。

（3）简化了企业的信息收集过程。专业的网络中间商通过网络可以覆盖全国甚至全世界，可以帮助企业方便快捷地找到目标市场，迅速达成交易，提高市场份额。例如，中国商品交易中心就是一个覆盖全中国、联结全世界的商品交易网络。企业只要登录该网站，就等于拥有了自己的全国网络。企业可以通过网站查询客户信息，在网络上谈判、确定合同条款、发出订单、履行合同，完成整个商品交易流程。在此过程中，企业可节约大量的差旅费用、流通环节费用、货物货款拖欠及利息的损失、工资费用、中间商的佣金等，最主要的是简化了信息收集过程，使企业可以方便地获得大量的目标客户的信息。

总之，网络间接营销渠道大大提高了中间商的交易效率、专门化程度和规模经济效益。同时，新兴的网络中间商也对传统中间商产生了巨大冲击，以至于很多传统的零售商，如零售业巨头沃尔玛、家乐福都不得不开设网上商店。

但是，在现实中，很多企业并不单纯依靠网络直销渠道，或者网络间接营销渠道来销售产品，而是采用多种渠道分销产品。有些企业采用网络双渠道，即企业同时使用网络直销渠道和网络间接营销渠道，以达到销售量最大的目标。这也是目前很多开展网络营销的企业所采取的渠道方式。其实，更多的企业是在原有传统营销渠道的基础上引入网络营销渠道，将传统营销渠道和网络营销渠道进行整合，构建多渠道网络系统。在目前的买方市场条件下，通过多条渠道销售产品可以更容易地实现市场渗透，增加市场份额。

案例 10-2　　渠道就是战场，除产品外，小熊电器的渠道力同样不容小觑

在互联网推动下，小熊电器进入高速发展阶段。目前，小熊电器用户已超过 5 000 万，线上销售额占主营业务收入的 9 成。从行业现状来看，小熊电器排名仅次于家电三大巨头美的、苏泊尔、九阳，排名第四。"成名早、创意小家电第一股、股价屡创新高……"，这些一直让小熊电器成为业界讨论的话题。其中最热门的话题便是小熊电器的渠道。

在移动互联网大门尚未打开时，大多数人都还认为机会只存在于线下，因而不少人都对电商持观望态度。而小熊电器创始人李一峰则不这么认为，李一峰认为电商是未来趋势，所以小熊电器很早就在淘宝等平台开设自己的网店，积极拥抱线上渠道。梳理小熊电器的发展路径，可以看出，通过电商崛起，将产品销售渠道与互联网深度融合，是小熊电器发展的一大看点。

初创阶段（2006～2008 年），小熊电器产品在线上和线下同时开展销售，其中线上发展势头较线下强劲，故重点通过互联网推广、销售产品。

发展创新阶段（2008～2013 年），2008 年以后我国电子商务市场初具雏形，小熊电器快速布局线上渠道，在行业内较早地提出"网络授权分销"的线上电商销售模式，小熊电器线上市场销售份额大幅提升。

巩固提升阶段（2013年至今），从品牌标志、品牌名、品牌IP等进行规范优化，并融入市场推广活动及产品外观设计中，给消费者留下可爱、体贴和温馨的品牌印象，提升品牌辨识度。

随着电商发展进入成熟期，与中国电子商务一同成长起来的小熊电器已在14年间构建了完善而成熟的线上销售网络，在天猫、京东商城、唯品会、苏宁易购等主流电商平台已具有明显的先发优势。

小熊电器除了布局天猫、京东商城、苏宁易购等主流电商平台，也不断完善线上渠道，积极拓展新电商、新媒体渠道，与拼多多、平安好医生、云集、贝店、盒马鲜生等新兴电商平台达成战略合作，入驻小红书等社交电商平台，并且根据各平台市场份额、平台用户画像等方面的差异，投入有所侧重。

进入2018年，业界也有不少声音表示，电商流量红利增势已经慢下来，趋于平稳，阿里、腾讯、京东等大力发展新零售，重构线下渠道就是佐证。事实上，小熊电器也意识到了这一点，在注重线上渠道的同时，不仅一直没有放弃线下渠道，还加大力度完善线下渠道。

经过近几年的线下发力，小熊电器线下渠道建设已日趋完善，与苏宁易购、京东商城、国美、沃尔玛、大润发、家乐福、卜蜂莲花、永旺、永辉、华润万家、盒马鲜生等各大连锁终端系统皆建立了稳定的合作关系，这种线上线下的联动，是适应新零售时代背景下的融合。

同时，小熊电器布局出口销售，充分利用经销商或海外客户资源及经验优势，出口产品，实施全渠道运营的销售模式，加速线上线下的融合发展。

产品相当于企业的武器，渠道相当于企业的战场，能不能打胜仗，更重要的取决于战场上的作战能力和指挥策略，也就是企业在渠道建设过程中的核心能力。只有核心能力足够强，产品才能实现顺畅销售，并成功造就品牌。未来，具有强渠道营销能力的品牌将逐步获得消费者的认同。而小熊电器，自成立之初就坚定实施全渠道战略，布局线上线下多渠道发展方向，才有了如今在小家电领域的市场地位。

资料来源：IT科技热点，《渠道就是战场，除产品外，小熊电器的渠道力同样不容小觑》（2020-07-07），引用时有改动。

10.3 网络营销渠道的设计与管理

和传统营销渠道类似，网络营销渠道的设计与管理也要经过设计营销渠道、确定渠道组织模式、选择和激励渠道成员、对渠道进行控制、管理渠道冲突、定期对渠道进行评估和调整等过程。但是，与传统营销渠道相比，网络营销渠道的设计与管理的重点不同。

10.3.1 网络营销渠道的设计

按销售对象不同，网络营销渠道可以分为两种模式：一种是B2B，即企业对企业的模式。这种模式单次交易量很大、交易次数较少，且购买方比较集中，因此网络营销渠道建设的关键是订货系统，以便购买方进行选择。而对于资金结算，不管通过网上结算还是货到付款都比较简单。对于物流配送，由于量大次少，可以由企业专门配送。另一种是 B2C，即企业对顾客模式。这种模式每次交易量小、交易次数多，且购买方非常分散，因此，网络营销渠道建设的关键是结算系统和配送系统。对于结算，近年来网上银行、移动支付等互联网金融的发展已经对网络营销形成了巨大的支持，网络支付问题已被解决。对于配送，第三方物流业和企业自建物流近几年的飞速发展，已使中国的网络购物交付时间大大缩短，1~3 天的快递时间使消费者充分享受到了网络购物的方便和快捷。加上现在绝大多数商家都选择快递免费，这极大鼓舞了消费者的网络购物热情。

B2C 模式又可以分为前述的网络直销渠道和网络间接营销渠道。在直销渠道中，企业自建网上商城的，如华为商城、小米商城等，渠道所有的系统都由企业自己建设和维护，比较适合知名度高、产品线丰富的企业。企业选择在电商平台开设直营店、旗舰店的，只是利用了电商平台的知名度、流量、订货系统和结算系统，面向消费者销售时还是由企业自己负责。这时企业主要应考虑网上店铺的布置、产品的展示（如可考虑采用虚拟现实、3D 等新技术，或用模特拍摄短视频等全方位展示产品）、促销活动的开展等。除了传统的电商平台，近期蓬勃发展的直播带货、内容电商等也是企业可以考虑的直销渠道。

网络间接营销渠道设计则主要是选择网络中间商，产品由网络中间商进行销售或帮助销售，如京东商城、唯品会等。和传统营销渠道类似，这时主要考虑的因素也是市场因素、产品因素、企业因素、中间商因素、竞争者因素和环境因素等。只是因为网络中间商比较集中，选择起来更为简单一些。

案例 10-3　　　　　　　　　　**韩都衣舍的渠道**

截至 2018 年底，韩都衣舍孵化和运营 35 个品牌，涵盖女装、男装、童装、中老年和户外等多个品类，涉及欧美、东方等多种风格，是一家基于"柔性供应链"模式的快时尚电子商务企业。

每年双 11 因为大流量的涌入，仓储物流和客服总会成为最棘手的问题，韩都衣舍 2019 年多管齐下，力争 5 天之内全部发货完毕。

韩都衣舍方面透露，双 11 当天到韩都衣舍旗舰店访问的客户将超过 3 000 万，单日的发单量有可能会超过百万，这样一个量放在任何一家企业都会是个严峻的挑战，仓储物流和客服都会感受到巨大的压力。

韩都衣舍拥有近 60 000 米^2 的仓库，但在双 11 期间发货量巨大，仍然有爆仓的可能，为此韩都衣舍又紧急租赁了新仓库，专门应对双 11 期间爆仓压力。

此外，韩都衣舍与各大物流、快递公司都有合作，届时它们会派出专车前往韩都衣舍取货，确保韩都衣舍得以随时卖货随时发货。客服部也和储运部一样全是实行三班倒。

2019 年，韩都衣舍招募了 1 000 多名大学生投入仓储和客服队伍中。有了这些准备，双 11 期间的庞大订单，预计 5 天之内会全部发货完毕。

2019年11月29日午间,韩都衣舍官方微博发布信息透露,韩都衣舍集团已正式获得新三板上市挂牌函,将成为国内互联网服饰第一股。

没有一家线下店

据披露,韩都衣舍最早从淘宝起家,曾经在线上斩获不俗的成绩,一度被称为"淘品牌"。据亿邦动力网披露,韩都衣舍的女装类目销售额曾在2012年、2013年和2014年的双11活动中获得三连冠。

从商业模式上来看,韩都衣舍借鉴了国际知名快时尚巨头ZARA的买手制,创造了"以产品小组为核心的单品全程运营体系",实施"多款、少量和快速"的产品管理模式,将此种商业模式与中国互联网购物的线上运行电子商务运营平台相融合,通过B2C及"B2B-B2C"的模式向消费者提供生活时尚解决方案,从而实现盈利。

从营销渠道来看,韩都衣舍没有一家线下实体店,主要是电子销售渠道。公司的销售模式分为B2C模式及"B2B-B2C"模式,销售平台主要分为官方网站、天猫商城、京东、苏宁易购、唯品会和当当网等。

值得一提的是,2019年年初,除了韩都衣舍,还有茵曼、裂帛和三只松鼠等从线上发展起来的淘品牌纷纷开始谋求上市。

资料来源:快资讯,《韩都衣舍的渠道通路》(2019-12-25),引用时有改动。

10.3.2 网络营销渠道的管理

企业建立网络营销渠道之后,就要对其日常运营进行管理。网络营销渠道管理同传统营销渠道管理一样,其实质就是通过一系列的管理手段和方法,如激励渠道成员、防范渠道冲突、鼓励渠道成员合作等,促使渠道成员之间关系和谐、渠道成员销售能力增强,从而实现整个营销体系效益、效率最大的目标。网络营销渠道管理的重点在于渠道政策管理、渠道冲突管理、渠道安全管理和渠道物流管理。

1. 渠道政策管理

渠道政策对于渠道运作的规范与导向作用是不可忽视的,没有好的渠道政策也就不会有成功的渠道。渠道政策实际上关系着整个渠道的健康发展。渠道政策管理的关键在于,首先要制定科学的行之有效的渠道管理政策以保证整个渠道体系的高质量运转,然后要求所有渠道成员都严格执行已经制定好的政策,以保证渠道的畅通和对外服务的一致性。

(1)渠道政策制定。企业要明确网络营销渠道的政策内容,一般应包括主要产品的宣传政策、促销政策、价格体系政策、客户服务政策,以及渠道成员利益分配和激励政策等,这些政策实际上形成一个整体的营销政策体系。

制定渠道政策时,企业要注意平衡渠道成员的利益。营销渠道是一个从企业到顾客的环节众多、利益主体众多的链条,有一套利益平衡机制在发挥着作用,这套机制促使多方利益主体向同一个方向努力，渠道政策就是这套机制的重要组成部分。因此，制定切实可行的渠道政策的关键在于平衡渠道中各利益相关者的利益分配，构建一种符合企业自身资源的多赢模式。

（2）渠道政策执行。渠道政策制定之后，接下来就是渠道政策执行。执行的关键在于通过各种措施保证渠道政策不变形。为此企业应做好以下几点。

1）与渠道成员进行沟通。企业应重视与网络中间商的沟通，要让网络中间商了解自己的目标、策略以及产品和销售的相关信息。沟通分为两个层次：一是企业高层与网络中间商高层的沟通，主要沟通战略、目标、执行等方面的重大问题；二是企业客户经理与网络中间商具体执行层的沟通，主要沟通各项具体问题，如价格、返点、促销活动等。沟通的最终目标是减少和中间商之间的分歧，达成共赢。

2）加强渠道监控和评估。首先，企业渠道管理部门要根据网络中间商的权利和义务，对其产品宣传、价格体系、促销活动等进行定期监控，发现不实宣传、擅自降价等问题后要及时沟通和处理，以保障整个网络营销渠道体系的稳定。其次，定期对网络中间商的销售量、销售额、促销活动、广告宣传、客户服务水平及其他事项进行考核评定，对出色完成销售任务的网络中间商给予物质和精神激励，以调动网络中间商的分销积极性。

3）提供渠道增值服务。提供渠道增值服务，既是对网络中间商的激励，也是企业加强渠道控制的手段。提供增值服务，要先了解网络中间商不同发展阶段的不同需求，再根据需求提供相应的增值服务，如培训、协助制订市场营销计划、协助开展市场调查、提高中间商管理水平等。对于那些发展较好的网络中间商，企业可以谋求与之建立平等的战略合作伙伴关系，共同打造营销渠道的核心竞争力。

4）实施企业内部渠道管理组织变革。网络中间商具有不同于传统中间商的特点，因而需要企业区别对待，另行管理，同时还要兼顾传统营销渠道与网络营销渠道之间的利益平衡。为了更好地管理外部的中间商，企业需要对现有的内部组织结构进行变革，将传统营销渠道管理与网络营销渠道管理的部门分设，但应统一在销售部或市场部下，有统一的主管领导，以便平时各自管理，出现重大问题时相互协调。同时，组织变革后一定要任用专业人才进行管理，才能发挥出组织变革的优势。

2. 渠道冲突管理

虽然网络营销渠道发展非常迅速，但要说网络营销渠道已取代了传统营销渠道还言之过早。所以，目前很多企业采用传统营销渠道和网络营销渠道运营，希望能兼得二者的好处。但在实际运营中，这两类渠道经常发生渠道冲突，威胁到渠道的稳定和整体利益的实现。具体来说，网络营销渠道冲突主要有两类，一类是网络营销渠道与传统营销渠道间的冲突，另一类是网络营销渠道内部冲突，即不同网络中间商之间的冲突。对于后一类冲突，其管理方式类似于传统营销渠道内部冲突的管理，此处主要讨论如何管理第一类渠道冲突。

（1）渠道冲突的原因。

1）客观原因。一是传统营销渠道的抵制态度。当原先拥有传统营销渠道的企业引入网络营销渠道时，传统营销渠道成员出于对自身利益的维护，更唯恐网络营销渠道成员在不远的将来会取代自己的位置，因此难免会对网络营销渠道抱有敌意。传统中间商的不合作与敌意直接导致了两种营销渠道的冲突，使企业在引入网络营销渠道时左右为难。二是对资源的争夺。多渠道的采用不可避免地带来了网络营销渠道与传统营销渠道之间对资源的争夺。这种争夺主要体现在两个方面：对企业资源的争夺和对市场的争夺。企业的资金、人力、产品等资源都是有限的，引入网络营销渠道必然会侵占原来对传统营销渠道的资源供给。同时，两种渠道都面向同一个客户群销售时，必然会产生激烈竞争，引发利益冲突，最终使企业的营销效果大打折扣。这种情况在顾客网上购物中表现非常明显。有些顾客会先在传统营销渠道中仔细观察、试用产品，满意后并不在传统营销渠道购买，而是返回网络营销渠道下订单。这是因为网络营销渠道一般和传统营销渠道价格体系不同，价差经常能达到让顾客不能不动心的地步。例如，某品牌一新款灶具抽油烟机在传统营销渠道中打完折后价格7 200元，而同样的品牌和款式，在网上只要4 500元，加上400元运费，总价也不过4 900元，还是要比传统营销渠道便宜2 300元。这样的差价对顾客不可能没有诱惑力。这种网络营销渠道对传统营销渠道价格体系的冲击是非常严重的，也是传统营销渠道成员最为痛恨的。

2）主观原因。在传统营销渠道的基础上引入网络营销渠道时，企业必须合理设计渠道关系、协调渠道成员行为以避免冲突。但实际上许多企业渠道管理能力低下、多渠道运作经验不足，没有通过差异化使新旧渠道实现区隔，也不了解如何根据渠道差异使用恰当的产品、定价、促销及服务手段，不具备进行渠道整合的能力，因此导致甚至恶化了渠道冲突。企业整合渠道能力的不足体现在：企业在某一区域市场内未能合理规划使用两类渠道，致使同一客户群可以通过不同渠道接触到企业的同类产品，但产品定价不同，顾客可能会因此对企业的产品甚至企业本身产生怀疑，而网络营销渠道与传统营销渠道也会因为争夺顾客进行价格战或促销战，产生冲突；企业对网络营销渠道和传统营销渠道没有根据各自特点设计相应的营销组合，而是使用统一的营销策略，以致在执行中出现种种问题；即使企业对不同渠道采用了不同的渠道政策和分销手段，但缺乏沟通和说明，也会导致部分渠道成员的不满；企业对网络中间商的管理仍停留在传统的方式上，致使两类渠道不能形成强有力的合力以共同协助企业实现销售目标。

（2）外部多重渠道区隔策略。这种策略主要是针对网络营销渠道和传统营销渠道采用不同的定位与营销组合。常见的做法包括以下三个方面。

1）差异化定位。企业在使用网络营销渠道之前，需要事先明确公司的整体战略，清楚网络营销渠道在渠道策略中到底将扮演什么样的角色。对于同时使用传统营销渠道与网络营销渠道的企业来说，需要对网络营销渠道进行差异化定位，使其成为传统营销渠道的"增量"而非"替量"，以同时实现传统营销渠道与网络营销渠道的不同价值。一些企业以为实施网络营销就是把商品打折拿到网上卖，事实上，这样的做法换来的只是顾客的渠道转换,是"替量"而非"增量",这是没有实际意义的,不能给企业带来效益,有时甚至会使效益降低。

常见的网络营销渠道定位有以下三种:一是品牌互动窗口,即发挥网络营销的互动优势,将网络营销渠道建设成为与现实和潜在顾客开展线上品牌沟通的交流窗口和互动平台,以增加品牌知名度、强化品牌美誉度和提升品牌忠诚度,甚至进行新品推介。二是库存消化通道,即将网络营销渠道建设为企业及各个区域代理商处理积压库存商品的销售途径,开设网上特卖专场,实行降价销售。这样既适应了网络营销渠道销售价格优惠、地域覆盖不受限制的特点,同时也实现了过季商品和应季商品的有效区隔、网络消费群体与传统消费群体的有效区隔,不会直接损害传统营销渠道的利益。三是销售增量平台,即作为对传统营销渠道覆盖面不足的弥补,承载现实而直接的销售增量渠道功能。例如,李宁公司在线下各专卖店的销售以正价新品为主,而在专门的打折店中以销售库存产品为主,在网上商城销售的主要是以正价新品的推荐和限量商品为主,包括明星签名的商品,这些商品瞄准的是少数顾客,而淘宝网的网店则进行一部分库存商品的销售。

案例 10-4　　集成灶网络营销渠道和传统营销渠道冲突　有何共存法则

网络渠道的兴起,对传统渠道经销商的利益造成了很大的影响,国内厨电企业的变革正在进行中。在国内最大的网购平台——淘宝网上,作为厨电业冉冉升起的新星,集成灶早已经涉足网络这片新的销售天地。

作为新生事物的网购渠道,能为企业带来新鲜、刺激和一定的收益;而传统营销渠道和企业共同扶持、共同成长,经历了风风雨雨后,难免生出许多摩擦和"审美疲劳"。企业一方面需要安抚传统经销商,另一方面又急于想尝试网络营销渠道带来的好处,这就难免生出一些冲突。

集成灶行业两种渠道之间对客户资源的争夺

传统营销渠道覆盖的客户,在互联网上也存在一个身份,当试图把他们发展成为互联网渠道的客户资源时,就和传统营销渠道发生了资源争夺。中国互联网络信息中心(CNNIC)的统计报告显示,截至 2021 年 12 月底,中国网民规模达到了 10.32 亿,手机网民规模为 10.29 亿。网络用户与线下用户重叠的部分越来越多,也势必导致两种渠道之间对客户资源的争夺越来越直接。

除非网络营销渠道和传统营销渠道的客户群没有重叠,否则摩擦和冲突就不可避免。有两个原因使得客户群重叠不可避免:首先,网络对传统客户没有既定的区隔,不可能阻止他们利用网络的便利和作为网络公民的存在;其次,营销增值或成本都是在厂商和客户之间共同分配的,客户也有自发分享电子商务所带来增值的愿望,他们会因为网络上的商品比实体店价格更低而向自己的亲友推荐网络购物。因此,传统渠道客户向网络渠道客户的转移是不可避免的。

集成灶企业网络营销渠道的建设成本

"网购渠道建设成本较低甚至零成本"是当前很多企业在认识上的一个误区。相较于传统营销渠道，网购最大的优势在于省去了中间商的多层利润，能够最大化地直接让利消费者，但是这并不代表网购平台的建设不需要成本。据了解，网络营销渠道的建设成本主要包括以下几个方面。

1. 库存和物流成本

一位电子商务企业负责人就表示，对于电子商务企业来讲，仓储、配送等都需要成本，综合成本达到20%，企业之间拼的不仅是品牌影响力和价格，更要拼的是供应链。控制好供应链，才能降低各项成本，从而保持价格上的优势。很多建立官方网购旗舰店的集成灶品牌，在其网店很少陈列最新款的产品，而是以库存消化为主。这部分产品以低于实体店的价格直接配送到网购用户手中，既促进了厂商库存的流动，又减少了中间环节的层层提价。反之，若企业专门为了网购渠道增加原有库存，那么维护成本和货品积压的风险都将有所增加。

物流成本相对于网购的低廉价格来说，是花费最大的一部分，特别是浴缸、橱柜、浴室柜等大宗集成灶产品，长途运输就显得不那么划算。因此，目前很多企业的网销平台主要针对水龙头和五金挂件等便于运输的产品，大件产品一般会限定区域销售或需要当地经销商进行配合。

2. 平台建设的相关费用

网购平台的技术支持非常重要，随着电子商务的发展，相关技术、美工、客服人员的薪资水平也水涨船高。

3. 细分品牌的建设

一些集成灶企业专门针对网络营销渠道和目标消费者的特点推出了专供网络销售细分品牌，从产品研发、设计、新的生产线和模具的制造、品牌推广等硬性投入来看，也是一笔不小的开支。

4. 广告投放

无论对于成熟品牌还是新的细分品牌，集成灶产品作为一种低关注度的耐用消费品，要想在购物网站浩如烟海的品牌列表中，迅速抓住消费者的眼球，广告是最直接的手段。现在，网络广告也不再是低价的代名词了。例如，淘宝网首页推荐广告位叫价14万元/天，天猫商城首页广告位6万元/天。

将网络营销渠道与传统营销渠道相融合

天下真是没有免费的午餐。二者之间的冲突也决定了其合作必然面临很大的问题，如何让网络营销渠道和传统营销渠道实现兼容和互补，为企业创造最大化的效益呢？

解决网络营销渠道和传统营销渠道冲突的方法其实与解决传统营销渠道冲突的方法相似。市场细分是解决渠道冲突的有效方法之一。有了这个指导思想，可以增加厂商的主导性倾向，也就是主动进行市场细分。从本质上讲就是把一部分用户群留给传统营销渠道,另一部分划归新型的网络营销渠道。这种做法表面上看是厂商主导的,实际上厂商也是根据客户的需求特点和环境的变化进行调整的行为,并非厂商的一厢情愿。例如,一些集成灶企业专门针对目标市场和网络营销渠道的特点推出了专供网络销售的细分品牌。还有企业借助新品牌的优势,将经销商资源与网络展示有机整合。

在网购成为大势的现在,集成灶企业应该正视网络营销渠道的重要性,不可忽视它的作用。不走在时代的前沿,不与时俱进的企业必然会被市场所淘汰。在当下的形势中,集成灶企业只有将网络营销渠道与传统营销渠道相融合,才能实现利润最大化。

资料来源:橱柜网,《集成灶网络渠道和传统渠道冲突 有何共存法则?》,2017-05-09。引用时有改编。

2)产品区隔。实施产品区隔主要有两种具体做法:一是品牌区隔。企业可实施多品牌策略,传统营销渠道销售的是某一个或几个品牌,而网络营销渠道销售的是其他品牌。其实在传统营销渠道中已有很多企业针对不同目标市场的不同利益需求实施多品牌策略,如宝洁公司的洗发水就有飘柔、潘婷、海飞丝等多个品牌。线上线下销售不同品牌是一个很好的区隔渠道的方法。例如,报喜鸟集团为开辟网络销售市场,针对不同类型的细分市场,就专门发展了一个全新的网络营销渠道品牌——"宝鸟"。二是产品类型区隔。企业可以在不同的渠道销售不同的产品类型,甚至有些企业只在传统渠道销售那些网上没有的产品。例如,国内一些品牌女装在传统渠道中销售的很多服装在网上都买不到;芭比娃娃的热销产品只在传统渠道中销售。网络营销渠道与传统营销渠道冲突解决的一种做法,是为网络营销渠道专门定制特别型号的产品,以避免顾客对线上线下产品的直接价格比较。例如,很多3C企业为了避免传统营销渠道与国美、苏宁的价格冲突,就是采取产品类型区隔的做法,为其特制部分型号。

3)价格管理。企业在网上销售的商品价格不低于传统渠道中的价格,就不易引发多渠道冲突。相关研究表明,只要网上商品的价格为线下价格的75%以上,就不会对线下商品产生太大的冲击。例如,联想就采用了控制价格下限的办法,对自己旗舰店的商品,包括网上代理商的销售价格,制定了下限浮动不得超过3%的严令。又如,对于玩具类产品,一般厂家则采取了限调20%的幅度禁令。其实有很多网上商户都是企业自己的传统营销渠道中间商开的,它们要么为了完成任务指标,要么为了提高销量以获得返利,纷纷开设网店大打价格战。所以,做好价格管理,控制好网上商品的最低价格,既可以尽量避免传统营销渠道与网络营销渠道的冲突,又可以杜绝传统营销渠道中间商违规出货。

案例 10-5　　　　　　　　优衣库线上线下渠道"双飞"

与中国传统服装品牌纠结于线上线下渠道平衡不同,优衣库并不存在这一困扰。当中国一些服装品牌在线上线下渠道平衡的纠结中裹足不前之时,优衣库利用O2O模式来实现线上线下的渠道"双飞"。

> 因为中国一些传统服装品牌以经销模式为主,为了平衡渠道关系,不得不在上线之初退而求其次地选择作为线下渠道的"下水道",而一直全部直营的优衣库则可以做到线上线下款式完全同步,并且价格一致。对于优衣库来说,如今辐射市场范围更广的天猫商城店迄今为止最大的价值不是漂亮的销售数字,也不是一直保持不错的毛利率,而是利用该店铺数据可以精准地指导优衣库将线下门店开在中国哪块区域。最好的明证就是,在2009年上线之前已经入华7年的优衣库只开出了22家店,而到2020年8月底中国门店数量已达到767家,首次超过日本国内的直营店(764家)。
>
> 资料来源:曹文君,潘红英.优衣库入天猫始末 [EB/OL]. (2012-10-16) [2022-04-01]. http://i.wshang.com/Post/Default/Index/pid/14654.html.

(3)内部多重渠道管理部门整合策略。尽管可以通过多种措施对两种渠道进行区隔,但实际上消费者现在已经习惯于通过多个渠道购买产品,完全把渠道隔开是不可能的。因此,在对外部渠道成员进行区隔的同时,还必须在企业内部对多重渠道管理部门进行整合,先统一企业内部渠道管理部门的思想认识,再通过他们去影响外部渠道成员,进而预防渠道冲突的发生,而不仅仅是被动应对。因为企业管理者对内部组织的控制力更强,所以这种整合会更加方便可行。

多重渠道整合策略在企业内部主要有以下三种措施:①通过目标整合形成合力。在企业内部,要强调所有渠道管理部门都应以渠道整体绩效提高作为最高目标,从而避免各渠道部门为了自己部门的利益相互争夺资源。实施目标整合的一个具体措施就是鼓励一个渠道管理部门向另一个渠道管理部门推荐业务,向别的渠道管理部门推荐业务的部门会因此得到补偿或奖励。所以,不管是传统营销渠道向网络营销渠道推荐顾客,或者相反,双方都会因为整体绩效的提高而得到红利分配。IBM、天空通讯和美商实快电力等公司都有类似的渠道设计。②协调内部渠道管理部门的行为。这主要是对渠道管理部门的行为进行同步化和整合。协调的措施包括成立专门的渠道管理团队与制定约束性的书面文件。例如,IBM建立了渠道协调委员会,专门负责内部渠道管理部门的协调与企业总体渠道策略的制定和执行。这个委员会包括每个渠道管理部门的代表,每周开一次会,讨论促销和定价等问题,尽可能地避免对同一目标市场进行竞争。另外,IBM还针对每个渠道管理部门的角色、职责和目标市场的划分制定了详细的书面文件,以免出现因职责、区域划分不清而导致的渠道冲突。③加强内部渠道管理部门间的沟通。具体来说有以下常用的沟通形式:第一,加强内部宣传沟通。在内部加强对公司总体网络营销战略的传播,使传统营销渠道管理部门也能了解企业的网络营销策略对整体渠道绩效的作用。第二,实施轮岗制。网络营销渠道和传统营销渠道管理部门的员工可以定期互换岗位,这样有助于员工理解不同渠道的运行管理机制,消除部门间的误解。第三,组织共商共议活动。鼓励不同渠道管理部门的人参加共商共议活动,大家各抒己见,形成良性互动,通过讨论和商谈形成双方都能接受的冲突解决方案。

3. 渠道安全管理

针对网络营销渠道中存在的安全问题，企业可从以下三个方面加强安全管理。

（1）针对货款安全问题，可以通过引入网络支付中介机构和实施网络实名制来解决。首先，引入网络支付中介后，顾客的货款先行支付到中介机构，然后中介机构向网络中间商发出发货要求。顾客收到产品后，判断产品是否符合要求，符合则进行确认，由中介机构将货款付给卖方。若不符合则直接退换货，在一定时间内中介会向顾客退回货款。现在这个问题经由支付宝和微信支付已经基本解决。其次，还可通过网络实名制解决货款安全问题。网络实名制后，无论是买方还是卖方都必须实名登录，从制度上减少了顾客受到网络欺骗的可能。当然，这对卖方来说也是一个福音，因为网络实名制可以降低顾客收到商品但不支付货款的概率。

（2）针对信用卡和账号安全，可采用很多的先进技术来预防和避免。信用卡和账号出现问题的原因主要来源于病毒、木马程序和黑客的攻击。因此只要能防备这些攻击，就可最大限度地保证信用卡及账号安全。常用的技术手段包括：通过使用安全性较高的网络操作系统并进行必要的安全配置，关闭一些不常用却存在安全隐患的应用，对一些关键文件的使用权限进行严格限制，加强口令字的使用，及时给系统打补丁等，以满足系统安全需求；通过在终端设置防火墙达到隔离非信任域网络的目的；通过使用加密技术、个人数字签名技术保证交易过程中信息传递的安全性，有效防止信息被第三方非法截取和利用；配备网络安全扫描系统和系统安全扫描系统检测网络中存在的安全漏洞，并且要经常使用，对扫描结果进行分析，及时采取相应的措施修复系统漏洞，对网络设备等存在的不安全配置重新进行安全配置；配备入侵检测系统，对透过防火墙的攻击进行检测并做相应反应（记录、报警、阻断）；从服务器到单机都要配备防病毒软件，防止病毒入侵主机并扩散到全网，实现全网的病毒安全防护，并对病毒代码库及时更新；通过网络备份与灾难恢复系统对重要数据信息进行安全备份与恢复。

（3）针对个人信息安全，可通过相关技术与制度进行解决。例如，为防止交易过程中泄露个人信息，现在有一种电子现金技术。电子现金就是一种匿名的电子支付手段，它的原理是用银行加密签字后的序列数字作为现金符号，使用时无须顾客签名，因此可保证交易中个人信息不被泄露。同时，针对一些不良商家的非法出售个人信息的情况，应由国家出台一些相关规定，对违反规定的给予严厉处罚。

4. 渠道物流管理

物流是指网络营销中基于信息流、商流、资金流的产品或服务的物理传输，是网络营销渠道中必不可少的环节。这里的物流是指产品或服务从企业发出直至到达顾客手中的整个过程。渠道物流管理包括三方面内容：订货系统管理，库存与订单管理，配送管理。

（1）订货系统管理。订货系统管理包含订货系统设计和订货信息管理两个方面。订货系统设计要考虑顾客需求，尽量简便，让顾客能方便地寻找、挑选产品并下订单，告诉顾客收到商品的大致时间，允许顾客自主选择不同类型的送货方式。

订货信息管理要重视顾客订单信息的保存与管理。客户信息对企业来说是一种非常重要的资源，能为企业进行市场分析、促销、维护客户关系提供依据，因此，在法律允许的情况下应尽量多获取客户信息。客户信息对于客户来说属于个人隐私，他们愿意将个人信息告诉企业，说明他们对企业有基本的信任。企业一定不能辜负客户的信任，应将客户信息视为机密，特别是关于客户信用卡（银行卡）卡号及其他财务信息。同时对客户的姓名、地址、电话、购物经历等其他信息也要加以保护，为顾客再次购物提供方便，不用再次填写相关内容。如果需要将客户信息发布给第三方，之前一定要得到客户的准许，而不能自作主张私自泄露。

（2）库存与订单管理。在接到订单后，企业接下来要将产品传递给顾客。如果是无形产品，可通过网络直接传送。而对于不能用网络传送的实体产品，则需通过物流来解决。在产品运送的过程中，可能出现产品未能送达顾客手中的情况，这会影响企业的信誉。出现这种情况可能是由于库存不足或尚未到货，或订单被忘记，或包裹在运输过程中出现丢失、损坏等。为避免这些问题产生，企业需要做好库存和订单的跟踪和管理。

1）库存管理。企业应建立库存数据库，随时了解销售产品的数量和库存产品的数量，根据不同时间段的产品销售情况计算产品需求水平和最佳库存量，适时补充库存，保持一定的安全库存水平，这样既可满足销售需要，又可尽量减少库存成本。

2）订单跟踪。为保障订单不被遗忘或丢失，企业应创建订单信息数据库，随时了解有关订单信息及其状态，如新订单、延期订单、已完成的订单等。此外在网站上还应允许顾客登录个人主页查询自己的订单、订单最新状态及有关订单的任何问题。而一旦出现订单问题，企业应在第一时间内通知顾客，真诚地与顾客沟通，取得顾客谅解，同时提出补偿方案，尽量弥补顾客的损失。态度和处理措施有诚意的企业一般都会取得顾客谅解，而且会赢得和顾客深度沟通的机会，常常会获得顾客更高的满意度和忠诚度。所以，企业事前应尽量避免订单问题出现，而一旦出现，也不必惊慌失措，一定要全力以赴地解决，"亡羊补牢，犹未为晚"。

（3）配送管理。配送一般有自营物流模式和第三方物流模式两种。到底选择哪种模式，由企业根据顾客的地区分布、销售商品的品种、配送细节、配送成本、物流企业发展状况等来综合确定。例如，京东商城采用的就是自建物流的模式，在全国8个城市建立了二级物流中心，客户的订单由京东自行配送，因此提高了对消费者需求的响应速度。而淘宝采用的则是第三方物流模式，客户订单由第三方物流公司配送，到终点时放到菜鸟驿站，再由消费者自取或送货上门。相对来说第三方物流模式在网络营销中比较常见，这也是社会分工提高效率的结果。甚至京东商城在二线、三线城市也是采用自营物流和物流外包相结合的模式。

不管是哪种物流模式，企业都需要对配送进行管理，管理的最终目标是提高效率，减少失误。企业要实现物流管理的目标，就需要对物流体系进行信息化、网络化、自动化和智能化改造。其中信息化是改造的核心，其内容包括物流信息表达的数字化、物流信息收集的自动化、物流信息处理的电子化及计算机化、物流信息传递的标准化和实时化、物流信息存储的数据库化、物流信息管理的系统化和物流信息查询的个性化等。网络化包括两方面：一是指物流信息的网络化，即物流信息传送、存储的网络化，包括物流配送中心与供应商或企业的信息传递和存储要通过计算机网络，与上下游顾客之间的信息传输和存储也要通过计算机网络；二是组织的网络化，也就是企业内部网和 ERP 系统等信息技术和网络技术在企业内部管理中得到应用。自动化就是采用自动化机械设备，可实现提高劳动生产率、扩大物流作业能力、减少物流作业差错等效果。智能化则是指在物流作业过程中大量的运筹和决策通过计算机等人工智能来解决，以提高运算效率，避免差错。企业经过信息化、网络化、自动化和智能化改造，可大幅提高物流系统的运作效率，减少差错，提高顾客满意度。

10.4 网络营销渠道创新

10.4.1 网络营销渠道创新的环境

和传统营销渠道相比，网络营销渠道属于新型营销渠道。但互联网本身的发展日新月异，不断推出新的应用形式，促使网络营销渠道也在不断创新。

根据 2022 年 2 月 CNNIC 发布的第 49 次《中国互联网络发展状况统计报告》，截至 2021 年 12 月，我国网民规模达 10.32 亿，较 2020 年 12 月增长 4 296 万，互联网普及率达 73%。2021 年，我国网上零售额达 13.09 万亿元，较 2020 年增长 14.1%。截至 2021 年 12 月，我国网络购物用户规模达 8.42 亿，较 2020 年 12 月增长 5 969 万，占网民整体的 87.6%。随着以国内大循环为主体、国内国际双循环相互促进的新发展格局加快形成，网络零售不断培育消费市场新动能，通过助力消费"质""量"双升级，推动消费"双循环"。在国内消费循环方面，网络零售激活城乡消费循环；在国内国际双循环方面，跨境电商发挥稳外贸作用。此外，网络直播成为"线上引流 + 实体消费"的数字经济新模式，实现蓬勃发展。直播电商成为广受用户喜爱的购物方式，66.2% 的直播电商用户购买过直播商品。截至 2021 年 12 月，我国网络视频用户规模达 9.75 亿，较 2020 年 12 月增长 4 794 万，占网民整体的 94.5%；其中短视频用户规模为 9.34 亿，较 2020 年 12 月增长 6 080 万，占网民整体的 90.5%。

从互联网应用发展状况来看，基础应用类应用（即时通信、搜索引擎、网络新闻、远程办公）、商务交易类应用（网络购物、网上外卖、网络支付、旅行预订）、网络娱乐类应用（网络游戏、网络音乐、网络文学、网络视频、网络直播）、公共服务类应用（网约车、在线教育、在线医疗）等各类应用，大都在疫情期间得到迅速发展。一方面，传统的网络营销渠道在继续快速发展，如淘宝、京东、拼多多、唯品会等电商平台和网络中间商；另一方面，新的应用，如网络视频（抖音、快手）、网络直播（斗鱼、虎牙）等应用，因为其出色的营销能力，正在变成新的网络营销渠道。而一些原本只是做内容的平台，也正在和电商结合，成为新的网络营销渠道，如今日头条、小红书、知乎等。

10.4.2 网络营销渠道创新的形式

1. 直播平台

2016年是直播元年，国内接连出现了300多家网络直播平台，直播用户数量也快速增长。而此时适逢电商平台遭遇流量瓶颈，各大平台积极寻求变革，尝试一种电商内容化、电商社区化的模式，直播平台的出现让这种尝试得以落实。2016年，淘宝、京东、蘑菇街、唯品会等电商平台纷纷推出直播功能，开启直播导购模式；快手、斗鱼等直播平台则与电商平台或品牌商合作，布局直播电商业务。经过5年多的发展，诞生了斗鱼、虎牙直播、快手直播、企鹅电竞、花椒直播等行业内较火的直播平台，它们是最早的真人互动"秀场"，后发展为直播营销、直播带货，催生了众多直播带货明星，甚至连企业界名人都开始涉入直播带货。iiMedia Research（艾媒咨询）数据显示，2020年中国直播电商市场规模为9 610亿元，2022年有望上升至15 073亿元。中商产业研究院统计数据显示，截至2021年12月全国直播电商用户规模达4.64亿。直播商品以化妆品、食品、家居日用品、电子电器和服装等产品为主。直播营销已引起大多数企业的关注，直播渠道也成为企业开展网络营销的重要营销渠道。

当前，我国直播电商行业的主要平台有淘宝、抖音、快手、京东、唯品会、蘑菇街、小红书、拼多多、苏宁易购等。其中，淘宝、抖音、快手是我国直播电商行业的主要平台，从用户数量、平台占有率看，淘宝占有较大优势；从市场成交额看，抖音成交额要高于其他两大平台。总体来看，淘宝、抖音、快手三大平台竞争激烈。淘宝直播、快手、抖音三大平台对比情况如表10-2所示。

表 10-2 淘宝直播、快手、抖音三大平台对比情况

对比项目	平台		
	淘宝直播	快手	抖音
平台属性	电商	社交+内容	社交+内容
电商载体	站内成交	淘宝、天猫、有赞、京东、拼多多、快手小店、魔筷星选	淘宝、天猫、京东、抖音小店
带货关键意见领袖属性	头部主播高度集中	头部主播优势地位固化，中腰部主播面临流量挤压困境	代表主播：罗永浩
带货商品属性	淘宝体系内全品类，价格区间广	高性价比的白牌商品较多，产业带主播比重较大	美妆+服装百货占比高，商品价格集中在0~200元，有一定知名度的品牌
带货模式	商家自播和达人导购模式	达人直播、打榜、连麦等	短视频+直播
转化率	很高	较高	中等
客单价	低中高	中等	较低

资料来源：根据前瞻产业研究院资料整理而成。

2. 短视频平台

随着网络环境的发展，在移动互联网时代下，用户的阅读习惯、消费场景也在不断发生变化。2020年"短视频"成为众人口中的高频词。短视频是指以新媒体为传播渠道，时长在5分钟以内的视频内容，其是继文字、图片、传统视频之后新兴的又一种内容传播载体。目前社交类短视频平台以抖音、快手、美拍等为代表。这类平台社交氛围浓厚，用户黏性较高。作为信息传播方式，短视频逐渐成为其他网络应用的基础功能。一是短视频成为新闻报道新选择，在不断改变新闻叙事方式，拓宽新闻报道渠道，创新新闻传播方式。很多新闻客户端下面都有专门的视频新闻频道，很多手机浏览器下方也都有视频甚至直播频道。例如，今日头条下面有西瓜视频，百度浏览器下面有好看视频等。二是短视频成为电商平台的新标配，用以更生动形象地展示商品，促进消费者形成产品认知，激发用户需求，提升转化效率。三是短视频成为旅游市场的新动力，带火了一大批旅游景点，成为旅游业的重要营销手段。因此，短视频平台得到企业越来越多的重视，成为企业网络营销渠道的重要选择之一。

现在短视频平台与直播平台也呈现出融合之势。例如，抖音短视频平台同时拥有直播功能，其带货模式即为短视频+直播。用户登录后，看自己关注的主播，有直播就看直播，没有直播时就看前面录制的短视频。而不管是直播还是短视频，因为都是视频呈现方式，推荐产品都非常直接生动，所以其带货能力非常突出。据统计，2020年抖音全年带货成交额高达5 000亿元人民币，是2019年的3倍多。而2021年，抖音的目标是达到10 000亿元，追上拼多多2019年的成交额。2021年，鸿星尔克因郑州暴雨捐款事件由原来的寂寂无名而变得家喻户晓，产品直接卖断货，与其在抖音的病毒式传播和抖音直播带货渠道是密不可分的。抖音已经从原来的短视频社交平台，转变为一个短视频+电商平台。

3. 内容分发平台

内容分发平台指的是根据一定的分发规则进行内容呈现或推荐的新媒体平台。目前比较流行的是各大互联网公司基于算法推荐的内容分发平台，如今日头条的头条号、阿里的大鱼号、百度的百家号、腾讯的企鹅号、搜狐的搜狐号、凤凰新闻的大风号和网易的网易号。平台会根据用户的阅读习惯和文章的内容质量，向用户智能推荐相关内容。而现在流行的内容电商就是在内容分发平台上，以消费者为中心，以触发情感共鸣的内容为原动力，通过优化内容创作、内容传播和销售转化机制来实现内容及产品的同步流通与转化，从而提升营销效率的一种新型电商模式。在以往，消费者往往是在有购买需求时去浏览淘宝、京东等电商平台，选购产品并下单。而现在，消费者很有可能在没有购买需求的情况下，因为阅读某篇文章受到内容感染而直接一键下单。所以，现在各大内容分发平台纷纷加入电商模块，使内容发布者可以像插入图片一样在文章中直接插入商品，引导用户购买。当然，要打动消费者下单，内容与产品选择都非常重要。

4. 其他网络营销渠道创新形式

互联网上新媒体的形式在不断变化。从门户网站到微网站，从论坛到知乎，从博客到微博，从搜索到知识问答，从QQ到微信，从视频到抖音，从手机报到新闻客户端，从数字电视到直播，从淘宝到微店，从支付宝到财付通，从装机工具到推广渠道，从网络游戏到虚拟现实，从自媒体到社群，从App到小程序，很多新媒体的出现本来只是作为传播知识、推广品牌、进行娱乐、加强交往的载体，但后来的发展往往都与电商和营销产生了互动，成为一种新的网络营销渠道。例如，问答论坛社区——知乎，专家在回答问题的过程中，同样可以嵌入相关商品推荐链接，直接形成交易。又如，从一定程度上来讲，微博不仅可以做产品和品牌宣传，还可以直接引导用户在线支付和购买，形成完整的业务闭环。再如，新闻客户端中，可以通过软文引起读者关注，在文中推荐某种产品，并嵌入购买链接，同样可以形成销量。虚拟现实的发展也会为视频、演唱会、在线教育、在线医疗等提供新的能带来浸入式体验的渠道。自媒体发展而来的社群也一样可以进行产品销售，如罗辑思维卖月饼，甚至众筹平台也可以成为企业新产品迅速获得市场的创新网络营销渠道。总之，网络营销渠道的形式在不断迭代创新，旧的渠道形式在逐渐没落，新的渠道形式不断涌现，它的发展往往是在我们意料之外，又在情理之中。创新是网络营销渠道不变的主题。

本章小结

1. 网络营销渠道，也称电子化营销渠道，是指企业通过互联网或其他与互联网相连接的电子设备寻找、接近消费者或用户，或是消费者或用户通过互联网或其他与互联网相连接的电子设备寻找供应者，进行买卖交易的营销渠道。

2. 网络营销渠道具有覆盖范围广，使购买更方便、快捷，降低营销成本，互动性强，缺乏直观感受，延时交货等特点。

3. 一个完善的网络营销渠道至少应有订货功能、结算功能和配送功能等三大功能。

4. 网络营销渠道可分为网络直销渠道和网络间接营销渠道两大类型。网络直销渠道具体有两种形式：一种是"企业—企业官网—消费者或用户"，另一种是"企业—电商平台内的企业网店—消费者或用户"。网络间接营销渠道也有两种具体形式：一种是"企业—电商平台上的中间商网店—消费者或用户"，另一种是"企业—网络中间商—消费者或用户"。网络直销渠道和网络间接营销渠道都有自己的优势，但在现实中，大多数企业往往通过构建多渠道网络系统来销售产品。

5. 网络营销渠道的设计与传统营销渠道的设计类似，也要经过相同的流程，只是需要考虑网络营销渠道不同类型的特点。

6. 要实现网络营销的分销目标，同样需要进行渠道管理。网络营销渠道管理的重点在于渠道政策管理、渠道冲突管理、渠道安全管理和渠道物流管理。渠道政策管理包括政策制定与政策执行管理；管理渠道冲突需要在分析冲突产生原因的基础上，采用外部多重渠道区隔策略和内部多重渠道管理部门整合策略；渠道安全管理主要针对货款安全、信用卡和账号安全、个人信息安全三个方面的安全问题进行管理；渠道物流管理包括订货系统管理、库存与订单管理、物流配送管理三方面内容。

7. 互联网本身发展日新月异，不断推出新的应用形式，促使网络营销渠道也在不断创新。目前，网络营销渠道创新的形式主要有：直播平台、短视频平台、内容分发平台以及其他网络营销渠道创新形式。

思考题

1. 什么是网络营销渠道？
2. 网络营销渠道具有哪些特点？
3. 网络营销渠道的类型有哪些？
4. 网络直销渠道的优劣势有哪些？
5. 网络间接营销渠道的优劣势有哪些？
6. 企业应该如何管理传统营销渠道和网络营销渠道之间的冲突？
7. 试述你对短视频平台未来发展的理解。

实践训练

一、实训目的

通过实训使学生了解网络营销渠道与传统营销渠道的关系。

二、实训内容与要求

（1）收集传统营销渠道和网络营销渠道之间发生冲突的实例，分析其冲突的原因和解决措施，对其解决措施进行评论，并提出改进建议。

（2）采用辩论赛形式，要求将全班同学分为2个小组，各组进行辩论。正方观点，网络营销渠道可以取代传统营销渠道。反方观点，网络营销渠道不能取代传统营销渠道。小组中没有作为辩论代表上场的同学是正方和反方的智囊团，负责收集资料，答辩后编写各自小组的实训报告。

各小组按照辩论赛的要求，收集支持自己观点的资料。教师安排1~2个课时，组织辩论比赛。现场辩论时，选出一名学生作为主持人，从学生中随机抽出9名学生组成观察团，这些学生不进入辩论方所在小组，以保持客观公正。在辩论结束后，观察团投票表决哪方获胜。辩论学生代表谈辩论感受，教师进行点评并给出实训成绩。

案例分析

开网店、做直播……网络拓宽农产品销售渠道

近年来，我国农村网络零售业迅速发展，成为乡村发展新引擎。据统计，2020年，我国农村网络零售额达到1.79万亿元。在这背后，一批批乡村电商人才瞄准时代需求、发挥专业优势、创新销售模式，让农村的好货出山、助村民增收致富，为乡村振兴贡献力量。

缘起：让农民会种也会销

走进位于湖北长阳土家族自治县龙舟坪镇津洋口村的"清江肴"发货仓库，只见物

流车进进出出，工人们忙着分装、打包……"高峰时，日均发货1 500单以上，日均电商销售额超过18万元，还需要请50多名工人过来帮忙。"清江肴生态农业有限公司董事长田江海告诉记者。

田江海来自地处湖北武陵山区的长阳县资丘镇天河坪村，5年前，他还是杭州一家互联网公司的员工。他说："每次逢年过节回老家，总想着多带点东西到杭州。很多农产品在我们老家卖不出去，在杭州又买不到。"

2016年，34岁的田江海回乡创业。他试着开了网店，销售长阳本地盛产的清江椪柑和脐橙等农产品，当年销售额就达到200多万元。

"乡亲们守着好山好水，更应该过上好生活。"田江海说。

怀着同样心愿返乡的，还有广西百色市田阳区那满镇三同村38岁的罗东。"退伍后，我在广东做了十几年销售工作，积累了一些经验。"罗东说，"近些年，老家的山路修好了，物流通道打通了，快递点也建起来了。"2018年，罗东和几个村民开始在网上卖芒果，当年就卖了6 000多箱，销售额达50多万元。

近年来，我国农村网络零售额增长迅速，田江海、罗东等乡村电商人才，成长为帮助农民增收致富的带头人。2020年，全国农村网络零售额达1.79万亿元，其中，全国832个国家级贫困县网络零售总额达3 014.5亿元。

农村电商离不开能人带，更要有大伙儿跟着干，宁夏银川市永宁县闽宁镇原隆村30岁的海燕就是其中一员。面对记者，她腼腆地称自己是"没什么本事的农村妇女"；面对镜头，她是谈吐自如、毫不怯场的带货主播。

2020年初，闽宁禾美电商扶贫车间筹备开通"闽宁巧媳妇直播间"，海燕被挑选进入6人直播团队。没想到，开播3个月，"巧媳妇"团队月销售收入就超过了10万元。"现在，收入更稳定了，还能跟着别人学习技能，每天过得很充实。"海燕说。

探索：让销售增量又保质

"刚工作时，最常说的是'我不行'。"海燕说。第一次直播时，她完全不知道该说什么，也不敢看镜头。3个小时直播下来，她紧张得衣服都湿透了。

"'巧媳妇'们吃苦出力，毫无怨言，但因为受文化程度限制，往往做起事来有些不太自信。"扶贫车间相关负责人徐美佳说。因此，扶贫车间变成了教学课堂：不懂电脑，就从开关机学起；识字少，就把直播时常用的话用微信语音录下来反复听……下班后，海燕还经常拿着手机看别人的直播，学习带货技巧。

华中农业大学教授周德翼认为，目前农村电商发展要注意三个方面：电商人才方面，很多农民对网络营销手段还不熟悉；产业基础方面，"小、散、弱"难以形成集聚效应；物流服务方面，小规模经营者发货成本比较高。

"巧媳妇"团队的组建正是着眼于第一个问题，而田江海和罗东，则面临后两个问题。

"一开始只当中间商，货源质量参差不齐。"2017年，田江海自筹资金500多万元，在长阳县大堰乡建成了占地超过6 000米^{2}的生产基地，做木耳、腊肉等农产品加工。后来，他又注册了多个商标，先后取得腌腊肉制品、蔬菜干制品等食品的生产许可证。

2019年，罗东注册了"一路向芒"品牌，并和村里芒果种植合作社进行产销合作。"我自己开设了快递点，降低了物流成本；统一了村民网售的芒果包装，选品质较好的芒果，做成产地品牌。"罗东说。

未来：让视频有趣更带货

"大家可能都吃过芒果，但见过芒果开花的应该不多……"戴着草帽、拿着手机支架，罗东一边录制短视频一边笑着说，"从去年到现在，我已经录出经验了。"

2020年初，罗东报名参加了田阳区商务服务中心举办的农村电商扶贫人才培训班，对电子商务有了新认识，"短视频和直播带货将是我们未来的发展方向"。

说干就干，随即，罗东开通了短视频账号，白天去芒果园拍视频，晚上剪辑上传。罗东不仅自己写剧本，还学会了剪辑和无人机拍摄。如今，罗东的短视频播放总量已超过600万次。

田江海进入视频领域比罗东早一年。2019年起，他先后投资30多万元，在大山里建起了直播间，但效果并不理想。"观看量太少，直播转化率太低。"田江海说。在县科学技术和经济信息化局的帮助下，一些公司寻求与长阳本地多名网络主播合作。"梅子"是当地一名拥有140万粉丝的网络主播，帮助公司把黄皮黄心小土豆销售一空。

得益于长阳县电子商务示范县项目的推进，在当地政府的组织协调下，田江海还与多家电商企业签订代加工协议；成立专门的直播运营公司，短短3个月时间，公司带货营业额就突破600万元。

在周德翼看来，像田江海这样，与地方政府、专业团队、电商平台等合作是发展农村电商的题中应有之义。"农产品运输、冷链储藏的成本高、利润薄。一方面，经营者要通过'公司+合作社+农户'等形式，做大集群、降低成本；另一方面，政府要注重加强公共服务，培育本地电商人才。"周德翼说。

"现在，我们和快递公司、直播平台都有合作，成本降了，销路宽了。2020年'双11'，我们的货物堆满了快递公司在宁夏的货场，这是谁都没想到的。"闽宁禾美电商扶贫车间相关负责人何伟洁说。

现在，村里许多人找罗东学做短视频和直播，他深切地感受到："我们现在需要更多留得住、口才好、懂营销的能人、年轻人来到乡村，一起创业！"田江海则说："今年，公司打算培养至少10名农村主播，在电商平台上传播更多接地气、冒热气的声音，为好货出山聚集更多人气。"

资料来源：光明网，《开网店、做直播……网络拓宽农产品销售渠道》(2021-04-14)，引用时有改动。

问题：

1. 根据案例资料，请分析巧媳妇、罗东、田江海三个团队是如何利用网络营销渠道实现农产品销售的。

2. 你认为这三个团队今后在使用短视频、直播带货等新型网络营销渠道时，还可以采取哪些措施来进一步提高营销效果？

参考文献

[1] 罗森布洛姆.营销渠道：管理的视野：第8版[M].宋华,等译.北京：中国人民大学出版社,2014.
[2] 罗森布罗姆.营销渠道管理：第6版[M].李乃和,等译.北京：机械工业出版社,2003.
[3] 科兰,安德森,斯特恩,等.营销渠道：第7版[M].蒋青云,王彦雯,顾浩东,等译.北京：中国人民大学出版社,2008.
[4] 庄贵军.营销渠道管理[M].3版.北京：北京大学出版社,2018.
[5] 张闯.营销渠道管理[M].2版.大连：东北财经大学出版社,2016.
[6] 卜妙金.分销渠道管理[M].2版.北京：高等教育出版社,2007.
[7] 李先国.分销渠道管理[M].北京：清华大学出版社,2007.
[8] 张广玲.分销渠道管理[M].武汉：武汉大学出版社,2005.
[9] 王国才,王希凤.营销渠道[M].北京：清华大学出版社,2007.
[10] 常永胜.营销渠道：理论与实务[M].北京：电子工业出版社,2009.
[11] 胡春.市场营销渠道管理[M].北京：清华大学出版社,2006.
[12] 胡介埙.分销渠道管理[M].大连：东北财经大学出版社,2009.
[13] 彭建仿.分销渠道管理学[M].广州：中山大学出版社,2009.
[14] 郭国庆.市场营销学[M].武汉：武汉大学出版社,2000.
[15] 王方华,奚俊芳.营销渠道[M].上海：上海交通大学出版社,2005.
[16] 郑锐洪.营销渠道管理[M].3版.北京：机械工业出版社,2020.
[17] 苗月新.营销渠道概论[M].北京：清华大学出版社,2007.
[18] 吕一林,王俊杰,彭雷清.营销渠道决策与管理[M].3版.北京：中国人民大学出版社,2015.
[19] 中国营销总监职业培训教材编委会.营销渠道[M].北京：朝华出版社,2004.
[20] 吕一林.营销渠道决策与管理[M].北京：中国人民大学出版社,2005.
[21] 李飞.分销渠道：设计与管理[M].北京：清华大学出版社,2003.
[22] 居长志,郭湘如.分销渠道设计与管理[M].北京：中国经济出版社,2008.
[23] 江占民.现代企业营销渠道[M].北京：中国时代经济出版社,2004.
[24] 黄国祥,李乃和,杨洪涛.渠道成员绩效的评估[J].上海管理科学,2002（6）.
[25] 邓刚,陈武,吕四海.营销渠道整体绩效评价指标体系的构建[J].科技创业,2005（9）.